전쟁은 인간의 **무덤**이다

국립중앙도서관 출판예정도서목록(CIP)

전쟁은 인간의 무덤이다 : 제2차 세계대전 다큐멘터리
지은이 : 김능화. -- 21세기군사연구소, 2016
         p. ;   cm

ISBN 978-89-87647-62-3 03810 : ₩20,000

제2차 세계 대전 [弟二次世界大戰]

909.54-KDC6
940.54-DDC23   CIP2015032129

제2차 세계대전 다큐멘터리

전쟁은 인간의 무덤이다

김능화 지음

● 한편의 인기 역사드라마와 같은 전쟁스토리
● 월간 군사세계가 15년 동안 연재한 논픽션 전쟁 이야기

KRIMA 21세기군사연구소
Korea Research Institute for Military Affairs

차 례

● 서문　　　　　　　　　　　　　　　　　　　　　　　　　13

제1부 》 히틀러 · 도조의 도박

Ⅰ. 유럽전(1)

1. 히틀러의 등장과 유럽 분열　　　　　　　　　　　　　17
2. 일본의 야욕　　　　　　　　　　　　　　　　　　　　20
3. 독일군 폴란드를 삼키다　　　　　　　　　　　　　　21
4. 영 · 불 마침내 독일에 선전포고　　　　　　　　　　27
5. 독일군, 덴마크와 노르웨이 침공　　　　　　　　　　28
6. 일본군의 동향　　　　　　　　　　　　　　　　　　　30
7. 프랑스도 백기(白旗), 이탈리아 선전포고　　　　　　35
8. 독일군, 파리 점령　　　　　　　　　　　　　　　　　35
9. 이탈리아, 선전포고　　　　　　　　　　　　　　　　37
10. 프랑스 항복　　　　　　　　　　　　　　　　　　　37
11. 유태인의 운명　　　　　　　　　　　　　　　　　　41
12. 영국 철저항전　　　　　　　　　　　　　　　　　　43
13. 기수(機首)를 영국으로 돌려라!　　　　　　　　　　47
14. 미국의 참전 명분 쌓기　　　　　　　　　　　　　　51
15. 전선 확대　　　　　　　　　　　　　　　　　　　　52
16. 이탈리아군 패주　　　　　　　　　　　　　　　　　54
17. 일본의 고민　　　　　　　　　　　　　　　　　　　56
18. 히틀러, 모스크바 점령 반대　　　　　　　　　　　57
19. 키예프 함락과 히틀러의 꿈　　　　　　　　　　　　59
20. 모스크바 위기　　　　　　　　　　　　　　　　　　62
21. 혹한(酷寒)이 살려주다　　　　　　　　　　　　　　66

Ⅱ. 유럽전(2)

1. 독일군 파죽지세 주춤　　　　　　　　　　　　　　　69
2. 롬멜 장군 원수 진급, 별명 '사막의 여우'　　　　　70

3. 이탈리아군 항복	74
4. 독일군, 스탈린그라드 공략	75
5. 히틀러의 교만	77
6. 대반격 개시	79
7. 연합군 '노르망디 상륙작전' 초읽기	81
8. 무솔리니 최후와 생애	82
9. 독일본토 폭격	86
10. 6월 6일 D데이 노르망디 상륙작전 개시	87
11. 상륙 성공	89
12. 최대 격전지 '노르망디'	90
13. 파리 해방	92
14. 소련군 하계 대공세	97
15. 일본군의 처지	99
16. 독일 항복 임박	99
17. 연합군, 라인강 도강작전	101
18. 처참했던 유태인들	104
19. 나치스 독일의 종말, 히틀러의 최후	107
20. 독일 항복	109
21. 일본도 항복임박	110
22. 일본군 최후발악	112
23. '포츠담선언' 수락 촉구	116
24. 소련군 대일 선전 포고	117

Ⅲ. 태평양전쟁

1. 일본군 태평양 전쟁 도발	121
2. 일본의 진퇴양난	122
3. 단기전으로	123
4. 일본군, 진주만 기습공격, 태평양전쟁 도발	125
5. 작전 성공	126
6. 우리의 전쟁은 '성전(聖戰)'	127
7. 일본군, 남방진출	129
8. 미드웨이 해전(海戰) 참패	132
9. 일본함대 끝내 눈물	134
10. 일본천황, 풀죽은 항복방송	137
11. 이탈리아와 일본은 왜 대전에 뛰어들었을까?	139
12. 전쟁은 끝나고	144
13. 전쟁은 비로소 막을 내리다	146

제 2부_제 1편 >> 미 태평양함대의 복수, 미드웨이 대해전

1. '인간고래' 싸움	149
2. 타전 위험	153
3. 스프루언스와 나구모 대결	155
4. 미 해군의 거함들!	157
5. 초조한 니미츠 제독	160
6. 적함대 동향	162
7. 공격개시 임박	163
8. 결전, 눈앞에	166
9. 일본함대 승리자신(?)	168
10. 항공대 발진	170
11. 전투개시	171
12. 공격! 공격!	174
13. 일본항모 폭발	176
14. 항모 3척 바다밑으로	177
15. 최후 결전	178
16. 해전 끝	179

제 2부_제 2편 >> 노르망디 상륙작전

Ⅰ. 작전이 성공할지?

1. 작전 배경	183
2. 작전 임박	184
3. 병력 집결	184
4. D데이 고민	185
5. 과연 작전은 성공할 것인가?	185
6. 신경전	186
7. 연합군 총지휘관 아이젠하워 대장	186
8. 신이여! 작전성공을	187
9. 아이크의 인생사	188
10. D데이 결단	188

11. 독일군 지휘관 롬멜 원수　　　　　　　　　　　189
　　12. 히틀러와 친숙　　　　　　　　　　　　　　　189
　　13. 전황 불리　　　　　　　　　　　　　　　　　190

Ⅱ. 악천후 계속, 지휘관의 고민
　　1. 상륙작전의 특성　　　　　　　　　　　　　　191
　　2. 세계 3대 상륙작전　　　　　　　　　　　　　192
　　3. 미군주도　　　　　　　　　　　　　　　　　192
　　4. 독일군 긴장 고조　　　　　　　　　　　　　193
　　5. 상륙작전 초읽기　　　　　　　　　　　　　　194
　　6. 독일군의 태세　　　　　　　　　　　　　　　195
　　7. 날이 갈수록 독일군 사기 저하　　　　　　　　195

Ⅲ. 작전개시 명령
　　1. 6월 5일 새벽　　　　　　　　　　　　　　　196
　　2. 적의 방어선 돌파　　　　　　　　　　　　　　197
　　3. 패잔병 같은 독일군　　　　　　　　　　　　　198
　　4. 독일군 끝내 패주　　　　　　　　　　　　　　199
　　5. 독일군 반격 실패　　　　　　　　　　　　　　199
　　6. 노르망디 상륙작전 성공은 소련군에도 크게 도움　200
　　7. 프랑스 드골 장군 귀환　　　　　　　　　　　202

제 2부_제 3편 〉〉 결전, 오끼나와 상륙

Ⅰ. 거대전함 야마도(大和) 투입
　　1. 본격 상륙전 개시 준비　　　　　　　　　　　207
　　2. 오끼나와 상륙 개시　　　　　　　　　　　　209
　　3. 거대전함 야마도(大和) 투입　　　　　　　　　209
　　4. 일본군 승리는 기적 같은 일　　　　　　　　211

Ⅱ. 탐색전은 끝나가고
　　1. 빨라진 첫 공습　　　　　　　　　　　　　　212
　　2. 미군 공습은 잦아지고　　　　　　　　　　　215
　　3. 다이홍에이 전과 거짓발표만　　　　　　　　216

Ⅲ. 병력배치 계획상 오류

1. 병력배치 수정 불가피   218
2. 오끼나와 점령이 최종목표   220
3. 비도(比島)로 향하는 일본항공대   221
4. 섬주민, 어디로 가야 할지?   222
5. 일본 육참총장 급거 오끼나와 방문   222

Ⅳ. 상황은 급박하게 돌아가고

1. 필승전법은 어디서   223
2. 상황 점차 급박   225
3. 일본군 '천일호(天一號)' 작전   226

Ⅴ. 오끼나와 섬 주변을 정찰하고 있는 미 정찰기

1. 운명의 결전 다가와   228

Ⅵ. 처절한 전투글

1. 항공대에 기대   229
2. 결전 전야(前夜)   230
3. 벚꽃은 만개하고……   230
4. 포연(砲煙)은 짙어가고   232
5. 항공특공대에 기대   233

Ⅶ. 미 해병대의 기세

1. 카데나(嘉手納) 상륙 성공   234
2. 본격 전투 돌입   236
3. 필사적 반격   237
4. 고지대 '특공'   238
5. 일본군 자살특공대 긴급편성   239

Ⅷ. 전투는 종반전 양상

1. 계속 무혈 상륙   240
2. 반격 성공은 한 순간   241
3. 전선은 어느새 5월로   243
4. 최후의 돌격명령중지   245

IX. 항복 날짜만 남았다

1. 일본군 승리는 바늘구멍 — 246
2. 동굴 속 여군 처리 문제 — 247
3. 아마구다이(天久臺) 혈전 재개 — 248
4. 탈출극 시작 — 250
5. 시유리산(首里山)아! 잘 있거라 — 251
6. 조선인 일본군 — 251

X. 전쟁은 끝났지만

1. 옥쇄(玉碎) 속출 — 252
2. 기로(岐路)에 서서 — 253
3. 오끼나와전은 '45년 9월 7일 종전 — 255
4. 난민 문제 — 256
5. 일본군 드디어 정식 항복 — 258
6. 오끼나와전의 교훈 — 259
7. 원자탄 오끼나와로 운반 — 259
8. 일본군 고급 참모 패인 분석 — 260

XI. 후일담 … 영광과 실패

1. 정해진 운명 — 261
2. 함대운항 연료조차 바닥 — 262
3. 되돌아 본 영광 — 263
4. 오끼나와 결전, 공중전에서도 필패 — 264
5. 결전실패는 자업자득 — 265
6. 내각 대립도 한 몫 — 266
7. 끝내 일장춘몽 — 267

제 2부_제 4편 〉〉 맥아더 원수의 회상록

I. 되돌아본 생애

1. 노병은 죽지않고 사라질 뿐 — 271
2. 한국전과 인연 — 272
3. 2차대전 미·일 전쟁 영웅들 — 273
4. 맥아더의 성장기 — 273

5. 두 번 부상, 육사교장시설　　　　　　　　　　276
　　　6. 재차 이혼, 대장진급　　　　　　　　　　　　277
　　　7. 필리핀에서 제2인생　　　　　　　　　　　　279
　　　8. 현역 복귀, 다시 필리핀 주둔　　　　　　　　280

Ⅱ. 영광과 치욕

　　　1. 연민의 정… 인간 맥아더　　　　　　　　　　281
　　　2. 일본군, 돌연 선전포고　　　　　　　　　　　282
　　　3. 일본군 필리핀 상륙, 제공권 확보　　　　　　283
　　　4. 탈출 또 탈출　　　　　　　　　　　　　　　286
　　　5. '바탄 반도' 행진과 '코레히들 요새' 함락　　　287
　　　6. 실의에 빠진 호주 체류 맥아더　　　　　　　288

Ⅲ. 일본군에 고전…반격 작전

　　　1. 사령부 호주로 이전　　　　　　　　　　　　289
　　　2. 본격 뉴기니어 전투 시작　　　　　　　　　　291
　　　3. '개구리 도약 작전' 전개　　　　　　　　　　293
　　　4. 루즈벨트 대통령, 맥아더와 긴급 회담　　　　294

Ⅳ. 나는 돌아왔다 … 일본 항복

　　　1. 세기의 라디오 방송　　　　　　　　　　　　296
　　　2. 드디어 마닐라 해방　　　　　　　　　　　　298
　　　3. 투항권고 삐라 소나기　　　　　　　　　　　299
　　　4. 일본군 최후 발악　　　　　　　　　　　　　300
　　　5. 최후 결전 '오끼나와(沖繩) 공방전'　　　　　301
　　　6. 무조건 항복 촉구, 원자탄 투하　　　　　　302
　　　7. 일왕, 무조건 항복 방송　　　　　　　　　　303

Ⅴ. 정복자의 발자취

　　　1. 인간 맥아더　　　　　　　　　　　　　　　304
　　　2. 항복사절단, 마닐라 도착　　　　　　　　　306
　　　3. 맥아더를 둘러싼 연합국 신경전　　　　　　307
　　　4. 일본점령군 제1진 미 제8군으로　　　　　　308

Ⅵ. 연합군 분할 점령 요구

　　　1. 요코하마(橫濱) 호텔서 일박　　　　　　　　310
　　　2. 역사적인 항복조인식　　　　　　　　　　　311

3. 분할 점령 요구　　　　　　　　　　　　　　313
　　4. 왜 간접통치 했는지?　　　　　　　　　　　　314
　　5. 맥아더의 도쿄 입성 장면　　　　　　　　　　315
　　6. 속속 상륙, 일본 전역 점령　　　　　　　　　317
　　7. 지역별 점령군, 휘장으로 구분　　　　　　　317
　　8. 미군 점령군에 성병 번저 골치　　　　　　　318

Ⅶ. 드라마같은 전쟁 말기…회고
　　1. 미군 단독 점령　　　　　　　　　　　　　　320
　　2. 맥아더는 절대 권력자　　　　　　　　　　　321
　　3. 점령과 쇼와(昭和)의 존재 가치　　　　　　　322
　　4. 일본인들의 일관된 생각　　　　　　　　　　323
　　5. 유리한 '대리인'에 힘입은 '정복자'　　　　　324
　　6. 맥아더는 일본인의 은인　　　　　　　　　　325

Ⅷ. 연합국들, '쇼와' 전범으로 구속 요구
　　1. '푸른 눈의 大君', 맥아더　　　　　　　　　　326
　　2. 전범자 체포 명령 발표　　　　　　　　　　　327
　　3. 민주개혁 박차　　　　　　　　　　　　　　329
　　4. 도쿄는 맥아더의 수도인 셈　　　　　　　　330
　　5. 천황, '인간선언'　　　　　　　　　　　　　　330
　　6. 맥아더의 개혁　　　　　　　　　　　　　　331

Ⅸ. 맥아더의 의지대로
　　1. 첫 여성의원 배출　　　　　　　　　　　　　333
　　2. 맥아더는 정복자 아닌 개혁자　　　　　　　334

제 2부_제 5편 〉〉 파란만장 조선인 일본 육군장군 생애

　　1. 증언에 앞서　　　　　　　　　　　　　　　339
　　2. 문제 제기　　　　　　　　　　　　　　　　340
　　3. 전범 우두머리는 '쇼와(昭和)'　　　　　　　340
　　4. 홍사익의 유년시절　　　　　　　　　　　　341
　　5. 일본유학　　　　　　　　　　　　　　　　343
　　6. 본격적인 군생활　　　　　　　　　　　　　343

7. 독립군과의 관계 344
8. '당당한 조선인' 홍사익 장군 348
9. 운명의 남방 전출 349
10. 악역중의 악역(惡役) 351
11. 그의 인간 됨됨이 352
12. 부하들의 회고 353
13. 야마시다 대장과 인연 354
14. 사지(死地)로 가게 된 것 355
15. 지청천(본명 지대형)과 홍 장군 356
16. 홍 장군 아들집에 도망병이 357
17. 독립군 사령관으로부터 편지 359
18. 홍 장군의 고민 359
19. 왜 일본육군을? 361
20. 끊이지 않는 의문 362
21. 대한조국의 '군인칙유' 362
22. 전의회(全誼會)활동 363
23. 마지막 편지 365
24. 그가 남긴 유서(遺書) 366
25. 또 한 사람의 회고담 366
26. 맺는 말 367

● 에필로그 370

서 문

　세계 역사를 통해볼 때 국가들간에 평화보다 전쟁을, 또는 그에 준하는 긴장상태가 오래도록 지속되었다. 20세기에 들어서도 전반 10여 년 동안은 세계 거의 모든 나라가 참전하여 대전을 치루었고, 후반에는 전쟁 상황 못지 않는 냉전시대가 이어져 인류는 늘 불안한 삶을 살았다.
　전쟁 상황은 21세기에 들어서서도 사라지지 않고 계속되고 있으니 안타까울 뿐이다. 전쟁은 어떤 이유가 있건, 죽음과 폐허를 가져다 줄 뿐이다. 그런데도 인간들이 이를 깨닫지 못한 것 같아 원망스럽다. 승리는 한순간이다. 엄밀히 말해 승리도 아니다. 쌍방이 피해자다. 지적하고 싶은 것은 침략 전쟁도 이기면 정의를 내세우니, 말문이 막힌다.
　전쟁의 결과 승자와 패자의 모습은 확연히 다르다. 승자는 개선장군 같은 모습이지만 패자는 노예신세나 다를 바 없다. 2차 대전때 소련군이 독일 베를린을 점령했을 때 나치 친위대 장군들을 필두로 하는 독일군 포로들이 머리를 숙인 채 수용소로 끌려가던 사진이 새삼 생각난다.
　시민들은 전쟁때문에 가족을 잃고 집이 파괴돼 갈 곳이 없다며 통곡, 보는 이를 가슴 아프게 했다. 몇 달 뒤 일본도 항복, 일왕 쇼와가 NHK 마이크 앞에서 울먹이며 항복 방송을 했다. 그런 일이 엊그제 같은데, 여전히 지구상에는 전쟁이 그치지 않고 있으니…
　1945년 8월 6일 2차대전 말기 일본 히로시마에 세계 최초로 원자탄을 투하한 미 공군 B29 비행사 반 커크 중위는 임종시 AP통신과의 인터뷰에서 "전쟁과 원폭으로는 아무 것도 해결할 수 없다"는 말을 남겼다.

전쟁이란 인류의 멸망을 초래할 뿐이다. 전쟁은 어떤 이유로든 정당화 될 수 없다. 인류의 적이다. 그런데도 전쟁은 여전히 계속되고 있으니 통탄스럽다. 현대 전은 국지전, 지역분쟁, 영토분쟁 그리고 폭탄테러 등 다양하다. 1945년 8월 2차 대전 종전 후 지금까지도 전쟁은 계속되고 있다. 한국전, 베트남전, 걸프전, 이라크전, 미 뉴욕 9·11 대규모 국제테러 등등 전쟁의 후유증이 아직 가시지 않았다. 더욱 이스라엘과 팔레스타인간의 전쟁은 끝이 안보인다.

해가 갈수록 국가마다 군사비를 증액하고 무력을 증강시키고 있다. 바로 전쟁준비다. 국민이 바친 혈세로 전쟁준비에만 몰두하다니 말이 되는가? 차라리 복지예산을 늘려 국민건강, 국민행복을 증진시킬 수 없을까? 전쟁은 지배욕의 산물이다. 일본은 다시 군국주의 시대로 회귀하기 위해 날뛰고 있다. 주변국의 비판은 아랑곳 하지 않고 평화헌법 규제 조항은 있으나마나.

과거시대 군국주의 나라 일본은 미국을 상대로 전쟁놀이를 즐기다가 항복하고 1세기도 안돼 다시 전쟁 놀이 준비에 나서고 있다고 하겠다. 개버릇 남 못주는 그런 격이다. 최근 전쟁도발 첫 단계인 집단적 자위권 행사를 들먹이고 있는 것만 봐도 알 수 있다.

한반도 휴전선의 봄은 언제쯤 찾아 올까? 38선으로 인해 한반도가 둘로 나눠진지도 어언 70년. 불운탓일까? 문도 두드려야 열린다는 속담대로 남북은 머리를 맞대고 허심탄회한 자세로 해결책을 찾아야 한다. 힘의 지배는 있을 수 없다.

한민족은 온갖 시련을 겪으면서도 기사회생, 불사조 같은 삶을 살아왔다. 삶의 질도 향상되었다. 남쪽에 살고 있는 한국인의 국민소득은 선진국 수준이다. 한반도도 독일통일처럼 평화통일이 될 수 없을까? 독일통일 후 세계인들은 한반도가 다음 차례라며 예의주시하고 있다.

필자는 이번에 오랫동안 21세기군사연구소 발행 '월간 군사세계'에 게재했던 '전쟁스토리'를 한 권의 책으로 엮어 보았다. 애독을 바란다.

2016년. 정초에
서울 사당동에서 저자

제 1부

히틀러·도조의 도박

독재자 히틀러 총통과 히틀러 청소년 행진 모습

연합국 정상회담
처칠 영국 수상, 트루먼 미국 대통령,
스탈린 소련 공산당 서기장

I. 유럽전 (1)

1. 히틀러의 등장과 유럽 분열

　제2차 세계대전이 최근 세계사에서 어떤 위치를 갖는지에 대한 새로운 연구가 패전국 일본에서 활발히 전개되고 있어 관심을 끈다. 전쟁을 평가하기 위해서는 무엇보다 전쟁을 위해 치러진 인간의 노력과 희생을 깊이 살펴봐야 한다.

　역사상 최초의 소모전이었던 1차 대전과는 달리 2차 대전은 재정 지출 면에서나 일반 재산상의 피해, 특히 건물과 선박 손실 면에서만 봐도 1차 대전의 5배 이상의 손해를 인류에게 가져다주었다.

　인적 손실 면에서도 전사자 1,500만 명으로 1차 대전의 2배가량이며, 민간인 사망자만도 대략 2,600만~3,400만 명으로 추산된다. 2차 대전이 전면전이었음을 더 확실히 말해주고 있다.

　1939년 9월 1일 독일군의 폴란드 침공으로 촉발된 2차 대전은 1941년 12월 8일 일본군 진주만 기습공격과 1945년 8월 9일 소련의 대일 선전포고에 이은 미군의 원자탄 투하, 일본군 항복으로 막을 내렸다. 무려 51개국이 참전, 6년에 걸쳐 세계 각지에서 전투를 벌인 이 전쟁은 프랑스혁명 전쟁 때나 나폴레옹 전쟁 때 보다 짧았지만 피해는 더 엄청났다.

　전쟁의 손실이 말해주듯 2차 대전은 고도로 조직된 각 민족과 국가간의 총력전이었으며, 참전국마다 자기 민족의 에너지를 군수산업에 동원, 기술개발과 무기생산에 결집시킨 대 소모전이었다. 2차 대전은 국제관계와 정치, 군사, 경제, 사회 등 전반에 걸쳐 대변혁과 함께 20세기의 역사에 큰 획을 그었다.

일찍이 유럽은 수백 년 동안, 적어도 1914년까지는 세계정치의 중심지였다. 세계 운명은 유럽국가의 회의실에서 마음대로 요리되었다. 세계 운명은 유럽국가들 자기들끼리 싸우는 전장(戰場)에서 결정되었다. 그리하여 국제관계란 것도 사실 유럽국가간의 관계였다. 그들이 유럽 외에서 광대한 지역을 식민지로 지배해 온 데서도 알 수 있다.

그들은 유럽 내에서는 이해가 대립되어도 유럽 밖에서는 어떤 문제가 일어나면 대립하기보다 우선 외부에 대해 담부터 쌓고 자기들끼리 상호승인 또는 공통이익을 위해 적극 협력하기 일쑤였다. 그들은 비유럽권에 대해서는 유독 배타적이고 끝까지 저항하는 자세로 일관했다. 유럽의 세계지배의 꿈을 스스로 정당화시킨 사상적 근거는 영국시인 R 키플링(Rudyard Kipling)의 시 '백인의 집'에 잘 나타나있다. 그 골자는 인종적 우월감과 적자생존 등 사회진화론이다.

얼마 후 독일의 문화철학자 오스발트 슈펭글러(Oswald Spengler, 1880~1936)가 『서구의 몰락 (Der Untergang des Abendlande: Decline of the West)』이란 저서를 발표, 교만에 가득 찬 유럽사회를 비판했다. 그는 2차 대전의 발발을 경고했던 것이다. 그 무렵에 전통적인 지배계급이 왕년의 권위와 세력을 잃게 돼 그 빈자리를 비집고 나타난 것이 아돌프 히틀러(Adolf Hitler)였다. 그는 대중 내셔널리즘의 파도를 타고 화려하게 데뷔했다. 그의 뇌리에는 당초부터 '국경선' 같은 것은 별문제가 되지 않았다. 전쟁을 통하면 그런 것들은 금방 해결될 수 있으며, '전쟁이야말로 생활'이라고 외쳤다.

전쟁의 목적 가운데는 당시 8,만 독일 민족의 넉넉한 생활권역 확대와 더불어 세계를 지배하고 말겠다는 대망(大望)이 포함돼 있었다. 독일민족 생활권역 확대란 게르만 민족의 우월성을 앞세운 영토 확장과 소위 동방대제국(東方大帝國) 건설을 목표로 한 것이다. 그는 유럽을 거쳐 열등민족으로 인식되었던 슬라브인들이 살고 있는 소련을 겨냥했다. 실현을 위한 전략으로 먼저 자기들의 배후를

아돌프 히틀러

노리는 숙적 프랑스부터 굴복시키는 한편 공산 소련의 파괴와 유태인 및 슬라브 민족의 말살을 완수. 최종적으로 동방의 영원한 식민지화 등으로 유럽의 새 질서를 조성한다는데 있었다.

그 같은 '천년왕국'을 건설하기 위해서 히틀러는 주변국은 물론 동맹국들의 도움을 은근히 바랬으나, 다만 그 역할은 나치스 독일 중심에서 벗어나지 않도록 하는 것이었다. 영국과 미국에 대해서는 호의적인 중립을 기대했으며, 이탈리아와 일본 등 동맹국에 대해서는 방패막의 역할을 기대했다. 히틀러는 물론 도조 히데키(東條英機, 일본 수상)마저 미국의 군사력과 전쟁 개입 가능성을 과소평가하고 있었다.

히틀러는 병적인 '편협성' 때문에 늘 인종편견에 사로잡혀 슬라브 민족의 저항 능력을 경시하는 우를 범함으로써 뒷날 스스로 그의 무덤을 파게 되었다.

독일 총리로 권력을 잡을 당시의 히틀러(왼쪽)와 독일 제3제국 국기 "하켄크로이츠". 하켄이란 등산용 갈고리, 크로이츠란 십자가를 뜻함(오른쪽)

2. 일본의 야욕

　1937년 7월 중국 북경 교외 '노구교(Lugouqiao, 蘆溝橋) 충돌사건'을 일으켜 전투를 시작한 소위 중일전쟁(中日戰爭 일명 지나사변(支那事變), 북지사변(北支事變))때부터 일본은 서서히 아시아를 지배하겠다는 야욕을 노골화하고 있었다. 그런 가운데 일본은 1940년 9월 중일전쟁을 유럽전쟁과 연계시키려고 애썼다. 그 증거는 일본군이 북부 프랑스령 인도네시아 진주와 함께 독·이·일(獨·伊·日) 3국 군사동맹을 탄생시킴으로써 드러났다. 그때 비로소 영·불군은 일본군의 대전 참전과 특히 남진정책(南進政策)에 경계의 눈으로 바라보기 시작했다.

　일본이 3국 군사동맹에 스스로 발을 들여 놓은 것은 독일이 유럽 서부전선에서 연거푸 승리를 거두게 되자 머지않아 유럽에서 독일 주도로 신질서가 빠른 속도로 형성될 것이라는 환상과 약삭빠른 기대감이 크게 작용한 데서였다. 일본 군부 내에서는 "막차를 놓치지 말자"는 분위기가 팽배했다. 일본은 독·이(獨·伊)와 제휴하여 자기들의 군사행동을 간섭하는 미국, 영국 중에서 우선 영국부터 무력으로 굴복시킨 뒤 영국이 이미 아시아에 구축해 놓은 '식민제국(植民帝國)'을 청소해 버리고 말겠다는 전략이었다. 미국은 전쟁 명분이 아직 불충분하다고 판단, 전략상 얼마동안이라도 전쟁개입을 늦추기 위해 일본과의 외교노력을 일부러 질질 끌며 지연시키고 있었다.

　그러던 차 미국은 1941년 7월경부터 대일외교(對日外交)에 차츰 한계를 드러내기 시작했다. 이유는 당시 미국의 경직된 교조주의와 특히 처칠 영국 수상의 앵글로색슨 민족의 노회한 책략을 눈치 채지 못했던 탓도 있었다. 여하튼 2차 대전은 유럽국인 독일 히틀러의 야욕과 비(非)유럽국인 미국의 원폭 투하, 그리고 반(半)유럽국인 소련의 돌연한 대일(對日)참전으로 그 전쟁과정은 너무나 무자비하고 처참하게 변해 버렸다. 지금까지도 세계 곳곳에 황폐화된 '전쟁유산'이 방치된 채 잡초에 묻혀 그대로 남아있다.

3. 독일군 폴란드를 삼키다

1) 제2차 세계대전의 첫 번째 희생양 폴란드

독일 독재자 아돌프 히틀러는 대군(大軍)을 폴란드 국경에 집결 '전격전(Blitzkrieg)'을 개시했다. 1939년 9월 1일의 일이었다. 그 전날 밤까지 국제연맹 관리아래 있었던 평온한 자유도시 단치히(폴란드명:그다니스크, Gdansk) 항구에 잠입한 독일 중순양함 슐레스비히-홀슈타인호(Schleswig-Holstein)가 그 날 새벽 4시 45분께 함포 사격을 개시하자, 이를 신호로 남북으로 넓게 포진하고 있던 독일 기갑부대가 국경을 침입 진격했다.

독일군은 북쪽방면 군단과 남쪽방면 군단으로 나뉘어 병력 1백 50여만 명과 전차 3,000여 대를 앞세워 대대적인 폭격을 퍼부었다. 마치 포수가 연약한 토끼부터 사냥을 하듯. 신예 메서슈미트(Messerschmitt) 전투기와 융켈스 87형(Junkers Ju 87) 급강하 폭격기 등 2,000여 대가 가세했다. 이 때문에 폴란드군 항공기와 통신기지는 삽시간에 쑥밭이 되고 말았다. 독일군은 공습에 이어 전차 대대와 군용 트럭 그리고 오토바이 부대를 대거 돌진시켰다.

1939년 9월 1일, 베스테르플라테를 포격 중인 독일 전함 슐레스비히-홀슈타인.
이 포격으로부터 제2차 세계대전이 시작되었다.

1939년 9월 1일, 최초의 공격을 받은 폴란드의 도시 비엘룬과 폴란드 궁전

폴란드군도 항공기 약 900대와 전차 장갑차등 600여 대가 있었으나 독일군과 비교할 때 구식에다 소형이어서 별 위력이 없었다. 폴란드 주력부대는 보병부대와 기마부대가 고작이었다.

독일군 침공 하루 만에 폴란드군 통신시설과 항공기지가 대부분 파괴돼 조직적인 대항은 불가능했다. 몇 개월 전부터 독일군 침공이 있을 것으로 예상하고도 폴란드군은 독일군을 반격, 베를린까지 쳐들어갈 수 있다고 자만에 빠져 있었다. 독일군 역시 이들의 허장성세를 사실로 오인, 한때 위협을 느끼기도 했다. 무엇보

폴란드 보병과 기병, 그리고 육군의 7TP경전차

다 폴란드군 기마병은 당시 유럽에서 이름난 무서운 존재였기 때문이었다.

독일군은 폴란드군 '기마병전술'을 무력화시키기 위해 전차와 장갑차 중심으로 한 새로운 전술을 개발, 폴란드를 쉽게 유린할 수 있었다. 그 같은 전술은 총지휘관 하인츠 구데리안(Heinz Wilhelm Guderian) 장군이 고안했던 좀 특이했던 전투방법이었다. 실전에 옮기기 전까지는 연합국 측에서도 프랑스 드골 대령 등 극히 일부를 제외하고는 세계 어떤 군사전문가들도 예상할 수 없었다. 독일군 내부에서조차도 구데리안 장군과 총통 히틀러 외에는 알지 못했으며 총지휘관 참모조차 정통하지 못했다. 독일군 항공부대와 전차 장갑차 그리고 군용 트럭을 이용한 보병부대의 작전은 번갯불이 일순간에 거목을 넘어뜨리는 것 같은 전격전(電擊戰, Blitzkrieg)이었다.

폴란드가 점령당하자 이틀 뒤 영국과 프랑스가 독일에 선전포고를 발했다. 이어 호주와 뉴질랜드가 가세했다. 3일 뒤 미국은 중립을 선언했다. 추축국(樞軸國)으로 불린 이탈리아가 당연히 참전할 것으로 생각했으나 비교전국(非交戰國)임을 선언, 어리둥절하게 했다.

독일은 폴란드를 침공하기 1주일 전 소련과 불가침조약을 맺었다. 그런 다음 폴란드를 침공할 작정이었다. 독일의 속셈을 알아차렸는지 영국과 프랑스는 같은 날 폴란드와 돌연 군사협정을 맺고 즉각 참전을 약속했다. 히틀러는 이를 전해 듣고 폴란드 침공기일을 연기하고 영국의 움직임을 예의 주시하기 시작했다. 무엇보다 그 동안 영국이 독일에게 보여준 일련의 유화정책으로부터 갑자기 결별한 점을

독일군 1호 전차와 독일군의 기갑사단 최초 창시자 하인츠 구데리안 장군

독일군이 폴란드 국경 차단막을 제거하는 모습(좌)과 국경을 통과하는 모습(가운데). 그리고 군 사령부의 간판을 떼어내고 있는 모습(우)

히틀러는 이해할 수 없었다.

그 해 9월 17일 이번에는 소련이 동쪽으로부터 폴란드 침공을 개시했다. 앞서 독일과 소련이 맺은 불가침조약과 함께 합의한 비밀협정에서 독일의 폴란드 침공이 성공하면 폴란드를 소련과 분할 통치키로 한데서였다. 그렇게 함으로써 히틀러는 소련에 대한 공격의도가 없음을 스탈린에게 확인시켜주기 위한 계산에서였다. 스탈린으로서는 폴란드를 반분하게 돼 독일과의 완충지대를 넓힐 수 있었고 그것만으로도 소득이라고 생각했다. 스탈린은 독일군의 너무나도 빠른 진격에 불안을 느꼈기에 소련군을 일단 폴란드에 주둔시켜 만일의 사태에 대비한다는 구상도 작용했다. 스탈린은 폴란드 침공 직전에 발표한 성명에서 "일부나마 폴란드를 영유할 목적에서이며 이제 폴란드라는 이름은 지구상에서 사라졌다"고 말했다.

이그나치 모스치스키 폴란드 대통령과 스

1939년 독일과 소련 사이의 불가침 조약 체결은 독일의 폴란드 침공을 위한 소련의 보증 수표였다 (왼쪽부터 리벤트로프, 스탈린, 몰로토프).

와바오이 수상 등 각료들은 독일의 침공이 시작되자 수도 바르샤바를 버리고 탈출했다. 다시 소련군이 침공해오자 그들은 멀리 루마니아로 피신했다. 폴란드군 최고 사령관 에드바르트 리츠-시미그위 원수도 더 이상 버틸 수 없어 결국 루마니아로 도망치고 말았다. 바르샤바는 정부도 군 최고지위관조차도 없는 무정부상태로 변했고 폴란드 국민은 절망적이었다. 이따금 산발적인 저항을 보였을 뿐이었다.

바르샤바를 완전 포위한 독일군 지휘관은 그 상태로 항복을 받겠다며 히틀러에게 말했다. 그러나 히틀러는 "바르샤바는 천연요새이므로 폭격기와 대포를 동원해 더 철저히 파괴하라"며 되레 공격 명령을 내렸다. 4일간의 집중공격이 끝나자 9월 27일 롬멜 원수가 이끄는 독일군 앞에서 폴란드군은 무장 해제된 채 무조건 항복하게 되었다. 전쟁의 결과는 독일군에 붙잡힌 포로 69만 4,000명과 소련군에 붙잡힌 포로 21만 7,000명 그리고 전사자와 부상자 및 행방불명자 등 14만 명이었다.

반면 독일군의 피해는 전사 1만 5,000명, 행방불명 3,400명, 부상자 3만 2,000명이었다. 불과 4주간의 전투인 점을 감안할 때 독일군의 일방적인 승리라고 하지만 전사자와 행방불명자가 예상외로 많았다.

폴란드를 손아귀에 넣은 독일과 소련은 앞서 맺은 비밀협정을 개정, 국경을 바

바르샤바 전투를 지켜보는 독일 수뇌부와 독일군의 폭격으로 폐허가 된 바르샤바, 시가지를 점령한 독일군

르샤바 쪽보다 멀리 떨어진 동쪽 부크 강 있는 곳까지로 끌어올리는 대신 소련은 독일이 이미 포기한 리투아니아를 영유키로 합의했다. 소련은 폴란드 영토 중 52%를 영유하고 나머지는 독일이 통치키로 했다. 인구도 독일인이 62%(2,120만 명)나 차지하고 있었다. 양국은 그밖에도 폴란드 독립운동을 철저히 탄압키로 협정을 체결, 재건을 원천 봉쇄키로 했다.

히틀러의 폴란드 침공목적은 폴란드 국가의 소멸뿐만 아니라 폴란드 국민과 유태인 등 전체 폴란드 거주민들의 말살에 있었다. 이미 독일군 진격직후부터 치안경찰과 보안경찰을 편성, 독일에 대해 적대행위를 하는 자를 색출해 현장에서 즉결처분을 단행, 공포분위기를 조성했다. 즉결처분된 자는 무려 248만 명이나 되었다. 빈자리에는 독일인을 이주시켜 게르만 화(化)를 꾀했다. 또 다른 246만 명을 무조건 강제수용소로 보냈다. 지식인들은 과반수 이상이 즉석에서 처형되었다. 동행을 거부하는 자는 가두에서 처형해 잔학상은 이루 말할 수 없었다. 심지어 일반인들 중 라디오만 가지고 있어도 총알받이로 삼았다.

폴란드의 문화예술은 물론 음악연주와 스포츠까지도 일체 금지시켰다. 의무적으로 공출하는 농민들에게는 돈이나 일반 물건 대신 독약 같은 메틸알콜 같은 것을 지급, 스스로 죽도록 유도했다. 여성들에게는 피임이나 낙태를 권장했다. 심지어 알코올중독까지 장려했다. 폴란드인들을 하루라도 빨리 청소해 버려야겠다는 히틀러의 명령에 의해서였다. 정신병원에 입원치료중인 자는 무조건 죽여버렸다. 폴란드 내에 있는 유태인들에게는 더더욱 가혹했다. 날마다 가두에서 '포그롬(pogrom)'이라는 대중적인 유태인 학살운동이 전개돼 날로 희생자가 늘어갔다.

독일은 폴란드 점령 이듬해인 1940년 초부터는 유태인들을 창고에 가두어 굶어죽도록 내버려두는 '아사정책'까지 병행하는 등 이루 말로다 표현할 수 없었다. 그 같은 유태인 말살정책으로 희생된 인원이 폴란드 거주 유태인 약 300만 중 270만 명이나 되었다.

4. 영·불 마침내 독일에 선전포고

마침내 영국과 프랑스가 대독 선전포고를 했다. 그런데 소련에 대해서는 아무런 조치를 취하지 않았다. 이유인 즉 두 나라는 지금껏 소련으로부터 직접 공격을 받지 않았으며, 앞으로도 그런 위험이 없을 것으로 보았기 때문이다. 처칠의 생각은 굳이 소련을 적으로 만들 필요가 없으며, 장차 연합군 쪽으로 끌어들인다는 계산을 하고 있었다. 그는 만일 독일과 소련이 군사동맹을 맺어 일격을 가해 온다 해도 소련과 직접 전투를 하기보다 미국을 끌어 들여 승리할 수 있는 전략에 골몰하고 있었다.

앞서 영국은 폴란드를 적극 지원하기 위해 1939년 9월 4일 선발대를 프랑스 쪽으로 상륙시켜 외곽에서부터 독일군을 공략한다는 전술로 임했다. 이에 따라 16만 명의 보병대와 차량 24,000대, 보급물자 14만 톤 등을 그곳에 양륙시켰다. 그러나 그 사이 폴란드는 완전히 패하고 말았다. 프랑스의 대독일 전략은 독일이 공격해오면 국경선에서 저지한다는 소극적인 전략이었다. 독·불 국경부근 300km에 요새가 있었으며 그것이 '마지노선(Maginot Line)'이었다.

프랑스 육군은 모두 그곳에 배치되었다. 독일은 프랑스를 바로 공격하지 않았다. 동부전선 쪽 폴란드전이 완전히 종식될 때까지 힘의 분산을 가능한 한 방지하기 위해 전면전을 피했다. 히틀러는 시간을 벌기 위해 영국에 화평을 제의해 실현되면 그때부터 프랑스를 공격할 전략이었다. 그러나 영국은 독일의 화평제의를 거부했다. 그러자 히틀러는 서둘러 프랑스 공략을 결심했다. 처음엔 공격개시일을 1939년 11월 5일로 잡았다가 잠시 연기했다. 최후로 1940년 1월 17일로 정했다가 또 다시 연기했다. 일기불순과 기갑부대 준비부족 등이 이유였다. 하지만 실제는 작전계획서류를 휴대한 장교가 탄 비행기가 벨기에에 불시착, 체포되는 바람에 작전내용이 누설되었기 때문이었다. 그 때문에 독일군과 영·불 지상군이 프랑스 국경일대를 에워싼 채 시일만 지나가고 있었다.

영국이 프랑스 방위에 집중하는 사이 독일 해군에 의한 영국 해안의 기뢰봉쇄와 화물선에 대한 독일 잠수함 공격이 집요하게 전개되고 있었다. 영국군도 독일군 근거지에 대한 공습을 퍼붓는 등 치열한 전투가 이어지고 있었다.

미국은 전쟁 상황이 날이 갈수록 영국과 프랑스 쪽에 불리하게 돌아가고 있다고 판단,

독일군이 폴란드에 집중하는 사이 폴란드의 동맹국인 영국군과 프랑스군이 독일 국경지대에 집결하는 모습. 사진은 프랑스군.

1939년 11월 3일 선언했던 중립입장을 돌연 바꿔 영·불에 무기판매를 개시한다고 선언했다. 그로 인해 영국과 프랑스는 바라던 신무기 도입을 자유로이 할 수 있게 되어 전력에 크게 보탬이 되었다. 1939년 11월 30일, 소련이 핀란드를, 그리고 1940년 4월 9일 독일이 덴마크와 노르웨이 등을 각각 침공했다.

5. 독일군, 덴마크와 노르웨이 침공

소련은 이미 맺은 독·소 불가침조약 중 부속 비밀협정에서 폴란드에 대한 분할 통치뿐만 아니라 스칸디나비아와 우크라이나 지방에서의 독·소 세력권 범위까지 결정해둔 상태였다. 핀란드는 소련의 처분에, 노르웨이는 독일의 조치에 무조건 맡기기로 했었다. 스웨덴은 독·소의 완충지대로서의 중립존중의 입장을 천명했다.

노르웨이를 점령한 독일군

핀란드는 제1차 세계대전까지 러시아령(그 이전에는 스웨덴령)이었으나 대전후 처음으로 독립했다.

국경으로부터 32km 지점에 레닌그라드가 있다. 대국인 소련으로서는 핀란드로부터 침공

오슬로를 점령하기 위해 출동하는 독일군의 '블뤼허' 순양함

받을 개연성이 전혀 없었다. 핀란드로서는 일찍부터 종주국 러시아(소련)로부터 침공위협이 있을 것으로 판단, 레닌그라드 북쪽 편에 이미 방어선을 구축해 둔 바 있다. 이윽고 소련은 국경선 1,200km에 걸쳐 60만 명의 병력과 1,500대의 전차, 800대의 항공기를 동원, 일제히 핀란드 국경을 넘어 침공을 개시했다.

국제연맹은 소련을 비난, 즉시 회원국에서 제명했다. 그러나 소련의 침공을 저지할 수 없었다. 4개월 뒤 핀란드는 부득이 소련이 제의한 화평조건을 수락함으로써 1940년 3월 비로소 전쟁상태를 끝냈다.

그 해 4월 8일 이번에는 독일군이 노르웨이를 침공했다. 독일이 노린 곳은 스웨덴 최북단에서 생산되는 철광석이었다. 그 철광석을 노르웨이지역 남부 항구를 거쳐 편리하게 수송하기 위한 포석이었다.

덴마크는 독일 공군의 대 편대가 코펜하겐 상공을 위협비행하자 전쟁피해를 입히지 않는다는 조건부로 부득이 '우호적 점령'을 받아들였다. 이미 노르웨이에는 독일 공수부대와 산악부대가 오슬로, 베르겐, 트론헤임 지역으로 대규모 상륙하고 있었다.

독일 해군은 영국국기로 위장하기까지 했다. 노르웨이는 그때까지 전쟁준비가 되어 있지 않아 연안경비대가 저항했을 정도이다. 국왕은 이미 오슬로를 탈출, 산림지대에 숨어 있었다.

6. 일본군의 동향

그 무렵 일본군은 무엇을 하고 있었을까? 당시 일본군은 중일전쟁을 시작한지 2년이 경과한 시점이었다. 만주(현 길림성 쪽)와 몽골간의 국경선 문제로 충돌, 일본 관동군이 큰 타격을 입고 1939년 9월 15일 정전이 성립된 상태였다.

일본 육군이 제안한 독·이·일(獨·伊·日) 3국 동맹안이 해군의 강력한 반대에 부딪혀 있는 사이, 갑자기 독·소간 불가침조약이 체결되었다. 그 무렵 일본은 소련을 대상으로 한 3국 동맹안을 구상했으나 그 역시 흐지부지 되고 말았다. 사정이 그렇게 되자 일본 내각(平沼)은 "구주정세는 '기기괴괴(奇奇怪怪)'하다"는 말을 남기며 총사퇴하였다. 이렇게 되자 일본정부의 혼란을 틈타 미국이 재빨리 '미·일 통상조약'을 파기한다고 통고해 왔다. 비로소 서서히 일본의 앞날에 어두운 그림자가 드리워지기 시작했다.

1940년 5월 10일 독일군은 '황색작전'이란 이름으로 네덜란드와 벨기에, 프랑스를 차례로 진격했다. 히틀러는 독일의 식민지로서 폴란드를 이미 손아귀에 넣은 데 이어 이들 나라에 대한 욕심도 극에 차 있었다. 한마디로 서유럽부터 완전 지배해야겠다는 야욕이었다.

영국에서는 독일군이 프랑스까지 쳐들어가자 침공 당일 체임벌린(Neville Chamberlain) 내각이 총사퇴하고 말았다. 영국 왕은 해군장관 윈스턴 처칠(Winston Churchill)을 수상으로 지명하고 야당인 노동당까지 참여하는 거국내각을 탄생시켰다. 66살의 처칠 신임수상은 하원 신임투표에 앞서 "본인은 피와 노력, 눈물과 땀 이외는 바칠 것이 없다"며, "여하한 희생을 치르더라도 승리하자"고 연설해 만장일치로 신임을 받았다.

독일군은 마지노선으로 설정한 독·불 국경연안 300km에 걸친 요새지역에서 정면충돌을 피해 우선 네덜란드와 벨기에부터 완전 공략한 후, 그곳에서 방향을 바꾸어 프랑스로 진격해 들어가기로 전술을 변경했다. 영·불군도 그 점을 예상, 마지노선이 끝나는 벨기에 국경부근에서 그 곳을 흐르는 뮤즈강과 데일강변 남쪽

지점에서 적을 격퇴할 태세로 준비하고 있었다.

그곳엔 벨기에군과 네덜란드군을 합쳐 134개 사단 200만 명이 넘는 부대가 포진하고 있었다. 전차만도 2,500대가 넘게 배치되어 있었고, 후방기지에는 3,000대 가까운 항공기가 출격 태세로 대기하고 있었다.

네덜란드 총독 짜이스 인콰르트의 동부 전선 투입 장병들을 위한 연설

영·불군의 예상으로는 독일군이 벨기에 북쪽에서 공격해 올 것으로 판단했다. 남쪽 벨기에와 룩셈부르크 국경 부근에서는 최고 700m나 되는 밀림이 우거져 있어 작전이 어려운 지대로 이름난 곳이었다. 길이 매우 좁고 꼬부라진데다가 험준한 협곡이 즐비해 있어 진격이 더디고, 게다가 곳곳에 깊은 웅덩이가 삼킬 듯이 입을 벌리고 있었다. 이 같은 지형을 두고 볼 때 아무리 용맹을 자랑하는 독일군의 전차부대라도 그 협곡을 돌진해 올 수 없다고 영·불군은 판단했다. 안데스 산림이 끝나는 프랑스령 내에는 '스당'이라고 하는 천연요새가 있었다. 보병이나 기마병이 산림지대를 벗어나 침입해올 경우를 대비, 프랑스군도 좀 장비가 노후하지만 보병과 기마병을 대거 배치해 두고 있었다.

그러나 독일군은 그들이 보유하고 있는 전차 70%, 즉 2,000대를 양쪽 안데스 삼림지대에 집중투입, 2~3일 만에 돌격해 들어갔다. 정말 의표를 찌른 작전이었다. 12일째는 일찍부터 연합군이 버티

1940년 5월 14, 스당에서 프랑스군 포로와 함께 마스 강을 도하하고 있는 독일 1기갑 연대

고 있는 뮤즈강변까지 진출했다. 요란한 사이렌을 울리며 급강하해 폭탄을 퍼붓는 독일 공군 신예기의 기습에 놀라 프랑스군이 우왕좌왕 혼란을 빚는 틈을 타 독일 전차부대가 돌진해 왔다. 그 같은 전술은 지금껏 영국군도 프랑스군도 전혀 경험해보지 못한 말 그대로 '전격전'이었다. 지금까지 영국에도 프랑스에도 전차나 장갑차만으로 편성된 기갑사단은 없었다. 형태만 있었고 역할은 보병부대가 이동할 때 옹호공격을 하는 정도였다.

이렇게 하여 마지노선이 무너지자 독일군은 프랑스 국경을 향해 진격을 계속해 20일에는 그곳 해안지대에 거점을 확보했다. 결국 연합군은 남북으로 갈라져 정체되고 말았다. 북방전선에서 30만 이상의 영국군이 지지부진한 전투를 하고 있는 전장과 비슷한 상황이 계속되고 있었다.

최북쪽의 네덜란드에는 노틀담 근교 쪽에 이미 독일군 공수부대가 대거 침투해 시가지를 무차별 공격하는 바람에 대부분 파괴되었다. 네덜란드의 항복은 시간문제였다. 노틀담 이외 유트레히트(Utrecht) 지방까지도 쑥밭으로 만들겠다는 경고신호가 계속되자 결국 네덜란드는 맥없이 주저앉고 말았다. 개전(開戰)이 시작된 지 불과 5일 만에 제2의 폴란드 신세로 전락되었다.

포로가 된 네덜란드 병사들은 히틀러의 석방명령으로 금세 풀려났다. 네덜란드 여왕일가와 정부는 개전 4일째 되는 날 전세가 기울자 서둘러 런던으로 망명길에 올랐다. 벨기에는 독일의 국경 근처에 '에벤 에마엘'이라고 하는 큰 요새가 있어 1,200명 병력으로 하여금 수비토록 했으나 독일군이 그 곳에 글라이더(滑空機, Glider)를 이용해 침입하는 바람에 순식간에 벨기에 수비대 전원이 포로로 붙잡혔다. 500대 이상의 전차와 60만 명 이상의 독일 보병부대가 벨기에를 남하하여 영·불 연합군을 향해 돌격을 거듭했다. 벨기에군은 전투보다는 후퇴하기에 바빴다. 독일군은 뮤즈강을 앞에 두고 압박 작전을 멈추지 않았다. 그러나 뮤즈 강둑에 진을 치고 대기 중이던 영·불군의 저항이 만만찮아 혼전양상이 계속되었다.

그러던 사이 독일군 기갑부대가 서쪽으로 진출하게 되어 남쪽의 연합군이 분산되고 말았다. 결국 그 때문에 북쪽전선에 포진해 있던 100만 명가량의 연합군이 남쪽과 북쪽 양쪽방향에서 독일군에 포위되고 말았다. 연합군은 뮤즈강에서 서쪽에 위치한 에스코강 방향으로 쫓기게 되었다. 결국 얼마 안가 벨기에도 별 수 없이 1940년 5월 28일 독일군의 수중에 들어가고 말았다.

이제 독일군의 다음 목표는 프랑스였다. 연합군은 벨기에마저 함락되자 그곳을 포기하고 프랑스 사수를 새삼 다짐했다. 우선 독일군의 에스코강 도강을 저지키로 마음먹었다. 그러나 독일군은 이를 간파, 재빨리 전차부대를 투입하는

1940년 5월 네덜란드로 진격하는 독일군

등 선수를 쳤다. 그것도 모르고 연합군은 그곳으로 병력을 이동시켰다가 그만 코너에 몰려 산더미 같은 전사자 시체를 제물로 바치는 꼴이 되었다. 희생이 계속될 것으로 염려하고 있던 참에 연합군에게 예기치 않은 행운(?)이 찾아왔다. 히틀러가 돌연 독일군 기갑부대의 진격을 잠시 정지시키는 명령을 내렸기 때문이었다.

전차부대의 진퇴는 히틀러의 명령에만 따르도록 되어 있기에 그의 명령은 절대적이었다. 그 이유는 프랑스 부근 일대 지역은 습지가 많아 전차의 소모가 너무 심해 가능한 피해를 줄여 보겠다는 생각에서였다. 대신 영·불군의 추격은 공군의 폭격만으로 충분하다고 믿고 있었다. 그러나 정확한 전황은 알 길이 없었다. 그러나 진격 정지는 이틀 만에 끝이 나고 다시 공격이 시작되었다. 하지만 한번 멈춘 전차가 움직이는 데 다소 시간이 필요했다.

이틀 동안의 독일군 전차부대의 진격정지는 연합군에게는 행운이었다. 그 사이 처칠 수상은 영국군을 본토로 철수토록 명령했다. 만일의 경우에 대비한 전술이었다. 집결지는 단켈크 지역으로 정했다. 해군 전투함과 구축함 등 기동함대는 함대기지로 회항토록 했다. 수송선과 상선, 대형 요트까지도 도버해협을 건너 단켈크 기지로 직행토록 명령했다. 5월 29일 영국군 제 1진(7,669명)을 태운 소규모 함대가 도버해협을 무사히 통과 목적지에 귀항했다. 실제로 갑작스런 영국군 철수는 여유 있는 철군은 아니었다.

철군명령에 따라 50km에 걸쳐 연합군 방위진지 쪽으로 속속 집결중인 영·불군을 독일군이 가만히 둘 리가 없었다. 독일공군이 나타나 사정없이 융단폭격을 퍼부었다. 게다가 독일 보병대까지 방어진지를 돌파하려고 격전을 거듭했다. 영국 본토에서 급파된 공군이 지상부대를 호위했으나 독일군의 맹공을 막아낼 재간이 없었다.

철수가 계속되는 와중에 5월 31일 처칠 수상이 급히 파리로 날아갔다. 레이노 프랑스 수상과 회담을 위해서였다. 그 자리에는 페탕(H. Petain) 부수상과 베강(Weygand, Maxime) 프랑스군 총사령관 등이 배석했다.

프랑스 측은 그 날까지 철수한 연합군중 프랑스군은 16만 5천 명 중 불과 1만 5천 명밖에 안 된다며 인원수를 같은 수준으로 철군해야 한다고 제안했다. 처칠은 부득이 동의할 수밖에 없었다. 철수작전은 그 해 6월 3일로 마감됐다. 철수 군인은 모두 34만 명 안팎, 그 중 프랑스군은 11만 6천 명에 불과했다. 그곳에 남겨진 인원은 모조리 독일군의 포로 신세가 되고 말았다.

처칠은 철군작전을 마감한 날 의회에서 특별연설을 했다. "우리는 바다에서도 싸우고 평야에서도 싸우고 있다. 앞으로 어떤 일이 있어도 항복은 생각지 않고 있다"고 억양을 높였다. 그러나 이번 전투에서 영·불군 75개 사단 120만 명 대다수가 전사했거나 포로로 독일군에 붙잡혔다고 말했다. 독일군의 피해도 전사 10,255명, 행방불명 8,643명, 부상 42,543명이었다. 히틀러는 "아군 피해가 적보다 훨씬 적다"며 자랑하듯 몇 번씩이나 직접 피해사항을 발표했다.

7. 프랑스도 백기(白旗), 이탈리아 선전포고

독일군이 프랑스 본토에 대한 진격을 개시한 것은 '40년 6월 5일이었다. 작전상으로도 이미 프랑스군이 패배감에 사로잡혀 있을 무렵이었다. 그러나 프랑스정부도 군부도 금세 항복할 계획은 없었다. 실제로는 독일군의 진격이 시작된 지 12일째가 되자 '휴전제의'는 할 수 있어도 굳이 항복까지는 할 수 없지 않는가를 두고 정부와 군부가 치열한 논쟁과 함께 극한 대립을 보였다.

독일군은 그사이 프랑스 본토의 해안근처인 '아뜨벨'과 '아미안' 지역에서 '몽메디' 지방까지 약 330km에 이르는 마지노선 중 300km까지 기갑부대를 동서로 연결, 일제히 진격했다.

8. 독일군, 파리 점령

잔존 프랑스군은 탱크부대와 합동으로 그 후방으로 진출하는 독일군 보병대와 치열한 전투를 벌였다. 파리는 '40년 6월 10일 무방비 도시로 선언된 상태여서 히틀러가 이를 먼저 알고 파리를 무혈상태에서 점령해버렸다.

프랑스정부는 파리를 떠나 '츨'과 '볼드' 지방 도시로 분산, 피난했다. 무엇보다 프랑스의 마지막 희망은 그 무렵까지 중립을 지키고 있는 미국을 연합국으로 끌어들이는 문제와 영국공군의 지원이었다. 그러나 미국은 여전히 참전할 의향이 없다고 알려왔다. 영국은 자기본토 방위문제로 공군파견은 불가능하다는 입장이었다. 그야말로 프랑스정부는 사면초가였다.

프랑스군 최고사령관 베강 장군은 정부에 대해 부득이 항복할 것을 권유했다. 그러자 레이노 수상은 영국 처칠 수상이 제안한 '영·불 연합국가 창설'을 들먹이며 군부만 항복하고 국가는 항복할 수 없다고 버티었다. 따라서 처칠이 제안한 영·불 연합국가 창설 안은 각의의 동의를 얻지 못한 채 내각은 총사퇴하고 말았다.

알벨·루브랑 대통령은 줄곧 사양하는 페땅 원수를 불러 수상 직을 맡아주도

프랑스를 점령한 독일군

록 애원, 그를 수상에 앉혔다. 그 날이 바로 6월 16일이었다. 페탕 원수는 제1차 세계대전 당시 '베르당 전투'를 지휘, 프랑스에게 승리를 가져다준 영웅이었다. 84세의 고령에도 불구하고 국민 모두의 존경과 신임을 받고 있었다. 페탕 신임수상은 때를 놓치지 않고 독일에게 '휴전'을 제의했다. 파리는 함락된 뒤였다. 그의 생각은 일시라도 빨리 화평을 모색함으로써 희생을 최소화하고 나아가 프랑스라는 나라의 존속을 유지하기 위한 고육책이었다. 그는 말하기를 "프랑스라는 국가를 존립시키기 위해서는 연합국의 대포(大砲)를 들여오기보다 우리 스스로가 어떤 단안을 내리는 편이 현명하다"고 호소했다.

필립 페탕

협정 조인 장소인 파리교외 소도시 꽁삐에뉴 마을의 숲속

9. 이탈리아, 선전포고

'39년 9월 1일 독일군의 폴란드침공이래 줄곧 정세를 파악해온 이탈리아가 선전포고, 독일군에 가세했다. 그 날이 파리가 독일군에게 접수되던 날이었다. 이탈리아군은 즉각 국경을 넘어 프랑스 땅으로 발을 걸쳤다. 히틀러는 프랑스와 휴전회담에 앞서 무솔리니에게 "프랑스가 돌파구를 찾기 위해 혹시 먼저 이탈리아에게 선전포고를 할지 모른다"고 은근히 위협하였다. 속셈은 프랑스를 더욱 압박하기 위한 전략에서였다.

이처럼 상황이 급박하게 돌아가자 프랑스정부는 보다 적극적으로 휴전(항복)을 모색할 수밖에 없었다. 협정조인 장소가 파리교외 소도시 콩피에뉴 마을의 숲속으로 결정됐다. 그곳은 공교롭게도 1차대전시에도 휴전조인 장소였다.

휴전협정체결 날짜가 임박해지자 프랑스정부는 대표단에게 한 가지 비밀훈련을 내렸다. 내용은 프랑스함대 소유문제였다. 즉 "독일이 프랑스함대의 인도를 요구할 경우 절대로 응할 수 없다"는 것이었다. 만약 끝까지 인도를 강요하면 휴전협정을 결렬시키도록 지시했다.

10. 프랑스 항복

6월 22일 휴전회담이 시작되었다. 패전국 대표단은 풀이 죽은 채 몹시 긴장해

1940년 6월 프랑스 항복 서명식에
독일 대표로 참석한 카이텔과 프랑스 수상 페땅 원수

있었다. 전승국 독일이 어떤 요구를 해올지 모르기 때문이었다. 특히 '함대문제'에 대해 그쪽에서 어떤 요구를 할지가 더욱 긴장감을 더했다. 그런데 이상하게도 독일은 별로 무리한 요구를 하지 않았다. 드디어 '휴전'이란 이름의 대독 항복문서에 서명하게 되었다. 프랑스의 치욕의 역사가 시작되었다. 프랑스의 앞날은 언제쯤 밝아질 것인가. 대표단의 얼굴은 사색이었다. 전투행위는 6월 25일 비로소 멎었다.

독일군은 불과 45일 만에 네덜란드와 벨기에, 프랑스를 제압했다. 세계가 경악했다. 전광석화와 같은 작전이었다. 이 같은 기세로 보아 영국도 위협을 느꼈다. 캐나다 정부는 영국왕실에 대해 왕녀들만이라도 이곳으로 피난시켜두는 것이 좋겠다고 권유했다.

미국은 만약 독일군이 자기영토를 점령했을 때 해군함대를 어떻게 조치할 것인가를 미리 걱정했다. 일본은 육·해군을 중심으로 독일과 군사동맹을 맺어 아시아에서 미·영 식민지를 제압해야 한다며 "마지막 버스를 놓쳐서는 안 된다"는 분위기였다.

'40년 5월 10일 소위 '황색작전'이란 이름으로 전투를 시작했던 독일군은 프랑스까지 점령하게 되자 기세는 더욱 하늘을 찔렀다. 그때까지 연합군의 총 피해는 전사자만도 프랑스군 12만 명, 벨기에군 7,000명, 영국군 3,500명, 네덜란드군 2,900명이었다. 부상자는 모두 12만 명이었으며 포로가 15만 명이나 되었다. 반면 독일군은 전사자 2만7천74명, 부상자 11만 1,034명, 행방불명 1만8천384명이었다. 불과 40일 동안에 발생한 프랑스군의 전사자 12만 명은 1차대전시 평균 전사자를 40일간으로 나눠도 2배 이상이나 많았다.

결국 "프랑스군은 침략자들을 앞에 두고 대항하기는커녕 그대로 도망치기에 바빴다"는 프랑스 국민들의 뿌리 깊은 불신감을 뒷받침해준 결과를 낳고 말았다. 물론 독일군의 손실도 가볍지 않았다. 당시 스위스 군사전문가 에디바우어가 계산한 것으로는 '40년 5월 12일부터 6월 4일 사이에 있던 수단 돌파에서부터 도버해역 프랑스 단켈크 지역 철수까지의 독일군의 평균 인적손실은 2,449명이었으나 6월 5일부터 25일까지의 프랑스 본토 전투에서는 평균손실 인원이 4,760명으로 약 2배가량으로 늘어났다고 분석, 앞으로의 독일군의 전투에 차질이 있을 것으로 내다보았다.

독일은 프랑스에서 어떤 점령정책을 썼을까? 독일군에 점령된 프랑스는 4개 지구로 쪼개지게 되었다.

첫째 독일 편입지구(알자스·로태너 지방, 대다수 주민이 독일어 사용), 둘째 독일군 점령지구(군정지역), 셋째 자유지구(프랑스 정부의 통치지역), 넷째 이탈리아군 점령지구(군정지역, 프랑스 남동부 일부) 등이었다. 점령 지구는 독일에서 관리가 파견돼 군정을 펴는 한편 치안권은 친위대에 일임돼 혹독한 탄압이 자행되었다. 자유지구는 프랑스정부가 관할했지만 수도를 비시(BC)에 두었기 때문에 'BC정권'이라고 불리었다.

대통령제는 폐지되고 페탕 원수를 기용, 그를 국가주석이란 자리에 두고 수상을 임명해 행정전반을 통할하는 형태를 취했다. 수상으로는 변호사출신 라발이 임명돼 오랫동안 근속했기에 한때 제법 유명한 수상으로 지목되었다. 그러나 그는 대전이 끝난 후 독일에 협력한 민족 반역자로 낙인찍혀 총살당했다.

당시 BC정권은 내정일반 외에도 해외식민지(베트남, 라오스, 캄보디아)까지 통치했으며 휴전 감시군이란 이름의 10만 군대와 종래의 해군기지까지 통합토록 허락받았다. 페탕 원수와 라발 수상이 이끄는 BC정권은 2차 대전은 역시 독일의 승리로 단기간에 종식될 것으로 전망하고 있었다. 때문에 기본적으로는 독일에 협력하면서 점령정책의 완화를 모색하기도 했다. 그리하여 전전(戰前)과는 다른 새로운 프랑스를 건설하려고 애썼다. 프랑스혁명 이래의 슬로건인 '자유·평등·박애'와는 달리 '노동·가족·조국'을 앞세웠다.

따라서 지금껏 백 년 동안 거듭되어온 인구감소를 다시 늘리기 위해 "낳자, 증식시키자"가 인구정책의 기본목표였다. 낙태를 도와준 여성을 반역자로 규정하여 사형시킨 케이스도 있다. BC정권은 이 같은 변혁을 주도하면서 일종의 '국민혁명'이라고 선전하기도 했다. 실제로는 독일의 무리한 요구를 가감없이 그대로 추종했기에 '괴뢰정부'나 다를 바 없었다. 예를 들면 독일의 소련 침공 때 동부전선의 전투상황이 몹시 불리하게 돌아가던 '42년 11월 독일이 갑자기 '자유지구'를 모두 '점령지구'로 변경함으로써 BC정권의 괴뢰성을 증명해 주었다.

독일군은 프랑스인들을 폴란드인이나 유태인들처럼 말살시키려 하지는 않았지만 자원, 양식, 공산품, 노동력 등에 대해서는 독일을 위해 수탈한 점에서는 별 차이가 없었다. 또한 점령 후 2배나 되는 양국 교역 중 독일 쪽의 수출입대금 미지불분에 대한 대금지불은 당연히 없었다. 게다가 수입초과는 다반사였다. 그리고 독일에 의한 프랑스기업 강제매수와 공산품 모두를 독일로 가져가기 위한 보호공장 지정과 노동자 강제징용 등은 '자유지구'에서도 BC정권의 협조아래 공공연히 벌어졌다. 한마디로 프랑스인들의 주권은 없었다. 따라서 프랑스 내에서 움직이는 화물차 4대중 3대는 의례 독일행이였으며 노동자징집은 150만 명이 넘었다. 포로 1명을 석방하는 조건으로 노동자 3명과 바꾸는 방식을 취했다.

대전 직후 독일에 체류했던 프랑스 노동자만도 70만 명 이상이었다. 하루 4억 프랑으로 결정된 점령비 부담도 큰 멍에였다. 당시 그 액수는 1,000만 명의 군대를 양성하는데 충당될 수 있는 거액이었다. 그렇게 하여 프랑스내의 공산품 30%~50%는 독일로 징발되었다. 프랑스인들의 칼로리 섭취율은 점령당한 서유럽 국가 중에서도 최저였으며 인플레이션도 최고였다.

파리쟌(프랑스 토박이)들 사이에는 집에서 토끼를 사육해 영양을 보충하는 일이 유행했을 정도였다. 점령 하에서 프랑스 재건은 기대할 수 없었다. 국민들 사이에는 독일군에 대한 저항운동인 레지스탕스가 날이 갈수록 점차 확산되어갔다.

11. 유태인의 운명

독일군 점령지에서는 단순히 피 점령지 국민이 도탄에 빠져 고생했다는 정도였다. 무엇보다 괴로운 것은 자국 내의 유태인들을 말살시키려고 혈안이 된 히틀러의 광기를 거역할 수 없었던 일이다. 프랑스에는 독일군이 점령했을 무렵 약 33만 명 정도의 유태인이 살고 있었으며, 전체인구의 0.8%를 차지하고 있었다. 그중 6만7천 명이 폴란드의 아우슈비츠 수용소로 보내졌으며 생환자는 겨우 2,500명에 지나지 않았다.

유태인들에 대한 박해는 '40년 7월 점령 직후부터 시작되었다. 처음엔 일반직장에서 특히 지식인들이 모두 추방되었다. 재산의 박탈은 물론 공공시설(레스토랑, 영화관, 극장, 미술관, 공연장, 도서관, 스포츠시설, 공중전화, 시장 등)의 이용금지, 오후 8시 이후 외출금지, 노란색 비표 패용 등 세세한 규정까지 시행했다. 게다가 생필품 구매시간까지 제한했으며, 사실 그 시간대에는 가게에 물건이 진열되어 있지 않았다.

최종적으로는 26종류의 법률과 24가지 정령(政令) 등을 시행, 유태인으로는 도저히 살아갈 수 없도록 그물 같은 각종 규제가 이뤄졌다. 결국엔 인신구속을 단행, 먼저 프랑스 내 수용소로 보내졌다가 아우슈비츠 수용소 가스실로 끌려갔다.

1945년 4월 11일 바이마르. 수용소 가스실에서 죽은 유태인 시체를 트럭에 싣고 있다.(좌)
미군 1945년 4월 17일에 Nordhausen, 독일의 나치 수용소에서 죽은 유태인 시체(우)

프랑스 내 수용소중 가장 악명 높았던 곳은 드란시 수용소로서 아우슈비츠가 개설되기 전까지 사용되었다.

이 같은 유태인 사냥에는 프랑스 경찰과 헌병대가 독일군 야전 헌병대와 친위대에 협조함으로써 더욱 기승을 부렸다. 그들은 3~4명이 한 조가 돼 유태인 침실까지 습격 연행해갔다. 어린이들도 예외는 아니었다. 처음부터 히틀러는 유태인들을 지상에서 말살해 버리려고 온갖 악행을 서슴지 않았다. 경기장 가운데 마련된 임시수용소는 지붕이 없어 한여름 뙤약볕이 내리쬐는가 하면, 식수조차 주지 않았다. 더더욱 화장실마저 없는 등 그 처참한 광경은 차마 눈을 뜨고 볼 수 없었다. 바로 '인간모독'이었다.

대체로 당시 프랑스인들 대다수는 유태인 사냥에 무관심했다. 이유는 정색으로 반대한다든가 그런 표정을 지으면 유태인이 아니더라도 수용소로 보내든가 아니면 현장에서 총살되기 때문이었다. 비(非)유태인으로서 강제수용소로 보내진 인원만도 6만5천 명이나 된다. 이들 중 절반은 레지스탕스 관련자였다. 레지스탕스 관련자중 가두에서 총살된 사람만도 3만여 명이나 된다.

끝으로 역시 독일군의 점령지였던 네델란드와 벨기에의 유태인 운명은 어떠했는지 살펴본다. 네델란드는 예부터 유태인에게 너그러운 편이어서 유태인들의 피난처로 알려져 왔다. 때문에 나치스의 유태인사냥을 항의하는 집회를 제네바에서 여는 등 초기엔 점령행정에 대한 반발이 컸다. 그러나 그런 것도 강압이 발동되자 어느 사이 더 이상 유태인들을 구제해줄 수 없었다. 1만여 명의 유태계 네델란드 국민 중 살아남은 사람은 절반정도 밖에 안 된다. 학살당한 유태인은 오히려 프랑스 거주 유태인보다 더 많았다고 한다.

점령 후반기에 접어들수록 독일로 이송되는 공장시설과 원료, 식량 등은 늘어났으며 수많은 네델란드인이 강제 징집되기도 했다. 게다가 점령비 부담이 생활을 짓눌러 살아가기가 너무 어려웠다. 벨기에서도 군수공장의 기계나 자재 등이 독일로 이송되고 점령비 지불과 노동자 징집(약 30만 명) 등이 행해져 생활은 말이 아니었다. '43년에는 1인당 하루 식량 배급량이 고작 1,600칼로리에 불과했다. 벨기에 거주 유태인수는 네덜란드보다 적었으나 그래도 2만 명 정도가 희생되었다. 유럽에서 가장 많은 희생자를 낸 폴란드 거주 유태인의 참상은 재삼 설명할 필요가 없을 것이다.

12. 영국 철저항전

히틀러는 서유럽의 조기 제압 후 영국본토에 군대를 대량 상륙시켜 점령계획을 세워두었다. 일명 '바다사자 작전'으로 불리고 있었다. 그러나 영국에서 화평을 요구해올 경우 언제든지 작전을 중지한다는 복안이었다. 프랑스를 점령한 후 중립국 스웨덴과 미국, 또는 로마교황청을 통해 영국이 먼저 화평을 제의해보도록 막후교섭을 꾀하는 한편, 의회연설에서도 "영국본토 상륙준비가 완료되었다"고 공표, 은근히 압력을 가했다.

영국정부 내에서는 극히 일부만이 화평에 응해야 한다고 했으나 별 반응이 없었다. 처칠 수상을 포함한 대다수 장관은 여전히 강경한 입장을 견지하고 있었다. 굳이 화평을 하려면 독일군이 모든 점령지에서 무조건 철수해야한다는 조건을 내걸었다. 게다가 시기가 좋지 않았다. 프랑스가 독일과 휴전협정을 맺은 7월 초여서 영국은 보다 철저한 항전의사를 세계에 천명했던 때였다. 이를 증명해 보이기 위해 독일군의 수중에 있다는 이유 때문에 프랑스 군함을 적의 군함으로 간주해 격침시키기도 했다. 즉 알제리의 군항 기지에 정박 중이던 프랑스 전함 등 20여 척까지

U보트(독일 잠수함)

도 사전 경고 후 모두 격침시켜 버렸다. 이유는 프랑스함대가 프·독 휴전협정 후 독일로 편입돼 지중해와 북해 등에서 작전을 개시할 경우 영국에 불리하다는 판단이었다.

당시 프랑스함대 사령관 달랑 제독이 프랑스 함대를 독일에서 사용하는 일이 없을 것이라고 천명했는데도 절대 믿을 수 없다며 군사행동을 서슴지 않았다. 그렇게 되자 히틀러는 결국 화평을 강제할 목적으로 군사행동에 나서기로 했다. 그에 따라 8월 하순께 영국본토 상륙작전을 전개키로 계획했으나 결행을 계속 연기했다.

13개 사단 26만 명의 상륙부대를 수송해야 할 독일해군으로서는, 도버해역에 대한 완전한 제해권과 제공권이 확보되지 않는 한 성공이 어렵다고 판단하고 있었다. 그 때문에 결행이 지연돼왔다. 독일 해군엔 전함이 2척밖에 없었다. 영국 해군엔 본국함대에서만 전함 5척을 보유하고 있었다. 지중해와 대서양해역을 포함하면 10척이 넘었다. 정면 대결하면 영국에 당해낼 수 없었다. 때문에 독일해군은 개전 이래 해군력을 강화하기 위해 'U보트'(독일 잠수함)에 의한 어뢰공격에 전념해왔다.

상륙작전을 결행하기에 앞서 영국군부터 먼저 격멸시키는 것이 우선순위였다. 공군만 제압하고 나면 30km내외의 도버해역에 'U보트'나 기뢰만으로 좌우를 포위 바다회랑(回廊)을 만들어 상륙정을 안전하게 통과시킬 수 있기 때문이었다.

독일 공군사령관 괴링(H. Göring) 원수는 영국본토의 항공기지를 폭격해 영국공군을 무력화하는 데는 2주일쯤이면 충분하다고 히틀러에게 장담했다. 히틀러는 서유럽의 신속한 점령에도 불구하고 늘 욕구불만에 쌓인 듯 수시로 측근들에게 신경질을 부렸다. 이유는 무엇보다 영국을 제압하기가 쉽지 않다고 느꼈기 때문이었다. 그러나 어떻게 하든 영국을 손아귀에 넣지 않고는 전쟁을 이길 수 없다고 판단하고 있었다. 최선의 방법은 지금껏 별러온 영국본토를 향한 상륙작전을 성공시키는 길이라

괴링(H. Göring) 원수

좌측부터 독일군의 JU 87, 전투기 BF 109, 폭격기 HE 111형

고 거듭 다짐했다.

먼저 공군을 동원, 위협폭격을 감행하는 작전계획을 세웠다. 당시 영국본토 폭격에 투입될 수 있는 독일공군 비행기는 수평으로 날면서 폭탄을 투하하는 폭격기 350대와 전투기 950대, 폭탄까지 장착할 수 있는 중전투기(重戰鬪機) 370대 등 모두 2,600대 정도였다. 이 같은 비행대는 3개 지역으로 분산돼 있었다. 즉 북프랑스, 벨기에, 노르웨이 등이었다.

폭격기 기종은 '하인켈(Heinkel) HE 111형'과 '돌르니에(Dornier) DO 215형' 등이었다. 전투기 기종은 '메서슈미트(Messerschmitt) BF 109형'뿐이었다. 히틀러는 이들 비행기만으로도 지금껏 여러 전투에서 혁혁한 전과를 올리며 승리했다고 자부해온 터였다. 영국본토 공격에도 이 정도 공군력만으로도 크게 문제될 것 없다는 것이 그의 생각이었다. 이미 독일 공군사령관 괴링 원수도 지금의 공군력으로도 영국 본토를 초토화 시키는데 2주 정도면 충분하다고 보고해 왔다.

독일 공군력에 비해 영국 공군(RAF 로얄에어포스)의 전투태세는 철통같았다. 비행기 기종 면에서도 대부분 신예기로 비행기 대수도 월등했다. '슈퍼마린·스핏파이어' 전투기 등 전투기만도 7,000대나 되었다. 더욱이 영국은 이 같은 항공기를 매주 100대에서 140대까지 생산하고 있었다. 때문에 처칠은 수상에 취임하자마자 항공기생산성이란 정부기구를 설치, 전담 장관까지 임명했다.

영국공군의 전투기는 날아오는 적의 폭격기와 그것을 엄호하는 전투기 모두를 격추시킬 수 있는 성능을 가지고 있었다. 항공부대는 4개 그룹으로 나뉘어져

영국공군 신예기 스핏파이어(좌)
영국공군, 최신예 병기 레이더망(사진 우)

있었다. 영국 서남쪽을 방어하는 부대, 스코틀랜드와 북부를 방어하는 부대, 산업심장부인 중부 방어부대 등으로 배치해두고 있었다.

또한 영국공군에는 독일이 갖고 있지 못한 비밀병기가 하나 더 있었다. 바로 레이더였다. 전리층(電離層)에 전자파를 발사시켜 멀리부터 비행기를 탐지하는 전자기술은 당시 세계에서 맨 먼저 영국공군이 군사목적에 실용화시켰다. 영국은 그 레이더를 북단의 스코틀랜드 제도에서 해안선 가까운 웨일스 지역에 이르기까지 뻗쳐놓고 있었다. 레이더는 물론 '신예 허리케인', '스핏파이어'야말로 영국공군의 비장의 카드였다.

개전 전 체코슬로바키아의 즈데텐 지방의 할양을 강요하는 독일 히틀러에 대해 당시 영국수상 첸바렌이 들어준 것을 늘 영국정부는 못마땅해 했다. 그때까지만 해도 '신예 허리케인'이나 '스핏파이어', 레이더망 등이 구축되어 있지 않아 가능한 한 전쟁을 회피하기 위해 부득이 그렇게 했다. 그로부터 1년 후 독일이 폴란드를 침공, 대전을 도발하게 되자 영국은 먼저 프랑스와 손잡고 당연히 독일에 선전포고를 했던 것이다. 그때는 새로운 병기가 완성되어 있어 독일군이 영국본토를 공격해 온다 해도 자신이 있다고 생각했기 때문이었다. 영국이 자랑해온 레이더는 독일에서 선보인 것과 비교하면 별로였다. 적기가 가까이 접근해오는 것을 빨리 감지할 수는 있었으나 자세한 정보(대수, 방향, 고도 등)를 알기 위해서는 망원경이나 쌍안경, 휴대전화 등을 늘 소지하고 감시원이 해안에 상주하지 않으면 안 되었다. 당시 5만 명이 넘는 요원이 그 같은 임무에 종사했을 정도다.

13. 기수(機首)를 영국으로 돌려라!

'40년 7월 10일 드디어 독일공군기 편대가 영국 본토로 기수를 향했다. 곧 폭격이 시작되었다. 폭격은 한정적으로 이루어졌다. 이유는 히틀러가 오래 전부터 전략상 영국과의 화평에 대한 미련을 버리지 않아 이를 강제로 하기 위한 것이었다.

또 한 가지 이유는 영국본토에 대한 상륙작전을 원만히 수행하기 위한 제공권 확보차원에서 비롯된 '위협폭격'의 성격을 띠고 있었다. 때문에 폭격목표는 도시보다 해안지대, 항만, 선박, 도크시설, 비행장 등으로 한정되었다. 폭격의 성과는 별로 없었다. 괴링 공군사령관의 장담에도 불구하고 한 달이 지나도록 큰 소득은 없었다. 오히려 독일 공군기 227대가 격추 당하자 전의마저 상실되었다. 영국공군은 불과 84대만 파손되었다.

독일공군 비행기가 영국 상공에서 격추될 때 조종사가 낙하산으로 탈출에 성공해도 100% 체포당해 포로 신세가 되었다. 결국 비행기와 함께 모두 희생되어야 했다. 반면 영국비행기는 격추된다 해도 조종사가 탈출만 성공하면 본대로 되돌아가 또 다시 출격할 수 있어 조종사 부족사태는 덜했다.

독일비행기와 영국비행기 '스핏파이어'와 공중전을 벌인 것도 비로소 처음이었다. 독일공군 '메서슈미트' 비행기와 비교할 때 스피드 면에서는 호각 상태였으나 다만 영국기가 상승력이나 급강하 속도 면에서는 열세를 보였다. 하지만 급각도로 회전하거나 '공중제비 비행' 등 선회능력 면에서는 영국공군 '스핏파이어'가 강력한 탓으로 독일비행기가 많이 격추 당했다.

독일공군 '메서슈미트'의 원래 임무는 폭격기의 엄호를 위한 것으로써 폭격기와 먼 거리에 있는 상태에서 독자적으로 공중전에 임할 수 없었던 불리한 면이 있었다. 게다가 독일기 '메서슈미트'의 최대 약점은 항속거리가 짧다는 것이었다. 평균 600km로 알려져 있으나 그것은 어디까지나 경제속도에 따른 거리이고, 전투에 돌입하면 전속력으로 움직이기 때문에 그렇게 될 수 없었다. 다시 말해 항속거리가 160km에서 200km정도, 항속시간은 대체로 1시간 30분 전후라서 늘 시간이 마음에 걸려 만족스런 공중전을 벌일 수 없었다. 개량형인 '110형'은 더 많이 비행할 수는 있었으나 성능이 나빴다.

결국 독일공군 폭격기는 영국 남부 쪽을 공습할 때 종종 전투기의 엄호 없이 독자적으로 행했기에 영국공군의 신예기 '허리케인'에 의해 용이하게 격추 당하는 수모를 겪었다. 그로 인해 독일은 한 달이 지나도 도버해역의 제공권을 확보할 수 없어 프랑스 서해안에 줄지어 대기 중이던 소형 상륙정 대군(大群)조차 훈련한다며 시일만 허비했다.

8월 11일부터는 독일공군에 의한 영국본토에 대한 폭격이 다시 격렬해졌다. 하지만 급강하 폭격기의 출격은 없었다. 너무 많이 격추 당했기 때문이었다. 폭격 목표지점에 레이더 스테이션까지 장착했으나 독일군은 레이더의 효율을 그다지 높게 평가하고 있지 않았기에 별로 신경 쓰지 않았다. 8월 15일부터 또다시 최대 규모의 폭격이 시작되었다. 새벽부터 저녁 무렵까지 연 1,800대, 16일에는 연 1,720대가 동원되었다. 영국본토(RAF) 공군은 한사람의 파일럿이 대개 2~3회 연속 출전하여 연 500대를 출격시켰다. 결국 노르웨이 기지에서 출격한 독일공군 170여 대를 출격했을 때는 그 3분의 1을 격추시키는 큰 전과를 올릴 수 있었다. 그런데도 독일공군의 격렬한 영국본토 폭격은 9월 6일까지 계속되었다. 영국의 파일럿 전사자도 늘어만 갔다.

윈스턴 처칠

처칠 영국수상은 보다 앞선 8월 20일 의회에서 특별연설을 했다. "인류의 투쟁에서 안타깝게도 다수의 인간이 소수의 인간으로부터 은혜를 받은 일은 일찍이 없었다"며 영국공군 파일럿들을 찬양했다.

8월 24일 독일공군은 그동안 대도시 폭격을 자제해왔으나 돌연 영국 수도 런던 중심지에 폭탄을 투하했다. 물론 조종사의 실수에서 비롯되었다. 애초엔 런던 인근 석유저장시설과 비행기

공장 파괴가 목적이었으나 착오로 그만 런던 중심가에 폭탄이 투하되고 말았다. 처칠은 즉각 베를린 중심가에 보복폭격을 단행하도록 긴급명령을 내렸다.

다음날 80여 대의 폭격기가 일제히 출격 그중 40여 대가 베를린 상공에 은빛 날개를 번쩍이며 전쟁 후 최초로 독일 수도를 무차별 폭격했다. 수도 베를린의 방공체제는 의외로 허술했다. 그 후에도 연일 베를린 공습은 계속되었다.

'40년 9월 7일 독일공군은 폭격 주 목표지점을 런던으로 바꿨다. 대낮부터 공습이 시작되기에 런던 시내에는 끊임없는 공습경보 사이렌 소리가 요란했다. 밤중까지도 공습은 멈추지 않았다. 더욱이 '40년 9월 15일에 있었던 공습은 최대규모의 폭력이었다. 영국공군도 과감하게 공격, 독일항공기 56대를 1차로 격추시켰다. 그 같은 손실은 독일공군으로서는 큰 손실이었으며 큰 충격으로 받아들였다. 그로 인해 독일공군이 목표했던 도버해역에 대한 제공권은 결정적인 타격을 입었다.

9월 23일 영국 정찰기가 프랑스 서해안에 집결돼 있던 독일군 상륙정 무리가 대부분 자취를 감춘 사실을 타전해왔다. 그렇다고 해서 독일공군이 아직 런던공습을 중단한 것은 아니었다. 백주의 공습은 9월 30일경 끝났지만 다음날부터는 야간공습을 계속했다. 공습목표는 무차별 공습에서 버밍검이나 주요 정부기관을 선별, 집중폭격하는 것이었다.

처칠 수상과 공군지휘부는 오히려 그쪽 폭격을 환영(?)하는 눈치였다. 그 사이 런던 교외에 있는 비행기 공장이 안심하고 증산에 몰입할 수 있다는데서였다. 독일공군의 런던폭격으로 1만 명 내지 2만 명의 시민이 집을 잃었다. 처칠 수상은 공습 날마다 아침 일찍 거리로 나와 시민들을 위로하고 의회에서는 "대도시 파괴의 경우 수익차감의 법칙이 적용될 것"이라고 말했다. 그는 대부분의 폭탄이 지붕에 떨어져 지붕만 날아갔을 정도라고 덧붙였다.

10월 15일 보름달이 유난히 밝아왔다. 그 둥근 달이 수줍은 듯 엷은 구름사이로 모습을 감추는 순간 386톤이나 되는 고성능 폭탄과 7만 개 가량의 소이탄(燒夷彈)이 런던 번화가로 떨어졌다. 시가지는 금세 불바다가 되었다. 몇 백대의 소방차가

런던 타워 브릿지 일대가 폭격을 맞는 장면과 폭격으로 인해 끊어진 철도

동원되었지만 불길은 걷잡을 수 없었다. 독일공군의 야간폭격은 11월초까지 계속되었다. 연속적으로 200대가 넘는 대 편대가 쉴 새 없이 런던 하늘을 유린했다.

처칠은 그의 저서 '제2차 세계대전'에서 다음과 같이 회고했다. "독일공군의 런던 폭격 때 거대한 동물대군 같은 것이 여기저기에 떼를 지어 다니며 사람들을 갈기갈기 찢어놓고는 피를 흘리는 것을 보고 즐기는 것 같았다"고 했다. "그런데도 런던 시민들은 상처를 입고도 용케 견뎌 내었다"며 그때의 용기를 찬양했다. 마지막으로 그는 "전쟁이야말로 인류의 적이다"라고 전쟁의 쓴 경험을 실토했다.

11월 14일 인구 30만 명이 사는 군수산업의 거점도시였던 코벤트리 지역이 대공습을 받고 하룻밤 사이에 폐허로 변했다. 이때부터 '코벤트리화'(化)란 신조어가 생겨났다. 그 말은 혹시 공습을 입으면 그 지역처럼 폐허가 될지 모르니 미리 피난 등 대비책을 세우라는 경고의 뜻이기도 했다. 여전히 독일공군의 철저한 융단폭격과 소이탄 투하가 멈출 줄 몰랐다.

처칠 수상은 독일군의 암호를 해독하는 조직인 '울트라'를 극비리에 두고 있었다. 여기서 얻어지는 정보는 수상이외는 알 수 없었다. 가장 폐허가 심한 코벤트리 지역의 폭격도 미리 알고 있었지만 암호해독을 적이 눈치챌까봐 그 지역에 대해 사전 공습경고도 하지 않았다.

독일공군의 영국본토 폭격은 11월말에 가서야 끝나게 되었다. 히틀러는 폭격으로서만 영국을 굴복시킬 수 없다는 것을 비로소 확실히 알게 되었다. 4개월 동안의 런던공습에서 독일공군은 약 1,700대의 비행기를 잃었으며 영국은 900대 정도를 잃었다. "영국은 간단하게 독일에게 정복되고 말 것이다"라는 세계 각국의 염려와 전망은 완전히 빗나가게 되었다.

14. 미국의 참전 명분 쌓기

그 무렵 미국 루즈벨트 대통령이 처칠 영국수상과 개인적인 친분을 더욱 두텁게 하기 위한 서신교환이 무려 300통이나 된다는 사실이 나중에 알려졌다. 루즈벨트는 대통령의 권한을 십분 활용, 영국에 대한 군사원조를 계속 확대해 나가려고 애썼다. 그의 속마음은 지금껏 미국이 견지해온 중립정책을 포기하고 미국도 연합군으로 참전해야한다는 쪽이었다.

'40년 9월 3일 런던공습이 본격화되기 직전 미국은 구식 구축함 50척을 영국 해군에 이양해 주었다. 영국은 대금을 현금 대신 영국령 기지(뉴펀들랜드 및 버뮤다 제도, 서인도 제도)와 기니아 기지(남아메리카, 북대서양)를 미국에 99년 동안 조차해 주었다.

12월 8일 처칠 수상은 루즈벨트에게 "영국은 대금을 현금으로 지불 못하게 될지도 모른다"며 양해를 구했다. 루즈벨트는 국민들에게 왜 우리는 영국을 지원해야 하는지를 설득시키지 않으면 안 되었다. 당시 미국인의 압도적 다수는 유럽전쟁에 미국이 말려들어서는 안 된다고 생각하고 있었기 때문이었다. 그래서 소위 '고립주의'를 지향하고 있었다. 즉 영국을 지원해야 한다는 말속에는 미국도 전쟁에 부득이 개입해야 한다는 의도가 숨어 있었다.

'40년 11월 루즈벨트는 "국민을 절대로 전선에 보내는 일은 없을 것"라는 공약 끝에 대통령에 재선되었다. 그런데도 그는 공식취임 하자마자 "미국은 민주주의 국가의 병기공장이 되지 않으면 안 된다"고 의회에서 연설했다. 그는 '41년 1월 6일 의회에 보낸 연두교서에서 4가지 자유를 유독 강조해 눈길을 끌었다.

즉 ① 언론 표현의 자유 ② 신앙의 자유 ③ 궁핍으로부터의 자유 ④ 공포로부터의 자유를 역설했다. 그중 "공포로부터의 자유를 지키기 위해 파시즘과 싸우고 있는 여러 나라 국민을 지원해야 한다고 말해 히틀러와 무솔리니는 물론 도조로 대변되는 독·이·일 3국 군사동맹을 은근히 공격했다. 일본 역시 3국 군사동맹을 기대고 3년 반 동안 중국을 침략하고 있는 점이 루즈벨트의 신경에 걸렸다.

루즈벨트는 동서양으로 계속 퍼져가고 있는 전쟁을 가리켜 "민주주의와 파시즘의 투쟁"이라고 규정했다. 3월 11일 루즈벨트 대통령의 그 같은 발언이 사라지기도 무섭게 미국의 해외 무기대여법이 국회를 통과했다. 주요골자는 미국의 방위상 필요할 경우 어떤 나라이든 간에 무기를 매각 하거나 양도, 교환, 임대, 융자 등의 수단으로 무기와 탄약을 무제한으로 원조할 수 있다는 것이었다. 그때까지도 미국은 독일에 대해 선전포고를 하지 않았지만, 중립정책은 곧 막을 내리겠다는 신호로 해석되었다. 미국은 계속 전쟁에 뛰어들 명분 쌓기에 주력하고 있었다.

15. 전선 확대

'41년 전반기부터는 전선이 서유럽에서 영국본토로, 거기서 다시 북아프리카 쪽으로 확대되어 가는 양상을 띠고 있었다. 주요전선 중 하나는 발칸지역이며, 또 하나는 북아프리카 쪽으로 번지고 있었다. 그렇게 된 큰 요인은 이탈리아 무솔리니가 경솔하게 뛰어든 탓이었다. 바로 이탈리아의 막판 프랑스 침공 이래 그리스 침공과 독일군의 유고슬라비아 및 그리스 침공도 확전을 부추긴 결과였다.

그에 앞서 이탈리아는 '40년 10월 28일 2차 대전 전인 '39년 4월에 점령해 병합시킨 알바니아에서 전격 그리스를 침공했다. 전쟁의 대의명분도 명확치 않은 채 다만 히틀러에 대한 굴욕감에서 벗어나기 위한 것이었다. 비록 어리석은 행동이었지만 그 같은 목적은 분명했다.

히틀러는 맨 처음 폴란드 침공 때도, 노르웨이 침공 때도, 벨기에 침공 때도, 프랑스 침공 때도 동맹국 무솔리니에게 일언반구도 없이 작전을 개시했기에 무솔리니에게는 참을 수 없는 굴욕감이 짓누르고 있었다. 이탈리아군 참모총장 바드리오 원수가 1주일간에 걸쳐 그리스 침공이 부적절하다고 무솔리니에게 전언했으나 이를 무시한 채 결행되었다. 이탈리아군은 그리스군의 반격에 밀려 침공 2주일 만에 격퇴 당했다. 무솔리니에게는 예상 밖의 일이었다.

그리스정부의 긴급요청에 따라 영국공군이 이집트에 주둔 중이던 영국공군 5개 중대를 급파, 침공 중이던 이탈리아군 부대를 무차별 폭격 한데서였다. 게다가 그리스 영토 내에도 영국군 부대를 투입, 결사항전한 결과였다.

독일은 그 무렵 소련 침공을 준비하고 있었다. 하지만 그리스에 주둔중인 영국군의 존재가 두려웠다. 왜냐하면 본격적인 소련 침공에 앞서 우크라이나지방부터 공략하는 데는 아무래도 영국군의 존재가 거슬렸다. 그리고 석유기지가 있는 루마니아를 침공하는데도 역시 그리스에 주둔중인 영국군이 방해가 되었다. 그 같은 급작스런 정세 속에서 이번에는 유고슬라비아에서 반란이 발생, 혼선을 빚었다.

어쨌든 히틀러는 프랑스점령을 완료했을 때부터 발칸제국을 차근차근 자기세력권속으로 편입시키고 있었다. 그러나 아직까지도 히틀러의 우선과제는 루마니아를 굴복시키는 것이었다. 그래야만 소련 침공이 유리하기 때문이었다. 하지만 이미 독·소 불가침조약 부속 비밀의정서에 루마니아 내 베사라비아 지방(1차대전시까지 러시아령) 등을 소련 령으로 하는 조항을 승인해 주었기에 거북했다. 게다가 헝가리의 요구를 만족시켜주기 위해서는 북부 트란실바니아(11세기경부터 헝가리 령이었으나 1차대전시 오스트리아 및 헝가리 령)를, 그리고 불가리아와 친교를 유지하기 위해서는 남부 도브루자(불가리인 집단 거주 지역)도 할양시켜 주어야만 했다.

루마니아는 1차 대전 후 베르사이유체제 덕으로 영토를 늘린 국가로 꼽힌다. 그 베르사이유체제를 파괴하려고 하는 히틀러 침략근성 때문에 다시 옛날로 되돌아가게 되었다. '40년 10월 루마니아국왕 카를 2세가 망명을 떠나자 친 나치스의 안토네스쿠 장군이 정권을 장악, 독일군 진주를 전격 허용했다. 그 후 루마니아는 독·이·일 3국 군사동맹에도 자진 참가했다.

그리스에서 이집트로 가는 영국군

히틀러는 유고슬라비아, 헝가리, 불가리아 등도 3국 군사동맹에 끌어들여 각각 군대를 주둔시켰으나 막판에 유고슬라비아가 돌연 반기를 들고 말았다. '41년 3월 27일 그 나라 공군참모총장 시모비치 장군 주도의 군사 쿠데타 때문이었다. "조약보다 전쟁을, 노예보다 묘지를"이라고 외치는 데모군중 때문에 불가피한 것처럼 사실상 위장해 쿠데타를 성공시켰다. 성공 즉시 4월 5일 소련과는 우호불가침 조약을 체결하기에 이르렀다. 독·소는 아직도 우호관계를 유지하고 있었기에 유고와 소련간의 조약을 표면적으로는 반 히틀러 정서라고 말할 수 없었다. 그러나 실제로는 반역행위와 다를 바 없었다. 그렇게 되자 4월 6일 독일 공군과 기갑부대는 유고슬라비아와 그리스를 돌연 공격하기 시작했다. 소련의 힘을 믿고 있던 유고슬라비아는 불과 1주일 만에 백기를 들었다. 그리스도 버티다 못해 4월 20일 항복했다.

그리스는 개전 후 실권을 장악했던 친 나치스 정권이 서둘러 독일과 휴전협정을 맺었다. 그리스에 주둔 중이던 영국군은 이집트의 알렉산드리아까지 겨우 퇴각했으나, 유고슬라비아 크레타섬에 주둔 중이던 영국군 수비대는 꼼짝없이 독일군에 항복할 수밖에 없었다. 이로써 발칸제국은 별 수 없이 나치스독일의 지배아래 놓이게 되었다.

16. 이탈리아군 패주

이탈리아가 리비아를 식민지로 지배하기 시작한 것은 1912년으로 거슬러 올라간다. 당시 종주국이었던 오스만과 터키와의 전투에서 승리, 손아귀에 넣었다. 바로 그 전쟁이 '트리폴리 전투'다. 트리폴리는 리비아 수도의 이름이다. 리비아는 당시 영국이 지배하는 이집트 인근이었지만 영국의 관심 밖이었다. 이탈리아가 리비아를 점령하자 비로소 영국은 경계의 눈초리를 멈추지 않았다.

'40년 6월 10일 이탈리아가 영·불에 선전포고를 했을 때만 해도 리비아에는 이탈리아군 25만 명이 주둔하고 있었다. 이탈리아군은 9월 13일 독일공군이 런던폭격을 개시했을 무렵 전격적으로 이집트를 침공, 시디 바라니(리비아국경에서 약 50km)를 점령, 그 지역에 뿌리를 박았다. 실은 그보다 수도 카이로를 점령, 수에즈 운하를 봉쇄할 계획이었다. 하지만 광활한 모래사막에서 전투를 하기에는 이탈리아 기갑부대로서는 아무래도 자신은 물론 능력도 없었다. 그러나 이탈리아군은 동아프리카 방향에 위치한 소말리아와 에티오피아에 또 다시 30만 명의 병력을 주둔시켰다. 동서지역에서 이집트를 협공하기 위해서였다. 그렇게 되면 이집트주둔 영국군이 잠시도 버틸 수 없을 것으로 무솔리니는 믿고 있었다.

하지만 이탈리아군의 전투능력이나 장비 등은 1차 대전 때보다는 조금 나아졌지만 대부분 그대로여서 별 위력이 없었다. 그래서인지 수단이나 케냐조차도 병력 2만 명만으로도 방어할 수 있었기에 이탈리아군은 꼼짝없이 견제 당해야 했다. 그런데도 이탈리아군은 아프리카지역만은 그들의 지배하에 두겠다는 무솔리니의 야심 때문에 한 치도 물러날 기미를 보이지 않았다.

여기에 강력히 대항할 수 있는 군사력은 이집트에 주둔중인 영국군이었다. 그러나 그곳에 파견돼 있는 병력은 제7기갑사단 3만 6,000명에 불과했다. 영국은 부랴부랴 인도와 오스트레일리아, 말레이시아, 싱가포르 등에 주둔 중이던 병력을 이집트로 이동시켰다.

'41년 12월 9일 영국군이 병력을 보강, 북아프리카 시디 바라니 지역 탈환작전을 대대적으로 전개했다. 바로 이름 그대로 '모래사막 전투'였다. '마틸다'란 신형 전차 수백 대가 선두에서 사막의 모래바람을 일으키며 돌격해 오는 영국 기갑부대에서 이탈리아군은 순식간에 괴멸되고 말았다. 마치 밀림의 왕자가 힘없는 양

떼를 쫓듯 거세게 밀어붙이자 이탈리아군은 패주에 패주를 거듭 무기까지 버리고 달아났다. 더욱이 새로 영국군에 가세한 호주군 제6사단의 추격전으로 '42년 2월에는 리비아 트리폴리까지 밀려났다. 두 달 남짓 사이 약 1,400km나 후퇴했다. 무솔리니의 허풍처럼 아무런 힘도 없는 건달패가 괜히 힘자랑 하다가 쫓기는 꼴 그대로였다. 그 전투에서 영국군에 붙잡힌 이탈리아군 포로는 15만 명이나 되었다. 영국군은 포로 인원수를 보고는 "5에이커의 장교, 200에이커의 병"이란 말로 이탈리아군을 조롱했다.

이탈리아군이 아프리카 '모래사막 전투'에서 어이없이 패하자 크게 실망한 것은 오히려 무솔리니 보다 히틀러였다. 2차 대전의 전세가 이를 고비로 히틀러와 무솔리니 그리고 도조로 대변되는 독·미·일 3국 군사동맹국에게 조종(弔鐘)을 알리는 붉은 신호로 다가왔기 때문이었다. 바로 북아프리카 전투가 2차 대전의 중요전기가 되었다.

17. 일본의 고민

그 무렵 일본은 무엇을 하고 있었는가? 일본은 중일전쟁을 일으킨 지 3년 5개월째로 접어들고 있을 때였다. 게다가 이미 독일과 이탈리아가 맺은 군사동맹에 가입, 소위 '3국 군사동맹'을 발판으로 미국과 영국에 대한 대결자세를 노골화하고 있을 때였다. 미국도 뒤질세라 일본에 대해 적극적인 경제제재로 맞섰다. 그러던 중 미국은 물론 영국이 중국을 지원하고 있었다. 그런데도 미국의 적대행위를 알면서도 직접 교전하기보다 충돌을 교묘히 피해가며 중국을 빼앗겠다는 야심을 포기하지 않고 있었다.

또 한편으로는 자기들이 만들어둔 소위 만주국(현 길림성)을 현상유지하기 위해 '41년 4월 13일 인근 소련과 일·소 중립조약을 서둘러 체결했다. 그 뒤를 이어 일본군은 네덜란드를 비롯해 인도네시아 말레이시아·싱가포르(당시 영국령)로 진출하기 위한 명분 찾기에 골몰하고 있었다.

18. 히틀러, 모스크바 점령 반대

'41년 6월 22일 독일의 탱크부대가 떼를 지어 노도와 같이 소련국경을 짓밟고 총구를 소련 심장부로 돌렸다. 런던 상륙 대신 모스크바부터 점령, 기세를 더 높여 보겠다는 야심에서였다.

독일과 소련은 이미 1년 8개월 전에 상호불가침조약을 맺은 바 있었다. 히틀러는 인성 그대로 약속을 저버리고 일방적으로 조약을 파기, 기습을 감행한 것이다. 그 침공 작전의 이름은 '바바로사 작전(Operation Barbarossa)'이었다. '바바로사'란 '붉은 수염의 왕'이란 뜻이다. 12세기 로마황제 프리드리히 1세의 별칭으로서 당시 그는 무조건 지배권을 확대하려고 했던 인물이었다.

300만의 병력을 동원 발트해에서 카르파티아 산맥(루마니아, 소련국경지대)에 이르는 남북 1,500km에 이르기까지 포성을 진동시키며 무한궤도로 탱크부대를 돌진시켰다. 병력은 3개 부대로 크게 나뉘어 있었다. 기본조직으로 기갑사단에는 탱크 200~400대로, 보병사단에는 병사 1만 5,000~2만 명 수준으로 편성돼 있었다. 중앙본부군단은 독일군이 이미 점령한 폴란드령 브레스트, 리토프스크 지방 부근에서 작전을 개시, 곧바로 동쪽으로 진출해 모스크바로 곧바로 쳐들어간다는 작전계획을 세워둔 상태였다.

모스크바까지는 1,000km정도였다. 이 중앙본부군단엔 전체 기갑사단 27개중 15개 사단과 보병사단 76개중 30개 사단, 항공기 900대 등이 집중적으로 배치돼 있었다. 또 중앙본부군단 직속사단은 발트해 인근 동쪽 프로이센에서 작전을 개시, 주목적지로 레닌그라드로 결정, 전투에 돌입했다. 여기에는 9개 기갑사단과 25개 보병사단 항공기 600대가 투입되었다. 남부군단은 폴란드남부와 헝가리, 루마니아지역에서 진격을 개시, 우크라이나지방을 목표로 수도 키예프를 점령키로 했다. 동원된 병력은 6개 기갑사단과 21개 보병사단, 항공기 430대였다.

다행히 전투를 방해할 만한 산악지역은 없었다. 주로 경지와 평원사이에 단지 몇 그루의 나무와 시냇물이 흐르고 있는 고요한 평화지대 같은 지역이었다.

반면 모스크바 침공을 목표로 한 전투부대 앞에는 일본 국토의 3분의 2에 해당되는 습지가 뒤덮여 있었다. 호수가 줄줄이 이어져 있지만 불모의 땅은 아니었다. 3분의 1은 산림지대이고 4분의 1은 초원지대로 농업과 목축 외에도 석탄과 철광석의 산지이기도 했다. 탱크로 전투하기엔 애로가 많았다. 중앙군단은 습지의 북쪽을 우회해 우크라이나부터 제압하기로 목표를 정했다.

소련군은 예상외로 허약했다. 전선마다 패주하기에 바빴다. 북아프리카 전선에서 초기 기세당당하던 이탈리아군이 영국군에 쫓겨 도망치듯이… 탱크나 비행기 병력수면에서도 독일군보다 훨씬 많은데도… 개전 후 10일 동안에 비행기만도 3,000여 대를 잃는 등 소련군은 일방적으로 당하기만 했다. 그래서인지 독일군의 진격속도가 계속 빨라지기 시작했다. 기갑사단은 모스크바를 향해 집중 배치하는 한편 중앙군단은 7월 2일까지 먼저 민스크를 거쳐 7월 16일엔 스몰렌스크로 진격, 8월 1일 점령키로 했다. 스몰렌스크에서 모스크바까지는 약 300km정도이다. 민스크도, 스몰렌스크도 일찍이 모스크바를 목표로 했던 나폴레옹군이 거쳐 가면서 많은 피해를 가져다준 곳이다.

민스크에 배치돼 있는 소련군은 독일군에게 포위돼 15만 명 가량이 포로로 붙잡혔다. 1,200대의 탱크와 600문의 대포도 손실되고 말았다. 그러나 스몰렌스크를 점령한 독일군에게 이상하게도 계속 모스크바로 진격하라는 작전지시가 없었다. 알고 보니 레닌그라드나 키예프를 향해 진격중인 부대가 아직 먼 지역에서 전투 중에 있었기 때문이었다.

이렇게 되자 갑자기 히틀러는 중대한 방향전환을 혼자 결정했다. 즉 북부군은 레닌그라드로 계속 진격하도록 하되, 중앙군단은 기갑부대로 하여금 우크라이나 공화국의 키예프를 공략하도록 다시 명령했다. 모스크바 점령을 코앞에 두고 기갑부대를 지휘해 온 구데리안 장군은 실망스런 표정으로 히틀러에게 당초 계획대로 모스크바부터 먼저 점령하자고 적극 진언했다. 절대 권력자 히틀러는 눈도 까딱하지 않고 묵살해버렸다. 그의 생각은 달랐다. 즉 모스크바는 단지 수도일 뿐 점령해 보았자 별로 얻을 것이 없으며 차라리 곡창지대이며 공업지대인 우크라이나 지대를 먼저 점령, 양곡과 공산품 등을 미리 확보하자는 것이었다.

그렇게 해서 모스크바 점령 일보직전에 방향을 바꾼 대규모 기갑부대는 구데리안 장군의 지휘로 우크라이나에 대한 집중공략에 나서기는 했지만 모두가 실망감을 감추지 못했다. 키예프는 모스크바 남서쪽 약 850km 스몰렌스크에서 500km 가량 떨어져 있다. 앞서 스몰렌스크를 점령했던 독일군 보병사단도 맥없이 기갑사단이 되돌아 올 때까지 그대로 기다리고만 있었다.

결국 히틀러는 이 시점에서 소련침공 작전에 대한 큰 오류를 범했다. 차라리 혹한이 오기 전 소련의 수도 모스크바부터 점령했더라면 대전의 양상은 크게 달라졌을 지도 모르는 일이었다. 대실수라고 만 할 것인가.

19. 키예프 함락과 히틀러의 꿈

키예프(Kyiv)는 우크라이나 공화국 수도로서 도네츠 강 중류연안에 자리 잡고 있었다. 예로부터 이 도시는 "러시아 모든 도시의 어머니"라고 불릴 만큼 9세기경부터 번성돼온 고도(古都)이다. 그때만 해도 인구가 150만 명 넘게 살고 있었다.

그 유서 깊은 키예프를 독일 침략군이 포위한 것은 '41년 9월 2일이었다. 소련군도 무려 35개 사단 70만 병력으로 응전했지만 9월 중순께 점령당했다. 독일군은 포로 66만 명과 탱크 900여 대, 대포 3,700문을 노획하는 전과를 올렸다고 선전했다. 그러나 소련군은 도리어 피해를 축소하기 위해 독일군에 붙잡힌 포로가 55만 정도라고 응수했다.

소련의 항복도 시간문제라고 호언장담해온 히틀러는 키예프에서의 전투가 한창일 때부터 군부와 나치스 간부들을 불러 점령후의 소련에 대한 '장래문제'를 미리부터 협의했다. 특히 러시아인들을 우랄산맥 동쪽으로 추방, 그 자리에 독일인들을 중심으로 스웨덴, 덴마크, 네덜란드 사람들을 대량으로 이주시켜 대규모 농업지대로 만들겠다는 꿈을 가지고 있었다.

독일인 이민을 위해서는 30km에서 40km의 특별 환상지대(環狀地帶)를 만들어

독소전쟁 전쟁 초기 항복한 소련군 포로들을 수용할 캠프로 이동시키는 독일군(1941년), 우크라이나 우만의 독일군에 항복한 소련군 포로들(1941년)

그곳에 아담한 농촌을 건설하여 최상급의 도로와 연결, 타국 사람들과는 달리 별세계에서 생활하도록 해준다는 계획도 세워두었다. 반면 현지인들에게는 문명시설 같은 것은 일체 제공치 않고 원시상태로 지내도록 그대로 방치해두고 독일인들에게 무조건 복종토록 제도화할 계획도 마련해 두었다. 만일 현지인들이 이에 반발, 반란이라도 일으킬 경우 그 지역 일대에 폭탄을 투하 몰살해버린다는 극비계획도 별도로 가지고 있었다.

히틀러는 소련 국민 중 우크라이나인이나 백러시아인중 일정 수를 살해해 버리든지 아니면 국외로 추방해 버리든지 할 말살계획까지도 침공 전부터 은밀히 마련했다. 그밖에 소련인(러시아인)을 최소한 3분의 1은 지상에서 없애버리고 나머지 3분의1은 국외로 추방시켜버린다는 기본계획도 가지고 있었다.

이처럼 히틀러에게는 소련 침공이 영토 확장이나 자원획득이 최종목적이 아니었다. 유태인들을 지상에서 아예 없애듯이 슬라브 민족을 아예 말살시키고 게르만 민족을 지구상에 증식시키겠다는 기본계획이었다. 그래도 만약 지구상에 슬라브인이 남아있다면 그들 모두를 노예로 삼겠다는 것이었다.

그 같은 계획에 좇아 군 지휘관들에게 소련 점령 시는 처음부터 주민들까지도 포로로 취급해 한곳에 수용시킨 후 강제노동에 동원하거나 린치, 학살, 추방 등 무자비한 말살정책을 시행토록 거듭 촉구했다.

소련 탱크 T-34형과 독일군 주력탱크인 4호 전차 75mm

 소련군은 작전초기 독일군에게 당하기만 했다. 마치 링 위에서 장난삼아 벌이는 어른과 아이의 권투게임처럼 상대가 안 되었다. 소련군의 무기 중 탱크만 예로 보더라도 독일탱크보다 오히려 성능이 좋았다. 즉 소련 탱크 T-34형은 독일군 탱크보다 훨씬 덩치도 크고 77mm포까지 장착하고 있었다. 독일군 주력탱크인 4호 전차 75mm보다 위력이 월등했다. 장갑두께도 3mm나 더 두터웠다. 불과 3mm 차이라고 하더라도 전장(戰場)에서는 엄청나다.
 당시 소련군은 T-34형 탱크를 적어도 1,200대 이상에서 2,000대 이상 배치해 두고 있었던 것으로 알려져 있다. 그런데 전쟁 초기부터 독일군에게 왜 밀렸을까.
 흔히 이유로 지적되는 것은 '36년부터 '38년에 걸쳐 소련의 독재자 스탈린이 단행한 '대숙청'이 소련군 지휘부를 약화시킨 데서 라고 전문가들은 말하고 있다. 그 대숙청은 공산당 간부에서부터 일반당원, 군인, 시민들에 이르기까지 처형, 강제수용 등이 대규모로 이뤄졌다. 그 숫자는 350만 명에서 최대 1,200만 명으로 보고 있다. 최상위 당 간부들에 대한 숙청재판 때는 외국인 기자들까지 방청케 해 공개 처형했다. 이 같은 숙청과정을 통해 스탈린은 명실상부 절대 권력자로 군림하게 되었다.
 적군(赤軍), 즉 소련군 간부에 대한 본격적인 숙청도 '37~'38년 사이에 단행했다. 투하체프스키 원수를 필두로 고급 장성 8명이 먼저 처형되었다. 이어 전군부대에까지 숙청의 돌풍이 불기 시작 순식간에 바닥까지 훑어갔다. 제법 유능한 군 최고 간부로 지목돼 살아남은 자는 주코프 원수(당시 육군대장)정도로 극소수였다. 사실 숙청 전에는 독일군뿐 아니라 세계 어느 나라 군보다 뒤지지 않는 보병부대와 기갑군단을 보유하고 있었다. 그러나 '39년을 고비로 모두를 잃고 말았다.

숙청 후 군 지휘부는 "탱크는 보병부대 진격 시 엄호임무만으로 족하다"며 탱크부대의 역할을 대수롭게 생각하는 무지를 보였다. 이는 초기 탱크 전력증강책에서도 벗어난 것으로 결과적으로 유능한 군 간부는 모조리 숙청되고 무능한 자만이 살아남아 전투를 지휘했기에 당연한 결과라는 평가가 주류다. 소련군 지휘부는 앞서 독일군이 기갑부대를 앞세워 벨기에, 네덜란드를 석권한데 이어 눈 깜짝하는 사이에 프랑스를 점령한 것을 보고 공포감에 사로잡혀 있었던 게 사실이다. 그 같은 독일군의 기갑부대의 위력을 지켜본 후 비로소 탱크의 존재를 알게 되었다는 것이다.

소련군은 서둘러 전열을 재정비해 기갑부대에 대한 작전계획을 새로 짰다. 그것까지는 좋았으나 탱크 생산능력을 감안치 않은 제멋대로의 계획이었다. 연간 1천 대밖에 생산되지 않는 T-34형 탱크를 무려 1만 2,600대가 소요되는 대군단(29개 군단에 각 군단별 2개 기갑사단)을 1년 내외에 한꺼번에 편성하려고 시도했다. 하는 수 없이 T-34형 탱크는 각 군단에 총괄적으로 배분돼 부족분은 구식 탱크를 숫자로만 나열했다. 반면 독일군은 소련을 침공했을 때 기갑부대를 25개 군단까지 고루 배치 빈틈없이 조직돼 있었다. 아니나 다를까 소련군은 일찍이 프랑스처럼 독일군의 전격전(電擊戰)에 계속 쫓길 뿐이었다.

20. 모스크바 위기

독일군 북부군단은 발트해 3국을 점령한 후 9월초 레닌그라드 교외에 도착했다. '대장정'과 같았다. 히틀러는 돌연 독일군의 레닌그라드 진격을 중지시켰다. 중심지역으로 돌격해 들어가기보다 외곽을 포위, 폭격을 퍼부음으로써 식량수송이나 생필품 수송을 차단해 압박한다는 생각에서였다. 다만 조그마한 비탈길을 열어두고 군과 주민들이 도망치는 것을 지켜보자는 것이었다. 그 이후에도 독일군은 900일(2년 반 가량)동안이나 포위를 늦추지 않았다. 북쪽으로부터는 1년 반 전 소련군에 침략 당해 영토 일부를 빼앗긴 핀란드 군이 독일군의 힘에 기대어 실지회복의 기회라며 진격하고 있었다. 하지만 그들은 소련국경선에서 전투를 멈추고 영내로 침입을 주저했다.

모스크바에 대한 진격은 서부 쪽 소도시 스몰렌스크를 기점으로 하여 10월 2일 개시했다. 전차 1,000대와 대포 3,000문, 보병 50개 사단 약 100만 명으로 동쪽 방향 300km에 걸친 모스크바 남북과 서쪽에서 포위, 일제히 돌진한다는 전략이었다. 여전히 소련군은 패주를 계속했다. 10월이라면 만추(晚秋)여서 곧 찾아올 혹한의 두려움을 어느 민족보다 잘 알고 있는 소련군은 설마 독일군이 그 계절에는 공격을 계속하지 않을 것으로 생각했다. 그 같은 안일한 생각은 빗나갔다. 모스크바 외곽 300km 근처에서 적의 대군이 호시탐탐 노리고 있는 점을 미처 깨닫지 못했다. 결국 소련군은 크게 허를 찔리고 말았다. 자만한데서였다. 그렇지 않았더라면 모스크바 서쪽 150km의 비야지마에서나 서남 340km의 브리얀스크 지역 전선에서 무려 66만 3,000명이나 되는 병사가 포로로 잡히고 탱크 1,200대와 대포 5,000문이 노획 당할 리가 없었을 것이다.

10월 19일 시베리아 지구에서 호출 당해 갑자기 모스크바 수비사령관(서부방면사령관)이 된 주코프 대장은 도착 즉시 "모스크바가 독일군에 의해 남북과 서쪽으로부터 모두 포위된 상태"라고 일선 지휘관들에게 주의를 환기시켰다. 이미 독일군 정예부대가 모스크바 교외 60

레닌그라드까지 진출한 독일군

게오르기 주코프(Georgi Zhukov)

km인근까지 진출해 있었다. 모스크바 주재 외교단과 정부기관은 900km나 떨어진 동쪽 볼가강 상류지점인 쿠이비셰프 지방으로 피난을 한 상태였다.

히틀러는 만일 소련 모스크바 방위군이 투항해 와도 받아들여서는 절대 안 된다고 군에 지시해둔 바 있다. 폭격과 굶주림을 견딜 수 없어 모스크바 시민들이 모두 도망치고 없는 텅 빈 도시를 그대로 삼키겠다는 야심에서였다. "슬라브 민족은 눈앞에서 사라지라"는 배타 심리에서 비롯되고 있었다. 그리고 크렘린궁은 폭파해 없애버린다는 계획도 마련돼 있었다.

10월 16일부터 내리기 시작한 초설(初雪)이 10일부터 갑자기 비로 변했다. 비는 언제 멈출지 모르고 계속 내리고 있었다. 겨울이 시작되기에 앞서 반드시 찾아오는 '가을비' 같은 것이었다. 모스크바 외곽을 포위중인 독일군의 진격이 갑자기 정지되고 있었다. 비로 인한 흙탕물이 길바닥을 뒤덮어 전투하기에 지장을 받고 있는데서였다. 질퍽거리는 곳은 심상치 않았다. 독일군도 미리 알고는 있었으나 보급차량들의 속력이 시속 3km에 불과했다. 500대나 되는 보급차량이 광활한 전선 여기저기에서 흙탕물에 빠져 헤어나지 못했다. 때문에 병사들에게 시급히 지급해야할 동복 지급이 안 되어 추위에 견딜 수 없을 정도가 되었다. 추위는 상상을 초월할 정도로 금방 엄습해왔다. 식량부족사태까지 불거졌다. 막연했다.

독일군 병사들은 마을을 습격해 식량을 확보할 궁리를 했다. 그러나 퇴각하는 소련군들에 의해 놀랄 정도로 이미 철저하게 파괴돼 있었다. 가축까지도 이미 죽은 지 오래돼 식량 충당은 도저히 불가능했다. 게다가 소련 빨치산(Partisan)이 활동을 개시, 모스크바 외곽을 포위중인 독일군을 괴롭히기 시작했다. 독일군은 빨치산을 체포 즉시 고문해 처형했지만 크게 줄어들지 않자 대포를 발사해 내쫓을 수밖에 없었다. 하지만 빨치산의 공격도 만만찮았다. 빨치산에 의한 후방교란으로 독일군에게는 상상이상의 골칫거리였다. 사기마저 날이 갈수록 저하돼갔다. 그러한 상황이 한 달 이상이나 이어졌다. 그 무렵 소련 동부전선에서 멀리 떨어져있는 북아프리카에서도 '41년 4월부터 '사막의 탱크전'이 되풀이 확대되고 있었다. 직전 해에 이탈리아군이 영국군의 반격으로 리비아 수도 트리폴리까지 후퇴한 바 있었다.

히틀러는 롬멜 중장을 탱크 320대로 구성된 기갑사단 사령관으로 전격 기용, 리비아와 이집트 접경지대인 키레나이카로 급파, 재탈환을 긴급 명령했다. 롬멜 장군의 첫 번째 목표는 키레나이카 지방의 최대 요새 토브룩의 탈환이었다. 그 탈환이 성공되면 지금껏 멀리 서쪽 트리폴리 대신 이탈리아에서 바로 보급을 받을 수 있기 때문이었다. 키레나이카의 탈환은 확실하며 거기를 거점으로 하여 육로로부터, 해로로부터 수에즈 운하까지 진격도 가능하다.

롬멜 장군은 득의만만 기동력을 발휘, 엘·아게일라 지역의 영국군을 공격, 4월 10일 천년요새 토브룩를 완전 포위했다. 요새에는 호주군 보병 4개 여단 외에도 포병 2개 연대와 잔존 영국 기갑부대 등이 숨어들어 완강히 저항하고 있었다.

1941년 중의 북아프리카 전선은 포위를 벗어나려는 영국군에 대해 독일군 사령관 롬멜 장군의 작전이 먹혀들어, 작은 병력으로 교묘한 전술을 발휘, 3회에 걸쳐 격퇴했다. 그 전술이 남달랐다는 평가를 한 몸에 지닌 롬멜 장군은 결국 '사막의 여우'라는 애칭(?)이 따라 붙게 되었다.

그러던 그도 한순간의 작전 미스로 추락하고 말았다. 그해 11월 영국군을 추격 이집트 땅으로 너무 깊숙이 진격하는 바람에 적의 역습에 말려들었기 때문이다. 때문에 롬멜은 요새인 토브룩에 대한 포위도 풀고 12월말 엘·아게일라 지역까지 퇴각하는 수밖에 없었다. 같은 시기에 소련동부전선에서 추위와 보급단절로 견딜 수 없어 그쪽 독일군이 퇴각하고 있는 상황과 우연한 일치였다. 결국 요새 토브룩은 8개월 만에 독일군의 포위에서 풀리게 되었다. 전세는 점점 독일군에게 불리하게 작용해갔다.

21. 혹한(酷寒)이 살려주다

'41년 8월 12일 미·영은 갑자기 '대서양헌장'을 공동 발표했다. 루즈벨트 미국 대통령과 처칠 영국 수상이 직접 발표한 것이었다. 소련도 그 해 9월 24일 그 헌장에 기꺼이 서명했다. 그 헌장에 의거 10월 2일 미·영은 소련에 대해 앞으로 9개월 동안에 걸쳐 비행기 3천 대를 비롯해 탱크 4천 대, 트럭 3만 대, 연료 10만 톤을 지원해주기로 약속했다. 그에 앞서 처칠은 독일의 소련 침공 직후 방송을 통해 소련 원조를 표명했었다.

자타가 인정하는 반공주의자인데도 처칠은 "이 전쟁은 '계급전쟁'이 아니며 나치스와 싸우는 자는 여하한 인물이건 국가이든 불문하고 우리들의 원조를 받게 될 것이다"라고 역설했다. 그는 덧붙이기를 "히틀러와 함께 하는 자는 여하한 인물, 국가를 불문하고 우리의 적이다"라고 말했다. "때문에 이 같은 취지에 기초해 가능한 한 많은 원조를 소련과 소련국민에게 제공하게 될 것이다"라고 설명했다.

11월 15일 독일군은 드디어 모스크바 진격을 결행했다. 그 무렵 본격적인 추위가 불어 닥쳐 질퍽했던 길바닥이 스키장처럼 두껍게 얼어붙기 시작, 탱크도 트럭도 비로소 움직일 수 있게 되었다. 그러나 그마저도 진격을 재개한 지 수일간에 불과했다.

11월 20일 시베리아 벌판에 눈보라가 산과 들판을 뒤덮고 기온이 급강하하기 시작했다. 독일의 겨울도 추운 편이지만 시베리아 겨울과는 비교가 안 되었다. 정말 상상외였다. 밤에는 무려 영하 40도까지 내려갔다. 낮에도 따뜻하다는 날이 영하 30도 이하였다.

극한(極寒)은 자동차나 탱크의 엔진까지도 통째로 동결시켜 버렸다. 라디에이터마저 얼어붙어 미리 방지할 글리세린을 아예 준비조차 해오지 않아 문제였다. 식용 버터는 대리석처럼, 빵은 칼로 베지 않으면 쪼개지지 않았다. 상처부위를 감은 붕대는 가죽처럼 굳어졌으며 소변은 나오자마자 고드름이 돼버렸다. 볼일을 보기 위해 엉덩이를 바깥으로 내밀기만 해도 항문에 동상을 입기 마련이었다.

12월 6일 독일군 구데리안 장군이 모스크바 남쪽 약 200km에 위치한 야스나야

폴랴나 마을에서 전투를 지휘하고 있었다. 바로 문호 톨스토이가 나폴레옹군의 모스크바 공격을 소재로 '전쟁과 평화'를 쓴 곳이며 그의 생가가 있는 곳이다. 지금은 그의 박물관이 세워져 있다. 그 날은 진귀하게도 유독 날씨가 맑게 개어 있었으나 영하 50도나 되는 혹독한 한파가 여전히 엄습하고 있었다. 탱크부대는 그곳에서 20km쯤 북쪽 토라 마을을 공격키로 예정되어 있었으나 구데리안 장군은 그만 긴급철수 명령을 내렸다. 그는 2주전부터 군 지휘부에 혹한으로 전투가 어려우니 전면 철수했다가 해빙기를 기다렸다가 전투를 전개하자고 강력히 건의했던 지휘관이었다.

그러나 건의는 먹혀들지 않았다. 구데리안 장군은 부하들을 더 이상 혹한 속에 희생시킬 수 없다고 판단, 독자적으로 철수명령을 결정하고 말았다. 뒷날 히틀러에 의해 군사재판에 회부돼 항명죄로 총살당하더라도 자기 혼자만 희생되고 부하들을 끝내 아끼겠다는 충정에서였다. 탱크도, 대포도, 군 트럭조차도 그대로 둔 채 도보로 철수할 수밖에 없었다.

거의 같은 시각, 장갑부대 지휘관 사이에도 마치 텔레파시가 통한 듯 모두 철수명령을 독자적으로 결행했다. 결국 독일군 모두는 시베리아의 추위를 더 이상 견딜 수 없어 '우(右)로 돌아가' 말대로 그만 돌아서고 말았다. 이때를 기다렸다는 듯이 소련군이 모스크바 정면에서 후퇴하는 독일군의 뒤를 쫓아 대대적인 반격작전에 나섰다. 전세가 완전히 역전되는 순간이었다. 그러나 아직 불투명했다.

전쟁은
인간의
무덤
이다

II. 유럽전(2)

1. 독일군 파죽지세 주춤

'42년에 접어들자 유럽전선은 연합군이 각 전선에서 반격의 전기를 맞은 듯 승리의 소리가 높아졌다. 북아프리카 사막전에서는 이집트 엘 알라메인 지역에서 영국군이 독·이(獨·伊)군을 격파, 튀니지 지방까지 진격했다. 그 무렵 모로코와 알제리로 상륙한 미 육군이 서쪽 방향에서 동쪽방향으로 진격, 튀니지에서 영국군과 협공함으로써 북아프리카에 주둔해 있던 독·이군을 완전히 소탕했다.

동부전선인 시베리아에서는 소련군이 스탈린그라드까지 진출해 있는 독일군을 반년 이상의 격전 끝에 모조리 포위 항복시켰다. 그때가 '43년 1월이었다. 역시 혹한에 약했기 때문이었다. 독일군은 결국 두 전선에서 대패, 조락(凋落)의 운명이 찾아오는 것 같았다.

북아프리카쪽 리비아(당시 이탈리아 식민지)의 키레나이카 지역 일대에서 싸운 사막전은 마치 '추시계전투' 같았다. 독일군과 영국군이 서로 쫓고 쫓기고, 또는 서로 뺏고 빼앗기는 전투상황이 거듭되었다. 그 지역 최대 진지 토브룩 지대를 8개월여에 걸쳐 포위했으면서도, 결국 포기하고 후퇴해야만 했던 독일 롬멜 장군 휘하의 아프리카 파견군단은 기다리던 보급을 수령하자 공격을 재개할 수 있었다. 그때가 '42년 3월이었다.

독일군과 이탈리아군을 합쳐 9만여 명의 병력과 탱크 6천 대를 주력으로 다시 토브룩 탈환에 나섰다. 그에 맞서 영국군은 탱크 9,800대와 병력 10만 명으로 대항했다. 탱크는 영국군이 조금 우세했다. 평소 같으면 영국군이 압승할 수 있는 군비였다.

롬멜 장군이 지휘하는 부대는 토브룩 탈환을 눈앞에 두고 적에게 포위당하고 말았다. 하지만 아직 막강한 독일공군이 있기에 여유는 있었다. 독일공군은 보급품까지 대량 투하해 주었다. 영국군은 그에 개의치 않고 더욱 압박해 들어갔다. 그러나 영국군이 보유중인 병력은 비교적 많았으나 보급에 대한 전망이 불투명해 적극 공세에 나서기가 주저스러웠다. 말레이에서, 싱가포르에서, 버마 등지에서 일본군으로부터 추격 받은 일로 인해 미묘한 영향을 받았기 때문이었다.

6월 21일부터 롬멜군의 총반격전이 있었다. 영국군은 양동작전을 위해 주력부대로 하여금 별도의 부대를 편성, 이를 우회시켜 토브룩에 대한 본격적인 공격에 나서도록 작전계획을 다시 세웠다. 독일공군도 급강하형 폭격기를 대량 출격시켜 바로 위에서 영국탱크를 맹공했다. 이렇게 하여 토브룩는 하루 만에 독일군에 다시 빼앗겼다. 포로 1만 명, 탱크 1천 대, 대포 400문, 3개월분 식량, 다량의 탄약과 탱크연료 벤젠 1만㎥ 등을 노획했다.

처칠 수상은 워싱턴에서 루즈벨트와 회담 중 루즈벨트가 알려준 전보를 보고서야 비로소 전황을 알게 되었다. 거기서 알게 된 영국군 포로 수는 2만 5천여 명이었으나 실제로는 3만 5천 명을 넘었으며, 전 사상자까지 합치면 5만 명이상으로 추산되었다. 보다 앞서 일본군에 의한 말레이와 싱가포르, 버마 전역이 점령된 데 이어 이번에 영국군이 아프리카에서 독일군에 대패되었다. 영국신문은 '내각 총사퇴'란 제목으로 대서특필했다. 실제로 내각불신임안이 국회에 제출돼 있었다. 그 불신임안은 475대 25로 부결되고 말았다.

2. 롬멜 장군 원수 진급, 별명 '사막의 여우'

나치스독일 히틀러는 그 전투에서 거둔 전과를 높여 현지 지휘관 롬멜 장군에게 즉각 원수 계급장을 직접 달아주었다. 롬멜의 이름이 세계에 알려진 것은 이때부터였다. 그러나 롬멜의 명성도 토브룩 탈환까지였다. 이집트로 진출해 수에즈 운하를 제압하려다가 실패했기 때문이다. 그보다 앞서 롬멜 장군에게 부여된 임무는 토브룩 지역 남쪽으로 펼쳐져 있는 광활한 키레나이카 지방의 방위였다. 토브룩 점령으로 그 목적은 완수했다. 목적은 그곳에 진을 치고 영국군을 이집트에 가둬둔 채 지중해의 주요지역을 전략지대로 보전한다는 것이었다. 하지만 그곳 말타섬에서는 영국공군이 전열을 가다듬어 아군 보급물자를 가득 실은 수송선에 폭격을 퍼붓고 있었다. 롬멜군은 그쪽 영국공군과 이집트에 고립돼 있는 영국군 간에 교류할 수 없도록 애썼다. 히틀러는 롬멜의 진언에 따라 이집트 수에즈운하를 목표로 진격을 재촉하고 있었다. 그러나 롬멜은 스스로 무덤을 파고 말았다. 말하자면 그는 원수계급장에 너무 고무돼 있었다.

영국군이 방위선을 구축한 엘 알라메인은 토브룩에서 동쪽으로 약 5,000km 지점에 위치해 있다. 이곳은 해안근처의 작은 마을로서 배후에는 몇 개의 구릉이 이어져 있으며 게다가 남쪽방향은 저지대로 돼 있다. 때문에 전선이 제한돼 있어 평소 독일군 사령관 롬멜 원수가 자신했던 양동(陽動)과 우회(迂廻)의 전술은 실제 쉽지 않다고 생각되었다.

전세가 급박하게 돌아가자 이번엔 처칠 영국 수상이 카이로까지 달려와 격문까지 돌렸다. 아울러 그곳 지휘관을 전격 교체했다. 처칠은 원래 해군사관이었으며, 루즈벨트 미 대통령과 같이 전군지휘권을 쥐고 있었다. 우연이라고 할까. 롬멜군을 맞아 전투를 벌여야 할 영국군 제8군 사령관에 버나드 몽고메리(Bernard Law Montgomery) 장군이 부임되었다. 힘들여 바꾼 전임 지휘관이 부임 직후 사고로 숨겼기 때문이었다. 몽고메리 장군은 개성이 강한 합리주의자라는 평판을 받아왔다. 긴밀한 계획아래 모든 후퇴작전 시나리오를 파기한 채 먼저 장병들의 사기진작부터 힘썼다.

'사막의 여우'로 불리는 독일 롬멜군에 패한 영국군은 반대로 '사막의 쥐(The Desert Rats)'라는 모욕감에 젖어있었다. 그 같은 패자 분위기를 빨리 일소하는 것

엘 · 알라메인 전투시 사막의 여우라 불리었던 독일의 롬멜 장군(좌)과 영국군 사령관 몽고메리 장군(우)

이 몽고메리 장군의 선결과제였다. 하기야 정신력 면에서는 독일군에 뒤지지 않았다. 병력과 병기도 꾸준히 증강되고 있었다.

영국군은 탱크 1천 대를 앞세워 호위하는 3개 기갑사단에 둘러싸여 있는 보병 7개 사단과 대포 1천 문, 항공기 1천2백 대 등은 물론 병력총수만 해도 22만에 달했다. 그리고 추가로 미국의 M4형 셔먼(Sherman) 탱크 300대를 비롯 B24 폭격기 100대와 105㎜ 대전차포 100문이 새롭게 도착한 것이 큰 보탬이 되었다.

셔먼 탱크의 75㎜ 기관포는 독일군 주력 3호 탱크를 압도하는 화력을 지니고 있었다. 그리고 B24 폭격기에 장착돼 있는 40㎜ 기관포 역시 독일군 탱크를 일격에 파괴시킬 수 있었다. 처칠이 토브룩 전투의 패배를 루즈벨트 대통령과 아침 식사 중 알았을 때 즉석에서 그 같은 신형병기를 우선적으로 이집트에 있는 영국군에게 보내기로 결정한 데서였다. 그 때문에 독일군은 하루아침에 열세로 밀려나게 되었다. 토브룩을 탈환해 항구는 확보했지만 바라던 보급선이 오지 않고 있었다. 알고 보니 영국 공군에 의해 순차적으로 격침된 데서였다. 그 영국군 비행장이 인근 말타섬에 있었다. 때문에 9월에서 10월 사이만 해도 보급선 40%가량이 격침당했다. 롬멜군의 연료와 탄약은 거의 바닥 상태였다. 탱크는 불과 270대, 보

미국의 M4형 셔먼(Sherman) 탱크

병은 2개 사단에 지나지 않았다.

이탈리아군이 보유한 탱크가 300대가 있었으나 이탈리아군은 너무 허약해 정식적인 전력으로 계산될 수 없었다. 자기편인 독일군들조차 이탈리아군 탱크를 가리켜 '나약한 여자'라고 놀리며 조소하기 일쑤였다. 게다가 독일군에게 있어서 더더욱 불행한 것은 명 지휘관으로 이름난 롬멜 장군의 지병이 악화돼 부득이 본국으로 가고 말았다는 점이었다.

본래 독일군의 공격에 맞서기 위해 엘·알라메인 지역에 진지를 구축했던 영국군은 몽고메리 장군이 공격쪽으로 전술을 바꾸게 되자 급선회하게 되었다. 몽고메리 장군은 영국군들에게 11월이 되면 미군 지원부대가 북아프리카 서쪽 모로코나 알제리에 상륙하게 된다고 알려주었다. 그렇게 되면 독일군은 동서에서 협공을 받게 돼 풍전등화 신세로 전락하게 된다는 것. 결국 군작전상 치명타인 항복밖에 길이 없게 되었다. 그리고 실제 전황도 그렇게 진행돼 갔다.

지중해에서 격침되는 독일의 수송선

3. 이탈리아군 항복

'42년 10월 23일 몽고메리 장군이 지휘하는 영국군의 대공세가 시작되었다. 압도적인 화력을 앞세워 지금까지의 영국군과는 다르다는 점을 선보이며 불과 3일간의 전투에서 독일군 탱크 반수 이상을 격파했다.

하지만 독일군의 저력은 무시할 수 없었으며 그렇게 간단하게 퇴각치 않았다. 독일군 탱크부대는 88mm 고사포를 수평으로 해 사격하는 전법으로 영국군 탱크 200여 대를 파괴했다. 그런데다가 독일군은 궁지에 몰리면서도 그곳을 떠날 기미를 보이지 않았다. 그러던 판에 신병으로 본국으로 떠났던 사령관 롬멜 원수가 전선으로 복귀해 왔다. 그러나 패색이 짙은 부대인 데다가 장병들에게 보급품조차 제대로 지급되지 않아 전력을 되살린다는 것은 롬멜 원수조차도 도저히 불가능했다.

11월 1일 영국 몽고메리 장군이 공격을 재개했다. 몽고메리 장군의 전술은 이탈리아군 방위선에 구멍을 뚫어 거기에서 기갑부대를 돌진시키겠다는 전술이었다. 'Super Charge(대진격)' 작전이라고 명명했다. 이탈리아군은 간단히 돌파돼 일시에 영국 탱크부대가 돌진했다. 영국군 탱크 800대에 비하면 독일군은 불과 150대로 대항했다. 믿었던 88mm 고사포도 폭격을 주고받는 사이 대부분 파괴되었다. 롬멜 원수는 하는 수 없이 히틀러 총통에게 철군토록 허가를 구했다. 히틀러는 "죽음 속에 승리가 있다"며 철수를 즉각 거부했다. 그러나 롬멜 원수는 독단으로 후퇴를 결행했다. 남은 탱크는 겨우 38대뿐이었다.

영국수상 처칠은 알라메인 지역이 수중에서 멀어졌을 때는 "승리는 없다"고 말했다가, 알라메인을 되찾게 되었을 때 "우리에게는 패배는 없다"고 하여 군의 비난을 받고 있었다.

롬멜군의 퇴각직후인 11월 8일 미 아이젠하워 장군이 지휘하는 미군과 영국군 지원부대가 모로코 카사블랑카와 알제리 모란, 알제지역으로 전격 상륙했다. 이 상륙작전을 'Operation Torch'이라고 불렀다. 병력은 10만 정도였다. 롬멜군이 퇴각해 오는 것을 기다렸다가 섬멸한다는 계획이었다. 롬멜군은 이미 영국군에 쫓겨 리비아 국경을 넘어 튀니지로 침입했다.

이탈리아군 수뇌부는 튀니지에 증원부대를 급히 파병, 전선 구축을 새롭게 시도했지만 별 성과가 없었다. '43년 2월 미·연합군이 동서로 나눠 독일군과 이탈리아군을 계속 압박하는 협공작전에 들어갔다. 지금까지 완강하게 버티어온 독일군과 이탈리아군은 막다른 골목에 내몰리고 말았다. 독·이군 25만 명은 결국 항복할 수밖에 없었다.

그렇게 해 북아프리카 전투는 연합군의 승리로 막을 내렸다. 독일 롬멜 원수는 이미 3월에 신병치료를 내세우며 전선을 이탈했다. 철군을 히틀러에게 건의했지만 받아들여지지 않자 제갈길을 가버린 것이었다.

4. 독일군, 스탈린그라드 공략

볼가강의 낭만은 사라진지 오래였다. 오래 전부터 전쟁의 폭풍이 몰아치고 있기 때문이었다. 서쪽 강가에 있는 스탈린그라드는 전후 스탈린 비판 이래 '볼고그라드'라고 이름을 바꾸게 돼 지금에 이르고 있다. 본래는 '차리친(황제의 도시)'이라고 불리었으나 1차대전 중 시작된 소비에트 혁명전쟁에서 스탈린이 지휘관으로서 크게 전공을 세운 데서 명칭이 바뀌었다.

독일 B군사집단의 제6군과 제4기갑 군부대가 스탈린그라드를 공격했다. 그때가 '42년 7월이었다. 그곳엔 제강시설과 군수공장, 화학공장, 트랙터공장 등이 즐비해 있었다. 독일군에게는 그곳을 파괴하는 것만으로도 의미가 있었으나, 더 중요한 목적은 그 서남쪽에 위치한 카프카스(코카사스) 유전지대를 점령키 위해 그 진격로(進擊路) 왼쪽에 있는 그 도시가 적의 반격 거점이 되는 것을 사전 방지하기 위해서였다.

독일군은 지난해 말 모스크바 점령 일보직전에 아쉽게도 철수했지만 동부전선을 완전 포기한 채 독일로 돌아가야 할 까닭은 없었다. 전선을 수백 킬로 후퇴 당했을 따름이었다.

'42년 봄이 다가오자 적의 공격이 거세지고 있었다. 독일군은 모스크바 정면에 적의 방위선이 공고하게 구축돼 있음을 파악, 이를 포기한 채 북방의 레닌그라드와 남쪽의 우크라이나와 카프카스 지방을 집중 공략키로 했다. 공격의 목적은 무엇보다 연간 250만 톤의 마이코프 지대의 유전(油田)을 확보하기 위해서였다. 따라서 히틀러는 남부군집단을 A군집단과 B군집단 등 2개로 나눠 A군 집단을 카프카스지역 공격에 나서도록 하는 한

카프카스 유전지대

편, B군집단은 스탈린그라드 공격에 나서도록 했다. 어느 쪽도 30만 전후의 병력이 투입되었다. 그런데 늘 그렇듯 히틀러는 독재자란 이름에 걸맞게 국방최고사령부(OKW)의 의견을 들은 척 만 척 대부분 독단으로 부대를 움직이고 있었다. 바로 그 좋은 예가 크림 반도의 세바스토폴를 함락시킨 만슈타인(Erich von Manstein) 장군이 지휘하는 제11군을 스탈린그라드 공략에 투입치 않고, 최북단의 레닌그라드 공략에 나서게 했던 점이었다. 15~16만의 병력을 무려 1,500km나 북상시켜 단순히 레닌그라드 포위를 강화하는 데만 투입한 데서였다.

스탈린그라드는 공격을 통해 점령할 계획

독일의 포격으로 폐허가 된 세바스토폴

이었다. 주력부대인 제6군이 폭격을 집중해 대부분 와해된 도시로 변해버린 그곳을 입성한 것은 9월이었다. 스탈린그라드 주위를 루마니아군을 주축으로 헝가리. 이탈리아군 등 50만 명의 혼성부대로 하여금 수비하도록 했다. 하지만 이들 주력부대는 단순히 병력 수만 많을 뿐 사실 허약한 부대여서 항상 불안했다.

5. 히틀러의 교만

 동부전선 우크라이나에 주둔해 있는 독일군은 말 그대로 독 안에 갇힌 쥐였다. 소련군이 대거 투입돼 격렬한 시가전이 벌어졌다. 인구 100만 명의 대도시였기에 그렇게 간단하게 해치우기는 어려웠다. 주민들 대부분은 물론 피난해 버리고 도시는 비어있는 상태였다. 그러나 소련군 사령관 주코프 장군이 지휘하는 제62군단은 시가지에서 반격을 퍼부으며 적의 주력부대가 그곳에서 못 빠져나가도록 조여들어 갔다. 그사이 양쪽 날개를 밀어붙이고 있던 부대에게는 루마니아를 포위하는 진지도 구축하도록 명령했다.

 자기나라 수상의 이름이 붙어있는 도시를 적에게 호락호락 넘겨줄 수 없다는 각오로 … 루마니아를 포위하기 위한 병력이동은 극비리에 준비했다. 현지 독일군이 그 움직임을 감지하지 못할 만큼 우둔치는 않았다. 빨리 손을 쓰지 않으면 안 된다며 히틀러에게 대책을 건의했다. 그러나 히틀러는 오히려 최고사령부 참모들에게 욕지거리를 퍼부으며 거부했다. 생사의 갈림길에서는 군 지휘부 참모들도 물러설 수 없었다. 의견대립이 심각했다.

 히틀러는 당시 "러시아군은 이미 지상에서 사멸했다"는 기묘한 환상에 젖어 있었다. 히틀러는 실제로 궁지에 몰려 있으면서도 '교만'에 가득 차있었다. 독일군이 그 해 5월 모스크바 남방 640km지점에 위치한 하리코프 지역 탈환작전을 전개해 소련군을 간단히 제압, 포로 25만 명과 탱크 1천여 대 등을 포획한 바 있다. 히틀러는 그때의 승리감에서 깨어나지 못한 채 허황된 꿈에 젖어 있다고 참모들이 수군거렸다.

그 후 소련군은 전술을 바꾸었다. 충분한 전투준비야말로 승리와 직결된다는 생각에서 전투준비가 아직 덜된 지역이 만일 공격당했을 시 일단 퇴각한다는 전술을 사용키로 했다.

특히 동부전선의 평원지대에서는 얼마든지 퇴각할 수 있는 여유가 있었다. 한편으로는 우크라이나에서 우랄산맥 동쪽으로 급히 소개시킨 무기 공장을 전부 가동시켜 무기와 탄약생산을 배가하도록 독려했다. 공장의 이동은 독일군이 최초로 소련을 침공해 왔을 때 대대적으로 행해져 직공들은 오줌 눌 시간조차 아까운 마음으로 무기생산에 전념해 왔다. 게다가 미국으로부터 무기원조가 많았다. '42년 6월까지 비행기 1,285대를 비롯해 탱크 2,249대, 기관총 8만 1,287정, 폭약 2,699만 4,850kg, 트럭 3만 6,825대, 무선전화기 5만 644대, 전화선 61만 289km 등이 보내져 왔다. 그밖에도 압축시킨 단백질과 고칼로리 식품, 브르스치(고기 및 야채로 된 수프) 등도 제공받았다.

소련은 오래 전부터 우크라이나 요지를 독일군에게 점령당해 그 지역 거의가 전장(戰場)으로 변해 식량부족으로 어려움이 많았다. 미국의 원조 덕택으로 소련군은 차근차근하게 새로운 부대를 편성할 수 있었다. 무엇보다 탱크군단부터 조직했다. 탱크 50대로 여단을 만들고 3개 여단과 자동차에 태운 저격여단(보병부대) 1개 등으로 하나의 탱크군단으로 편성했다. 그밖에도 3개 탱크군단과 독립탱크 여단(탱크 50대로 보병부대 협력전문) 2~3개, 저격사단 1~2개로 된 대규모 탱크군단도 편성완료 했다.

스탈린그라드 전투에서는 이미 그 탱크군단 2개가 완성돼 있었으며, 전쟁이 끝날 무렵엔 6개가 편성돼 있었다. 그러한 소련군의 움직임을 독일군 첩보부대가 모를 리 없었다. 차례차례로 지금껏 없었던 소련 탱크부대가 나타나자 즉각 히틀러에게 보고되었다.

그런데 웬일인지 히틀러는 오히려 태연한 자세를 일관했다. 그는 말하기를 "그런 보고는 유치하며, 단순한 이론가만이 그 같은 쓸모없는 스탈린의 기만술에 걸려들 뿐…"이라며 일축했다. 결국 소련군은 오히려 히틀러의 교만의 도움으로 약

100만 명의 병력으로 스탈린그라드의 포위망을 구축하는데 시간을 벌 수 있었다.

한편 독일군의 동부전선 참모장 할더(Franz Halder) 장군은 소련군의 포위병력은 100만~150만이며, 탱크 생산능력도 계속 증가, 한 달에 1,200대가 그들 부대에 배치되고 있다며, 시급한 대응책이 마련되어야 한다고 히틀러에게 다시 보고했다. 그 보고를 듣자 히틀러는 왈칵 화를 내며 "그런 바보 같은 보고는 하지 말라"며 그 자리에서 그를 파면해 버렸다. 결국 히틀러의 교만 때문에 전세는 독일군에게 계속 불리하게 돌아갔다.

6. 대반격 개시

'42년 11월 19일 전투준비를 빈틈없이 갖춘 소련군이 신중하게 독일군을 향해 대반격을 개시했다. 이날따라 대포소리는 유별나게 산야를 진동시켰다. 겨울이 빠른 그 지역은 벌써 눈비가 내릴 듯 잔뜩 찌푸린 날씨에 축 가라앉은 기분이었다.

동서 50km, 남북 40km의 대 포위망 속에 갇혀있는 독일군 진지 속으로 1만 3천 문의 대포가 일제히 포효(咆哮)하자, 9천 대의 소련탱크가 일제히 독일군 진지로 돌진하기 시작했다. 포위망 속의 독일군은 루마니아에서 징집한 외인부대 병사를 합쳐 모두 30만 명이 저항을 멈추지 않았다.

소련군은 혹한 속에 볼가강이 결빙상태에 있어 보급의 루트는 확보되어 있었다. 그러나 포위된 독일군에게는 지상으로부터의 보급로가 차단돼 있었다. 공수만이 유일한 방법이었다. 즉 공중보급이 트이지 않으

볼가강 측면에서 대기한 병력중에는 시베리아에서 온 추위를 모르는 강력한 스키부대도 있었다.

면 언젠가는 헤어날 수 없을 것으로 우려했다. 남러시아 아조프해(海)로 이어지는 돈강은 스탈린그라드 부근에서 크게 서북으로 구부러져 있었다. 같은 지역의 동쪽을 흐르는 볼가강과 불과 100km밖에 떨어져 있지 않았다.

독일군은 그 돈강 부근에서 수송기를 띄워 공중보급을 시도했으나 성과가 없었다. 포위된 독일군 제6군이 필요한 1일 보급량은 빵만도 40톤, 그밖에 탄약과 가솔린이 750톤이었다. 그에 비해 공수돼온 양은 하루 50톤~100톤 정도였다.

소련군의 반격이 날로 거세어 갔다. 하지만 히틀러의 사수명령이 내려져 있어 탈출의 기회를 놓치고 말았다. 스탈린그라드의 함락을 목전에 두고 소련군 별동부대가 로스토프 지역 방면으로 진격을 개시했다. 로스토프 지역이 만약 소련군 수중으로 들어가게 되면 카프카스 지역에 주둔중인 독일군은 자멸될 수밖에 없었다.

12월 29일 이처럼 전황이 긴박하게 돌아가자 비로소 히틀러는 카프카스로부터 긴급히 철군토록 명령했다. 전쟁터에서 작전계획이나 명령은 병사들의 생사와 직결되는 문제인데도 히틀러의 명령은 뒤죽박죽이었다. 철군명령은 너무 늦었다. "정말 자기 기분대로 명령을 내린다"며 병사들의 불평은 말이 아니었다.

1943년 1월 31일 독일군이 항복하던 날. 오른쪽부터 6군 사령관 프리드리히 파울루스, 6군 참모장 빌헬름 슈미트, 당번병 아담 빌헬름

독일 현지 주둔군 사령관 파울루스(Friedrich Paulus) 장군은 "장병들에게 행동의 자유를 주라"고 히틀러에게 거듭 강력히 권고했다. 탈출의 기회를 이미 잃은데다가 소련군으로부터 '투항'을 권고하는 공세가 병행되고 있었기 때문이었다. 히틀러는 즉석에서 거부했다.

'43년 1월 10일 소련군은 최후 공세를 펼쳤다. 파울루스 장군은 히틀러에게 재차 "독일군의 운명은 24시간뿐"이라고 보고했다. 그러자 히틀러는 파울루스 장군에게 느닷없이 "당신을 곧 원수로 진급시킬 계획인데 독일군에서 원수가 적의 포로가 된 예는 없다"며 은근히 자결하라고 재촉했다. '44년 1월 31일 그 진지에 최후로 남아있던 독일의 한 통신병이 "병사들은 저마다 탈출을 위해 우왕좌왕했으며, 항전의 모습은 아무데서도 찾아볼 수 없었다"고 마지막으로 타전했다.

결국 파울루스 사령관 등 9만 4,000여 명이 소련군에 투항했다. 전사자는 무려 20만 명이나 되었다. 그날이 바로 '44년 2월 20일이었다. 여기서부터 독일군은 역전되기 시작, 계속 밀리는 신세가 되어갔다.

7. 연합군 '노르망디 상륙작전' 초읽기

이탈리아군이 북아프리카 전선에서 무릎을 꿇었고, 또한 독일의 본토가 서서히 쑥밭이 돼가고 있었다. 프랑스는 연합군의 도움으로 머지않아 해방될 징후가 보이기 시작했다. 미·영군이 엄밀하게 준비 중인 '노르망디 상륙작전'이 초읽기에 들어간 상태였다. 즉 영국군이 엘·알라메인에서, 소련군이 스탈린그라드에서, 각각 독일군을 상대로 큰 전과를 올리고부터는 비록 국지전에서 일진일퇴는 있었지만 연합군이 독일군에게 크게 패한 일은 없었다.

그 이후의 전투는 미·영국군의 이탈리아 본토 진격과, 소련군의 우크라이나에서의 반격 등 수세에서 공세로 전세는 크게 바뀌고 있었다. 이런 상태로 유리한 전황이 계속된다면 머지않아 감행될 '노르망디 상륙작전'도 기대해 볼만하지 않을까 여겨졌다. 미·영국군을 주축으로 해 전개될 프랑스 북쪽 '노르망디 상륙작전'이 유럽전선의 결정적 고비가 될 것으로 내다 봤다.

그 작전에는 소련군이 오래 전부터 요구해온 '유럽 제2전선'이 형성돼 독일군에게 동쪽에서는 소련군으로부터, 서쪽에서는 미·영국군으로부터 협공을 당하게 된다는 것을 의미하게 되었다. '제2전선'의 형성은 '43년 11월 28일 이란 수도 테헤란에서 가진 '테헤란회담'에서 미·영 수뇌가 소련에 약속한 데서였다. 그 자리에서 빠른 시일 안에 프랑스 해방을 위한 '노르망디 상륙작전'도 감행해야 한다

1943년 카이로회담(중국의 장개석, 미국의 루즈벨트, 영국의 처칠)과 1943년 11월 28일에서 12월 1일까지 이란의 수도 테헤란에서 열린 3국 수뇌회담(소련의 스탈린, 미국의 루즈벨트, 영국의 처칠)

는 데 합의한 바 있다. 문제는 타이밍이었다. 영국은 독일이 어느 정도 궁지에 몰렸을 때를 이용함으로써 희생을 최소화하도록 했다. 테헤란회담에 앞서 '43년 1월에 가진 카사블랑카회담에서 영국은 시칠리아섬을 거쳐 이탈리아 본토부터 먼저 공략하자고 제안했다.

반면 미국은 프랑스 노르망디 상륙작전부터 성공시켜 프랑스를 먼저 해방시키자고 말했다. 양국은 동시에 두 지역에 주둔중인 적의 주력부대가 무조건 항복해 올 때까지 전투를 계속한다는데 합의했다. 한편 '43년 11월 23일 테헤란회담 바로 직전에 열린 '카이로회담'에서 루즈벨트 대통령과 처칠 수상 그리고 장개석 중국주석은 일본군의 무조건 항복시까지 전투를 계속하며, 조선의 독립은 물론 관동, 만주, 대만의 중국반환을 확인했다. 이상과 같은 일련의 회담은 수세에서 공세로 바뀐 연합군의 새로운 면모를 보여주었으며, 전후에 재편될 세계질서를 염두에 둔 내용이었다.

8. 무솔리니의 최후와 생애

"이탈리아군은 3국 군사동맹 중 연약한 여자의 하복부와 같다"고 독일병사들이 회자하기 일쑤였다. 아이젠하워(Dwight D. Eisenhower) 미 육군중장이 대독·이 서구연합군 총사령관(對獨伊 西歐聯合軍 總司 슈官)에 임명되었다. 그리고 그 휘하에 조지 패튼 (George S. Patton) 소장이 지휘하는 미 제7군단과 몽 고메리 중장이 지휘하는 영국 제8군단을 주력으로 하 는 연합군이 편성되었다. 총병력은 48만 명이었다. 적 의 병력은 독일군 수비대 6만 명, 이탈리아군 19만 명 등 모두 25만 명에 불과했다.

베니토 무솔리니

연합군은 이미 '43년 7월 10일부터 이탈리아 본토 에 대한 상륙작전을 시도해 왔다. 독·이군은 서전(緖戰)때부터 전투가 격렬해지 기 시작하자 퇴각하기 시작, 본토 깊숙이 철수해 버렸다. 이어 8월 중순께부터 미 군에 의해 시칠리아섬에 대한 상륙작전이 전개되었다. 연합군이 그 섬을 상륙했 다는 소문이 퍼지자 가장 먼저 이탈리아 정부에 큰 변화가 일어나기 시작했다.

무솔리니 총통이 의장으로 있는 전쟁수행 최고회의가 갑자기 소집돼 구성원 28명중 19명이 무솔리니의 총통 권한을 박탈하는 대신에 그 권한을 국왕에게 위 임한다는 결의안에 찬성, 가결시켰다. 물론 그 결의안은 만장일치가 아니고는 법 적 구속력을 갖지 못했다. 하지만 전세(戰勢)가 나날이 불리하게 되고 있는데다가 연합군의 본토 상륙까지 이뤄졌음을 감안, 국왕이 위기감을 크게 느낀 데서 전쟁 의 주역 무솔리니부터 제거해 버리겠다는 음모가 있었다.

다시 말해 연합군이 가장 증오하는 3인중 무솔리니를 스스로 해치움으로써 곧 있게 될 연합군 측과 휴전협상을 유연하게 끌고 가겠다는 국왕 빅토리 엠마누엘 3세의 강력한 의견이 반영된 결과였다. 회의가 끝나자 국왕이 무솔리니와 비밀 회담이 있다며 그를 궁전 별관에 오도록 했다. 무솔리니는 그런 줄 알고 철제대문 을 들어서다가 대기 중이던 궁중경호대에 의해 체포돼 어디론가 압송되었다. 파 시스트 간부 드린드 등 3명과 사전모의, 국왕이 주도한 친위 쿠데타는 성공이었 다. 무솔리니 체제는 돌연 무너졌다. 국왕은 미리 선정해둔 바드리오 원수를 신임 수상에 임명해 연합군 측과 협상에 나서도록 지시했다.

베니토 무솔리니는 총상당한 후 애인 클라라와 함께 시체가 밀라노 지방 네거리에 매달린 채 전시되어 두번 죽음을 당했다.

　9월 3일 연합군이 이탈리아 남단 상륙을 감행했다. 그렇게 되자 바드리오 수상이 이끄는 신정부는 저항을 포기, 두 손을 들고 말았다. 9월 9일 미군 제5군단이 이탈리아 본토 서부중앙 지역으로 상륙했다. 이미 이탈리아군도 정부 항복후 곧 항복하게 돼 전투는 멎었으나 그 지역에 주둔중인 독일군의 저항으로 순조롭지 못했다.
　독일군은 오래 전에 로마까지 점령하여 연합군의 진격을 저지하고 있었다. 그러나 연합군은 그 무렵 발칸, 우크라이나, 프랑스에 주둔중인 이탈리아군 등 170만 명을 무장 해제 후 포로로 붙잡았다. 아직도 이탈리아 본토에서는 이탈리아군 대신 독일군이 연합군과 치열한 전투를 계속하고 있었다.
　독일군은 이미 국왕 엠마누엘 3세에 의해 체포당해 산중 요새에 격리 수용되어 있는 무솔리니를 구출하기 위해 무솔리니에게 보내는 히틀러의 선물 꾸러미를 우체국에 접수, 그 전달과정을 추적해 소재지를 파악한 후 독일 공수대로 하여금 그를 구출했다. 즉시 북쪽 이탈리아에서 별도의 정권을 수립, 무솔리니를

무솔리니의 연인 클라라 페타치

수상으로 앉혔다. 그 정권은 독일 괴뢰 정부였다.

무솔리니는 날마다 연합군의 진격이 거세어지자 신변에 위협을 느끼게 되었다. 어느날 아내 라켈레가 스위스 위조 여권을 가지고 와 남편에게 국외로 도망가도록 권유, 그는 아내를 버려둔 채 애인 클라라 페타치(애칭,클라라, Clara Petacci)와 파시스트 당 간부 등과 함께 스위스 국경 방향으로 달리기 시작했다. 그러나 때마침 그곳에 잠복해 있던 유격대에 의해 가면(假面)이 들통나 체포당하고 말았다. 열녀로 알려진 아내 라켈레의 헌신적인 노력도 아무런 보람없이…

무솔리니가 형장으로 끌려나와 총알받이로 말뚝에 묶여 사수들이 일제히 총구를 겨누자 이번에는 좀 떨어져 서있던 클라라가 "나를 쏴라! 그분은 쏘지 말라…"고 고함치며 달려 나오는 순간 그만 함께 클라라도 형장의 이슬로 사라졌다. 그의 시신은 애인과 함께 밀라노 중심가 네거리에 미리 설치된 장대에 거꾸로 매달려 며칠 동안 전시된 후 아내 라켈레가 수습, 가족묘지에 매장했다. 대전후 라켈레는 고향에서 조그마한 레스토랑을 운영하며 84세까지 살다 갔다.

원래 무솔리니는 대장간 연금사 아버지와 초등교 교사 어머니 밑에서 태어나 사범학교를 나와 초등교 교사로 있었다. 얼마 후 어린 학생들에게 흡연을 장려한다는 사실이 알려져 교사직에서 쫓겨나게 되었다. 그는 떠돌이 생활 끝에 이웃 스위스에서 직업을 구해볼 작정으로 무위도식했다. 어느 날 공중변소 추녀 밑에서 잠자던 중 바람에 날려 온 주간지에 스위스에 사는 이탈리아인 협회에서 기관지 기자 모집 광고를 보고, 기자로 새출발하여 활동하던 중 그곳에 망명 중이던 러시아의 레닌을 알게 돼 활발히 교유(交遊)함으로써 일약 유명인사로 지목된 데서였다. 그 후 그는 금의환양, 참모들과 놀이 중 우연히 초등교 제자 공군중위 약혼녀에게 반해, 자기 애인으로 삼았다. 바로 그녀가 '클라라'란 여인이었다. 한편 이탈리아를 상륙한 미 제5군단은 '44년 6월 4일 비로소 독일군의 점령 하에 있던 로마를 완전 해방시켜 이탈리아를 손아귀에 넣게 되었다.

9. 독일본토 폭격

　미국은 '41년 12월 8일 일본군이 진주만 기습을 신호로 '태평양전쟁'에 불을 당기자 즉각 제8공군 부대를 조직, 먼저 일본이 아닌 독일에 대한 전략 폭격 준비에 엄밀히 착수했다. 이유는 영국 처칠 수상과 미국이 대전에 참전 시 2차 대전의 근원지인 유럽, 즉 독일부터 깨부순다는 약속 때문이었다. 루즈벨트 대통령으로서는 미국민의 여론이 자기나라를 기습한 일본부터 응징해야 한다는데 여간 부담이 아닐 수 없었다. 그런데도 처칠은 루즈벨트 대통령이 세론에 압도당해 전장(戰場)의 거점을 태평양에 둔다는 것은 유럽 및 아프리카 전선에서 독·이군과 전투하는 것을 영국군에게 맡기는 꼴이 되어 매우 위험하다고 주장하였다.
　'42년 3월 영국군은 독일본토에 대한 본격적인 야간폭격에 나섰다. 독일공군도 그에 맞서 산발적으로 영국의 주요 도시를 대상으로 폭탄을 퍼부었다. 영국공군은 이미 런던이나 코벤트리 등 주요 도시에 독일공군의 무차별 폭탄세례를 받았기에 그에 대응, 독일 주요 도시에 대한 보복폭격을 해왔다고 밝혔다.
　적의 전투기나 대공포화의 위험이 비교적 적은 야간폭격에 주로 나선 것은 폭격기를 엄호해주는 장거리 전투기가 없어서가 아니라, 야간의 소이탄에 의한 대화재가 독일인들에게 심리적으로 공포심이 배가될 것으로 계산한데서였다. 야간폭격은 'GEE 장치'에 의해 레이더로 정확한 위치를 확인하면서 비행하도록 한 후 점차 확대해갔다. 그 같은 장치가 도입된 것은 '42년 3월 함부르크 동쪽 야간폭격에서 처음 응용되었다. 그러나 미국공군은 소위 폭격부대의 '정당정신(正當精神)'에 의거, 군수공장이나 교통망, 통신시설, 도크 등에만 한정해 정밀조준, 폭격하는 것을 원칙으로 삼았다.
　결국 그들의 전략폭격도 기본적으로는 영국공군처럼 독일 군수산업 또는 기간산업시설 등을 순차적으로 파괴, 무력항쟁의 능력을 사멸시키는데 두고 있었다. 그렇게 함으로써 독일인들의 사기까지도 위축시키는 효과를 얻을 수 있다고 믿고 있었다. 군사시설로서는 잠수함건조 도크시설, 항공산업시설, 수송기관, 정유시설, 군수공업시설, 기타 주요시설 등으로 우선순위를 정해 차례로 폭격했다. 보다 정확한 정밀조준폭격을 위해 낮에도 폭탄을 퍼부었다. 뿐만 아니라 미·영 공군에 의한 독일본토 폭격은 '43년 5월께부터 심해져 갔다. 영국 공군은 야간폭격을 주로해 독일 주요 도시를 공포 속에 몰아넣었다.

예로 들면 그 해 7월 25일에 있은 함부르크 공습 때는 불에 타 죽은 사람만도 4만 명을 훨씬 넘었다. 시가지는 모두 폐허로 변했다. 게다가 주간 폭격까지 병행해 연평균 300대가 9천 톤의 폭탄을 무차별 투하했다. 주간 폭격이 전문인 미 공군은 독일 전투기의 공격을 받고 주력 폭격기 B17이 큰 손실을 입게 되었다. 폭격지점이 영국기지에서 750~1,000km 가량 먼 거리에 있어 당시로서는 아직 그 정도의 장거리를 호위할 수 있는 왕복이 가능한 전투기가 전무했다.

P51 무스탕 전투기가 실전 배치된 것은 '44년 2월부터였다. 여전히 미 공군은 4월부터 10월에 걸쳐 주로 독일의 항공기공장과 잠수함도크, 합성고무공장, 정유소, 루루공업지대, 베어링공장, 각종 기계공장만 선별해 폭격했다. 무려 13차례나 대공습에 참가한 B17기만도 2,608대나 되었다. 물론 그중 421대(16%)는 실종되었고, 파손도 369대(14%)나 되었다. 그것은 1회의 폭격기 편대가 대규모적으로 행해졌을 때 주로 발생한 것이었다. 특히 루루공업지대에는 4개월 동안 연 1만 8,556대나 출격해 그중 872대(5%)가 상실되었고 2,126대(11%)가 파손되었다.

영국공군은 그 해 11월 8일부터 베를린에 대한 야간공습에 집중, 이듬해 3월까지 16회나 출격했다. 베를린 주요 시가지 3분의 1이 파괴되었다. 독일공군도 연합군 지상부대의 독일본토 침공을 저지하기 위해 맹렬한 폭격으로 큰 타격을 가했다.

10. 6월 6일 D데이 노르망디 상륙작전 개시

"열악한 상황에서 명령을 발하는 것은 유감이지만, 명령을 안 내릴 수도 없으니…"

연합군 최고사령관 아이젠하워 대장의 표정은 결코 밝지 않았다.

'44년 6월 6일 '노르망디 상륙작전(Operation Overload)'이 결행되었다. 전날 새벽 3시30분경까지의 날씨는 매우 거칠었다. 풍속 13~20m의 거센 바람이 불어 먼 바다는 몹시 파도가 높았다.

상륙용 배들이 정박해 있는 잉글랜드 동쪽해안의 파도가 유독 높았다. 상륙정들이 미친 사람들처럼 춤을 추는 듯했다. 영국공군의 기상대장 J.M 스태그 대령은 5일이 지나면 6일엔 바람도 자고 구름이 그치게 되지만 7일 이후엔 또다시 기상이 나빠져 바다가 거칠어지는데 언제 끝날지 모른다고 보고했다. 최초 정해졌던 D데이는 6월 5일이었다. 또다시 연기할 수는 없었다. 6일로 결정한 상륙명령은 결과적으로 잘되었다. 독일군은 연합군의 상륙이 가까워졌다고 예상했지만, 악천후가 계속되어 수일 내로는 상륙작전을 시도하지 않을 것으로 예상했다. 롬멜 원수를 비롯해 주요 참모들은 단 1명도 현지에 있지 않았다.

상륙작전 개시 전날인 5일 밤 9시 조금 지나 영국 BBC 방송은 프랑스 레지스탕스조직을 향해 프랑스 민속시인 폴 베를레느(Paul Verlaine)의 시 '가을의 노래' 6행중 후반 3행을 방송했다. 그것은 24시간 이내에 '노르망디 상륙작전'이 전개될 것이라는 암호였다. 레지스탕스조직은 그 방송을 듣자마자 일제히 전화선을 절단하는 등 독일군 방해 활동에 돌입했다. 즉 '가을의 바이올린'이란 전반 3행은 며칠 전부터 이미 방송되고 있었다. 그 전반부에 대한 의미는 장병들이 죄다 숙지하고 있었으며, 마지막 3행이 방송되는 것을 지금껏 기다리고 있었다. 특히 '상륙개시' 암호부분은 "알벨의 바지멜빵(서스펜더)은 터질듯하다"였다. '베를레느'의 시 후반 3행도 실은 며칠 전부터 낭독되어 사태가 절박함을 암시하고 있었다.

도버해역 인근 프랑스 소도시 지역에서 첩보수집에 전념하고 있었던 독일 제15첩보부대는 이 같은 연합군의 움직임을 모두 알고 있었다. '베를레느'의 시 후반부 3행도 청취해 분석한 자료를 독일 국방사령부에 바로 보고했으나 누구도 그 정보에 관심을 보이지 않았다. 때문에 제15군은 독자적으로 관계부대에 긴급 경보를 보내 연합군이 상륙하려고 하는 노르망디 정면에 그 지역주둔 해군부대와 육군 제7군단을 서둘러 배치했다. 정말 거짓말 같은 상황이었다.

6일 0시 15분경 연합군 선발대 공수부대가 대량 속속 상륙지점 배후로 낙하해 왔다. 약 3만여 명의 특수부대원이었다. 오전 5시가 조금 지나자 노르망디 근해 가까이 접근해온 연합군의 전함과 순양함에서 일제히 함포사격이 불꽃을 댕겼다. 그사이 대소 함정 5천여 척이 잠복하기 시작했다. 영국본토에서 출격한 폭격기까지 도착하기 시작, 내륙쪽의 모든 독일군 진지를 폭격했다. 폭격에 참가한 폭격기만도 2만 5천 대나 되었다.

상륙작전에 대비해 미국으로부터 영국에 방대한 양의 군수물자가 수송되어왔다. 병력 350만 명과 군수품 2천만 톤이 쌓이게 되었다. 이미 대서양에서 활동해온 독일해군 잠수함 'U보트'도 미 해군에 의해 제압당하므로써 미군은 2회에 걸쳐 퀸메리호와 엘리자베스호에 1개 사단 병력을 태워 호위 없이 유유히 대서양을 건너왔다.

11. 상륙 성공

오전 6시 30분 역사적인 상륙작전이 개시되었다. 영국군 몽고메리 장군이 지휘하는 제21군 17만 명이 마치 홍수가 한꺼번에 쏟아지듯 맨 먼저 육지로 상륙하기 시작했다. 이어 오마 브래들리(Omar Bradley) 중장이 지휘하는 미 제1군단과 마일즈 뎀프시(Miles Dempsey) 중장이 지휘하는 영국군 제2군단이 차례로 상륙했다. 그밖에도 모마하 해안에 미 제1군 별동부대가 상륙했다.

이 상륙부대는 상륙하자마자 바로 정면에 독일군 수비대와 마주쳐 격렬한 전투를 벌여야만 했다. 전투는 저녁때까지 계속되어 2,500명의 사상자를 내고서야 겨우 2km 정도의 교두보를 확보할 수 있게 되었다. 연합군은 노르망디 상륙작전 성공여부가 대전의 승패를 가늠하는 바로미터로 생각했기에 그 다음날에도 계속 상륙부대를 수송 10일 동안 60만 명, 7월 말까지 150만 명의 병력과 그에 필요한 군수물자까지 양륙시켰다.

　석 달 뒤까지 다시 100만 명의 병력을 더 수송해왔다. 작전에 필요한 연료는 드럼통과 급유차로 운반했다. 게다가 양륙된 탱크를 포함한 차량 50만 대와 수만 대의 항공기를 위한 비상연료대책으로 바다 밑에 20개의 송유관까지 부설, 가솔린을 쉴새 없이 공급하는 시스템까지 갖춰 두었다. 그러면서도 연합군의 대군단은 9월로 접어들자 연료부족사태로 전투에 크게 지장을 받았다.

　한편 6월 22일경 시베리아쪽 동부전선에서는 소련군의 하계공세가 개시돼, 동서가 호응하듯 연합군의 대반격이 세를 더해갔다.

12. 최대 격전지 '노르망디'

　프랑스 북서쪽 '노르망디'로부터 북방 칼레 지역에 포진하고 있던 독일군 B집단군 사령관 롬멜 원수가 입을 열었다. "대전의 승패는 이곳 해안선에서 판가름 날 것이다. 서로가 총뿌리를 마주하는 그 시각부터 연합군에게 있어서, 우리들에게 있으나 가장 긴 날이 될 것이다" 라고 막료들 앞에서 조용히 말했다. 그 후 롬멜 원수는 처의 생일을 축하하기 위해 자리에서 좀 멀리 떨어져 있었다.

　원래 독일군은 연합군 상륙작전에 대비한 기본 대응전술을 정해놓지 않았다. 롬멜 원수는 해변에서 바로 격퇴하자고 주장했으며, 서쪽방면 사령관 만슈타인 원수는 내륙 쪽으로 유인해 결전을 벌이자고 주장, 의견이 대립돼 있었다. 결국 절충점으로 보병부대는 해변가에서, 탱크부대는 후방에서 공격하도록 결정했다.

　그러나 탱크부대가 출동하기는 그 날 오후 늦은 때였다. 연합군 상륙이란 급보를 국방사령부가 히틀러에게 먼저 알려주지 않았기 때문이었다. 그 날엔 히틀러가 밤늦게까지 막료들에게 잔소리만 하다가 새벽이 되어서야 잠자리에 들었기에 늦잠을 자고 일어났기 때문이었다. 참모들은 혹시 잠을 깨우면 크게 화를 낼까봐 두려워서였다. 게다가 히틀러는 평소 연합군의 상륙작전 정도는 두려워하지 않았다.

　그뿐만이 아니라 히틀러는 연합군의 노르망디 상륙은 일종의 양동작전의 성격이며, 본격적인 상륙지점은 영·불 해역(英·佛海域)쪽 노르망디가 아니고 도버 해역 소도시 칼레쪽이 틀림없을 것으로 믿었다. 그곳은 13세기경부터 요새화된 곳이었기에 연합군이 요새를 이용할 것으로 판단했다.

독일군의 그 같은 시행착오에도 불구하고 상륙 후 연합군은 상당한 고전을 겪어야 했다. 7월 1일까지 연합군측 전사자와 행방불명자만도 6만 2천여 명에 이르렀다. 지휘부는 예상보다 적은 숫자라고 했다. 미군쪽 당면 목표였던 상로 지구는 상륙 6일째 되던 날 겨우 탈환했지만 44일째인 7월 19일에 이르러 비로소 발걸음을 다른 지역으로 옮길 수 있었다. 그렇지만 완전제압까지는 성공치 못했다.

독일군 탱크부대가 쉽게 퇴각치 않았기 때문이었다. 길이 7km 폭 3km 정도의 협소한 지역에서 연합군에 포위돼 있으면서도 독일군은 적이 그 이상 진격치 못하도록 완강히 버티고 있었다. 상로 지역에서 결사항전하고 있던 독일군을 결국 격퇴한 것은 연합군 지상부대가 아니고 공중폭격부대의 공이었다. 그 좁은 지역에 연합군 폭격기 2,300여 대가 비 오듯 폭탄을 퍼부었으며, 마지막 순간에는 네이팜탄까지 떨어뜨려 그 일대를 불모지로 만들었기 때문이었다.

그 전투상황은 아군이나 적을 막론하고 최초로 목격된 형용할 수 없는 참상이었다. 살아남은 독일병사 중에는 발작 증세를 보이는 자가 수두룩했다. 바로 그 날이 그들에겐 기억하기조차도 싫은 '44년 7월 25일이었다. 미군은 진격을 계속해 파리를 목표지로 삼았다. 미군의 지휘를 맡은 이가 바로 패튼(George S. Patton) 장군이었다. 그는 8월 1일 드디어 맨 처음 파리로 입성해 제3군단이라고 하는 큰 군단까지 직접 지휘했다.

7월초에 들어 독일의 서부방면 사령관 룬트슈데트(Gerd von Rundstedt) 원수가 자신이 신봉하는 전술이 히틀러에 의해 거부된 데다가 사령관직에서 조차 경질되었다. 그리고 히틀러 자신은 부대 회의장에 장치된 폭탄에 의해 암살될 뻔한 사고가 발생했다. 룬트슈데트 원수와 교대한 클루게(von Kluge) 원수도 히틀러의 무조건 진지사수 명령으로 진지사수를 거듭하다가 자연의 법칙을 거역할 수 없다며 별수 없이 퇴각을 선택했다.

히틀러는 자기의 사수명령을 지키지 않았다며 클루게 원수를 그 자리에서 전격 파면했다. 그렇게 되자 당황한 클루게 원수는 히틀러에게 '항복'을 권고하는 유서를 남긴 채 할복자살하고 말았다. 자중지란이 극에 달한 순간이었다. 클루게 원수 자신이 히틀러 암살계획에 깊숙이 관계되어있어 잘못될까 봐 고민해왔다는 설도 파다했다. 이렇게 되자 독일은 혼란에 빠지게 되었다. 이제 전방도 후방도 없는 공포분위기에 휩싸이게 되었다.

연합군은 독일군이 혼란에 빠지게 되자 좋은 기회로 생각, 노르망디 지역 중 최후로 남아있는 지역 탈환을 위해 마지막 공세를 폈다. 북쪽에서는 영국군이, 남쪽에서는 북상해온 미군의 일부가, 루·만 지역 부근에서 서쪽으로 진로를 바꿔 협공했다. 그 날이 '44년 8월 15일이었다.

이제 독일군은 더 이상 버틸 수 없었다. 전의 상실과 함께 사기마저 최악의 상태였다. 독일군 지휘부는 5만 명을 그대로 내버려둔 채 12만 명 가량만 철수 아닌 탈출을 유도, 본국으로 향하게 했다. 연합군은 천신만고 끝에 노르망디 상륙작전을 성공리에 끝내었다. 특히 총지휘관 아이젠하워 장군은 그때부터 영웅으로 명성을 날리게 되었다.

13. 파리 해방

오랫동안 독일군 점령 하에 있었던 프랑스 파리가 연합군에 의해 해방되었다. 파리 시민들은 감격해 날뛰기보다 오히려 이방인처럼 냉랭한 표정이었다. 자기나라 군대에 의한 해방이 아니라 외국 군대 즉 미·영군에 의해 겨우 해방되었기 때문이었다. 그래서인지 해방의 기쁨에 어쩔 줄 몰라하기보다 어두운 그림자가 역력했다. 파리해방은 연합군의 노르망디 상륙 이후 예상외로 늦었다. 독일군의 저항이 거세어 진격이 늦어진데서였다.

이대로라면 벨기에 국경근처 아뜨빌과 아미안, 란스, 트리아 마을까지는 이듬해인 '45년 1월경 탈환될 것으로 보아 파리도 그때쯤 해방될 것으로 내다봤다.

그러나 점차 시일이 지남에 따라 독일군이 사실상 전의(戰意)를 상실, 현저히 저항이 줄어듦으로써 그 지역까지 빨리 진격하게 된 데서였다.

독일군은 연합군의 노르망디 상륙작전 규모가 너무나 엄청난데 놀라, 대부분 응전하기보다 전투를 포기, 발길을 돌려 퇴각하기에 급급했다. 파리 시내에서도 연합군이 입성하기 훨씬 앞서 독일군 주력부대는 미리 물러가고 없었다. 패배주의 심리가 널리 퍼져 있었기 때문이었다.

독일의 콜티츠(DIetrich von Choltitz) 장군

그 같은 심리를 더욱 부채질한 것은 남프랑스 추론 지역부근까지 미군 상륙부대가 대거 상륙해와 연합군의 군사적 우세가 확연히 드러나자 패배를 점치게 된 데서였다. 그런데도 파리에는 히틀러의 명령에 의해 독일군 파리수비대 3만 명과 수많은 요원들이 콜티츠(DIetrich von Choltitz) 장군의 지휘 하에 남아있었다. 하지만 파리 시내 곳곳에서는 연합군 입성과 함께 레지스탕스운동이 일어나 테러가 성행하게 되었다. 그래서인지 독일 파리주둔군 사령관 콜티츠 장군은 연합군에 순순히 항복했다. 이어 '44년 8월 25일 르끌레르(Jacques-Philippe Leclerc) 장군이 지휘하는 자유프랑스 기갑사단이 프랑스군으로서는 처음으로 조국 땅을 밟았다. 계속해 드골(Charles de Gaulle) 장군(국민해방 프랑스위원회 대표, 프랑스공화국 임시정부 수반 겸 대통령)도 파리에 도착, 퍼레이드를 벌렸다.

시민들 가운데는 그들이 비록 해외에서 조국을 구하기 위해 레지스탕스운동을 해왔다고

르끌레르 장군과 드골 장군

하지만 엄격히 따져 그들에게 개선장군 같은 대우를 할 수 없다고 비판했다. 어떤 시민은 앞서 독일군과 전투에서 맥없이 패해 조국을 적에게 넘겨준 패잔병들이 자기만 살기 위해 멀리 해외로까지 도망쳤다가 돌아온 데 지나지 않는다고 혹평하기도 했다.

그 이후 연합군은 독일군과는 일체 조우치 않고 각 지방을 진격, 차례로 해방시켰다. 9월 3일 영국군에 의한 브뤼셀 해방에 이어, 9월 4일 안트웨르픈 지역 해방, 9월 5일 미군에 의한 수단에서의 뮤즈 강 도하작전, 캐나다군의 부르뉴 지방 해방, 9월 6일 프랑스군의 스위스 국경지대 진출, 9월 7일 미군의 알벨 운하지역 진출 등 그렇게 하여 연합군은 세느강에서 뮤즈 강에 이르는 선까지 탈환했다.

9월 10일 미·영군의 노르망디 상륙후 뒤늦게 남부 프랑스를 상륙한 프랑스군은 겨우 합류하게 되었다. 미군은 다시 룩셈부르크를 해방시킨 후 이어 9월 11일 정찰대를 독일국경으로 처음으로 돌파하도록 명령했다.

프랑스와 벨기에는 해방되었으나 독일본토에 대한 진격방법 문제로 예전과는 달리 연합군끼리 전술상 이견이 처음으로 나타나게 되었다. 대립은 제법 생각보다 심각해 보였다.

영국군 지휘관 몽고메리 장군은 네덜란드를 거쳐 루루공업지대로 진격해 들어가는 것이 유리하다고 제안했다. 루루공업지대는 그동안 영국공군의 계속된 폭격

개선문에 도달한 프랑스 르끌레르 장군이 지휘하는 제2기갑사단

에도 불구하고 여전히 거대한 병기공장이 건재해 있어 그것부터 파괴해야 한다는 이유를 내세웠다. 그러자 미군 패튼 장군은 모든 전선에서 일제히 진격해 들어갈 것을 제안했다. 그는 그 말을 하자마자 자기 부대를 지난날 프랑스 영토였던 자르 지방부터 진격을 시작했다.

양측 주장을 경청해온 아이젠하워 연합군 총사령관은 즉각 결론을 내리지 않았다. 몽고메리 장군을 일방적으로 지지하면 작전의 주도권이 영국으로 넘어가게 될지 모르지만, 그렇다고 강경하게 반대할 만큼 나쁘지도 않은 전술이었다. 그러나 어느 쪽 전술을 택한다 하더라도 그것을 실현하는 데는 해결해야 될 몇 가지 문제가 있었다. 즉 영국군 몽고메리 장군의 안은 아직 미해결 상태에 놓여있는 네덜란드로 어떻게 진격할 것인가의 문제가 있었다. 그리고 미군 패튼 장군의 안을 채용하는 데는 병력이 너무 부족했다. 미국에 30개 예비사단이 있기는 하나, 이 병력을 즉시 데리고 올 수는 없는 상황이었다.

아이젠하워 총사령관은 우선 몽고메리 장군이 제안한 '마켓 가든 작전 (Operation Market Garden)'을 채택키로 했다. 윌헬미나 운하와 뮤즈강, 왈강, 라인강 등으로 연결되어있는 다리를 이용, 공수부대로 하여금 기습 점거토록 해 벨기에 국경에서 융단처럼 진격로를 조성, 루루지방으로 한꺼번에 쳐들어간다는 전략이었다.

1944년 9월에 결행된 마켓가든 작전 당시 네덜란드로 떨어지는 낙하산 물결과 미국 제101공수사단

독일의 지크프리트 방어선을 돌파하는 미군 보병

'44년 9월 17일 미·영 3개 공수사단 소속 수송기 1천여 대와 500여 대의 글라이더가 마치 운해(雲海)같은 전투기 대군의 엄호를 받으며 전투를 개시했다.

대부분 생각대로 순조롭게 진행되었으나 최북단 아른험 시쪽의 낙하산부대만이 실패했다. 그 공수대원들은 거의가 독일쪽 라인강 저쪽으로 떨어져 미군 정찰부대에게 조차 탐지되지 못한 채 독일군 부대에 의해 공격당하고 말았다. 그 공수부대의 애초 목표는 라인강 하류에 연결되어있는 철도용과 도로용 등 두 개의 다리를 점거할 계획이었으나 그 때문에 결국 먼 다리가 되고 말았다. 그곳에 투입된 공수부대원 1만 명중 생환해온 병사는 불과 2,300명 정도였다. 그로 인해 '마켓 가든 작전'은 실패로 돌아가게 되었다.

연합군은 결정적 승리의 찬스를 놓치고 말았다. 그 무렵부터 연합군의 작전은 지지부진했다. 가솔린 부족사태가 먼저 불거지기 시작했다. 뿐만 아니라 미군병사에게 지급되는 식량과 군화 등 하루 2만에서 2만 5천 톤의 보급품이 9월 들어서는 절반도 안 되는 1만 2천 톤으로 줄어들었다.

노르망디에는 인공항구를 몇 개나 부설해 보급품 양륙에 전력했으나 여기서는 왠지 한계를 드러내고 있었다. 그래서 문득 떠오른 곳이 벨기에의 안트베르펜 항구였다. 그곳의 양륙능력은 하루 10만 톤까지 처리할 수 있어 보급문제는 일시에 해결될 수 있었다. 그 지역은 이미 연합군에 의해 해방되었으나 문제는 그 항구를 계속 봉쇄하고 있는 20만 독일군이 큰 장애였다.

10월 6일 그 항구를 확보하기 위한 특공작전이 전개되었다. 독일군은 결사적으로 항전했다. 연합군의 의도를 알고 있었기 때문에 그 항구만은 내줄 수 없다는 비장한 각오로 임했다. 하지만 전세는 이미 연합군 쪽으로 기울어지고 있었다. 20만 명, 5만 명을 제외하고는 모두 괴멸되었다. 연합군도 1만 2,000명이나 희생되었다. 게다가 독일군이 그 지역 안트베르펜 항구 일대에 V1호 및 V2호 로켓탄을 집중공격 하는 바람에 시민들도 희생자가 속출했다. V1호는 스핏트 파이어 전투기가 출격할 정도의 스피드에 불과 했으나 V2호는 음속을 훨씬 넘어서고 있었다. 그 신형 로켓탄은 노르망디 상륙작전이 시작되었을 무렵부터 영국본토를 향해 다수 발사되고 있었다. 연합군은 그 발사기지를 폭파해 어떻게든 막아보려고 애썼지만, 전멸시키지는 못했다. 안트웨르픈 시가지에 퍼부어진 로켓탄만도 3,700발, 민간인 사망자만도 1만 명이 넘었다. 어느 때는 영화관을 직격해 관람객 8천여 명이 몰살되기도 했다.

항구는 그렇게 하여 확보되었으나 보급문제는 해결되지 않았다. 마침 부두노동자들이 오랫동안 파업에 들어가 있어 하루 하역량은 1만 톤 정도였다. 게다가 노동자들은 연합군을 가리켜 조국의 해방자라기보다 가족들을 희생시킨 '가정파괴범'이라고 오히려 적개심을 나타냈다.

14. 소련군 하계 대공세

북극 곰으로 불린 소련군도 미·영군의 '노르망디 상륙작전'이 있은 지 16일째인 '44년 6월 22일 대반격에 나섰다. 이름하여 '하계 대공세'라고 불렀다.

위난의 위기에서 조국을 구한다는 철저한 사명감으로 전투에 나선 소련군은 이번 대공세로 완전히 주도권을 잡으려고 발버둥 쳤다. 스탈린그라드 전투가 시작된 지 벌써 1년 반이 지나갔으며, 그 사이 소련군은 독일군과 몇 차례의 접전을 벌렸다. 예컨대 '43년 7월 사상 최대의 전차전(戰車戰)으로 부른 '쿠르스크 전투(Battle of Kursk)'를 비롯 같은 해 5월 독일군 22만 3,000명중 8만 5,000명을 죽음으로 몰아넣은 크림반도 인근 '세바스토플 전투', '44년 1월 무려 900일에 걸쳐 독일군의 포위망으로부터 레닌그라드를 해방시킨 전투 등이 대표적인 것이었다.

소련군 전투의 큰 특징은 우크라이나지방을 중심으로 한 약 25만 명의 빨치산

전투가 병행돼 진행되었던 사실이다. 빨치산은 소련군으로부터 보급을 공급받아 소련 정규군에 뒤지지 않는 전투력을 발휘, 큰 전과를 올리기도 했다. 그리고 시종 처참한 전투에서도 물러서지 않고 독일군의 간담을 서늘하게 했다.

'44년 6월의 시점에서 우크라이나에서는 독일군이 일소되었다. 소련군 주력부대는 폴란드령으로 진입, '41년 6월 독일군의 소련 침공 작전의 출발점이 된 브레스트리토브스크(바르샤바에서 약 3,000㎞) 50㎞지점까지 진출했다. 그리고 소련군 별동부대는 우크라이나에서 이미 루마니아로 진격 중이었다. 그 무렵부터 이들 나라에 대한 진격은 딴 속셈이 있었다. 전후 소련의 위성국으로 동구권을 만들기 위한 것이었다.

그럼 여기서 좀 더 자세한 전투상황을 살펴보자.

'44년 6월 22일 미명 민스크를 동과 북에서 둘러쌓듯 500㎞에 걸쳐 진지를 구축한 소련중앙군단이 일제히 공격을 가했다. 갑자기 힘이 솟구치듯하는 맹렬한 소련군의 폭격때문에 독일군으로서는 거의 대항할 수단조차 없었다. 게다가 그곳 독일군에게 불과 몇십대 밖에 없는 전투기로는 제공권을 지키기란 실로 불가능했다. 민스크는 결국 7월 3일 탈환당했다.

7월 11일 그 동안 독일군에 점령되었던 모든 소련영토가 수복되었다. 불과 2주일간의 전투에서 소련군 전면에 포진해 있던 독일군 25개 사단이 전멸당했다. 전사자만도 40만 명 이상이었다. 소련군은 여세를 몰아 7월말에는 바르샤바로 진격해 들어갔다. 그에 호응이라도 하듯이 8월 1일 그곳에서 레지스탕스가 일제히 일어나 독일군과 격렬한 공방전이 전개되었다. 소련군은 그곳에서 일단 진격을 멈추었다.

이제 2차 대전은 연합군의 승리로 굳어져가고 있었다. 특히 소련군의 하계 대공세는 대전 종료 후의 소련에 의한 '동구지배 체제'를 유리하게 해두기 위한 정치도구 역할이나 다를 바 없다는 분석이 그때부터 나돌았다. 스탈린 수상은 현지 레지스탕스 세력이 결코 소련과 연대를 바라지 않는다고 단언했다. 그렇다면 그들을 우리가 도와줄 필요가 없다며 냉담했다. 소련군이 바르샤바에서 있은 폴란드인들의 전투를 못 본 체한 것도 그 때문이었다.

15. 일본군의 처지

그럼 현재 일본군은 어떤 입장에 처해 있을까? 일본군은 연합군의 노르망디 상륙작전이 전개될 무렵 태평양 전선에서 결정적인 패배를 거듭했다. '44년 6월 19일에 치른 '마리아나 해전(海戰)'을 비롯해 7월 7일엔 사이판을 함락 당했으며, 같은 시기 버마(미얀마) 전선의 '임팔 작전(Operation Imphal)' 중지 등을 꼽을 수 있다.

'과달카날 전투'(Guadalcanal Campaign)에서 패한 뒤 일본해군은 거의 대응 방법을 잃어버린 상태였다. 겨우 재건한 기동부대는 사이판 먼 바다까지 진출한 미 기동함대에 상처하나 입힐 수 없을 만큼 허약했다. 때문에 항공기와 함모 대부분을 잃은 채 완패 당했다. 일본해군은 앞서 치른 '미드웨이 해전'에서도 괴멸돼 그때부터 장병들의 전의가 급격히 저하되었다. '무적 해군'이라고 침이 마르도록 자랑하던 일본연합함대의 주력함인 6척의 항공모함(航空母艦)도 그 해전에서 4척이나 박살났다.

10월 20일, 미군은 필리핀령 레이드섬에 상륙을 시도했다. 그러자 일본해군은 적의 수송선을 습격, 상륙을 저지하려고 결사 항전했다. 세계적인 거대 전함 야마도(大和)를 비롯 나가몽(長門), 무사시(武藏) 등을 포함시킨 특별기동함대와 항공대를 투입해 최후의 결전으로 임했으나 모조리 괴멸당했다. 무엇보다 그 전투에서 일본이 청일 및 러일 전쟁 후 줄곧 세계에 자랑해온 거대함대, 즉 연합함대는 대해(大海)에서 소멸되는 비운을 맞고 말았다.

16. 독일 항복 임박

연합군은 지금껏 갈망해온 독일 영토로 진격을 시작하게 되었다. 라인강 강둑이 눈앞에 들어왔다. 강물은 어제도 오늘도 유유히 흐르고 있었다. 총을 멘 군인들을 비웃기라도 하듯 이날 따라 물결이 구비 치고 있었다. "우리의 승리는 점차 굳어져가고 있는 것 같지만 확신할 수는 없다" 연합군 병사들의 느낌은 그러했다. 그러나 어떤 변수가 일어날지 누구도 장담할 수 없기 때문에 독일본토 진격은 더욱 신중하게 행동해야 한다고 지휘부는 당부했다. 때문에 얼마 남지 않은 크리스마스까지 진격이 끝나지 않을 것 같았다. 그래서인지 가족과 모처럼 잠시라도 만나기를 기대해온 장병들의 불만이 갑자기 비등했다. 독일군은 그런 첩보를 입수, 미군과 영국군의 불만심리를 이용, 현상타파를 위한 묘안 짜기에 바빴다.

'44년 12월 16일 독일군 기갑부대가 알덴느 삼림지대에 돌연 나타나 미군 제1군단 보병대를 간단히 제압했다. 독일군이 4년반전 5월 10일 서유럽을 기습했을 때 역시 삼림지대에 숨어있던 탱크부대를 돌진시켜 영·불군을 한순간에 괴멸상태로 몰아넣었던 상황과도 흡사했다. 연합군은 재차 같은 전법에 의한 전투로 혼란에 빠질 것만 같았다. 독일군의 공세징후를 알 길이 없었다.

독일군의 작전은 대개 히틀러가 독자적으로 입안해 일선 지휘관이나 참모들의 반대를 무릅쓰고 강행하기 때문에 더욱이 알기가 막막했다. 독일 유럽 총사령관에 다시금 룬트슈테트(Gerd von Rundstedt) 원수가 임명되었다. 그는 앞서 연합군이 노르망디 작전에 성공하자 책임을 물어 해임되었던 인물이었다. 그는 임명 직후 "지금껏 아군의 강력한 병력이 그대로 남아 있다면 능숙한 전투에 임할 수 있지만, 가령 현 상황에서 성공한다 해도 아군 일부만이 연합군의 방위선을 돌파, 약간의 돌출부를 만드는 정도가 될 것"이라며, 독일군은 이미 연합군에 대항할만한 전력이 없음을 간접 시인했다. 사실 독일군의 전력은 그 정도에 지나지 않았다. 연합군으로서도 그 작전을 '돌출부 작전'이라고 불렀으며, 히틀러는 '라인강 파수꾼 작전'이라고 불렀다. 일선 지휘관들과는 달리 히틀러는 그때까지도 패배는 생각지 않았다. 히틀러의 생각은 돌출부를 만들자는 생각이 아니었다. 미 제1군단과 제3군단의 경계선을 뚫고 들어가 분리시킨 후 그곳에 포진중인 영국군의 보급로를 차단시키고, 잘되면 영국군의 전의 상실을 부추긴다는 것이었다. 그리하여 연합군에서 영국군을 분리시켜 개별전투방식으로 대응하겠다는 전략을 마련했다. 독재자가 생각할 수 있는 환상과 걸맞은 작전계획이었다.

독일군의 현지 병력은 25만 명, 탱크 1,000대, 대포 1,900문, 항공기 350대가 고작이었다. 항공기 부대에는 신예 제트기 80대가 포함돼 있었다. 최대의 약점은 가솔린 부족이었다. 결국엔 그 때문에 며칠 밖에 공격을 할 수 없었다. 최대의 격전지는 룩셈부르크와 국경선 가까운 버스트뉴 지구로, 미군 3개 보병사단이 포위하고 있었다. 연합군은 그 작전에서 최종적으로 전사자 약 8,000명과 행방불명자 2만 1,000명, 부상자 4,800명을 내고 말았다. 하지만 독일군의 공세도 1주일 밖에 이어지지 않았다.

12월 23일, 날씨가 모처럼 회복되었다. 연말 크리스마스 같은 것을 떠올린다는 것은 냉엄한 전장(戰場)에서는 사치였다. 곧바로 P47 전투폭격기를 앞세운 연합군의 비행대가 새떼처럼 하늘을 뒤덮었다. 이미 독일군 탱크부대는 연료가 바닥을 드러낸 상태였다. 비행대는 정지되어 있는 탱크를 되려 노리며 공격하는 등 전투할 상대조차 거의 없었다.

'45년 1월 8일, 독일군의 마지막 퇴각 명령이 내려졌다. 그럼에도 20일 동안이나 전투는 계속 되었다. 결국 게임은 독일군의 완패로 끝을 맺었다. 또다시 독일군 전사자 12만 명과 포로 10만 명이 연합군에 붙잡혔다.

17. 연합군, 라인강 도강작전

유럽 전장의 특징은 평야지대를 유유히 흐르는 강줄기가 길게 뻗어져 있는 점이었다. 동남아처럼 준엄한 산맥이 자연의 국경선을 만들고, 그것이 다시 자연의 요새로 되어있는 경우는 적었다. 독일에 있어서 그 중앙부를 지켜주는 것은 서쪽으로는 라인강이며, 동쪽으로는 오데르강과 나이세강이다. 미·영 연합군은 라인강을 어떤 식으로 건널까하고 고심했다. 모든 다리가 이미 파괴돼 있었다. 대안(對岸)에 주둔중인 독일수비대를 제압해 고무보트와 함께 배 위에 철판을 깔아 야전다리를 만들어 수십만의 병사들이 한꺼번에 건너는 방식이 아니고는 어렵다고 판단했다. 그 중요한 도강작전은 네덜란드쪽에서 루루지방을 향해 준비되고 있었

라인강 도하작전 선발대 미 제101 공수사단 임시사령관(좌), 연합군 라인강 도하(渡河)작전(우)

다. 라인강의 강폭은 만수일 때는 500미터 정도였다.

연합군 지휘관 영국 몽고메리가 치밀한 계획아래 준비를 진행해왔으나 우연히도 그 강 상류에서 미군 4개 사단 정도가 재빨리 라인강을 도강해 버렸다. 즉 본에서 조금 남동쪽 아래 부근 레마겐 지역의 루덴돌프 다리로 건너갔다. 그 다리는 미군 브레들리(Omar Bradley) 장군이 지휘하는 미 제1군 정찰대가 발견했다. 그 다리는 끊어지지 않은 채 있었다.

독일군 폭파대가 막 폭파시키려 했을 때인데 용케도 다리는 무사했다. '45년 3월 7일 먼저 건너간 미 4개 사단이 라인강 저쪽에 교두보를 구축하기에 이르렀다. 그러나 그런 정도로 광대한 전선이 형성되면 우연에 의해 다시 일부 부대가 도강한다고 해도 전국(戰局)을 크게 바꾸게 된다고 볼 수 없다는 것, 실제로는 레마겐 지역의 도하부대(渡河部隊)도 그대로 독일영토 깊숙이 진격 할 수 없었다. 부근에 독일군이 집결해 반격을 해오고 있기 때문이었다.

히틀러는 앞서 미군 4개 사단이 끊어지지 않은 다리를 통해 도강했다는 보고를 받게 되자 왈칵 화를 내었다. 다리를 그대로 방치한 죄로 공병장교 5명을 군재판에 회부, 사형을 선고, 바로 총살해버렸다. 아울러 독일 유럽 총사령관 룬트슈테트 원수를 또 한 번 해임해버렸다. 그 후임에는 이탈리아전선의 최고지휘관을 지낸 케셀링(Albert Kesselring) 원수를 임명했다. 히틀러는 연합군의 노르망디 상륙작전 이후 8개월에 걸쳐 서부군 총사령관을 4번이나 바꾸었다. 그중 1명은 자살해버렸다. 마치 중대장을 바꾸는 경거망동이란 비판이 없지 않았다.

'45년 3월 23일, 대안(對岸)의 루루공업지대에 대한 2주일간의 사전 폭격을 끝낸 연합군 100만이 비로소 임시 가설된 다리를 이용, 독일 영토로 도강을 개시했다. 도강을 끝낸 연합군은 리스에 이르기까지 10개소 30여㎞에 걸쳐 전선을 형성했다.

처칠 수상은 영국군 사령관 몽고메리 장군 곁에서 그 진행상황을 지켜보고 있었다. 연합군 최고사령관 아이젠하워 원수(전년 12월 승진)도 모래주머니로 쌓아올린 고지대에서 바라보고 있었다. 다음날 24일에는 연합군 공수부대 1만 4,000명이 독일군 진지 배후로 낙하했다. 곧 수송기 1,500대와 글라이더 1,300대, 호위 전투기 3,000대 등이 투입되었다. 결국 독일군 10만 명이 110㎞와 89㎞ 둘레 속에 포위당했다.

위기감을 느낀 독일군이 패주를 시작했다. 군인뿐만 아니라 행정관리 모두가 자리를 비우고 도망쳐 버렸다. 행정업무가 마비되고 말았다. 혼란과 무질서가 난무했다. 연합군 후속 부대가 주민들 보호에 나섰다. 주민들은 겨울철이 아니라 다행이라며 떨리는 가슴을 쓰다듬었다. 점령지역의 행정관이 업무를 방치한 것은 특별한 이유가 있었다. 히틀러는 연합군의 라인강 도하작전이 시작될 무렵 국내 주요 기관에 대한 파괴와 주민들의 퇴거를 명령해 두었기 때문이었다.

파괴대상은 수송기관, 댐, 가스, 전기망, 광산, 산업시설, 피복공장, 식량창고 등 모든 분야에 걸쳐 행해졌다. 그 같은 조치는 연합군이 사용치 못하도록 하기보다 "패전은 비겁과 무능의 소치이며, 그렇게 되면 독일국민들은 살아있을 가치조차 없다"고 하는 평소 히틀러의 독존적인 가치관에서였다.

군수대신(軍需大臣) 알버트슈페아 만이 히틀러의 파괴명령을 정면 거부했다. 그 같은 저항 때문에 그는 즉각 목이 날아갔으나 참모총장 구데리안 장군과 손잡고 파괴대상을 극도로 줄여 나갔다. 라인강 도하가 성공을 거두게 되자 '45년 3월

28일 아이젠하워 연합군 총사령관이 스탈린 수상에게 갑자기 비밀 메모를 긴급 전달했다.

요지는 "연합군은 베를린으로 진격치 않고 주력부대는 라이프치히 → 드레스덴으로 진격, 엘베강으로 향할 테니 그곳에서 소련군과 합류하고 싶다. 그리고 다른 부대는 나치스 발상지인 레겐스부르그 → 린츠(현재 오스트리아 령)로 진격, 소련군과 합류할 수 있도록 바란다"는 내용이었다.

이미 폭격으로 황폐화되어 있는 베를린 점령은 전술적으로 무의미하며, 그곳의 점령은 벌써 60km 앞까지 진격한 소련군에게 맡기는 게 좋겠다는 판단에서였다. 군이 베를린에서 300km 이상 멀리 떨어져 있는 연합군이 일부러 진격해 들어갈 이유는 없었다.

미·영 연합군은 엘베강에서 진격을 멈춘 것이 잘된 일이었다. 처칠 수상이나 루즈벨트 대통령에게 미리 상의할 필요 없는 당연한 전술이라고 아이젠하워 원수는 생각했다. 그런데 처칠은 연합군의 '베를린 방기(放棄)'는 있을 수 없다며 맹렬히 반대했다. 전후 소련을 염두에 둔 데서였다. 그러나 미군 참모총장 마샬(George C. Marshall) 대장이 적극 현지 총사령관의 조치를 지지한다고 전해지자 결국 그대로 진행되었다.

'44년 11월 무려 4번째나 대통령이 된 루즈벨트는 아이젠하워 원수의 독단적 조치가 다소 불만이었지만 그때는 병상에 누워있었기 때문에 의견을 개진할 기력조차 없었다. 그는 '45년 4월 12일 서거했다. 처칠 역시 최고사령관의 결정을 뒤엎기에는 5년 가까운 전쟁으로 지쳐 있었기에 귀찮았다.

18. 처참했던 유태인들

그러면 소련군의 베를린 공격은 어떤 식으로 진행되었나?

소련군은 베를린으로 진격하기 전 폴란드에 주둔중인 독일군을 추방하는 것이 급선무였다. 동원된 병력은 600만 명이나 되는 방대한 인원이었다. 소련군은 체코와 폴란드 국경인 발트해에서 칼파티아 산맥에 이르는 남북 1,000km에 걸쳐 병력을 포진시킨 뒤 '45년 1월 12일부터 진격을 시작했다. 즉각 눈앞에 공략의 대상으로 독일령 케니히스벨크와 폴란드 수도 바르샤바와 그리고 크라크프가 나타났다.

폴란드 수도 바르샤바는 '44년 8월이래 독일군의 '바르샤바 전투'에서 시민만도 20여만 명이 재차 희생되고 80만 명이 강제 추방된 이후 폐허상태였다. 때문에 소련군은 그곳에 대한 진격을 잠시 중지했다가, '45년 1월 17일 바르샤바를 완전 점령했다. 점령 즉시 소련군은 동부 폴란드 지명을 딴 '루블린 정권'을 세워 공산화 시발점으로 삼았다. 결국 소련군 진격은 폴란드에만 국한하지 않고 발칸반도 여러 나라에도 친소적인 공산당 정권의 수립을 위해 그 방법을 이용했다. 무엇보다 소문으로만 떠돌던 유태인 참상이 소련군의 폴란드 점령과 함께 그 진상이 드러나게 되었다. 독일군에 의해 설치 운영되어온 폴란드내 유태인 강제 수용소 내부시설이 차례차례로 공개되었다.

정치범을 포함한 36만 명 이상이 희생된 루블린 지역 부근의 마이다니커 수용소 내 가스실은 '44년 6월말에 가서 사용중지 되었다. 그 수용소가 가장 오래 사용되었다. 소련군의 유럽진격이 본격화된 '44년 1월 25일께 구다니스크 지역의 슈트트호프 수용소(희생자 6만 5,000명)가 해방되고, 27일에는 유명한 아우슈비츠 수용소와 그 부속시설 빌케나우 수용소가 연달아 해방되었다.

아우슈비츠 수용소에만도 무려 400만 명의 유태인이 가스실로 끌려가 참살돼 '인간비누 원료'로 사용되었다. 아직도 유태인들의 비극에 대한 진상은 전부다 밝혀지지 않았으며 시간이 더 필요할 것 같다. 유태인 말살 시설은 거의가 폴란드 영내에 설치돼 있었기에 그 해방은 그곳을 먼저 점령했던 소련군에게 맡겨질 수밖에 없었다.

수용소별 희생된 인원을 재차 살펴보면 벨젝 수용소에서 60만 명 가량이 참살당했으며, 켈무노 수용소에서 34만 명, 특히 이곳에서는 유태인 외에도 폴란드인과 여러 외국인들까지도 많이 희생당했다. 그리고 소비보르 수용소에서 30만 명, 트레블린카 수용소 75만 명이 가스실의 재가 되었다. 그 같은 독일 나치스에 의한 무서운 '홀로코스트(Holocaust:대학살)'의 진상이 세상에 알려지자 유럽사회는 물론 전 세계에 큰 충격을 가져다주었다. 히틀러의 인성이 그렇게도 잔학했는가 하고….

한편 서쪽방향에서 독일 영토를 향해 진격해온 미·영 연합군도 독일영토 내에 있는 강제수용소를 발견하고 즉각 해방시켰다. 아사자와 학대에 의한 '시체의 산'을 수없이 발견할 수 있었다. 노이엥감 수용소를 비롯해 밸겡·밸젠, 작센하우젠, 그러스로젠 수용소, 나츠바일러 그리고 다하우 수용소 등이었다. 독일내 강제수용소의 특징은 폴란드 내에 둔 수용소보다 학대나 학살의 강도가 더욱 잔학했다고 전해졌다. 인원도 대규모적이고 보복적이었다고 한다.

소련군이 점령하자 폴란드 국민 중 독일계인들의 피난행렬이 꼬리에 꼬리를 물었다. 무엇보다 앞서 독일군이 점령하자 기다렸다는 듯이 독일인 거주자들이 폴란드인들을 국외로 몰아내고 그 자리에 이주했던 관계로 보복이 두려워서였다. 이미 폴란드인들에 의한 보복이 가차 없이 이곳저곳에서 벌어지고 있었다. 물론 소련군에 의한 보복도 만만찮았다.

체코와 독일, 폴란드 접경지대인 독일공업도시 슈레지엔 지방과 드레스덴 지방에는 300만 이상의 독일계 폴란드인들이 몰려들었다. 돌연 영국공군 신예 랭케스터 폭격기 249대가 비행해와 그곳 시가지를 불바다로 만들었다. 사망자 13만 5,000명 중 9만 5,000명이 피난민들이었다. 특히 독일의 주요공업도시 드레스덴만도 50만 명 이상의 피난민들이 집중해 있었다.

연합군과 소련군에 의한 독일본토 공습은 계속 요란했다. 거의 한달 후 이번에는 일본 도쿄에 대한 연합군의 공습이 시작되었다. 그 공습으로 10만 명 가량의 도쿄시민이 불타 숨졌지만 드레스덴에 대한 폭격은 강도가 더욱 극심했다. 일본 도쿄 공습때 최초로 '미군 B29'가 나타났다.

19. 나치스 독일의 종말, 히틀러의 최후

일찍이 어느 철학자가 설파하기를 "사자(死者)는 죄가 없으며, 사자를 매도하지 않는 것이 인간의 도리다"라고 했다. 2차 대전을 출발시켜 인류에게 크나큰 고통을 안겨준 나치스독일의 독재자 히틀러에게도 그 말이 해당될까?

대전 중에 히틀러에게 붙여진 이름은 너무나 많았다. '살인마', '인간백정', '인류의 적', '정신병자', '유아독존' 등 온갖 수식어가 그를 따라 다녔다. 그랬던 그도 결국 한줌의 흙으로 돌아갔다. 그는 연합군이 압박해 들어오자 지하 벙커에서 새로운 애인을 위해 결혼식을 올린 직후 권총을 애인의 이마에 대고 방아쇠를 당기고 말았다. 이어 총구를 자기머리에 대고 최후를 맞이했다. 말 그대로 파란만장한 인생을 마감했다.

'45년 연합군의 주역 미 루즈벨트 대통령이 뜻밖에 서거했다. 트루먼(Harry S. Truman) 부통령이 그 직을 승계했다. 가장 먼저 스팀슨(Henry L. Stimson) 육군장관으로부터 상상할 수조차 없는 파괴력을 지닌 무시무시한 폭탄(원자탄)을 개발 중이라는 보고를 해왔다. 트루먼은 어리둥절했다. 당시 원자탄 개발에 20만 달러가 투입되었으며, 연인원만도 10만 명이나 되었다. '맨하탄 계획(Manhattan Project)'이라 이름 붙여진 원자탄 개발은 사용목적이 무언지 종사원조차 몰랐으며, 부통령에게도 알리지 않았다. 그만큼 철저히 비밀을 유지했다. 당시로서는 미 국방부의 최대 프로젝트로 여겨졌다.

'45년 4월 15일, 영국공군이 최후를 맞이한 독일 베를린 일대를 다시 공습했다. 그때만 해도 약 150만 명이나 되는 피난민이 베를린에 유입된 상태였다. 인구는 모두 300만 명 이상이었다. 이미 오델강을 건너온 소련군은 병력 250만 명과 대포 4만 2,000문, 탱크 6,300대, 항공기 8,400대, 그밖에 각종차량 수 천대를 준비해두고 베를린 공습에 대비하고 있었다.

소련군 사령관 쥬코프 원수는 갑자기 다음과 같은 '포고문'을 발표했다.

"소련군 병사 제군! 복수하자 독일인의 자식들이나 손자들에게까지, 그들의 만

행을 생각만 해도 떨리는 마음을 견딜 수 없다. 벌레 같은 독일인들… 그들에 대한 처분은 병사 제군에게 달려있다. 병사제군! 독일인들에게 연민의 정 같은 것에는 반드시 눈을 감아라" '45년 4월 16일 오전 3시 소련군이 대포 2만3천 문을 동원, 베를린을 향해 일제히 불을 뿜었다. 21일에 최초 소련군 폭탄을 투하했으며 24일엔 베를린 일대를 완전 포위했다.

히틀러는 유겐트(나치스 청년단, Jugend)를 비롯해 독일소녀연맹, 국민돌격대 그리고 노병들이 포함된 30개 사단 병력으로 대항했으나 패배는 시간문제였다.

4월 27일 소련군은 또다시 총공세를 폈다. 29일에도. 막바지에 몰린 히틀러는 아무리 생각해보아도 탈출구가 없었다. 어떻게 할 것인가? 그는 그 순간 모든 것을 단념했다. 작전지휘본부가 있는 벙커 속으로 달려갔다. 그곳엔 사랑하는 애인이 기다리고 있었다. 돌연 애인 '에바'와 정식 결혼식을 거행했다. 죽어서라도 부부가 되기 위해… 직후 히틀러는 허리춤에서 권총을 빼어들었다. 총구는 '에바'의 이마에 들이댔다. 탕! 탕! 총구는 다시 자기 이마로 향했다. 전쟁의 광란은 드디어 막을 내리고 말았다.

또 한 사람의 전범자, 이탈리아 무솔리니는 앞서 이탈리아가 연합군에 항복할 무렵, 역시 애인과 함께 국외로 도망치다가 빨치산에 체포돼 총살당했다. 그와 애인 '클라라 페탓치(Clara Petacci)'의 시체는 밀라노 네거리에 설치된 장대에 거꾸로 매달려 전시되었다.

히틀러는 자결직전 총통직과 수상직을 해군원수 되니츠 대제독에게 이양하는 여유를 보였다. 되니츠 원수는 대세는 이미 기울어졌다고 판단, 엘베강 양안에 도착해 있는 미·영·소 관할 지구에서 휴전협상을 시도했다. 그에 앞서 독일정부는 연합군 인근에 있는 독일군 부대를 빨리 이동시켜 보복을 피하도록 명령했다. 그러나 아이젠하워 연합군 총사령관은 엘베강 루트를 봉쇄, 즉각 독일정부의 무조건 항복을 재촉했다. '45년 5월 7일, 독일정부는 마침내 두 손을 들고 말았다.

20. 독일 항복

항복조인은 독일땅이 아닌 프랑스 파리에서 동쪽 130km 가량 떨어진 말누지역 란스시로 옮겨 연합군이 준비해온 문서대로 서명했다. 세계역사와 함께 세계질서가 재편을 맞게 되는 순간이었다. 소련군은 조인식에 자기 연락관이 참석했으므로 스탈린이 참석한 서명식을 8일 다시 가질 것을 주장, 두 번씩이나 독일은 항복문서에 서명해야 했다. 베를린 점령은 소련군이 먼저 했다는 위신을 세우기 위해서였다.

여기서 히틀러와 그의 애인 에바 브라운(Eva Braun)과의 러브스토리를 간단히 소개키로 한다. 에바는 17세 때부터 비서로 있으면서 같은 장소에서 술에 만취, 먼저 히틀러의 외투 안에 러브레터를 집어넣음으로써 독재자와 사랑하게 되었다. 그녀는 전세가 절망상태에 빠지자 히틀러와 함께 베를린 지하 벙커로 피신했다. 두 사람은 자살하기 전 결혼식을 올리고 세상을 하직했다. 일설에 의하면 히틀러가 독약을 마시고 자살하자 그녀도 시체 옆에서 "당신을 위해서라면 당신의 수백만 추종자들처럼 언제든지 따라 죽겠다"며 스스로 목숨을 끊었다는 주장도 있다.

(사진 좌) '45년 5월 7일. 독일 무조건 항복 서명했다. 독일은 정부대표로 요들 육군 원수가 참석. 그는 히틀러의 측근 참모였다.
(사진 우) '45년 2월 소련령 크리미아 반도 얄타에서 처칠, 루즈벨트, 스탈린이 회담을 갖고 전후 독일을 4개국 분할 통치키로 결정했다.

21. 일본도 항복임박

'44년 10월 일본 연합함대와 미 태평양함대가 다시 운명의 일전을 벌렸다. '레이디 해전(Leyte Naval Battles)'이었다. 그 해전에서 일본함대는 또다시 전멸을 면치 못했다. 레이디와 루손섬 해역에서 미 함대와 조우한 일본함대는 특별공격대까지 조직, 불사조 같은 투지로 저항을 계속했으나 한마디로 열세였다. 최후에는 '다이아다리전법'까지 동원, 항전했지만 희생은 갈수록 커져갔다.

루손섬을 확보한 미군함대는 '45년 2월 일본 큐슈(九州) 남쪽 끝 가고시마(兒島)인근 유황도(硫黃島)에 상륙하는데 성공했다. 그 섬 상륙작전에서 미 해병대는 일본육전대 2만 명 전원을 사살해 버렸다. 미군은 다시 사이판과 괌섬을 확보, B29 폭격 기지를 마련했다. 그 기지야말로 일본본토를 초토화시킬 수 있는 결정적인 교두보 역할을 할 수 있을 것으로 믿었다. B29 폭격기는 미 국방성이 실제로 원자탄 개발비 보다 더 많은 30억 달러를 들여 만든 가공할 위력을 가진 비행기로 처음으로 일본 본토 폭격에서 선보였다. B29에 의한 일본 본토 폭격이 시작되었다. 눈 깜짝할 사이 소이탄(燒夷彈)을 퍼부어 도쿄 시내가 불바다로 변했다.

'45년 4월 1일 다시 미군 해병대가 일본 오키나와섬을 점령했다. 일본 수비대 육군 제32사단 8만 6,000명은 미군을 맞아 지구전을 펴는 한편 구주지방에 주둔 중인 특공대까지 긴급 차출했다. 미 함대에 대한 충격전법으로 20세 전후의 항공 예비사관을 긴급 투입, '빨간 잠자리 비행기'에 대형폭탄 1개씩을 장착해 직접 충돌토록 하는 '자살공격'까지 감행했다. 전세는 시간이 지날수록 일본에 불리하게 흘러갔다. 일본의 운명도 시간문제였다. 그 무렵인 '45년 5월 7일 독일이 항복했다는 비보(悲報)가 날라들었다. 민간인들도 죽음을 각오하고 군을 도와 총력전을 벌렸지만 역시 역부족이었다.

일본 오키나와섬을 둘러싸고 있는 미 함대를 격침시키기 위해 세토나이카히(瀨戶內海)쪽에서 출격한 일본공군 386특공대도 미 함재기의 집중공격을 받고 맥없이 주저앉았다. 일본함대는 앞서 '미드웨이 해전'에서 주력함정이 괴멸 당했기에 전투기의 호위 없이 자력으로 작전 가능한 항모는 1척도 없는 상태였다. 겨우 전함 '야마도'를 비로 경순양함 1척과 구축함 8척이 전부였다. 12인치 포를 장착한 야마도(大和)에게는 아예 미 군함이 피하면서 상대조차 해주지 않아 무용지물이나 다름없었다.

고양이와 쥐 싸움 같았다. 이 '오키나와 해전'에서 일본해군 작전 지휘부 '다이홍에이(大本營)'의 긴급 출동명령을 받은 기동함대사령관 이토우 제독은 불복했다. 평소 같으면 생각조차 할 수 없는 일로 총살감이었다. 그는 출동에 앞서 가진 '설명회'에서 참모들에게 "우리들은 다만 죽음의 장소를 지정 받았을 뿐이다…"라고 말했다. 각 참모들도 일체의 말이 없었다. 그러나 참모들은 "우리 모두가 닥쳐온 본토 결전에서 계속 밀어붙이게 될 미 함대와 맞붙을 비장한 각오로 살아왔기에 전투에 임하겠다"고 사령관에게 최후의 말을 남겼다.

일본 해군지휘부로서도 일본은 군사적 승리는 물 건너갔으며, 패배는 각오했으나 항복은 있을 수 없다는 분위기가 팽배했다. 그런데 일본군 전사자는 시간이 지날수록 산더미 같이 쌓여갔다. 소위 특공부대는 출격하자마자 금세 미군 전투기에 휩싸여 격추 당하기 일쑤였다. 운 좋게 미군 군함을 발견했다 해도 불과 1,000~3,000톤 미만의 보잘 것 없는 소형함정 정도여서 별 성과가 없었다.

그러나 간혹 적의 대형항모에 접근 '다이아다리'(충돌)기회가 없었던 것은 아니었다. 한 예로 독일이 항복한 4일 후인 '45년 5월 11일 일본공군 신예전투기 '영전(零戰)' 1대와 폭격기 '혜성(彗星)' 1대가 대형미군항모 벙커힐호가 퍼붓는 대공포화란 폭풍 속을 뚫고 기적적으로 '다이아다리'에 성공, 그 항모를 향해 불능케 만들었다. '다이아다리'란 소형비행기에 폭탄을 장착해 적의 군함의 굴뚝이나 기관실 또는 갑판위로 돌진, 바로 부딪치는 '자살특공전법'을 일컫는 말이다. 당시 미 항모 벙커힐호는 끝내 폭발해 400명 이상의 전사자와 함께 선체마저 검은 연기에 휩싸였다. 그 후 그 항모는 전장(戰場)에서 사라졌다.

이튿날 미 기동부대는 보복심에 불탄 나머지 약 920대를 출격시켜 일본 전국의 비행장은 물론 주요도시와 교통기관을 닥치는 데로 폭격했다. 그에 맞서 일본군은 '의열공정대(義烈空廷隊)'라고 이름 붙인 특공대를 새로 조직, 적기가 비상 착륙해 대기 중인 요미다니 비행장(讀谷飛行場)에 숨어들어 적기에 폭약을 장치해 스스로 폭발해버리도록 하는 임무를 부여했다.

최초엔 사이판까지 돌진시켜 일본을 폭격하는 미 B29를 지상에서 폭발해버리도록 하는 훈련을 시켰으나 출격타이밍을 놓쳐버리고 말았다. 그러나 방향을 바꾸어 오끼나와로 향하던 8개 중대중 7개 중대가 비상착륙 전 격추 당했다. 1개 중대는 착륙에 성공했지만 전원 전사해버렸다. 그 같은 일본군의 사투도 '45년 6월 말께 가서는 흐지부지 되고 말았다. 오끼나와 일본군 수비대는 끝내 항복치는 않았다. 6월 23일 사령관 규유지마(牛島 滿 중장)와 참모장 나가유우(長勇 중장)등 두 사람은 할복자살해 버렸다. 그들은 할복에 앞서 "우리는 비록 전쟁에서 패할망정 미군에 굴복할 수 없다"는 유훈(遺訓)을 남겼다. 수비대 전사자 6만 5,000명, 지역주민 사망자 10만 명을 헤아렸다.

22. 일본군 최후발악

일본함대 기함(旗艦)인 전함 야마도(大和)가 격침된 것은 '45년 4월 7일이었다. 일본제국 해군에게는 마치 보호자를 잃은 것처럼 큰 충격이었다. 공교롭게도 그 날 전시내각 도조(東條英機 육군대장)가 물러나고 스즈키(鈴木貫太郎) 내각이 탄생했다.

'항복'이란 단어는 절대 사용하지 않는다는 조건부로 입각한 장관도 두명이나 있었다. 비로 외상에 임명된 도우고우(東鄕茂德)와 해군대신에 임명된 마이우치(米內光政)였다. 도오고외상은 대전초기 군국주의자 도오죠 내각때도 외상을 지냈으며, 패전을 앞둔 마지막 내각에서도 역시 외상직을 맡아 눈길을 끌었다. 말 그대로 스즈키 내각은 항복과 관련될 전시 최종 내각이었다.

수상 스즈키 자신도 "본 내각은 대동아 전쟁에서 마지막 내각이 될 것으로 생각된다"고 말했다. 하지만 일반시민들은 승리를 목표로 하는 강력한 내각이라고 자화자찬을 늘어놨다. 말하자면 미군과 끝까지 사투를 벌이자는 은근한 메시지였다.

드디어 미군이 본토로 상륙작전을 감행할 것이라는 소문이 퍼지기 시작했다. 이미 일본은 필리핀 전투에서 50만 명 이상의 전사자를 내었을 때부터 본토 결전에 대비한 준비를 해온 터였다. 그 후 2만 명의 전사자를 낸 '유황도(硫黄島) 전투'와 '오끼나와 해전'의 패배에서 그 시기가 빨라질 것으로 예견하고 있었다. 지금껏 '필리핀전투'는 물론 '오끼나와 전투'에서 강행한 '항공특공'이란 비상전법은 반드시 전체의 전력을 집중시키는 전술방법이 아니었다. 더욱이 육군에서 그런 경향이 뚜렷했다. 본토 결전에 대비 병력을 아끼기 위해서였다.

이제 본격적인 결전(決戰)이 시작되었다. 미 B29 폭격기가 종횡무진으로 날고 있었다. 일본군은 8,000m에서 1만 m 상공으로 침입해오는 B29 폭격기에게 고사포로는 너무 무력했다. 일본 전투기조차 그렇게 높은 상공에서 침입해오는 미 B29를 공격하기란 불가능에 가까웠다. 최후수단으로 육군 항공특공부대를 조직했다. 특공기에 의한 '다이아다리전법'으로 대항하기 위한 조치였다. 그 전법으로 비로소 미 B29기 50대 가량을 격추했다. 반면 살아온 비행사는 1~2명에 불과했다. 정면으로 맞부딪치는 것이 아니고 추격해 적기의 날개부분만이라도 파괴시키

히로시마와 나가사키에 원자폭탄을 투하한 미 B29 폭격기

도록 했기에 낙하산으로 비상 탈출할 수 있었을 텐데도.

하지만 그 같은 영격(迎擊)도 시간이 지남에 따라 별로 성과가 없었다.

일본군의 패색이 날로 짙어가고 있는데도 신임 스즈키 수상으로서는 당장 기존의 전략을 뒤엎기가 곤란했다. 게다가 항복 이외의 종전(終戰)은 있을 수 없다고 수상 자신이 확실하게 생각하고 있었기 때문이었다. 수상으로서는 어떻게 하든 적에게 최후의 일격을 안겨줌으로써 다소나마 유리한 화평을 구할 수 있지 않을까 하는 생각도 있었던 것 같다. 그 증거로 '45년 6월 8일 천황이 임석하는 전쟁수행최고회의(소위 어전회의)에서 결정된 정식 '본토결전건'이 말해주고 있다.

그 회의석상에서 참모총장 대리로 출석한 차장 카와베(河 虎四郎 중장) 장군은 천황에게 보고하기를 "해상, 연안, 육상 등에 이르기까지 전군을 투입해 서로 무찌르는 전술로 적을 격멸시킬 때까지 밀어붙이면 반드시 승리를 자신 한다"고 장담했다.

회의 직후 군은 본토방위에 약 160만 명의 병력을 동원했다. 그 밖에도 국민의용군으로 불리는 별동대까지 조직했다. 본토결전에서 승리하지 못하면 1억만 일본국민은 전멸되고 일본은 지구상에서 사라진다며 저마다 '간바레(힘내라)'를 외쳤다.

"어떤 구상에서 나온 작전으로 적과 싸우려는가? 선택의 여지가 있을 리 없다. 항공특공, 해상특공, 수중특공, 전차특공, 지상전투특공을 피해서는 안 된다" "다시 말하건데 돌에 박힌 화살 같은 의지로 항전하기를 원한다. 두려워하는 것은 마음속에 싹튼 의심에서다. 장병들의 마음속에 복잡하게 뒤얽힌 정신의 동요에서다…"

일본 육군작전본부(참모본부) 작전부장 미자키(宮崎周一 중장)는 마지막 자기 심경을 그렇게 털어놓으며 전 병사에게 사투를 끊임없이 독려했다. 점차 전투가 격렬해지자 특공대원 중에는 적의 상륙예상지점에 폭뢰를 등에 메고 적의 수륙양용장갑차나 전차에 몸을 던져 돌진할 준비태세를 갖추고 있었다. 그 같은 비상전법으로 적을 잠시나마 저지시키고 있는 사이 조금 떨어져 잠복해있던 적의 탱크부대가 재빨리 진격해오므로 그 역시 '다이아다리전법'으로 대적하도록 했다.

하지만 일본군 탱크는 별로 위력이 없었다. 일본군 특공전법이 나온 것은 앞서 필리핀 전투에서 최초로 채용되었다. 군령부 해군작전 전담차장이던 다이세이(大西瀧治 중장) 제독이 그 장본인이었다. 그는 원래 특공대 창시자는 아니지만 "본토결전에서 최소한 2,000만 정도의 일본인이 죽으면 미군도 겁을 먹고 물러갈지도 모른다며, 특공전법으로 결사항전 해야 한다"고 주장해왔다.

당시 일본 총인구는 7천만 명 정도로 3명중 1명꼴이었다.

일본군은 맹우(盟友) 히틀러가 애초 폴란드나 소련에 대해 특별한 적개심을 품고 있었던 것처럼 미·영도 일본인 몇 %정도를 말살시키고, 나머지는 노예로 삼을 계획을 가지고 있었다고 한다면 오히려 일본인이 수천만 정도 죽었다고 하더라도 대수롭지 않았을 것이다.

"고대의 전투 목적은 지배가 전부였다. 항복은 바로 노예로 전락하는 길이었다. 그것이 싫으면 전 국민이 죽을 때까지 싸우는 길밖에 없다"며 스즈끼 수상은 측근에게 중얼거렸다. 그래서 그는 늘 "우리 일본이 카르타고(북아프리카 고대부족도시)로 전락되는 것이 아닌가 카르타고로…"하고 몹시 두려워했다. 때문에 항복의 대가가 얼마나 무서운가를 혼자 상상했다. 그는 계속 혼자 말로 "독일 히틀러까지 끝내 항복시킨 나라야말로 그 얼마나 무서운가"하고 노이로제에서 벗어나지 못하고 있었다. 그는 재삼 말하기를 "일본은 그 히틀러를 믿고 군사동맹을 맺고 지금껏 전쟁을 수행해 왔다. 비록 지금은 군사적으로 궁지에 몰려있지만, 만약 항복한다면 여하한 보복이 뒤따르게 될지 각오해야한다"고 털어놓았다.

결과적으로 미·영에 항복하는 것은 중국에 대해서도 항복하는 것을 의미하기 때문에 그의 심경은 더욱 괴로웠다. 그러기에 침략 당했던 중국의 일본에 대한 보복이 더욱 거셀 것으로 내다봤다. 또한 연합군에 대한 항복은 자동적으로 '식민지 조선'에 대한 포기를 의미하는 것이라고 생각했다. 그렇게 되면 또다시 어떤 보복 요구가 나올지 상상조차 할 수 없다고 여겼다. 무엇보다 '조선'은 40년 가까운 기간에 걸쳐 많은 토지와 재산, 생명까지 탈취했기 때문에 언어로 표현할 수 없을 만큼 큰 죄를 지었다고 했다. 게다가 언어까지 빼앗았으며, 성명조차 일본인과 같도록 강요해왔으니 오죽하겠는가 라고….

특히 점령군 가운데는 중국이나 조선에서 활동해온 민족독립운동가는 말할 필요 없지만 빨치산까지 들어올 가능성을 생각하니 앞날이 막막해 일본지도자들은 더더욱 공포에 떨었다. 그러던 와중에 스즈끼 수상은 '45년 7월 13일 소련을 중개자로 믿고 고노에(近衛文磨) 전 수상을 급히 소련으로 파견하려고 했으나 18일 소련으로부터 냉담한 반응을 받았다. 왜냐하면 소련의 대일 선전포고가 눈 깜빡할 사이에 이뤄지고 있었기 때문이었다.

"'항복'하고 싶으니 미·영에 전해달라고 단도직입적으로 곧바로 말하지 않는 한 일본쯤은 문제될 것 없다"는 단계에까지 이르렀기 때문이었다. 실제로 그렇게 요청했다 하더라도 소련이 그 무렵에 그 부탁을 들어 주었을 리 만무했다.

소련은 대일 참전 대가로 '러일전쟁'때 빼앗긴 남쪽 사할린과 찌도열도(千島列島)의 접수와 만주일부를 획득키로 이미 미·영과 비밀리에 약속해 두고 있었다.

23. '포츠담선언' 수락 촉구

'45년 7월 26일 미·영·중국이 일본에 대해 '포츠담선언(Potsdam Conference)'을 발표했다. 포츠담은 베를린 근교에 위치한 도시 이름이다. 그곳에 연합군 수뇌들이 모여 전후 독일처리문제를 협의하던 중, 내친 김에 일본에 대한 항복권고안을 마련, 발표하게 되었다. 그 선언은 모두에서 "일본에게 전쟁을 종결할 수 있는 기회를 준다"고 되어 있다. "종결할 수 있는 기회"란 "항복할 수 있는 기회"의 의미였다. 일본이 바라던 '화평'제의는 아니었다. 선언문 속에는 "일본국토를 완전히 초토화해 버릴 정도의 군사력을 집결해 두고 있다"는 위협적인 내용도 담고 있었다. 또한 항복후의 일본에 대해 다음과 같은 조치를 취할 것이라는 조건도 함께 통고했다.

① 군국주의 세력 일소, ② 점령군의 주류, ③ 조선의 독립, ④ 일찍이 중국영토

였던 모든 지역(만주, 대만, 관동, 여순, 대련 등)의 무조건 반환, ⑤ 일본군의 무조건 항복, ⑥ 군대의 무장해제, ⑦ 전쟁관련자 및 전쟁범죄자 처벌, ⑧ 군수산업 폐기 등 8개 항목이었다.

그리고 말미에 "일본군의 선택은 신속해야 하며, 그렇지 않을 경우 파멸만이 있을 뿐"이라고 못 박았다. 요컨대 일본은 그 같은 조건들을 무조건 받아들이라고 요구한 것이었다. 하지만 일본은 그 같은 항복조건들을 받아들이는 것보다 전쟁을 계속하는 쪽이 낫다고 정부도, 군부도, 모두가 그렇게 생각했다. 게다가, 민주주의란 주권이 국민에게 있다는 것을 익히 알고 있었기에 문제는 '천황의 주권'은 당연히 부정된다고 간주하고 있었다. 뿐만 아니라 전쟁범죄인 가운데 천황이 포함돼 있는지? 아니면 적어도 천황의 존재를 인정하는지? 어떤지? 확실치 않는 것도 문제였다. 28일 일본 스즈키 수상은 "포츠담선언의 묵살과 전쟁매진"이란 특별성명서를 전격 발표했다.

24. 소련군 대일 선전 포고

'45년 8월 6일 오전 8시 15분 인류최초로 일본 히로시마(廣島)에 원자탄이 투하되었다. 도시는 버섯구름에 뒤덮이고 시가지는 말 그대로 아비규환이었다. 앞서 스즈키 일본수상의 돌연한 '전쟁수행선언'에 대한 연합군 측의 확실한 회답이었다. 사망자만도 10만 명이 넘었으며 도시사막을 연상케 했다. 병기라고 하기에는 상상을 초월하는 강력한 '신형폭탄'이었다. 신이 벌을 내린 것이라는 말이 있을 정도였다.

사망자는 계속 늘어나 그 해 12월까지만 해도 무려 18만 명에 가까운 희생자를 내었다. 포츠담선언 말미에 "일본군의 선택은 신속해야한다"는 말이 단순한 '위협'이 아니었다. 게다가 '괴멸'이란 단어 속에는 일본인의 말살을 포함하고 있다는 것을 연합군은 '원자탄'으로 보여주었다. '45년 8월 9일 오전 0시 소련군이 만주(현 길림성)로 침공을 개시했다. 소련은 이미 일·소 중립조약 연장불가를 일본

측에 통고했기에 예상외의 행동이라고 할 수는 없었다.

그러나 허를 찌르듯 행동이 너무 빨랐다는 것. 일본은 사면초가였다. 소련군은 탱크 5,000대를 비롯 비행기 5,000대, 병력 174만 명을 투입, 만주동쪽과 서쪽 그리고 북쪽 등 모든 국경으로 일제히 진격, 국경수비대를 제압했다. 먼저 일본 개척마을부터 차례차례로 점령했다. 일본 관동군에게는 80만 명의 병력이 있었으나 적을 제압할만한 전력도 전략도 없었다.

그 날 오전 중 일본은 최고전쟁지도자회의를 다시 열었다. 그 자리에서 스즈키 수상이 연합군의 '포츠담선언' 수락을 처음으로 의제로 내놓았다. 도우고우(東鄕茂德) 외상과 마이우치(米內光政) 해군대신이 '황실의 안전'을 조건부로 지지했다. 회의중 오전 11시 2분께 다시 급보가 날라왔다. 이번엔 나가사키(長崎)에 원자탄이 투하되었다는 것이다. 즉시 항복하지 않으면 일본인 전원을 몰살시켜버리겠다는 강력한 메시지였다.

회의는 두 갈래로 의견이 갈렸다. 아낭(阿南대장) 육군대신과 바이신(梅津美治郎 대장) 참모총장, 도요다(豊田副武 대장) 군령부총장 등이 항복을 결사반대했다. 반대이유는 "항복하면 노예가 되는 것은 뻔하다"는 두려움에서였다. 포츠담선언에서는 "우리들의 포로들을 학대한 전쟁범죄자들은 처벌하지만, 결코 일본인들을 노예로 만들지는 않는다"고 말하고 있지만 절대 믿을 수 없다는 의견이었다.

따라서 항복반대자들은 "특공대를 포함해 수백만 영령들이 이 자리에 와서는 이제 와서 항복해 온갖 수모를 겪는 것보다 차라리 죽는 것이 낫지 않느냐고 충고하는 것 같다"며 반대의 강도를 더 높였다. 엄밀하게 따져보면 그들 3명도 자기들이 바라는 3가지 조건만 충족되면 '조건부항복'은 좋다는 것이었다.

즉 3가지 요구조건은

① 일본군 무장해제는 일본본국에서 자기들 손으로 행한다.

② 전쟁범죄자 처벌 역시 자기들이 한다.

③ 연합군의 보증점령(保證占領)은 보류한다 등이었다.

한편 무조건 항복할 수밖에 없다는 그룹으로 분류된 스즈키 수상과 도우고우

외상·마이우치 해군대신 등은 '황실의 안전'(지위 절대유지)등 4개항은 반드시 관철돼야 한다고 했다. 그러나 이런 것만으로는 크게 부족하다는 논리를 폈다. 참석자들은 '포츠담선언' 말미에 나와 있는 "일본국의 선택이 신속하지 않을 경우 가공할 파괴가 있을 것이다"라는 대목이 무척 신경 쓰였다. 그 대목에 '상황인식'이 각각이어서 논란은 거듭되었다.

특히 도우고우 시게노리 외상은 개전 당시부터 군벌이 득세하던 일본에서 태평양전쟁을 반대하는 입장에 섰을 뿐 아니라, 종전 무렵에도 소위 어전회의석상에서 천황에게 포츠담선언을 가능한 빨리 받아들이도록 지지하는 입장을 견지, 특별히 눈길을 끌었다. 그는 종전 후 A급전범으로 금고 20년을 선고받고 복역 중 옥중에서 숨졌다. 더욱이 그는 4백 년 전 일본으로 끌려간 조선인 도공의 후예라고 전해지고 있다. 지금도 일본 지식인들 중에는 "양심적 지식인의 표상"으로 평가되고 있다.

전쟁은
인간의
무덤
이다

III. 태평양전쟁

1. 일본군 태평양 전쟁 도발

    일본군은 선전포고 없이 하와이 진주만 기습작전에 나서기로 결정하고, 결행날 짜만 고르고 있었다. 특히 일본군은 독일이 곧 소련의 심장부 모스크바를 점령할 것으로 확신하고 일본도 제몫을 챙기기 위해 군사행동을 개시해야한다고 판단했다. 그때만 해도 일본은 중일전쟁으로만 4년째를 맞고 있었다. 그 증거로 일본이 갑자기 미국과의 외교교섭에서 등을 돌린 것이다. 알고 보니 머지않아 독일군이 모스크바까지 점령할 것으로 보아 앞으로 세계판도는 독일을 중심으로 재편될 것으로 판단, "미국쯤이야" 하고 생각한 데서였다. 더욱이 일본육군 쪽은 지금 벌어지고 있는 독·소전투는 독일군의 일방적 승리로 막을 내리게 될 것이라고 도조에게 특별히 보고했을 정도였다. 그 같은 정세분석에 좇아 도조는 일본군을 소련 국경쪽으로 이동, 독일군과 함께 소련을 집중 공격토록 내각에서 결의토록 했다.

    그러나 일본육군 강경파는 아직도 소련의 극동군이 여전히 강하므로 여의치 않을 것으로 판단, 차라리 대소전(對蘇戰)보다 프랑스령인 베트남 사이공을 중심으로 한 인도차이나 반도에 대규모 병력을 진주시켜 네덜란드령 동인도와 인도네시아를 제압, 석유자원을 크게 늘리는 전략으로 바꾸도록 요구했다. 그렇게 되자 미국은 일본의 팽창정책을 적극 저지하기 위해 1차로 미국 내의 일본재산 동결과 석유 수출 금지 조치를 긴급히 단행했다. 영국과 네덜란드도 그 조치에 뒤따랐다.

한편 일본이 대전에 본격 발을 들여 놓게 되자 고노에 내각(近衛內閣)이 돌연 물러가고 전쟁광으로 이름난 도조 대장(東條英機 육군대장)이 신임 수상으로 발탁되었다. 그는 그 자리에 앉자마자 겉으로는 미국과 평화를 갈망하는 척 하다가 며칠 뒤인 '41년 12월 1일 갑자기 소위 어전회의(御前會議)를 긴급소집, 일본도 공식적으로 적극 2차 대전(太平洋戰爭)에 나서기로 비밀 결의했다.

2. 일본의 진퇴양난

만일 태평양전쟁이 일어난다면 유럽전선과 필히 연계되리라. 결국 2차 대전이란 대서양, 지중해, 유럽대륙, 북아프리카, 중국대륙, 시베리아, 동남아에 이어 태평양까지도 전쟁터로 뻗게 될 것으로 군사전문가들은 일찍이 내다보았다. 그 중에서도 중국대륙은 물론 동남아 그리고 태평양에서의 전쟁은 그 주체가 일본임이 틀림없다고 예견되었다. 사실 일본은 일을 벌이기만 하고 뒷감당은 못하면서 전쟁만 확대 재생산해 인류를 괴롭히고 있다고 비난하는 양심적인 일본인들도 적지 않았다. 말하자면 당시 일본은 진퇴양난에 처하게 돼 그렇게 되었다고만 할 것인가.

1937년 7월 7일 중국 북경 교외 노구교(蘆溝橋) 부근에서 중국군과 일본군이 충돌을 일으켰다. 이것이 세칭 '노구교사건'이다. 이것이 중일전쟁으로 발전, 일본군이 속속 중국으로 증파되었다. 실은 일본이 오래 전 청·일전쟁의 승리로 자신감에 사로잡혀 중국대륙을 통째로 삼키기 위해 일부러 트집을 잡은 데서였다. 그리하여 일본군은 북경과 상해, 남경, 광주, 무한 3진(武昌, 漢口, 漢陽) 등 주요 지역을 재빨리 점령했다. 그렇지만 장개석(蔣介石)이 이끄는 중국 국민당 정부를 끝내 굴복시키지 못한 채 장기전으로 치닫고 있었다.

장개석 국민군 난징(南京) 점령

일본은 중국의 철저한 항전과 중국 편에선 미·영 군사력에 막혀 더 이상 진척이 어렵게 되자 결국 독·이·일(獨·伊·日)이 함께 하는 3국 군사동맹에 가입, 기세를 올렸다. 그러나 3국 군사동맹은 오히려 미·영의 결속을 다지는 빌미를 제공했으며 특히 중국에 대한 군사원조를 더욱 강화시켜 주는 꼴이 되었다.

정세가 이처럼 바쁘게 돌아가자 소위 자기의 정치신념에 쫓아 3국 군사동맹을 지지했다고 말해왔던 마츠오카(松岡洋右) 일본 외상은 막상 일·미(日·美)전쟁이 곧 개전될 것이라는 보고를 받았다. 갑작스런 전쟁준비와 유럽전선에 대한 원조에 바쁜 미국은 일본에 대한 경제제재에 나섰으면서도 얼마동안 석유수출을 전면 중지시키지는 않았다. 전쟁준비가 완비되기까지 일본과 본격적인 전투를 지연시켜 보겠다는 의도였다. 당시 일본에서 석유 최대 소비처는 군부였다. 그 중에서도 해군의 군함출동이 잦아 가장 많이 소비하고 있었다. 때문에 미국이 석유 대일 수출을 중지할 경우 일본 군부는 모든 것이 정지된다는 사실을 미국은 이미 알고 있었다. 실제로 당시 일본은 석유 수요의 70% 이상을 미국으로부터 수입해 쓰고 있었다. 나머지는 네덜란드령 동인도에서 들여왔다.

3. 단기전으로

'41년 8월 일본군이 남부프랑스령 인도네시아에 진주했다. 그러자 미국은 그때서야 일본에 석유수출을 전면 금지했다. 올 것이 왔다. 남부 프랑스령도 행동을 같이 했다. 일본해군 지휘부인 '다이홍에이'는 그때부터 미국과의 전쟁은 피할 수 없게 되었다며, 저마다 안색이 밝지 않았다. 그야말로 진퇴양난에 처한 분위기가 역력했다. 유독이 연합함대사령관 야마모토 제독(山本五十六 대장)의 얼굴에는 독기가 스며 있었다. 그는 "미국과 전쟁은 피할 수 없다"며 "진주만 침공에 이어 미 본토로 진격 단기간에 승부를 내야한다"고 적극 주장했다. 그는 "일본은 경제적 군사적 역량을 감안해 볼 때 미국과 전쟁에서 길어야 1년 정도 버틸 수 있겠으나 장기전이 되면 반드시 패한다"고 단언했다.

야마모토 사령관의 주장에 전폭 지지해 온 해군수뇌부도 석유수입이 중지되는 사태가 일어날 것에 대비, 그럴 바엔 석유가 저장돼 있을 때 빨리 전쟁을 시작해야한다고 맞장구를 쳤다. 만약 일본이 미국을 군사적으로 굴복시킬 수 없다고 판단되면 아예 석유가 풍부한 프랑스령 인도네시아를 완전 점령해 부근의 미·영 세력을 몰아내게 되면 일본은 살아남을 수 있지 않겠냐는 논리를 펴는 이도 있었다. 물론 여기엔 육군수뇌부도 같은 생각이었다. 소위 '자존자위론(自存自衛論)'의 전형이었다.

일본군은 소위 중일전쟁(中日戰爭)을 스스로 도발했으면서도 중국에서 철군하는 것은 앵글로색슨(美·英)에 대한 굴종이라고 생각했다. 중국에서 철군해 미·영과 연합, 그들과 협조 노선을 취한다는 것은 중국에 대한 '일국지배(一國支配)'를 방기(放棄)하는 것을 의미한다며, 어떻게든지 일본은 중국을 기어코 손아귀에 넣어 일본이 지배해야 된다고 생각했다.

일본이 중국에 대해 독점적 배타적 세력으로 각인시키려고 했던 자세는 제1차 대전 중 '대화 21개조 요구(對華21個條要求)'에서도 잘 드러나 있다. 1차 대전 직후 22년 미국은 '워싱턴회의'를 소집, 그 자리에서 미국, 영국, 중국, 일본 등이 '9개국 조약'을 맺은 바 있다. 주요골자는 중국의 주권과 독립을 존중하며, 각국의 중국에 대한 문호개방과 기회균등을 규정한 바 있다. 말하자면 중국에 대한 워싱턴체제의 근간을 마련한 것이었다.

그러나 32년 일본이 대륙진출 야욕에 미련을 버리지 못해 소위 만주국이라는 괴뢰정권을 세움으로써 워싱턴체제는 무너지게 되었다. 그로부터 10년 가까이 미·영과 심각한 갈등이 지속되고 쌍방은 조금도 양보 없이 평행선만 달렸다. 중국은 현명하게도 미·영과 더욱 유대를 강화, 일본을 공동의 적의로 삼는데 성공했다. 그로 인해 일본은 더욱 더 진퇴양난의 골만 깊어지는 꼴이 되었다. 당시 세계 여러 나라는 일본을 가리켜 "자신의 침략행위는 선반에 올려두고 오히려 미·영을 침략자로 규정하고, 중국까지 비난하는 것은 난센스 중의 난센스"라고 비꼬았다. 이제 미국과 일본은 갈 때까지 가고 말았다.

4. 일본군, 진주만 기습공격, 태평양전쟁 도발

'41년 12월 8일 일본해군이 미국 해군 전진기지 하와이 진주만을 이른 새벽 기습공격했다. 미국 건국이래 전무한 적의 공격을 받은 미국의 조야는 저마다 눈이 휘둥그레져 어쩔 줄 몰랐다. 일본은 지금껏 미국과 영국이 자기들과 적대관계에 있는 중국을 일방적으로 지원하며 대일 경제 봉쇄조치까지 감행함으로 어쩔 수 없다고 명분론을 내세웠다. 그래서 진주만 기습과 함께 남방공략에 뛰어들게 되었다고 선전했다.

그 날 일본 연합함대는 특별기동함대(사령관 南雲忠一 중장)와 함께 353대의 비행기를 급파, 미 태평양 함대 전함(戰艦)들을 맹공했다. 공격개시가 하와이 시간 7일 오전 7시 55분경 이어서 미 함대는 전혀 몰랐다. 진주만에 정박 중이던 전함 8척 중 4척이 가라앉고 3척은 항해불능 상태로 파손되었다. 동시에 군항 주변 비행장에 계류돼 있던 해군항공기 231대 모두가 대파되었다.

그 같은 기습으로 미 해군 2,400여 명이 희생되었다. 결론부터 말해 일본해군 기습 시 진주만 미 해군기지에는 전날까지 3척의 항공모함이 있었다. 그런데 공교롭게도 기습당일 그들 항모는 멀리 빠져나가고 없었다. 그 항모만 현장에 있었다면 그렇게 일방적으로 당하지 않았을 것이며, 되려 섬멸작전이 대대적으로 이뤄져 처음부터 일본군의 기세를 꺾었을 것이다. 왜 그랬을까? 이점이 지금도 수수께끼로 남아있다.

일본과 하와이는 무려 5,500㎞나 멀리 떨어져 있다. 똑바로 태평양 동쪽으로 나아가야만 발견될 수 있는 섬이다. 때문에 6척의 대형항모 등으로 편성된 기동함대를 일본 히토가츠브만(單冠灣)에 집결, 평소 상선조차 항해치 않는 항로인 파도가 거센 북태평양의 항파를 헤치며 가도록 명령했다. 그래야 발견이 쉽기 때문이었다.

기동함대 사령관 나구모 제독은 예상한 대로 북태평양의 격랑을 뚫고 동쪽으로 진출, 그 해역에서 남하해 하와이 부속 섬인 오아후섬 북방 420㎞지점에 이르

'41년 12월 8일 일본군 기습공격으로 불길에 휩싸인 진주만 미 해군 전함들

러 해군 항공부대를 발진시켜 일제히 공격에 나서게 했다. 폭격기가 군함을 기습, 격침시킨다는 것은 그때까지도 전무후무한 일이며 일본해군이 세계 최초로 채용한 새로운 전법이었다. 그때까지만 해도 공중에서 항공기가 폭탄이나 어뢰를 투하해 군함을 명중시킨다는 것은 거의 불가능하다는 것이 군사전문가들 사이의 중론이었다. 다만 진주만 미 전함들이 일본해군 항공대의 폭격을 받고 침몰된 것은 그들 군함이 공교롭게도 움직이지 않고 정박중이였기 때문이었다고 일본해군 전문가들이 분석했다.

그러나 그 같은 고정관념은 어느새 허물어지고 말았다. 진주만 기습 이틀 뒤 12월 10일 말레이반도 동쪽해역에서 싱가포르를 기지로 한 영국 동양함대 전함 2척 역시 일본해군 항공대의 폭격을 당해 격침되었다. 이로써 군함은 항공공격에 지극히 약하다는 것이 실증되었다.

5. 작전 성공

그러면 진주만 기습작전에 얽힌 스토리를 살펴보자. 일본해군 항공부대의 진주만 기습작전 성공 55분 뒤 비로소 일본 노무라(野村吉三) 주미대사가 미국 코델 헐(Cordell Hull) 국무장관에게 국교단절을 뜻하는 '최후통첩'을 전달했다. 일본

정부로서는 기습작전 결행 30분전에 전달할 계획이었으나 타이프가 늦어져 부득이 기습 후 전달했던 것이라고 해명했다. 당시 세계여론은 사전 선전포고도 없이 공격부터 한다는 것은 야만행위라며 일본을 연일 비난했다.

미국정부는 당시 일본외무성에서 주미일본대사에게 보내는 암호를 미리 해독, 개전(開戰)의 의도를 사전에 숙지하고 있었으나 진주만 기습까지는 예상치 못했다.

일본해군은 진주만 기습과 병행, 말레이반도에 대한 상륙작전을 감행하는 한편 남방작전에도 일제히 돌입했다. '41년 12월 8일 새벽 진주만 기습과 동시에 미국과 영국에 대한 선전포고를 위한 조서(詔書)도 함께 발표했다. 그때부터 일본은 중일전쟁(中日戰爭)을 포함한 미·영과의 전쟁을 소위 '대동아전쟁'이라고 이름 붙였다.

다시 말해 미국인들은 당시 "최후통첩(선전포고)없는 공격은 저항능력이 없는 어린이를 공격하는 수법으로 도저히 용서할 수 없는 비겁한 행동"이었다고 일제히 비난했다. 그로 인해 대전 참전 반대라는 고립주의를 지지하고 있었던 미국인들 사이에 선풍처럼 "Remember Pearl Harbor(진주만을 잊지 말자)"를 연일 외치며 일본은 물론 독일을 응징할 것을 지지하고 나섰다.

미국정부는 이처럼 일본에 대한 국민들의 적개심이 들끓자 멍한 상태였다. "어느 시기부터 우리들 미국인 자신이 위험에 노출되지 않고 최초의 일격을 가해 일본을 여하히 요리할 것인가"가 핵심 과제였다. 스팀슨(Henry L. Stimson) 미 육군 장관은 물론 정부측도 군부도 무척 부심했다. 드디어 미국은 일본과 독일에 선전포고를 할 수 있는 찬스를 붙잡을 수 있게 되었다. 코델 헐 미 국무장관은 "중국과 인도차이나에서 일본군 철수와 중국에 있어서 장개석 정권이외의 정부(만주국)는 거부한다"고 선언했다. 하지만 일본이 미국의 선언을 조건 없이 수락한다면 일본과 교섭을 재개하겠다고 양면작전을 폈다.

6. 우리의 전쟁은 '성전(聖戰)'

중국과의 전쟁은 천황의 명령을 받고 수행하기 때문에 '성전(聖戰)'이라고 선전했다. 때문에 설혹 불평이 있어도 입도 달싹할 수 없으며, 만일 불평소리를 하다가 관헌에 적발되면 역적으로 내몰리기 십상팔구였다. 특히 언론의 비판까지도 쉽게 봉쇄할 수 있어 군국주의 천국이었다. 다시 말해 그 전쟁을 비판하거나 정전(停戰) 또는 휴전이란 말만 거론해도 천황에 대한 모독으로 비쳐 '비(非)국민'으로 매도당해야만 했다.

당시 일본은 미국이나 영국과는 달리 공개적인 의견을 교환하거나 여론을 형성해 그에 따라 정치를 할 수 없는 나라였다. 소위 '살아있는 신(神)', 천왕의 말 한마디가 모든 것을 좌우했다. 하지만 군부 중 해군수뇌부에서는 미국이 요구하는 것처럼 중국에서 철군하고 미·영과 협조노선을 유지해 국가가 좀 편안히 살아갈 수 있는 길을 한번 모색해봐야 한다는 논의가 제법 접근을 이루고 있었다.

그렇지만 그런 주장을 관철하려면 철군 등은 논외라고 줄곧 고집하고 있는 강경세력 육군과 싸움(내란)을 각오해야만 했다. 유감스럽게도 당시 해군에는 그런 용기와 대가를 지불하려는 사람이 전무했다. 중국으로부터의 철군은 애써 세운 만주국을 동요시키게 되고 나아가서는 조선(朝鮮)의 통치마저 위태롭게 할뿐이라는 이유를 들어 육군은 시종일관 반대하고 있었다. 만약 그렇게 되면 일본이 명치유신 직후상황으로 회귀하게 된다는 것이다. "그렇게 되어도 좋은가?"라는 육군의 주장을 논파(論破)할 수 있는 경륜(비전)을 해군은 가지고 있지 않았다.

그 같은 논법을 강력히 내세운 이가 40년 7월 이후 육군대신을 거쳐 수상이 된 도조(東條英機 육군중장)였다. 그의 주장은 물론 그의 리더십 그 자체이기도 하지만, 당시 일본육군의 총의(總意)이기도 했다. 그는 최후의 단계에서까지 일본의 양보는 '굴종'이라며 있을 수 없다고 못 박았다. 그는 각의에서도 각료들에게 자유롭게 말하라고 하면서도 자기 주장과 다르면 단번에 반박하는 모순투성이였으나 누구도 감히 이론을 제기하지 못했다.

일본 천왕(昭和)도 당시 패할지도 모를 미·영과의 전쟁을 회피해 보려는 생각도 있었다. 해군 최고수뇌 군령부총장 나가노(永野修身 대장) 제독은 어느 날 천황에게 "이번 전쟁은 패할지도 모른다"고 말했다. 천황은 그 말을 듣자 순간 깜짝 놀라며 잠시 후 말하기를 "해군은 자포자기 상태에서 전쟁을 수행하는가?"라고 측근들 앞에 중얼거렸다. 그러면서 자신은 끝내 중국에서 철군하자는 명령을 고려하지 않았다.

일본의 당시 정치권력의 원천은 천왕이었다. 천왕의 명령에 따라 정부나 참모본부(육군작전 중추기관), 또는 군령부(해군 작전중추기관) 등에서 내린 결정을 천왕 자신도 임의대로 뒤집지 않는다는 불문율이 행해져 온 것도 사실이었다. 천황의 명령에는 절대 복종했으나 실은 천왕의 명령은 거의가 정부나 군부가 결정한 것을 천왕의 권위를 빌어 내린 것이었다.

이는 간혹 권력자들의 자의적인 결정을 예방하는 효과는 있었지만, 의회도, 언론도, 국민도 이론을 제기할 수 없는 지상명령과도 진배없었다. 더욱이 중일전쟁이 시작된 뒤부터 그 강도가 점점 더해져 결국 독재화를 더욱 부추기고 있었다. 1938년에 성립된 국가 총동원령은 전쟁을 수행하기 위해 모든 생산계획과 가격통제, 유통대상 등을 한정시키는 법이었다. 천황의 명의로 공포했기에 이 법률에 반대의견이란 있을 수도 없었다.

7. 일본군, 남방진출

일본군이 미국과 영국을 상대로 전쟁을 행함에 있어 승산이 있을지도 모른다는 소문이 한때 파다했다. 히틀러가 영국을 굴복시키고 소련까지 제압하게 되면 미국이 이쪽으로 협력해 올지도 모르기 때문이며, 최소한 세력균형만이라도 이룰 수 있다는 기대가 있었다. 독일의 군사력으로 보아 영국이 머지않아 굴복될 것으로 믿기 때문에, 그렇게 되면 영국에서 먼저 화평을 제의할 것이고 그때는 미국과 함께 응해 오도록 하겠다는 구상을 가지고 있으니 그런 상황을 가정할 수 있다는 주장도 많았다.

그러나 일본 군부는 무엇보다 시급한 것이 석유확보라며 그런 환상을 버리고 인도네시아부터 점령하자고 독려했다. 그 지역을 점령하기 위해서 가장 방해가

일본군 폭격으로 파괴된 홍콩과 홍콩으로 입성하는 일본군 기마병

되는 미국과 영국 세력을 밀어내야 한다고 역설했다.

홍콩에는 영국군이 대거 주둔 중이었다. 필리핀에는 미국군대가, 괌에도 역시 미국군대가 상륙해 있었다. 말레이반도와 싱가포르에는 영국군이, 인도네시아에는 네덜란드군이 주둔 중이었다. 식민지 지배와 영토를 확장하기 위해서였다. 버마에는 영국군이 주둔하면서 중국으로 군수물자를 계속 보내고 있었다. 일본이 버마를 점령해 영국군의 중국 원조 물자를 차단시키지 않는 한 중국의 항전을 중지시킬 수 없다는 조바심도 그치지 않았다.

그리하여 일본군은 그 지역 모든 나라를 차례로 점령하려고 전투를 서둘렀다. '남방군'이란 대규모 군단이 편성돼 베트남 수도 사이공에 사령부를 설치했다. 주로 육전대(해병대)로 편성된 상륙부대가 대형 수송선에 승선, 해군군함의 호위를 받으며 제각기 해당지역에 상륙, 미국과 영국, 네덜란드, 호주 군 등과 싸웠다. 그 작전은 놀랄 정도로 급진전되었다.

일본군, 북부인도 진주

'41년 12월 24일 홍콩에 주둔중인 영국군이 처음으로 항복했다. 이어 '42년 1월 2일엔 필리핀 마닐라를 전격 점령했다. 2월 15일 싱가포르와 말

레이반도에 주둔중인 영국군을 다시 항복시켰다. 3월 7일엔 버마 랭군(미얀마 랭군)을, 3월 8일엔 인도네시아에 주둔중인 네덜란드군을 굴복시켰다. 그처럼 '남방공략'이 쉽게 이루어질지 일본조차 몰랐다. 미국과 영국에게 있어서는 더더욱 의외였다. 일본군이 그렇게 강하다고는 생각지 않았기 때문이다.

일본해군은 미국과 전쟁을 시작하기 1년 전에 전투기를 개발 점차 실전 배치하기 시작했다. 미군전투기는 이에 당할 수 없었다. 일본 신예전투기가 1년 이상 중국전장을 누비고 있었기에 미국도 당연히 알고 있을 줄 생각되었으나 그렇지 못했다.

일본 신예전투기 '영전(零戰)'에 대해 중국군 비행사가 미군 고문을 통해 보다 정확한 정보를 제공했으나 미군 수뇌부는 이를 무시해버렸다. 일본이 그렇게 성능이 우수한 전투기 개발을 했을 리 없다며, 문제되지 않는다고 생각했다.

본격적인 전투가 개시돼 반년 이상이 지나고 부터 미국은 일본 전투기(零戰) 1대에 미군기 2대로 대항하는 전술로 바꿔 조금씩 전과를 거두었다. 하지만 기본적으로는 '그루만 F6F 헬캣(Grumman F6F Hellcat)' 신예기 출현까지는 일본 전투기의 우위가 계속되었다.

일본 해군조차 대형 항모만 태평양전역에 집중 배치했다. 미 해군의 2배나 되는 6척이나 되었다. 태평양지역의 미, 영군이 그렇게 허약하지는 않았지만 일본 해군에 의한 제해권과 제공권까지 확보되면 지상에 상륙한 일본육군이 마구 돌격하는 감투정신을 발휘, 그곳 지상수비대를 전격 제압하기 일쑤였다.

죽음을 두려워하지 않고 '전사'를 오히려 명예라며 맹렬히 싸웠다. 일본군은 죽기보다 포로로 붙잡히는 것을 금기시했다. 인간의 생명이란 새들의 날개처럼 가벼운 것이란 마음으로 그들은 전투에 임했다. 평소 일본군 지휘부는 장병들에게 "전투에서 죽는 것은 흔한 일이며, 오히려 전사를 당해 야스쿠니 신사(靖國神社)에 모셔져 영원히 대의를 위한 기쁨을 누릴 수 있다"는 '군인정신'을 철저히 주입시켜 왔다. 저마다 자신은 신(天皇)의 병사임을 자부, "야스쿠니 신사에서 다시 만나세…"하며 감연히 지옥 같은 전장에 몸을 던졌다. 그렇게 하여 일본은 남방공략에 일단 성공했으며 바라던 대로 인도네시아 석유산지를 수중에 넣을 수 있었다.

8. 미드웨이 해전(海戰) 참패

　미국과 서전(緖戰)에서는 일본군이 절대 우위를 지켰다. 하와이 진주만 기습 성공은 물론 미·영의 식민지가 많은 남방지역을 모조리 점령했기 때문이었다. 그러나 이번엔 점령지역을 굳게 지킬 방책을 세워야 했는데 별로 그렇지 못했다. '방위'라고 생각하는 방식에 있어서는 역시 해군에서는 육군에 비해 현격한 차이가 있었다.

　'42년 1월 호주군이 주둔중인 뉴기니아 동쪽 지역 뉴브리튼섬의 라바울 지방을 점령했을 때 그런 차이가 두드러졌다. 이곳을 점령한 것은 그 지역에 여러 섬으로 연결된 일본연합함대 근거지를 방어하기 위한 항공전진기지로 사용하기 위해서였다. 그러나 이 라바울 지역은 뉴기니아 동부 쪽에서 날아오는 미군과 호주군의 폭격기의 공습이 잦았다. 그래서 일본군은 육군으로 하여금 아예 점령해버리도록 명령했다.

　일본 육군부대는 그 지역을 점령하기 위해 뉴기니아 북쪽해안으로 상륙. 스탄레 산맥을 넘어 진군할 작전계획을 세웠다. 잠시 후 그 같은 작전은 어렵다고 판단, 해군수송선에 상륙부대를 태워 바로 상륙하려고 시도했다. 결국 그 작전은 무산되고 말았다.

　미군이 항모를 파견 일본 상륙부대를 실은 수송선 호위함대를 기습, 일본해군 경항모(輕航母) 1척을 단번에 물귀신으로 만들었다. 불가피하게 수송선은 U턴할 수밖에 없었다. 일본해군도 물론 그런 상황을 예견, 항모부대를 출동시킨 것이었다. 바로 이 해전(海戰)이 유명한 미드웨이 해전(일명 산호해 해전)의 시작을 알리는 신호였다. '42년 5월 7일이었다.

　미드웨이 해전은 상대의 군함을 바라보면서 공격하는 함포전이 아니었다. 또 한 가지 특이했던 점은 지금까지 행해온 상대 군함끼리 함포사격은 물론 어뢰공격만으로 싸우는 재래방식의 전투가 아니었다. 과거 청일전쟁 때의 해전(海戰)은 모두가 그런 방식의 전투였다. 미드웨이 해전은 서로 멀리 떨어져 있는 항모(航

母)에서 발진한 해군 항공대가 적함대로 날아가 공중에서 각기 군함을 향해 폭탄과 어뢰를 투하, 공격하는 방식이었다.

일본은 미드웨이 해전에 대비, 별도의 기동함대를 조직, 항모 아카기(赤城, 25,000톤)를 기함(旗艦)으로 해 항모만도 4척이나 출동시켰다. 기동함대 사령관에는 하와이 진주만 기습 때 제1항공부대 지휘관으로 명성을 날렸던 나구모 제독(南雲忠一 해군중장)을 임명했다. 그를 연합함대 사령관 야마모토(山本五十六 대장)가 직접 천거했다. 그러나 나구모 제독은 사실 항공전문가이기 보다 잠수함 공격에 뛰어난 작전 지휘관이었다. 어떻든 사상 최대의 '바다싸움'이 막이 올랐다.

일본해군 기동함대가 하필 조류가 거센 항로를 따라 삼각파도를 헤치며 태평양상 미드웨이섬 방향으로 서서히 다가갔다. 미국 해군은 이번 미드웨이 해전이야말로 진주만에서 당한 것을 반드시 복수할 수 있는 다시없는 기회로 생각하고 준비를 하고 있었다. 그러나 미 해군 태평양함대에 배치돼 있는 항모가 고작 3척뿐인 데다가 그중 1척은 수리 중에 있었다. 항모 수로만 비교해도 전력 면에서 열세였다.

미 해군은 하는 수 없이 항모 렉싱턴호를 기함으로, 할제 중장을 제1기동대 지휘관 겸 기동함대 사령관으로 임명, 재삼 승리를 다짐했다. 2척의 미 항모를 포함한 기동함대는 진주만을 멀리하고 미드웨이섬을 기점으로 좀 멀리 수평선 너머로 자취를 감춘 채 숨어있었다. 미드웨이섬 수비대에서 시시각각 일본함대의 동향이 수신되었다. 일본 기동함대는 대규모였다. 일본함대는 미드웨이섬이 바라보이는 데도 분명히 나타나 있어야할 적의 함대가 전혀 보이지 않아, 적 함대를 발견하기 위해 항진(航進)을 계속했다. 미 함대는 적의 함대를 코너 쪽으로 몰아넣기 위해 계속 숨은 채 꼼짝하지 않고 있었다. 미리 적의 암호까지 해독, 만반의 전투태세를 갖춰놓은 상태였다. 일본함대는 결국 미 함대의 유인전략에 말려들었다. 암호까지 적에게 알려진 줄 전혀 몰랐다. 항모에 의한 항공기의 폭격전이 바다를 훤히 밝혔다. 고요하기만 했던 태평양 바다가 어느새 진동하듯 불꽃과 함께 물기둥을 이루었다. 세계최초의 '항모 대 항모전'이 선보인 순간이었다.

먼저 미 해군 항공기가 떼를 지어 멀리서 날아와 일본 항모 4척(赤城, 蒼龍, 加賀, 飛龍)을 차례로 격침시켰다. 성난 독수리가 토끼를 사냥하듯 순식간에 물귀신으로 만드는 대폭격전이었다. 한 척의 일본 항모(航母)는 그곳에 오기 전에 이미 미 항공기의 폭격을 받고 항해 불능 상태로 고철로 변한 상태였다. 일본해군은 막판에 가서 미 항모 렉싱톤호와 요크타운호 2척을 크게 파손했을 정도다. 일본해군은 미드웨이 해전에서 주력함을 거의 잃게 돼 실제 결정타를 입고 말았다. 재기 불능 상태나 다름없었다. 미드웨이 해전에서 패하지 않았더라면 일본이 주도했던 '태평양전쟁'은 양상이 많이 달라졌을 것이라는 분석도 있다.

일본군은 미드웨이 해전이 시작되기 전 이미 점령해 둔 남양기지(南洋基地)를 사수하기 위한 한 가지 전술로 호주를 점령할 계획이었다. 더욱이 그 무렵 호주에는 필리핀에 주둔했던 맥아더 미군사령관이 피신해 있어 그를 포로로 잡겠다는 목적도 포함돼 있었다. 그러기로 했지만 일본 육군 측에서 적극 반대하는 바람에 호주 점령계획은 무산되고 말았다.

일본 육군은 반대 이유로 호주는 너무 멀리 떨어져 전략적 가치가 별로 없으며, 병력조차 여유가 없어 무리라는 것이었다. 그 대신 호주와 가까이 위치해 있는 피지와 사모아 등 여러 섬에 대한 공략은 계속하기로 육군과 합의했다. 그 지역에 진을 치고 있으면서 인근해역에서 호주로 드나드는 미군 비행기나 군함을 공격하는 봉쇄작전을 편다는 계획이었다. 그것을 'FS작전'이라고 명명했다. 그러나 그 작전계획은 도상작전으로 끝났다. 개전 이래 대참패를 당한 '죽음의 전투' 미드웨이 해전이 기다리고 있었기 때문이다.

9. 일본함대 끝내 눈물

당초 일본 해군은 '미드웨이 해전'을 시작할 때 두 가지 목적이 있었다.

첫 번째는 하와이섬에서 20,000km 이상 서쪽 방향에 놓여있는 미드웨이 미 해군 기지를 공략, 점령함으로써 일본 수비대와 항공대를 태평양에 대한 최전선 초

계임무를 수행하는 일, 둘째는 부근해역에서 주로 활동 중인 미 태평양함대를 괴멸시켜 미군의 전력을 약화시키는 일 등이었다. 그 두 가지 목적 중에서도 앞서 진주만 기습 때 요행히도 기지에 없었던 미 항모를 모조리 격침시키겠

멀리 수평선 넘어 잠복중이던 미태평양함대 항공모함

다는 것이 주요 목적이기도 했다. 하지만 일본해군은 매우 모순된 생각과 전술로 전투에 임한데다가 예상치 않은 요인으로 대패되고 말았다.

 세계 막강을 자랑해온 일본 군사력 아니 일본 해군력은 그 해전에서 허무하게 무너지게 되었다. 중요한 오류가 무엇일까? 일본해군의 총본산 연합함대 수뇌부가 지금까지의 크고 작은 해전에서 태평양을 주름잡아온 미 해군항모는 물론 주력함정이 거의가 수장되었든지, 아니면 최소한 항해불능으로 수리 중에 있을 것으로 판단, 상대가 안 될 것으로 확신한 데서였다. 그 같은 판단 때문에 일본함대가 다가가도 대항해 올 미 함대가 없을 것으로 판단했다. 미드웨이 해전의 경우 실제 작전해역에 가까이 가도 처음엔 미국함대의 모습이 전혀 보이지 않았다.

 왜 일본해군 작전본부는 그 해역에 미 해군항모가 나타나기만 기다렸다가 격침시킨다는 안이한 작전계획을 세우고 있었을까? 바로 여기서 오류를 범했다. 그 작전 계획은 이미 두달 이상이나 경과된 것이었다. 그런데도 재검토 없이 실행한 데서였다. 전쟁이란 시시각각 상황이 변하기 마련인데 중요 해전을 앞두고 옛날이나 다름없는 오래 전의 작전계획을 가지고 전투에 임했던 것이다. "자살하러 갔느냐…"라는 일부 군 수뇌부의 반발까지 비등하여 큰 홍역을 치렀다. 정상적인 판단력에서라면 그 해전은 잠시 중지하거나 연기되었어야 마땅했다. 만약 남아있을지도 모를 미 항모를 어떻게 해서든지 유인해 격침시키려고 했다면 항모부대가 전파를 잇따라 발사하면서 전진, 상대에게 어느 정도 먼저 위치를 알려줄 필요가

있었다는 색다른 주장도 제기되었다. 그래야만 적이 숨기보다 움직이게 되어 발견하기가 쉬워 선제공격도 가능할 수 있었다는 것. 그러나 미 해군은 일본 함대의 침로(針路)에 대한 것을 먼저 암호해독을 통해 알고 있었다.

  미 해군항모가 일본함대가 두려워서 직접 못 나타난 것이 절대 아니었다. 적의 함대를 자기들 유리한 방향으로 몰아넣기 위해서였다. 그런데도 일본함대는 처음부터 적의 항모가 겁이 나서 나오지 않은 것으로 판단, 아예 수색해볼 엄두도 내지 않았다. 수색기가 뒤늦게 서야 적의 항모를 발견했지만, 이미 그때는 때가 늦었다. 그쪽에서 먼저 알고 선제공격을 해왔을 때 비로소 "예상치 않은 요인"을 깨닫게 되었다. 이런 여러 상황을 미루어 보아 미드웨이 해전은 개전 전에 이미 패한 꼴이었다.

  미 태평양함대는 미드웨이 해전을 위한 작전계획을 초기 단계에서부터 모든 상황에 대비해 준비하고 있었다. 최후의 단계에서는 불과 10km정도의 오차로 일본 해군 항모 4척의 위치를 소상히 파악하고 있었다. 암호해독에 성공했기 때문이었다. 미 항모는 일본 기동함대가 추측한대로 대파된 것도 있었고, 먼 바다에 떨어져 있는 것도 있었고, 수리를 서둘러 출동시킨 것도 있어 모두 3척을 대기시켜 두고 있었다. 일본함대가 미드웨이섬 쪽으로 계속 가까이 접근해 온다는 것도 암호해독을 통해 미리 알고 있었다. 일단 독 속으로 몰아넣은 후 집중공격을 개시하겠다는 작전계획에 의해서였다.

  결국 이 해전에서 미 해군 작전은 크게 성공한 반면 일본해군은 개전 후 처음으로 돌이킬 수 없는 패배를 맛보아야만 했다. 이 해전에서 당시 일본제국 해군이 세계에 자랑해온 항모 6척 가운데 4척이 바다의 제물로 바쳐졌다. 같은 형의 항모를 신조하려면 만드는 데만 최소한 3년의 시일이 필요하기에 일본해군은 두 손을 들 수밖에 없었다. 그때부터 전세는 기울고 말았다. 막판 '오끼나와 해전'도 몇 척의 항모만 있어도 호박에 대침 박듯 충분히 대항 미군이 쉽게 상륙할 생각조차 못했을 것이다. 지금도 일본인 노병 중에는 "일본이 미드웨이해전만이라도 승리했더라면… 역사는 달라져 있을 것이다"라고 아쉬워하고 있다. 결국 일본 함대는 끝내 눈물을 흘리고 말았다.

10. 일본천황, 풀죽은 항복방송

일본이 항복직후 마이우치(米內光政) 당시 해군대신은 "좀 말하기는 어렵지만 미군의 원자탄투하와 소련군의 대일 선전포고는 하늘의 도움일지도 모른다"고 했다. 이 말의 뜻은 그렇지 않았으면 전쟁이 더 오래 끌게 되었을지도 모른다는 말이다. 그는 일본의 항복문제를 논의하기 위한 어전회의에서 '포츠담선언'을 빨리 받아들이는 길밖에 없다며 찬성에 앞장섰던 인물이었다. '45년 8월 9일 밤 11시 50분까지 계속된 어전회의에서도 '항복'문제를 결론짓지 못했다. 스즈키 수상은 부득불 그 문제에 대한 '의견불일치' 사실 그대로 천황에게 공식 보고했다.

원래 천황이 주재하는 어전회의에서는 어떤 문제든 의견불일치란 있을 수 없으며 어떻게든 통일된 단일 의견만이 최종문서로 결정되는 것이 불문율이었다. 그것은 참으로 예외이며 전대미문의 지시였다. 그럴 경우 의례히 전시(戰時) 주무장관인 육군대신이 물러나야 하며 동시에 내각도 총사퇴해야 했다. 그렇게 하지 않은 것은 당시 원자탄 투하와 소련군 침공 등의 충격으로 군 내부에 일시 '공백' 상태가 초래했기 때문이었다. 그것은 당시 천황과 스즈키 수상간의 호흡이 어느 때보다 잘 맞았으며 항복에 대한 결단을 군부 아닌 천황이 결심하도록 하는 문제가 남아 있었기 때문이었다고 기도(木戸幸一)궁내대신이 술회하고 있다.

계속된 어전회의에서 쇼와 천왕(昭和天皇)은 "이 이상 전쟁을 계속하면 일본민족은 멸망하게 되니 전쟁을 빨리 종결짓고 싶다"고 말했다. 그 말이 끝나자 장내는 한순간 무거운 침묵이 계속되었다. 그리고 그 누구도 그의 '결단'을 거역할 수 없었다.

일본정부는 마침내 '포츠담선언'을 수락한다고 연합군에 정식 통고했다. 그 때가 '45년 8월 11일이었다. 그러면서 일본정부는 "일본천황의 국가통치대권은 절대 불변이라며 연합군도 그 같은 의사표명을 간절히 바란다"고 부언했다. '45년 8월 12일 미국 샌프란시스코 방송을 통해 연합군은

① 먼저 일본천황의 권한은 연합군 최고사령관에게 '종속'된다.

육군사관학교 강당에서 이루어진 동경 재판 법정. 우측이 피고석, 좌측이 재판관석. 이 법정은 현재 방위청 신청사 건물이 되어있다.(사진 상)
법정에 들어서고 있는 A급 전범 중국난징사령관 마찌이(松井石根 육군대장) 교수형(사진 우측 상단), A급 전범 전시수상 겸 육군대사 도조(東條英機) 교수형 선고(사진 우측 하단)

② 일본정부의 결정은 국민들의 자유로운 의사의 결집에서 비롯되기를 희망한다. 그러나 다만 포츠담선언의 정신에 일탈해서는 안 된다.

이에 대해 일본외무성은 '종속된다'를 '제한된다'로 오역한 채 최고전쟁지도자회의(어전회의)에 내 놓았다. 육군도 해군도 라디오를 들었기에 아낭(阿南) 육군대신과 도요다(豊田) 군령부총장은 "천황의 권한을 '제한'한다가 아니라 '종속'시킨다가 아닌가?"하고 화를 내었다. 그들은 그런 내용으로서는 구체호지(國責護地) 즉 천황주권(天皇主權)과 천황을 정점으로 한 사회질서유지가 어렵다는 의견을 끝까지 주장, 적극 반대했다. 그렇게 되자 스즈키 수상은 재삼 천황의 결단을 요청했다. 그 날이 바로 '45년 8월 14일 오전이었다. 그러자 천황은 전쟁을 그만하겠다는 의지는 변함없다고 말했다.

8월 15일 정오가 되었다. "일본은 포츠담선언을 수락한다"는 천황의 육성이 전파를 타게 되었다. 연합군이 바라던 일본의 항복이었다. 1937년 7월부터 시작된 소위 대동아 전쟁(大東亞戰爭 ; 중일전쟁(支那事變))에 이어 '41년 12월에 개전한 태평양전쟁은 결국 일본의 무조건항복으로 끝이 났다. 그리하여 '39년 9월 독일군이 폴란드침공을 신호로 시작된 세계 2차 대전은 6년 만에 모두 막을 내렸다.

일본이 항복하자 즉각 연합군은 독일에 대해서는 전 국토를 4등분으로 분할해 미·영·불·소가 점령했다. 일본에 대해서는 미군이 점령, 맥아더 원수가 점령군사령관으로 임명되었다.

특히 소련은 일본의 천황을 전범자로 처단할 것을 강력히 요구했다. 그러나 맥아더는 천황을 처벌하려면 적어도 100만 이상의 점령군이 치안유지상 더 필요하다며 사실상 거부했다. 그러나 일본 군국주의의 화신(化身)이며 전쟁 도발 주역이었던 전시수상을 지낸 일본육군대장 도조 히데키(東條英機)등 7명은 A급 전범자로 교수형에 처해졌다. 그리고 나머지 B급 18명은 종신금고형에 처해짐으로써 전시 때 일본육사 대강당에서 열렸던 연합군 도오쿄 고등군법회의도 끝을 맺었다. 당시 교수형으로 형장의 이슬로 사라진 A급 전범자 명단은 아래와 같다.

▶ 東條英機(육군대장. 美·日 開戰時 首相, 陸相)
▶ 土肥原賢二(육군대장. 中·日 戰爭 때 奉天特務隊長)
▶ 廣田弘毅(中·日戰爭 도발책임자, 外相, 首相)
▶ 板垣征四郎(육군대장. 關東軍 고급참모, 中·日 戰爭 실질 책임자)
▶ 木村兵太郎(인도동북국경지대 임팔지역과 미얀마지역 전투사령관)
▶ 松井石根(육군대장. 중국 남경 공략 시 사령관)
▶ 武藤 章(육군중장. 東條首相 보좌관, 필리핀 방위군 참모장)

11. 이탈리아와 일본은 왜 대전에 뛰어들었을까?

히틀러에게 속았기 때문이다.

독일은 1차 대전 때도 패전국이었다. 그에 반해 일본과 이탈리아는 전승국의 일원이었다. 평화조약인 베르사유 조약(Treaty of Versailles)이 1919년 6월 조인돼 세계는 다시 평화를 회복한 듯 했다. 그로부터 20년이 지나자 또다시 독일군에 의해 2차 대전이 발발하게 되었다. 나치스독일을 이끌어 온 독재자 히틀러군이 폴란드를 비롯해 네덜란드, 벨기에, 프랑스, 영국, 소련 등을 상대로 차례차례 전투를 벌인 데서다.

그 전투를 처음엔 유럽에 한정된 '유럽전쟁' 쯤으로 여겼다. 그 유럽전투가 계속 확대돼가자 기회를 놓칠세라 이번엔 파시스트정권을 이끌어온 무솔리니가 불쑥 불길에 뛰어 들었다. 독일군이 막 프랑스를 점령할 무렵이었다. 그 뒤를 이어 동양의 섬나라 일본이 벌써부터 중국대륙을 삼키려고 날뛰고 있던 차에 '유럽전쟁' 2년 3개월쯤 지나가자 갑자기 미국과 영국을 주적(主敵)으로 해 선전포고를 발했다. 한 몫 얻겠다는 속셈에서였다. 그때부터 전쟁은 유럽만이 아닌 태평양 전역으로 번져가게 돼 2차 대전으로 발전케 되었다.

2차 대전은 3국 군사동맹체인 독일, 이탈리아, 일본 등 3개 추축국(樞軸國)과 미국, 영국, 프랑스, 소련 등 4개 연합국의 각축장으로 변해갔다. 프랑스는 대전 초기 창피스럽게도 독일군에 쉽게 패해 덩치 값을 하지 못했다. 소련은 최초엔 독일쪽과 보조를 같이하며 폴란드를 잇따라 침공, 기세를 올리면서 독일과 함께 분할통치까지 약속했다. 때문에 영, 불은 소련이 독일과 손잡고 군사동맹을 맺어 자기들에게 대항해오지 않을까 염려했다. 시간이 지나자 소련은 독일이 오히려 프랑스, 벨기에, 네덜란드 점령 1년 후쯤 자기나라를 침공해올 것으로 판단, 그만 연합국 쪽으로 방향을 전환해버렸다.

그렇게 되자 영국이 그동안 견지해온 반공 슬로건을 철회, 미국까지 끌어들여 소련에 대한 대규모 원조를 제공해 자기진영으로 묶어두게 되었다. 소련은 그때부터 연합군의 일원으로 돌변해 버렸다. 게다가 소련은 오래전 일본과 맺은 '중립조약'을 파기하고 언젠가 일본과도 일전을 불사하겠다고 극비리에 미국에게 약속했다. 그 시기는 대개 독일이 항복한 후로 잡고 있었다.

미국은 오랫동안 고립주의 정책에 입각, 중립을 내세우며 전쟁에 직접 참전치 않고 있다가 일본이 '41년 12월 진주만을 기습공격한데서부터 태도를 돌변, 연합군으로 전장에 나타났다. 미국은 우방인 처칠 수상의 끈질긴 물밑교섭을 받고 있었지만, 명분에 얽매어 우물쭈물하다가 일본으로부터 일격을 당하자 참전기피 세론을 참전 쪽으로 유도했던 것이었다. 그리하여 전시 하에 미, 영, 불, 소 등 4개국은 시종일관 주적(主敵)으로 독일과 일본을 표적으로 삼았다. 이탈리아는 전쟁 중 왕의 쿠데타로 무솔리니의 파시스트정권을 전복시켜 무솔리니까지 처형한 후 재빨리 연합군으로 돌아서 독일을 상대로 한 선전포고를 했기에 별문제를 제기하지 않았다. 소련은 '45년 8월 갑자기 미국과 비밀약속대로 대일 선전포고, 일본의 괴뢰정권인 만주국부터 공략하기 위해 중국 동북지방으로 일제히 병력을 투입시켰다.

독일군 전쟁돌입직전, 전투부대 발대식 광경

'43년 11월 테헤란회담. 이 회담에서 소련이 일본에 선전포고키로 합의. 스탈린, 루즈벨트, 처칠(좌로 부터)

'43년 11월 카이로 회담. 장개석, 루즈벨트, 처칠

2차 대전의 주역중의 주역인 아돌프 히틀러가 어떻게 하여 세계정치 군사무대에 나타났는가? 그의 등장은 '33년 1월에 실시한 독일 총선에서 그가 속한 나치스(국가사회주의 도이칠란트 노동당)가 제1당으로 된 데서부터였다. 그는 수상에 취임하자마자 전권(全權)위임법안을 국회에 전격 제출해 금세 성립시켰다. 곧이어 국회의사당을 비밀리에 전소시켜 버렸다. 그는 그 방화가 공산주의자들의 소행이라고 뒤집어 씌웠다. 히틀러식 수법이었다. 그는 전권위임법에 따라 헌법(1919년에 제정된 바이마르헌법)에 배치되는 법률도 제정할 수 있다고 마음

먹었다. 마침내 그 헌법까지 소멸시켜 버리고 명실공이 독재자의 길로 들어서게 되었다. 그로 인해 나치스 이외의 정당은 모두 해체되고 사회주의자들은 물론 민주주의자들까지 강제수용소로 보냈다. 체포된 자만도 2만 7천여 명, 해외망명자도 2만 명을 헤아렸다. 유태인들에 대한 박해도 그때부터 싹트기 시작했다.

그런 소용돌이 속에서 '34년 8월 힌덴부르크 대통령이 급서하자 기다렸다는 듯이 히틀러는 대통령직까지 겸하게 되었다. 그때부터 총통 겸 수상으로 군림하게 되었다. 히틀러가 노린 목적은 첫째 베르사유 체제 타파와 반 마르크스주의, 반민주주의였다.

아울러 독일인 생존 영역 확대와 대독일 건설(세계지배) 그리고 유태인과 열등인종(슬래브 민족)말살, 나아가 독일민족공동체 건설을 과제로 삼았다.

본래 베르사유 조약에서는 독일에 대해 해외 식민지 모두를 포기하도록 하고, 영토도 13%까지 줄이도록 규제했다. 인구 역시 최소한 10% 정도를 감소시키도록 조치했다. 그밖에도 전승국에 대한 전쟁피해 보상금으로 1,320억 마르크 지불과 10만 명을 상한선으로 한 병력 유지와 해군함대 보유금지, 라인란트 지역의 비무장화(라인강 좌우안(左右岸) 50km까지) 등을 받아들이도록 했다. 그렇게 되자 정파를 초월한 독일인들의 불만이 들끓게 되고 배상금 지불 문제로 인플레가 극에 달하게 되었다. 실업자는 날이 갈수록 늘어만 갔다. 중산계급은 계속 몰락의 길을 걷게 되었다.

그 무렵 해결사로 등장한 사나이가 바로 히틀러였다. 그는 수상에 앉자마자 전쟁배상금 지불을 중지시켰다. 실업자 해소와 실지회복 등 국가를 재건하는 방안은 재군비(再軍備) 밖에 없다고 결심했다. 그때부터 실업자는 600만 명에서 200만 명으로 급격히 줄어들게 되고, 투자활동의 국가통제와 외화를 지불치 않는 바터무역 실시, 정부보증에 의한 어음 결제도 실시했다. 게다가 히틀러는 경기부양책의 하나로 독일고속도로인 아우토반 건설과 나치당사 건설 등으로 '37년부터 '38년 사이에는 거의 완전고용까지 달성, 인기가 절정에 이르렀다.

그러나 정부보증에 의한 어음 결제로 인한 적자가 문제였다. 이를 해결하는 길은 아무래도 외국침략에 의한 해소방법 밖에 없다고 판단하게 되었다. 더욱이 실지 회복을 전승국에 구걸하기보다 전쟁으로 간단히 해결 될 수 있다고 자만했다. 그런 데다 생존권 영역확대란 슬로건에 기초한 새로운 식민지획득을 위해서도 전쟁은 불가피하다고 마음먹었다. 더더욱 이미 근대국가로 발전되고 있는 유럽 여러 나라들을 손아귀에 넣는다는 것은 지난(至難)한 문제지만 무력만 잘 사용하면 단번에 해결될 수 있다고 그는 재삼 마음을 굳혔다. 그리하여 식민지 대상국가들을 군사력으로 제압, 그 나라 민족들을 말살해버리든지, 추방해버리든지, 아니면 노예로 종속시킨다는 계획도 세워두고 있었다. 그 같은 엄청난 일들은 히틀러가 남긴 '나의 투쟁'에서도 감지할 수 있다.

1935년 히틀러가 돌연 독일의 '재군비(再軍備)'를 선언해버렸다. 그의 행동은 베르사유 조약에 대한 정면 도전으로 간주되었지만 영·불은 별도의 조치를 취하지 않았다. 그러자 그 해 베너트 무솔리니가 이끄는 파시즘국가 이탈리아가 에티오피아를 침공했다. 국제연맹은 즉각 경제제재를 가했지만 실제로는 테니스볼 수출 커트 정도로 미미했다. 1936년 3월 히틀러는 베르사유 조약에 의거 비무장지대로 설정된 라인란트 지역에 군대를 파견했다. 역시 영·불은 평화유지를 명분으로 더 이상 대응치 않았다.

그 해 7월 스페인에서 내란이 일어났다. 독일과 이탈리아는 국가주의자 프란시스코 프랑코 장군 진영을 지지하고 나섰다. 1938년 3월 독일군이 오스트리아를 공격, 독일 쪽으로 합병해 버렸다. 본래 오스트리아는 1차 대전시 패전국으로 오스트리아·헝가리제국에서 베르사유 조약에 의해 해체되어 체코슬로바키아, 헝가리, 유고슬로비아와 함께 성립된 국가로서 인구는 거의가 독일인이다. 이미 오스트리아는 독일과 병합을 희망, 국회에서 결의까지 했지만 영·불이 그것을 금지시키

스페인 내란에서 승리 기뻐하는 프랑코 장군

고 있었다.(산젤만 강화조약)

　1939년 3월 스페인 내란은 프랑코측 승리로 끝났다. 나치스는 오스트리아에서도 세력을 크게 신장시키고 있었으나 독자의 길을 고집해온 루돌프 수상을 암살시킨 후 신임 슈슈닉 수상을 압박 속국화를 강요했다. 결국 그가 이에 반발해 독립국가를 존속시키는 국민투표를 실시하자 즉각 독일군대를 주둔시켰다. 그때도 영·불은 별도의 조치를 보이지 않았다.

　1938년 9월 히틀러는 체코슬로바키아와 독일 접경지대인 스덴텐 지방과 병합을 요구했다. 그 지방민 300만 명 대다수가 독일계로 오래전부터 병합을 바라고 있었다. 그때서야 비로소 영·불은 전면 외교에 나섰다. 영·불·독·이 4개국 정상들이 '뮌헨회담'을 열었다. 리드격인 첸바렌 영국수상은 히틀러에게 "독일이 요구하는 것 중 이것이 최후"라며 스덴텐 지방의 할양을 체코에게 구해 부득이 양보해주었다.

　그러나 영국의 유화정책을 대변했던 '뮌헨회담'에 담긴 평화외교도 오래가지 못하고 말았다. 불과 1년 후인 1939년 9월 독일군이 갑자기 폴란드를 침공하므로써 유럽대륙을 전화(戰禍)속으로 몰아넣었기 때문이다.

12. 전쟁은 끝나고

　세계 2차 대전의 주요 고비들을 살펴보았다. 즉 북아프리카 전투에서 이탈리아군의 대패, 미·영군의 '노르망디상륙작전' 성공, 소련군의 레닌그라드 전투 역전극과 대일 선전포고, 미드웨이해전 미국승리, 미군의 일본 오키나와 상륙과 일본 히로시마 및 나가사키 원자탄 투하 등으로 요약된다. 결국 2차 대전은 천하 독재자 독일총통 히틀러와 이탈리아 파시스트당 총통 무솔리니 그리고 일본 군국주의자 도조 히데키(東條英機 육군대장) 등에 의해서 저질러졌음이 다 아는 사실이다.

　그들의 전쟁 목적은 두말할 필요도 없이 영토확장과 세계지배란 꿈이 일치한 데서였다. 동양의 섬나라 일본은 무엇을 믿고 히틀러 편에 가담했을까? 여러 가지 설이 있다. 지금껏 그 누구도 정확한 해답을 내놓지 못한 것 같다. 그저 막연히 개념적으로 알고 있는 수준정도였다. 전쟁주역들이 전쟁이 끝나자마자 전범재판에 회부돼 바로 처형되었기 때문에 정답은 영원히 묻히고 만 셈이다.

당시 주요작전에 관계했던 생존 노병들이 아직 살아 있기는 하나 대의명분론만 앞세울 뿐이다. 다만 일부 노병과 군사전문가들만이 도조로 대변되는 일본군국주의 추종자들이 그들의 세계지배 야욕을 실현시켜 보겠다는 망상에 사로잡혀, 히틀러를 너무 과대평가, 그의 허풍에 속은 데서 비롯되었다고 주장하고 있다. 그러나 그 같은 분석이 정답이 될지는 단정 짓기가 어렵다. 사실 그보다 정확한 답은 다른 곳에 숨겨져 있을지도 모른다.

즉 일본은 1894년 8월 청·일 전쟁에서의 승리와 1904년 2월 러·일 전쟁에서의 예상외의 대승으로 기고만장, 그때부터 "세계는 내 손아귀에…"란 자만심에 빠져 거들먹거리기 시작했다. 1937년 7월 소위 '지나사변(支那事變)'이란 침략전쟁을 일으켜 중국대륙을 통째로 삼키려고 날뛰었다. 이어 1941년 12월 8일 미국 등이 '자기일'에 부당하게 간섭한다며 하와이진주만을 기습공격 자충수를 두고 말았다. 결과적으로 일본이 2차 대전에 뛰어든 것은 히틀러의 허풍에 속아 이용당했다기보다 오히려 벼랑 끝에 달린 열매를 탐내다가 스스로 낭패를 불러온 꼴과 흡사했다는 결론이다.

대전의 주역, 히틀러, 무솔리니, 도조 히데키 등은 인간성 면에서도 대동소이했다. 즉 부하가 약간만 눈 밖에 나도 전쟁터에서 곧바로 파면시키기 일쑤였고, 심지어는 역적으로 몰아 처형도 불사했다. 또한 독재자 특유의 전제군주 스타일, 독불장군, 도발성, 잔인성면 등에서도 너무 닮아 있었다. 이유야 어떠했든 그들은 세계를 불바다로 만들어 전 인류에게 씻을 수 없는 크나큰 고통과 희생을 가져다 준 악마 같은 존재들이었다. 참으로 세상에 태어나서는 안될 인간백정들이었다. 지금도 그들은 지옥을 탈출해 전쟁의 미련 때문에 제3의 대전을 모의하고 있을지도 모른다.

13. 전쟁은 비로소 막을 내리다

제2차 세계대전은 1945년에 끝난 것이 아니라 1989년 독일 베를린 장벽이 무너질 무렵 비로소 끝났다는 색다른 주장을 펴는 학자들이 있다. 참 그럴듯한 논리라고 볼 수 있다. 말하자면 과거 동서 냉전시대 역시 2차 대전의 연장선상에서 봐야 한다는 뜻이다. 그 후 비록 총소리는 나지 않았지만 전쟁분위기는 계속 이어져 왔다는 것. 즉, 전쟁과 혁명의 세기라고 불러온 20세기가 지나간 지가 불과 얼마 되지 않는다.

지난 20세기는 인류 역사상 최초로 두 번이나 대전을 치렀던 세기였다. 그밖에도 수다한 정치혁명의 빈발과 종언을 보았던 격동의 세기였다. 특히 구미열강의 패권을 둘러싼 미증유의 대규모 전투를 벌였던 2차 대전은 총소리가 멈추기 바쁘게 새로운 동서냉전으로 전개되었다. 냉전은 반세기 가까이 이어졌다. 결국 그 냉전은 세계각지에서 '지역분쟁'을 일으키는 큰 요인으로 작용하기도 했다.

그러나 동서냉전도 1989년 베를린장벽이 무너지자 조금씩 걷혀지기 시작했다. 그 해가 공교롭게도 근대이념을 보다 구체화시켰다고 평가받고 있는 프랑스 혁명 2백주년을 맞는 해였다. 새로 다가온 21세기는 과연 인류가 영원히 바라는 평화가 유지되고 큰 반전 없이 편안하게 살아갈 수 있을까? 아직 전망하기는 어려울 것 같다. 불확실시대는 적어도 21세기 초반까지는 이어질 것 같다. 때문에 20세기에 일어났던 대전 중 보다 규모가 컸던 2차 대전의 중요상황을 새삼 되짚어 봄으로써 인류의 평화를 위한 뼈저린 교훈으로 되살렸으면 한다.

제 2부 – 1편

미드웨이 대해전

- 일본 함대 암호 판독
- 항모 4척 수장 당해
- 미 항모 2척도 항해 불능
- 일본 함대에 결정타

일본함대 암호 판독

"'미드웨이 대해전'은 세계전쟁사에 큰 획을 그었기에 아무리 세월이 흘러도 잊혀질 수 없다."

―저자―

1. '인간고래' 싸움

세계 해군의 역사상 최대 『인간고래떼 싸움』으로 비유되는 『미드웨이 해전』이 있은 지도 어언 반세기 이상이 지나갔다. 당시 태평양 바다의 수호신이라고 까지 자랑하던 일본 함대가 상대적으로 전력이 미흡했던 미 기동함대에 왜 대패했을까? 지금까지 그 수수께끼에 대한 정답은 확실치 않다. 한편의 대하 드라마를 능가하는 그 『바다싸움』에 대해 현재도 『승리』와 『패배』를 두고 역시 의견이 분분하다. 일본은 미드웨이 해전에서 대패함으로써 전의를 상실, 개전초 목표했던 영토확장과 세계지배의 꿈이 일장춘몽으로 끝나고 끝내 눈물을 삼켜야 했다.

반면 미 연합군은 미드웨이 해전에서 승리의 여세를 몰아 이윽고 일본본토 옆 오끼나와섬 상륙작전에 성공. 일본 본토에 대한 본격적인 공습과 핵폭탄투하 등으로 일본의 무조건 항복을 받아내 전쟁을 승리로 종결지었다. 아직도 일본의 우익세력들은 지난날 군국주의시대의 향수를 버리지 못하고 있다. 당시 미드웨이 해전에서 일본이 패한 것은 암호유출과 순간적인 작전미스에서 비롯됐다며 지금껏 원통해 하고 있다.

미드웨이 해전은 정말 세계 해군 역사상 『대해전』으로 기록돼 있다. 전투인원 동원과 항공부대 동원, 그리고 함정손실 등이 역사상 대규모였기 때문이다. 마치 바다의 왕자를 가리는 고래떼 싸움을 방불케 했다. 1798년 영국 함대를 지휘, 지중해 아브킬 해전에서 막강 프랑스 함대를 격침시킴으로써 당시 세계를 놀라게 했던 영국 지중해함대 사령관 넬슨 제독의 빛나는 해전사(海戰史)를 능가할 정도의 바다싸움이 바로 미드웨이 대해전이었다. 때문에 일본인들은 대부분 미드웨이 해전에 대해서 떠올리기 싫어한다. 이 해전에 관한 출판물 같은 것도 전승국인 미국에서는 많지만, 일본이 발행한 것은 극소수다. 그 해전으로 인해 일본의 운명이 결정적으로 바뀌었기 때문이다. 지금도 일본에서는 미드웨이 해전실황을 찍은 미국측 2편의 기록영화 중 1편이 상영이 금지돼 있다.

이제 세계 해군사에 큰 획을 그은 미드웨이 해전의 실황을 객관적인 자료에 의해 간추려 보자. 미드웨이 해전은 1942년 6월 5일과 6일 이틀 사이에 결판났던 항모전이었다. 당시 일본 연합함대(사령관 山本五十六 대장)는 항모 4척을 앞세운 1백 20여 척의 대규모 함정과 항공부대로 편성한 특별기동함대(사령관 南雲忠一 중장)를 6월 2일 태평양 중간지점에 위치한 미국영토 미드웨이 섬을 향해 발진시켰다. 그날 따라 바다는 농무가 짙게 깔려 시계(視界)가 제로인데다가 파도까지 높아 함대는 매우 거친 파도와 싸우며 험로를 헤치며 이동해야 했다.

기함(旗艦) 아카기(赤城 4만톤)함에 승선한 연합함대 사령관은 장병 가족들에게 그 섬은 이제 일본의 것이라며, 그 섬 이름까지 『수무월도(水無月島)』라고 지어 내정된 우체국장까지 데리고 간다고 하면서, 그곳으로 위문편지나 많이 보내라며 가벼운 작별인사를 나누었다. 게다가 대해전을 총지휘하게 될 기함 아카기는 본래 고속전투함으로 설계된 것을 갑자기 항공모함으로 개조한 것으로, 40미리 장갑판까지 갖춘 상태여서 적의 어떤 폭탄세례에도 끄떡없다고 자랑했던 신예 거함이었다. 다만 측면에서 공격해 올지도 모를 적의 어뢰공격이 두려울 정도라고만 했다.

미드웨이 섬 미 해군기지 방공호에서는 모두가 앞서 일본 해군항공대의 진주만 기습공격의 악몽을 떠올리며, 이번만은 절대로 당하지 않으리라는 결사의 각오를 다짐하며 바다의 신에게 승리를 빌고 있었다. 『제발 침략전쟁을 일으킨 저들을 상어떼의 밥이 되도록 해주십시오!』라고.

일본은 미국민에게 생생한 승전보를 보여줄 전쟁기록영화를 찍기위해 노련한 카메라맨 존 죠오도(명화 驛馬車감독)까지 대기시켜 두고 있었다. 일본 기동함대는 다음 날인 6월 3일 침로 70도 동북방향으로 계속 항진, 미드웨이섬 북방지점까지 진출해 갔다. 섬과의 거리는 이제 약 2백마일(3백 70킬로). 먼저 육상기지 공격대부터 발진시킬 준비를 서둘렀다.

기함 아카기 함교에는 제일항공부대 참모장 쿠사카(草鹿龍之介 소장)가 초조와 경계의 눈으로 멀리 섬주변을 바라보고 있었다. 그는 『미드웨이를 공략하기 위해서는 예정대로 5일 새벽 1시 반을 기해 특공대를 이용해야 한다』고 생각하고 있었다. 그러나 무엇보다 적함대의 동향이 궁금했다. 무엇인가 이상한 것 같기도 했다. 그리고 그는 일본 함대의 중요 작전계획의 하나가 먼저 그곳 기지공략과 함께 특공대를 앞세워 적함대의 심장부를 기습공격토록 하는 양면작전인데 이를 여하히 효과적으로 수행하느냐가 승패를 가름할 것으로 믿고 머리속에 작전계획을 그리고 있었다.

쿠사카 참모장은 가볍게 어깨를 움직이며, 무엇보다 짙은 농무때문에 뒤따르는 항모 카가(加賀)를 비롯한 히류우(飛龍)와 소유류(蒼龍), 그리고 일백여 척의 전함과 구축함 등이 한척도 눈에 띄지 않아 불안해 했다. 예정대로 미드웨이 섬으로 더 가까이 항로를 변경하려는 것이 현재로서는 위험하다는 점을 각 함정에 재빨리 알려 필요한 조치를 취함으로써 해상충돌사고를 예방시켜야 할 터인데 하며, 그는 혼자말로 중얼거렸다.

이윽고 그는 함교 우현쪽 속칭 『원숭이의자』로 불리는 작은 걸상에 앉아 주변 바다를 살폈다. 마침 함대 사령관 나구모 제독의 뒷모습이 보였다. 나구모는 아무 말없이 멍하니 서 있었다. 도대체 사령관은 뒤따라오는 각 함정들의 침로 변경문제에 대해 어떤 생각을 하고 있을까? 쿠사카는 손목시계를 바라 보았다. 오전 10

시가 막 지나가고 있었다. 진주만 공격때도 그러했지만, 상황이 긴박할 때 마다 나구모 사령관은 묵묵히 있다고 은근히 불평했다.

나구모는 본래 어뢰공격 전문가로서, 항모를 이용한 항공전술에는 경험이 많지 않아 별로 자신감이 없는 듯 했다. 쿠사카 참모장은 막 나타난 통신참모 모노 소령에게 다가가 물었다.

『적 함대의 동정은 어떤가?』

『예! 적신반(敵信班)이 열심히 캐치하려고 노력중인데 아직도…』

『도대체 적함대는 섬구석에 숨어 있는가?』

『그들은 우리 함대를 요리조리 피하고 있을까…』

쿠사카는 용기를 내어 나구모의 등뒤에서 큰 소리로 말했다.

『사령관님! 예정대로 변침(變針)하는 것은 농무때문에 위험하다는 것을 각 함정에 알려주는 것이 어떨까 합니다.』

『그럼 전파를 내보낼 것인가?』

『장파(長波)중 미세력(微勢力)전파라면 먼 거리에 있을 적함대 까지는 닿지 않으리라 믿습니다만…』

『그럼 그렇게 해 볼까…』

『통신참모의 생각은 어때?』

『좀 위험합니다만…』

각 함정에 대해 '항로변경을 하지말고 지금으로선 위험하오니 그대로 항진계속'이라는 암호문 발령을 검토했다. 즉 '몇 시에는 필히 침로 몇도 유지'라는 등이었다.

미드웨이 해전에 출전하는 일본 해군 특별함대 장병들은 긴장감 때문에 밤잠을 설쳐 눈이 붉게 충혈된데다가 불안한 표정까지 감추지 못했다. 떠나올 때 '승리의 용사'같은 씩씩한 모습과는 전혀 달랐다. 항모에 타고있는 항공대원들 가운데는 고향에 두고온 부모들의 이야기와 죽마고우 그리고 해군병학교(사관학교) 동기생들과 병학교시절의 추억담을 서로 나누고 있었다.

기동함대는 아직 별다른 일없이 작전계획대로 그날따라 매우 출렁이는 파도를 헤치며 항진을 계속했다. 그러나 여전히 비구름같은 농무가 해면위에 짙게 깔려 있어 언제 이를 이용, 적이 선제공격을 가해 올지 늘 불안했다. 그러나 진주만에 기지를 둔 미 기동함대의 움직임은 아직도 알 수 없었다.

미드웨이섬 방공호에서 일본함대의 동향을 계속 주시하고 있는 그곳 미 해군 장병들은 과연 이번 해전이 어떻게 결말지어질지 각자 마음속으로 전투전개 상황을 그리고 있었다. 더구나 미 건국 역사상 처음으로 외침을 당했던 적의 「진주만 기습공격」의 악몽을 상기하며 만반의 전투태세를 갖추기에 바빴다. 특히 방공호 상공에는 미드웨이 기지에서 발진한 미 해군수색기가 구름사이로 왔다 갔다하며 적함대를 수색하는 모습이 보였다. 하지만 과연 이곳까지 적의 함대가 찾아 올것인지…?

2. 타전 위험

일본 해군 특별기동함대 기함 아카기(赤城) 제 1항공참모장 쿠사카 소장(草鹿少將)의 두툼한 어깨가 미동하기 시작했다. 쿠사카는 즉각 오노(小野) 통신참모를 불러 각 함정에 진급 암호명령을 발령하도록 지시했다. 즉 『1200(오후 0시), 침로 100도, 1315(오후 1시15분), 침로 135도』란 내용이었다. 이는 단번에 현재 70도에서 135도로 변침(變針)하면 30도에서 편대가 대혼란을 일으킬 위험이 있다는 판단에서 발령한 것이다.

계속 짙은 농무중이어서 무사히 발령이 끝나자 오후 2시가 지나고 있었다. 안개도 점차 걷혀 바다주변이 갑자기 맑아지기 시작했다. 『에이! 못된 날씨! 맑아지려면 미리 맑아진다고 했으면 위험한 타전을 않았을텐데…』하고 쿠사카 참모장은 하늘을 바라보며 혼자말로 중얼거렸다. 하지만 그는 모처럼 훤히 모습을 나타낸 항모 히류우(飛龍) 카가(加賀) 소우류(蒼龍) 등을 차례로 바라보며 입가에 미소를 지었다.

다행히도 암호발령 전파는 적함대에 잡히지 않았다. 그러나 3백마일이나 후방에 위치한 본함대 기함 야마토(大和) 무전실에서는 또렷히 캐치되었다.

　본함대사령관 야마모토(山本五十六 대장)가 함교에 나와 쌍안경으로 묵묵히 수평선을 살피며 몸을 움직이고 있었다.

　『사령관! 아카기(赤城)가 암호전파를 발령했습니다. 기동함대는 1천 2백마일이나 항진, 미드웨이를 향해 변침중입니다.』 선임참모 구로도우(黑島) 대령이 보고를 했다. 그는 그 보고를 받자 매우 불안한 표정을 지어 보였다. 작전항해 중에는 무선봉지(無線封止)라는 엄명을 어겼기 때문이었다. 혹시라도 적의 함대가 캐치했다면….

　기동함대는 우유병같은 짙은 농무사이를 뚫고 어렵게 빠져나가고 있었으나, 본 함대 기함 주변하늘은 맑게 개어 있었다. 하지만 아직도 아카기로부터 기상보고 등 전혀 연락이 없었다. 그것도 철저히 금지돼 있었기 때문이었다. 사소한 전파발령이라도 적에게 이쪽 위치를 알려주는 꼴이 되기 때문이다.

　『참으로 어렵게 되었구먼! 변침발령은 전투준비행동을 의미하는데 전파를 발하지 않으면 통일행동이 어려워 위험해서라니, 그들은 벌써 느슨해졌군!』

　기함 야마토(大和) 참모장 우가키(宇垣) 소장이 야마모토 사령관 면전에서 투덜되었다. 우가키는 해군병학교(사관학교) 40기생으로 졸업시 8등으로, 동기생인 나구모(南雲忠一 중장)는 2등으로 나온 사이다. 우가키와 나구모는 별로 교류가 없었다. 서로 대항의식도 가지고 있지 않았다. 다만 일본대제국 해군의 운명을 손아귀에 거머쥐고 있는 나구모의 기동함대 지휘가 못마땅 하다는데서다. 우가키는 포술병과 출신으로 평소 거함거포주의 신봉자로 알려져 있었다. 그러나 나구모의 항공기를 이용한 어뢰공격 전술에 대해서는 잘 모른다. 그런데 때마침 우가키의 불평소리를 사령관 야마모토가 들었다.

　『이곳 바다는 밝지만 저곳엔 먹구름과 안개까지 겹쳐 항해하기가 몹시 어렵겠군. 그래서 부득히 전파를 발사했구먼!』

　야마모토는 해군병학교 32기로서 우가키와는 달리 8기나 후배인 나구모를 평소 아끼고 좋아하기에 전적으로 신뢰하고 있었다. 즉 일단 그에게 중책을 맡긴 이상 모든 것을 끝까지 믿어야 한다는 자세였다.

나구모 제독이 미드웨이 해전 기동함대 사령관에 발탁된 것은 제 1항공대 참모장 쿠사카(草鹿) 소장의 적극적인 천거에서였다. 나구모는 성격이 소탈하고 성실해 부하들이 잘 따르는 등 지휘관으로서의 덕망을 고루 갖춘 군인으로 평가받아 왔기 때문이었다. 게다가 나구모는 앞서 진주만기습공격 때 결정적인 역할을 수행했던 점 등. 어뢰공격과 항모를 이용한 항공전술에도 일가견을 가지고 있다는 것이 발탁 이유였다. 야마모토 사령관은 기함 야마토 함교에 다시 나타나 재차 참모들에게 큰소리로 주의를 주었다.

3. 스프루언스와 나구모 대결

『나구모에게 대임을 한번 맡긴 이상 이러쿵 저러쿵 절대로 군소리 하지마!』

더우기 야마모토는 1941년 12월 8일 개전초기 진주만 공격때도 나구모가 최선봉에서 목숨을 무릎쓰고 자기 임무를 성실히 수행했던 기억을 떠올리며 그렇게 말했다.

야마모토가 브릿지에서 각 참모들과 이야기하고 있는 그 무렵 미드웨이 섬 북동쪽 325마일(600㎞) 해상에서 깊은 생각에 잠긴 한사람의 미 해군제독이 있었다. 그 이름은 레이몬드 A. 스프루언스 해군 소장이다. 그는 미 해군 태평양함대에서 포술전문가로 통했다. 그는 10일 전까지만 해도 자신이 숙적 일본 해군의 운명을 좌우할 미드웨이 해전에서 미 기동함대의 지휘를 총괄하리라고 생각지도 않았다. 해군내에서는 그를 『귀신잡는 귀신』, 『와일드 몽키』라는 별명을 붙이고 있었다.

그런데 특히 그를 좋아하는 사람이 있었다. 미드웨이 해전을 당초 총지휘할 사람으로 내정되었던 제16기동함대 사령관 할제 중장이 바로 그 사람이다. 그는 돌연 손에 악성 피부병이 생겨 몸 전체로 번져가고 있었다. 때문에 전의(戰意)를 의심받게 되었다. 이를 알고 있던 함대총사령관 체스터 니미츠 대장이 조용히 그에게 말했다.

『할제! 빨리 입원 치료를 받아라!』

『니미츠! 당신은 나보고 죽으란 말인가!』

라고 소리쳤다. 마치 성난 표범처럼 할제는 화를 내었다. 하지만 니미츠 대장은 끝내 냉정했다.

『할제! 잘 들어보게. 나는 자네의 처지만 생각해서 그런 것만이 아닐세. 아픈 그대로 전선에 나가게 되면 혹시 얼토당토아닌 작전명령을 발하게 될지도 몰라. 만약 그렇게 된다면 누구보다 야마모토와 나구모가 배꼽을 쥐고 웃을거야!』

『그리고 만일 미드웨이 해전에서 패하게 된다면 하와이마저도 위험하네, 우리가 패한다면 일본해군사관들은 밤낮 헐리웃 스타들을 끼어안고 놀아날 것이네, 그 여우들의 교태를 어떻게 보겠는가. 이유는 이것뿐이네. 부디 오해는 말게』

할제 중장은 금새 화가 풀렸다. 우정에 넘치는 선배의 권유를 이해했다. 니미츠는 다시 말을 이었다.

『할제! 내 고향에서는 피부병에 걸리면 말젖을 발효시킨 욕탕물에 들어갔다. 나오면 효과가 있다고 믿고 있네』

『정말 고마워 니미츠…』

니미츠는 결국 할제 중장 대신 스프루언스 소장을 임시 사령관으로 발탁, 어뢰전술과 항공전술에도 일가견이 있다는 일본기동함대 사령관 나구모 중장과 대결토록 명령했다. 스프루언스는 항모 엔터프라이즈에서 할제 중장 밑에서 포술전문가로 오랫동안 근무해 온 뚱보 아가씨같은 스타일의 소유자였다.

니미츠는 스프루언스를 특별히 자기방으로 오도록 했다.

『자네의 능력을 신뢰하네. 한가지 특별히 명심해 둬야 할 것이 있네, 절대로 혼자만 영웅이 되려고 날뛰지 마. 자네가 영웅이 된다고 하여도 미국이 망하면 무슨 소용이 있겠는가? 그리고 적은 항모가 4척이나 되지만 우리는 2척뿐일세. 우리쪽이 가령 모두 침몰해도 좋아. 그러나 적의 전비행갑판만은 모두 때려 부셔야 해! 지금 우리항모 1척이 수리중인데 어쩌면 전투에 나가게 될지도 몰라!』

『알겠습니다. 하지만 혹시 나구모가 이끄는 함대가 발견되지 않으면 어떻게 합니까?』

『그때는 야마모토를 공격하라. 7만톤의 야마토(大和)에 타고 후방 3백마일에서 엄호하고 있다고 하니까!』

『야마모토가! 도대체 그가 왜 나오게 될까요?』

『전장(戰場) 상황을 직접 살피기 위해서겠지? 아니면 전지가봉(戰地加俸)을 바래서가 아니겠는가? 여하튼 야마모토를 무찌르면 일본 해군은 전의(戰意)를 잃고 말거야 … 아파치(용맹스런 인디언 전사들)도 추장이 쓰러지면 금새 깃발을 거둬들이지 않는가 … 알겠지?』

『네! 잘 알았습니다.』

스프루언스 제독이 자리에서 일어나려하자 니미츠 대장은 그를 다시 앉혔다.

『스프루언스! 알고 있는가? 나의 심장은 지금 소녀가슴처럼 떨리고 있어! 한가지만 더 말해주고 싶어. 또 한척의 항모가 거의 수리를 끝내고 샌프란시스코항에서 곧 미드웨이 해역으로 가게될지 몰라. 만일 가게되면 아마 6월 6일쯤이 될거야. 그때까지라도 잘 버텨주게!』

스프루언스는 니미츠와 정다운 포옹과 함께 굳은 악수를 나눈 후 문을 나왔다. 그는 곧 이어 그곳 수많은 장병과 가족들의 환송을 받으며 기함 엔터프라이즈와 호넷 등 두 척의 항모를 앞세운 미 제16기동함대를 이끌고 5월 25일 서둘러 진주만을 출발했다

4. 미 해군의 거함들!

항모 엔터프라이즈호와 호넷트호를 앞세운 미드웨이 미 해군 제16기동함대가 서서히 진주만 기지를 벗어나 전속력을 내려는 참이었다. 기함 엔터프라이즈 함교에는 쌍안경을 목에 걸친 사령관 스프루언스 제독의 모습이 보였다. 그는 왠지 쌍안경으로 진주만 기지쪽으로만 계속 바라보고 있었다.

그 순간 육지로부터도 두개의 시선이 그의 배후를 응시하고 있었다. 바로 조금전 그를 떠나보낸 아쉬움 때문인지 아직 계속 잔교에 남아 기동함대가 시야에서 벗어날 때까지 바라보고 있는 니미츠 태평양함대 사령관과 그의 참모장이었다.

이를 안 스프루언스는 더 이상 쌍안경을 눈에 가져가지 않았다. 그 순간 그의 뇌리에는 니미츠가 당부한 말들이 떠올랐다. '혼자만 영웅이 되려고 날뛰지 말아라' 바로 그 말이 유독 폐부를 찔렀다. 그리고 출항시 자기의 거동을 유심히 지켜본 또 한 명의 제독이 생각났다. 그가 바로 이번 해전에서 제17기동함대를 지휘하게 될 항모 요크다운호 사령관 프랭크 잭 플레처 소장이었다. 그 항모는 현재 수리때문에 도크안에 있었다. 앞서 일본 해군과 '산호해전'에서 두 발의 근접탄과 한발의 직격탄을 맞았다.

니미츠 사령관은 이 항모가 늦어도 6월 3일까지 미드웨이에 가려면 "5월 30일까지 수리를 마치고 그날 출항해야 한다"고 다그쳤다. 그 말을 듣자 함장 박마스터 대령은 "아이 아이 사-"하고 가볍게 응답했다. 니밋츠는 화가 났다. 그는 함장이 자기를 놀리는 것으로 오해했기 때문이다. 그러나 항모는 서둘러 수리를 끝내고 출항, 6월 5일의 미드웨이 해전에 참전하게 되었다.

그런데 요크다운호에 타고 있는 제17기동함대 사령관 플레처 소장에게 한가지 고민이 있었다. 자신은 스프루언스 소장보다 선임자이기 때문이었다. 당초엔 두 기동함대를 할제 중장이 총 지휘키로 되어 있었으나 피부병으로 돌연 그가 입원했기에 스프루언스가 그 임무를 맡아야 했던 것이다.

『쓰러지면 쓰러질 수밖에 없다. 오직 스프루언스와 운명을 함께 할 수 밖에…』
그는 각오를 새롭게 다졌다.

6월 2일 스프루언스는 밤잠을 설치고 일찍 눈을 떴다. 이날은 갑자기 날씨가 흐려지는 등 악천후가 닥쳤다. 비구름이 대거 낮게 깔려 시계가 제로였다. 그러나 아침 9시께 항모 요크타운호에서 발진한 수색기가 구름사이를 선회하면서 바삐 움직이고 있었다. 이윽고 수색기는 비행 날개를 좌우로 흔들며 엔터프라이즈호 갑판위로 접근해 왔다. 그 수색기는 곧 갑판위에 붉은 빛의 보고기구(報告氣球)를 떨어뜨리고 사라져갔다. 경비병이 재빨리 주워 함교로 비행장이 다시 사령관에게 보고했다.

『오늘 오후 4시 '럭키포인터'에 도착 예정, 플레처 소장』

럭키포인터란 16기동함대 기함 엔터프라이즈호가 위치하고 있는 곳. 즉 스프루언스 사령관이 있는 곳을 가르키는 말이었다. 스프루언스는 엷은 미소를 지었다. 그는 다소 여유를 갖는 듯 했다.

『이제 우리 쪽도 항모 3척이 출동하게 되었다. 후회없는 전쟁을 할 수 있게 되었어! 물론 적은 한척 더 많은 4척의 항모를 보유하고 있다지만 우리에겐 특별무기인 '정보'란 신병기를 가지고 있지 않은가!』

하고 그는 자신을 독려했다. 이 해전에 출정한 제16기동함대 장병들 사이에는 무엇보다 '럭키포인터에서 랑데뷰'라고 쓰인 그 '보고기구'에 큰 관심을 보였다. 6월 3일 오전 10시가 지나가고 있었다. 스프루언스 제독은 럭키포인터를 생각하며 새로운 '보고기구'가 날라 오기를 고대했다. 그는 한편으로는 예정대로 럭키포인터에서 랑데뷰할 수 있을까 하는 걱정도 했다.

전날 밤에도 그는 밤늦게까지 비행갑판을 오가며 여러 가지 작전계획을 구상했다. 떠나오기 전 니미츠 대장은

『기동함대를 처음부터 미드웨이 섬으로부터 더 서쪽방향으로 진출, 재빨리 적의 함대를 유인, '독안'으로 몰아 놓도록 하라』는 작전지시를 한 바 있다. 그때 스프루언스가 말하기를,

『적은 AF(미드웨이)를 기습 공격하러 온다지만 과연 끝내 AF쪽으로 전진해 올지 의심된다』

그는 니미츠에게 재차 말하기를,

『우리 쪽 작전계획에만 치중하게 되면 나구모 함대는 칼날을 돌연 뒤집어 진주만 쪽으로 선두를 돌릴지 모른다. 그렇게 되면 우리들은 2층에 올려진 채 사다리를 빼앗긴 꼴이 되고 말거야!』

하며 니미츠의 얼굴을 쳐다본 일이 떠올랐다. 그는 또 한가지 니미츠 대장에게 한말이 생각났다.

『저의 부하중엔 하와이에 처자를 둔자가 많다. 만약 하와이를 전장(戰場)으로 지목한다면 만족한 전투는 불가능하다.』

또는 『전선이 북쪽으로 형성된다면 언제라도 하와이로 되돌아 올려 할 것이다.』 그러나 『정말로 나구모가 이끄는 함대가 미드웨이쪽으로 출현할 것인가? 출현한다면 우리는 전속력으로 서쪽으로 더 향할 것이다』라고 한 말도 생각했다.

5. 초조한 니미츠 제독

니미츠는 그때 스프루언스의 말에 무척 놀란 표정을 지었다.

『스프루언스! 나는 귀하를 존경하네. 자네가 읽고 있는 장병들의 솔직한 심정 그리고 자네의 치밀한 작전계획을 상부에 그대로 보고 하겠네. 아마 이 말을 듣게 되면 아무리 몸이 가렵더라도 최소한 30분 정도는 가렵지 않을 것이네!』

그는 추가로 만일 나구모 함대가 남서쪽으로 접근해 오면 그때는 아군 항공대에 전적으로 신뢰를 보낼 수 밖에 다른 방법은 없다고 합의한 바 있다. 그런데 스프루언스 소장에게도 하나의 걱정거리가 생각났다. 항모 요크다운호 등 제17기동함대를 이끌고 있는 플레처 소장이 자기보다 선임자로서 작전을 총괄함으로써 다소 혼선을 빚을 우려가 있겠다는 점이다. 그러나 결국엔 자신이 이끄는 두 척의 항모가 궁극적으로 승패를 결정짓게 될 것이기 때문이다. 더욱이 요크다운호는 진주만에서 응급 수리를 끝내고 출항한데다가 전속력이 겨우 27노트밖에 안돼 문제였다. 게다가 앞서 「산호해 해전」에서 승조원 대부분이 부상. 일부를 다른 곳에서 긴급 보충 했기에 이 항모에는 익숙치 않은 셈이였다.

더더욱 이 항모 승조원 모두는 애초 「산호해 해전」에서 돌아오면 센프란시스코항 차이나타운에서 예쁜 아가씨와 같이 맥주 파티라도 벌릴 생각이었는데 모두가 돌연 상륙이 금지돼, 긴급 돌관수리(突貫修理)만 한채 다시 그대로 전선에 투입됐으니 크게 기대할 수 없다는 생각이 머리를 스쳤다. 요크타운호 승조원들 대다수는 기함 엔터프라이즈호 폭격대장 마크라스키 소령과 호넷호의 어뢰대장 우올더롱 소령 등이 베테랑이어서 이쪽편에 더 기대를 거는 눈치를 알고 있었다.

미 해군 두 기동함대는 항진을 계속했다. 지금껏 기함 함교를 내내 지키던 스프루언스 제독은 비행갑판 몇 파일럿 대기실문을 열었다.

그는 트럼프를 즐기는 장교들에게 물었다.

『장기비행 때 목이 말라 조준이 잘 안되는 일은 없는가?』

『예! 사령관님! 이곳에 적이 나타난다면 재빨리 새똥(폭탄)을 퍼붓고 돌아가 아이스크림이나 실컷 먹었으면 합니다!』

스프루언스는 고개를 끄덕였다. 그는 새로 들어온 갈증해소 약의 효과에 관해 신경이 쓰였기 때문이다. 10여일 전만해도 비행사에 대한 지식이 초등학생 정도였으나 이제는 꽤 많이 알고 있었다. 비행사들은 열심히 노력하는 사령관의 뒷모습에서 연민의 정까지 느꼈다. 파일럿들은 항모출동은 전쟁터로 가기 위한 것이었으며, 사령관과 상식문제를 논할 때가 아니라며, 재차 각오를 새롭게 다졌다. 그런데 이상하게도 사령관이 신고있는 신발이 갈색으로된 비행사 구두가 아닌가? 미 해군 제16기동함대 사령관 스프루언스 제독이 돌연 비행구두를 갈아 신은 것은 전세가 긴박해 지면 자신도 직접 전투기 뒷자석에 앉아 기총사격수 노릇을 하겠다는 비장한 각오에서였다.

한편 항모 엔터프라이즈호의 위치보다 무려 4킬로나 멀리 떨어진 북서쪽에서 항진하고 있는 제17기동함대 사령관 플레처 제독은 꽤 어두운 표정이었다. 이유는 마침내 적의 기동함대가 가까이 접근해 왔다는 소식과 함께 곧 격렬하게 전개될 피비린내 나는 전투상황 때문이었다.

그도 그럴 것이 그는 얼마 전에 있은 「산호해 해전」에서 미 항모 렉싱턴호가 적의 집중폭탄 세례로 처참하게 최후를 마치는 광경을 직접 목격했기 때문이었다. 더욱이 그는 그 장면을 쌍안경을 통해, 즉 렉싱턴과 수백명의 장병이 그대로 바다 속으로 수장되는 것을 본 아픈 기억을 가지고 있었다. 그런데도 적의 함대에 대한 복수가 용이하지 않을 것같다는 생각이 들었다. 게다가 17기동대 항모 요크다운호는 선폭이 좁아 항공기 이착륙이 어렵다고 투덜대는 비행사들의 불평소리가 더욱 그를 어둡게 했다.

그때 함교의 확성기에서 요란한 소리가 귀를 울렸다.

『여러분! 분명히 내일쯤에는 이 바다에서 뒤엉켜 죽은 여자 시체더미같은 치열한 전투가 벌어질 것입니다. 이 해전에서 JAP(일본기동함대)를 쳐부신다면 이번에야말로 샌프란시스코 차이나타운에서 풀코스로 여자와 술을 마음껏 즐길 수 있을 것입니다.」 이같은 확성기 소리에 귀기울였던 장병들은 여기 저기에서 환호를 외치며 박수를 보냈다.

6. 적함대 동향

6월 3일 오후 1시 15분. 일본기동함대는 침로 135도. 남동쪽으로 변침. 미드웨이 쪽으로 향하고 있었다. 기함 아카기(赤城)의 오른쪽 방향 남서 3킬로 지점을 항해중인 제2항공전대 기함 히류우(飛龍) 사관실에서는 몇몇 비행사들이 이야기 꽃을 피우고 있었다.

이들 젊은 사관들은 지난봄 대위로 진급한 사관학교 제 66기생 하시모토(어뢰전공)와 오모마쯔(전투기전공) 긴도우(함폭전공) 등 3명이었다. 이들은 주로 사관학교시절의 회고담으로 시간가는 줄 몰랐다.

『아이참! 신나는 장면이군!』

항공 분대장 도모나가 대위가 얼굴을 내밀며 한마디 했다.

『대장님! 내일은 잘 부탁합니다.』

하시모토는 그가 모는 폭격기에 동승 생사를 같이해야 하기 때문이었다. 이 무렵 히류우호 함교에는 사령관 야마구찌(山口多聞 소장)와 함장 카라이(加來止男 대령)가 쌍안경을 들고 서 있었다. 마침 그 곳에 한 사관이 나타났다. 평소 볕을 못 봐 창백한 기관장 아이소우 중령이었다. 그는 담배를 물고 거센 바다길을 끝없이 항진해 가는 선수를 바라보며 무언가 생각하고 있었다. 그는 항상 해군사관은 병학교출신 보다 기관학교 출신자가 우수하다고 줄곧 주장해 온 터였다.

그런데 일본 해군 인사규정에는 사관학교 출신자만이 함장이나 지휘관에 보임할 수 있다고 돼있어 그는 늘 불만이었다. 더구나 기관학교 출신은 최고 중장까지만 진급할 수 있다고 규정하고 있어 더욱 그러했다. 때문에 이따금 함교에 나와 화를 달랬다. 당시 일본 해군은 사관학교와 기관학교가 쌍벽을 이루고 있었다. 모집은 기관학교에서, 여기서 낙방한자들이 꽤 많이 사관학교에 들어 가기 때문이었다. 6월 3일도 어둠이 찾아왔다. 일본기동함대는 더욱 짙은 안개 속에 묻치게 되었다. 아카기에서는 다른 3척의 항모 카가(加賀), 히류우(飛龍), 소우류(蒼龍)의 모습을 전혀 볼 수 없어 불안했다. 발광신호를 해도 연락이 잘 안닿았다.

6월 4일 아침이 밝아왔다.

점점 대치상황은 긴박해져 갔다. 기함 아카기호 함교에서는 전투준비에 앞서 함정배치에 대한 의견이 분분했다. 현위치에서 내일 전투를 개시할 경우, 부대 장악이 어려우니 재배치 지점을 미리 각 함정에 알려줘야 한다는 주장과, 지금 전파를 발사하면 적에게 우리의 위치를 알려줄 우려가 있어 곤란하다는 신중론이 맞서게 되었다.

나구모 사령관은 팔장을 낀채 기함이 항진하는 농무사이로 적 함대의 동정을 살피고 있었다. 그 무렵 감기에 걸려 자기 침실에 누워있던 오노(小野)통신참모가 떠드는 소리를 듣고 함교로 급히 달려왔다.

『절대로 전파를 내보내서는 안된다. 적에게 우리가 여기 있으니 잡으라고 하는 격이다』라며 강하게 반발했다. 그러나 이미 때는 늦었다. 무전이 발령된 후였다. 쿠사카 참모장이 전문을 기안하여 사령관의 결제를 받아 그렇게 되었다. 참으로 애석한 일이었다. 이 농무를 오히려 잘 이용해 접근하면 은밀히 기습공격도 가능할텐데 그는 몇번이나 혀를 찾다. 6월 4일 오후를 넘겼다.

7. 공격개시 임박

안개도 대략 그쳤다. 미드웨이 기지를 발진한 미 해군 초계기가 미드웨이 서방 1천 3백킬로 지점에서 일본 해군 수송선과 순양함 수척을 발견했다. 이 편대는 일본 해군의 OB(공략부대)였다. 다시 미 해군 수색기 잭 리이스드 소위로부터 『수송선을 포함한 순양함 20척 이상의 적 함대가 동쪽으로 이동중이다.』라고 그곳 기지에 타전해 왔다. 수색기 보고는 계속 이어졌다.

『전함을 비롯한 순양함 6척이 종대로 항진중이며, 수송선 20척도 뒤따라 오고 있다』고 타전해 왔다. 기지로의 타전은 자기 함대의 위치를 절대로 알리지 않기 위해서였다. 정말 철저했다. 발견된 일본 해군 편대속엔 긴도우(近藤信竹 소장)가 지휘하는 제2전대를 중심으로 OB부대를 즉 전함 공고우, 히헤이(比叡) 등 2척과 준순양함 8척 구축함 17척 수송선 21척으로 이루어져 있었다. 해전은 서서히 막이 오르려고, 막판 전투준비에 골몰하고 있었다. 결전의 날이 하루 앞으로 다가왔다. 과연 누가 바다의 고기밥이 되느냐? 긴장감이 최고조에 달했다.

미 해군 수색기의 적함발견 소식은 미드웨이 기지를 중계해 2천킬로 북동쪽에 머물러 있는 항모 요크다운호 무전실에서도 캐치돼 사령관 플레처 제독에게 보고되었다.

『사령관님! 적함대가 발견되었습니다. 어서 돌격합시다.』

박마스타 함장이 서둘렀다. 그는 순간 기함 엔타프라이즈호의 속력 33노트에 비해 느린 27노트의 저속력이 매우 아쉬웠다. 남에게 뒤지는 것이 너무 싫었다.

『좀 기다려!』사령관 플레처 제독이 소리쳤다.

『워싱턴으로부터 온 정보보고로는 나구모가 이끄는 적의 주력함대가 아직 도착하지 않았어!』

『나구모는 북서방향에서 접근중이야! 지금 발견된 것은 항모부대가 아니야! 나구모가 올때 까지는 행동을 보여서는 안돼』

같은 시각에 미드웨이 북동쪽에서 천천히 서쪽방향으로 항진해온 미 항모 호넷트호 함교에서는 함장 마크 밋챠 대령이 긴장과 초조가 교차하는 표정을 지으며 거친 파도를 물끄러미 바라보며 서있었다. 이 해전이 그의 출세를 좌우하는 일전이 될 것이기 때문이었다. 곧 소장진급을 앞두고 있기 때문이었다.

그 무렵 적의 항모 히류우(飛龍) 갑판위에서는 내일 0시 제1차로 발진하게 될 비행사관들이 모여 개전 초 진주만 기습때의 무용담을 나누고 있었다. 하시모토 대위는 실전경험이 많아 선발대로 나설 계획이다. 또 그들중엔 거의가 총각이어서 후방 근무중 사귀게 된 구주 지방의 벳부(別府)에 있는 어느 예쁜 기생애인 생각에 잠못 이룬 자도 있었다. 그녀가 임신 5개월 째라고 털어놔 화제꺼리였다. 떠나올 때 선을 본 아가씨와 데이트하던 생각, 병중인 부모생각, 출산했을 아내생각 등으로 시름에 잠긴 자들도 많았다.

미드웨이 섬 방공호에서는 미리부터 미국민에게 승전보를 생생하게 전할 현장기록영화를 찍기 위해 대기중인 카메라맨 존 죠오도가 방공호지휘관 시마아드 대령과 촬영장소 문제로 협의하고 있었다. 죠오도가 말했다.

『방공호 입구에서는 공중전을 제대로 찍기가 어렵다. 저 격납고 지붕위에 카메라를 설치하면 좋겠다.』

『죠오도! 자네는 잘 몰라! 제일 저격받기 쉬운 곳이 바로 격납고 지붕이야! 그리고 옆면은 미끄러지기 쉬워 위험하니 곤란해!』

시마아드 대령이 일일이 설명해 주었다. 그는 말을 이었다.

『적함대가 먼저 알려고 하는 것은 아군 주력부대의 위치다.』라고 덧붙였다.

하지만 죠오도는 말을 듣지 않았다.

『만족스런 필림은 현장감이 넘치는 것이다.』라며 끝내 카메라를 격납고 지붕위에 올려 놓았다. 죠오도는 원래 해군장교가 되려고 사관학교에 입학하려 했으나 낙방했었다. 결국 배우로, 각본가로, 카메라맨으로, 나중엔 영화감독으로 이름을 날렸다. 그는 무엇보다 서부극에서 '말 달리는 장면'을 실감나게 잘 찍어왔다. 6월 4일 오후 6시 30분이 지났다. 나구모가 지휘하는 일본함대 주력부대가 미드웨이 북서쪽 3백50마일 지점까지 진출, 24노트의 속력으로 접근해 왔다.

곧 일몰 시간이 가까워지고 있다. 기함 아카기 함교에는 쿠사카 참모장이 둥근 태양이 수평선 너머로 서서히 사라져가는 저녁노을 빛에 젖어 감상에 잠겨 있었다. 게다가 고도 3천미터 정도에 점점이 떠있는 구름을 바라보며 낙조의 아름다움을 자기만의 것으로 생각하고 있었다. 한편으로는 물밀듯 스며드는 외로운 감정을 달래며 지난 날 어린 시절의 갖가지 추억들을 떠올리며 생사의 갈림길에 선 자신의 처지를 재삼 되돌아 보았다.

돌연 기함 아카기호 전방 오른쪽을 달리는 제 8전대 기함 키키네(利根)로부터 '반짝! 반짝!' 발광신호가 보내왔다.『적 비행기 10대! 2백 60도 서방향!』

이를 수신한 통신장교가 『사령관님! 적기가 나타났습니다!』 쿠사카 참모장이 황급히 쌍안경을 눈에 대었다. 그 순간 저녁노을 외에는 아무것도 보이지 않았다.

『응! 올 것이 왔군…』

8. 결전, 눈앞에

드디어 결전이 눈앞에 다가섰다. 미드웨이 해전을 치를 세계적인 막강함대 미국 해군과 일본 해군의 주력함대가 이곳 태평양 바다 중간지점에 총집결하였다. 자연히 긴장감도 최고조에 달했다. 이 역사적인 해전에서 만약 일본이 이기면 그 여세를 몰아 진주만 상륙에 이어 미국 본토로 쳐들어가 『키다리 코쟁이』를 항복시킴으로써 세계강국이란 대망의 꿈을 실현할 수 있었다. 이 미드웨이 해전이야말로 일본의 사활이 걸린 작전이었다. 과연 운명의 여신은 미·일 어느쪽에 승리의 축배를 들게 해줄 것인가?

나구모 일본 기동함대 사령관이 쌍안경을 걸치고 기함 아카기(赤城)부릿지에 섰지만 특별히 무엇을 찾을려는 거동이 눈에 띄지 않았다. 그는 비행대의 일은 항공참모에게 자신은 어뢰전문가답게 우선 항모선체를 어뢰발사가능 지점까지 끌고 가는 것이 급선무였다. 그밖의 일은 참모장에게 맡긴다는 생각이었다.

이것이 대략적인 작전구상이었다. 쿠사카(草鹿) 참모장이 함교에 설치돼 있는 18인치 대형 망원경이 있는 곳에서 함장아오키(靑木) 대령과 비행장 후지다(藤田) 중령에게 눈짓을 보냈다.

『전원 배치! 대공전투개시!』

『항공대 발진! 전투기 탑승원들 속히 정렬하라!』

날카로운 확성기 소리와 함께 요란한 나팔소리가 함내에 울려 퍼졌다. 함교아래 탑승원 대기실에는 전투기 분대장 시라네(白根) 대위가 급히 비행복을 갈아입고 있었다. 그는 진주만 기습공격이래 적기를 무려 20대 이상 격추시킨 혁혁한 전공의 소유자이다.

『시라내! 잘 부탁하네!』

『네! 꼭 적기를 추격해 보겠습니다. 그런데 거리가 너무 멀군요…』

시라네는 늘 그러하듯 차분한 소리로 말하며 씩 웃었다.

『찌르릉! 찌르릉!』

돌연 출발의 벨이 시끄럽게 울렸다. 비행활주로 옆 승강기가 작동하기 시작했다. 마침내 애기(愛機)들이 속속 비행갑판으로 나와 비행차례를 기다리고 있었다. 후미에서 대기중인 직위전투기(直衛戰鬪機)는 '부르릉! 부르릉!' 시동을 걸고 있었다.

『몇 대를 데리고 갈 예정인가?』

『3대만으로 족합니다.』

시라네는 낙하산 밴드 고리를 허리에 걸치면서 전투기 쪽으로 황급히 달려갔다. 기함 아카기는 약간 바람을 안고 있는데도 항공대를 그대로 긴급 발진했다. 앞서 적기가 나타났다고 하는 서쪽 방면에 다시 정체불명의 항공기 떼가 약 5분간이나 상승. 구름사이로 점을 이루며 매우 빠른 스피드로 이동해 가는 것이 발견되었다. 틀림없이 적기 같았다. 태양은 태고적 약속 그대로 오늘도 인류에게 밝은 빛을 선사하고 아름다운 모습으로 수면밑 자기집으로 사라져가고 있었다. 태양이 남긴 저녁노을은 장대했다. 그런데 동물중 가장 교활하다는 인간이 심성 그대로 야음을 주로 이용하는 것이다.

밤은 서서히 깊어져 갔다. 아직 격렬한 전투의 실감은 나지 않았다. 옛날 고승들은 아름다운 저녁노을이 질 때 나들이를 시작한다고 했는데 그들은 비행을 계속하고 있었다. 어느새 검은 점같이 보이던 적기가 공같은 크기로 보이기 시작했다. 미 해군기는 대개 대형 비행정답게 고층날게에 동체가 땅딸막한 모양을 하고 있었지만, 그런데로 고속비행을 계속하고 있어 좀처럼 거리가 좁혀지지 않았다.

동쪽 하늘에는 유난히 별이 반짝반짝 적기는 더 이상 비행하지 않고 남쪽 보라색 점구를 사이로 자취를 감추고 말았다. 시라네 대위 편대가 모함으로 되돌아오고 있었다.

그런데 그는 무언가 불안감을 씻지 못하며, 모함방향으로 변침한 전함으로부터 발하는 발광신호가 해면으로 투사하는 장면을 바라보았다. 이곳이 전장(戰場)인가 문득 그런 생각이 떠올랐다. 전투기가 모함 가까이에 왔다. 기함 아카기호는 표지등을 컨채 비행갑판의 윤곽을 해면에 그대로 드러내 보였다. 세 전투기는 차례차례로 무사히 착함했다.

『틀림없는 적기였던가?』

쿠사카 참모장이 다구쳐 물었다.

『예, 틀림없습니다. 대형기 10대쯤 됩니다.』

시라네 대위는 나구모 제독에게 직접 보고했다.

『사령관님! 적의 초계기 같았습니다.』

『그래?』

나구모는 얼굴을 약간 좌우로 움직이며

『그들이 야간공습을 계기로 격전을 벌릴 작정이군?』

『와도 별 효과가 없다고 생각합니다. 그러나 수평폭격을 감행한다면 모르겠지만….』

『다른 함정에도 알릴 필요가 있겠지?』

그 말을 듣자 쿠사카 참모장은 급히 오노 통신참모와 협의했다. 오노참모는

『오늘 아침 농무때문에 각 함정에 대한 정확한 위치확인을 위해 무선봉지(封止)를 파괴, 전파를 내보냈다. 적 비행기가 캐치 미드웨이로 돌아가 보고했다면 당연히 우리 위치를 알고 있을 거야. 초단파로 발신하면 멀리는 닿지 않는다. 어느쪽을…?!』

9. 일본함대 승리자신(?)

『내일은 다시 아침부터 격전이 벌어진다. 때문에…』

쿠사카는 자기 몸을 크게 흔들며 말끝을 흐렸다.

하지만 그는 이 해전에서 꼭 이길 자신을 가지고 있었다. 지금껏 미 해군과 전투에서 진적이 없었기 때문이다. 내일의 마지막 결전도 우리 해군이 '무적함대'임

을 기필코 증명해 보일 것이다. 아카기호 함교에서 초단파 무선전화가 울렸다.

『전 기동함대 부대원들! 적공습에 대비 경계하라! 항모아카기로부터』

기함 아카기호 격납고에서는 회중전등을 손에 쥔 경비병이 부지런히 움직였다. 제1공격대발진은 내일 아침 일출 30분전으로 정했다. 미드웨이 섬 육상기지부터 공격하기 위해 먼저 백여 대가 발진한다. 나머지는 적의 항모발견에 대비, 대기 시키기로 했다.

함폭기는 육상 공격시 250kg의 육지용 폭탄(지상에 떨어지면 동시에 탄편이 비산(飛散)한다)을, 그리고 함정공격시는 통상폭탄(신관을 지연시켜 갑판을 1내지 2장 뚫고 들어가 함신내에서 폭발)을 준비한다. 또한 대함공격은 육상에서는 800kg의 육용폭탄을 사용하며, 항공기에서는 직접 90식 항공어뢰를 탑재, 공격토록 되어있다. 달빛도 사라지고 갑판위는 더 어두워졌다.

『미드웨이를 빼앗아 어디에 쓸려고 합니까?』

비행사 야마다 대위가 느닷없이 물었다. 구대장 후꾸다 소령이 답했다.

『훗날 보급기지와 적탐색기지로 사용할 계획이겠지. 도오쿄에서 무려 2천 2백마일 이상이나 멀리 떨어져 있기 때문에… 아니 미드웨이 섬을 손아귀에 넣으면 적의 함대를 차례로 유인, 기습할 수 있기 때문이 아니겠는가? 그래서 섬이름도 우리가 새로 작명했고 그곳 우체국장 지명자까지도 함께 와 있지 않은가?』

6월 6일.

어제에 이어 오늘 또다시 결전의 불꽃은 절정을 이룰 것이다. 이날 미드웨이 주변바다는 유독 고요했다. 오직 전쟁에 광분하는 인간들만 분주했다. 일본 기동함대는 그곳 북서쪽 2백십마일에 위치해 있었고, 속력은 24노트로 남동쪽으로 항진하고 있었다. 바람은 남풍 3미터로 풍력은 약했으나 풍향은 항공기 발진에 적당했다.

기동함대 주력팀은 항공전에 대비, 비행서열을 정해두고 있었다. 이에따라 항모배치가 재확인되었다. 즉 전위부대로서 10전대의 기함 나가라(長良)를 중심으로 8전대 키키네(利根), 쯔쿠마(筑摩)를 양쪽에 배치하고, 그 후방 우측에 제1전대의 기함 아카기(赤城) 와카가(加賀)를 배치키로 했다. 좌측에는 제2전대 기함 히류우(飛龍)와 소우류(蒼龍)를 그 후방에 제3전대 기함 하루나(榛名)와 기리시마(霧島)를 배치키로 했다. 각 항모간의 거리는 약 2천미터로 결정했다.

『0030(오전0시반) 각 함대원! 총기상!』을 알리는 나팔소리가 울려 퍼졌다. 이때의 위치가 동경 180도였다. 그날의 변경선은 30마일 정도로 잡았다. 시간은 새벽 3시반 먼동이 틀 무렵이었다. 미드웨이 기지 미 해군 방공호에서 잠을 설친 카메라맨 죤 조오도가 숙소밖으로 나와 세수도 하지 않은 채 앞서 미 태평양함대 사령관 니미츠 대장과의 약속을 지키기 위해 분주히 카메라 각도를 맞추고 있었다. 보다 생생한 실전을 찍기 위해서였다. 일본 기동함대에서 퍼져오는 '부대원 기상!' 나팔소리가 들려왔다.

10. 항공대 발진

일본함대 항공기가 잇따라 발진하기 시작했다. 드디어 태양이 수면위로 떠올랐다. 비행대가 거의 미드웨이 서방 환초를 통과할 무렵까지 하늘은 맑아 있었다.

『어이! 생명에 집착치 말라! 죽을 때는 깨끗이 죽음을 택하라. 그것이 무사도의 정신이 아니겠는가…』

비행사들은 저마다 이런 말을 주고 받으며 최후를 각오하는 표정이었다.

일본 해군공격기가 고도 3천미터가량 닿았을 무렵, 더 일찍 미드웨이 기지에서 발진한 미 해군 초계기가 북서 180마일지점의 토막구름 사이에서 급히 하강하는 것이 보였다. 2대였다. 반면 일본함대를 발견한, 미 해군 수색기로부터 기함 엔터프라이즈호에 급전이 입전되었다.

『적항모 2척, 전함(戰艦) 편대 속력 25노트, 미드웨이 북서 180마일, 침로 135도』

무전은 미드웨이 기지와 각 함정에도 수신되었다. 미 해군기동함대 사령관 스프루언스 소장은 돌연 참모장 마이로즈 브로닝 대령을 불러 긴급 협의를 가졌다. 참모장은 말했다.

『적함대까지 거리는 아직 멀다. 우리 전투기의 항속거리도 짧다. 뢰격기(雷擊

機)도 구식이다. 좀더 적함 가까이서 발진시키는 것이 좋겠다.』
 스프루언스 사령관은 고개를 끄덕였다. 이때 초계비행중이던 미 해군 항공기가 동쪽을 향해 전진해오는 적의 수많은 전투기를 발견. 급히 미드웨이기지로 급전을 보내왔다.
『적기 다수가 기지쪽으로 향하고 있다. 적은 폭탄을 장착하고 있는 것 같다. 경계하라.』

11. 전투개시

 미드웨이 해전은 쌍방 모두가 '운명의 5분간'이 중요하다는 인식을 공유하고 있었다. 그곳 기지에서도 별도의 공격계획을 세워두고 있었다. 전투를 독려하기 위해 계급이 중령인 기지 대장에게 임시로 대령 계급장을 달아주었다. 만약 전투에서 패하면 중령으로 강등시킨다는 조건아래.
 이윽고 공중전이 벌어졌다. 일본 전투기가 일제히 기총사격으로 불을 뿜기 시작, 갑자기 주변하늘이 붉게 달아 올랐다. 미 해병대 대위가 지휘하는 3대의 전투기가 격렬히 대항했다. 이따금 날개 밑쪽에 미드웨이섬이 평화롭게 보였다. 미 해군전투기는 13밀리 기총으로 응사, 일본전투기와 접전을 벌였다.
 그 뒤에 또 한대의 일본전투기가 가세해 왔다. 미 해군기의 기총사격이 적의 비행기에 직통으로 맞아 그만 불을 뿜으며 하강했다. 또다시 일본기 한대가 마치 가을산 낙엽 같이 힘없이 떨어졌다. 이번엔 미 해병 소령이 조종하는 전투기 한대가 공중전에 뛰어들었다. 이때 일본 전투기 한 조종사가 급히 발견.
『대장! 적기 한대가 바짝 다가옵니다. 어서 우 선회하세요』
 하고 소리쳤다. 그는 크게 우선회해서 화를 면했다. 하지만 바다로 떨어지는 전투기는 일본기였다. 드디어 미 해군기 한대가 적의 집중기총사격을 맞고 연료탱크에 불이나 추락했다. 이를 본 일본 조종사들은 이제 버팔로(들소)수가 줄어들기 시작했다고 말했다. 잠시 후 공중에 버팔로 떼가 급격이 줄어들고 고각포(高角砲)의 단편이 뿌우연 연기와 함께 주변 하늘을 뒤덮었다.

미드웨이 섬 가운데 좀 작은 섬인 이스탄섬 활주로에 미 태평양함대 사령관 니미츠 대장으로부터 특별히 보내온 신식 전투기 18대가 도착해 있었다. 조종사들은 신형 전투기에 익숙치 않지만 일본함대 주력부대 공격에 쓰기로 대기시켜 두었다. 과연 기대만큼 좋은 전과를 올리게 될 것인가?

미 해군 신형전투기 SBD돈트레스기가 발진할 준비를 했다. 현장에 낙하산 밴드를 엉덩이 쪽에 늘어뜨린 한 비행사가 달려왔다. 깜박 졸다가 뒤쳐졌기 때문이다. 이들 항공사들은

『미 해군의 대담성을 이번 기회에 일본 연합함대사령관 야마모토(山本五十六 大將)에게 보여주고 싶다.』고 입을 모았다.

일본항모 갑판에는 기체파손과 함께 허벅지에 피를 흘리며 머플러로 감싼 비행사와 항공기 기체밑바닥이 대부분 떨어져 나간 채 간신히 돌아온 비행사들이 몹시 겁에 질린 표정들이었다. 전세는 예상보다 불리해지기 시작했다.

하지만 일본 비행사들은 최후의 일각까지 싸우자는 결의를 거듭 확인했다. 미드웨이섬의 하늘에 어느새 일본 전투기 3대가 나란히 날고 있었다. 일본 기함 아카기(赤城 4만톤), 카가(加賀), 히류우(飛龍)에서 각각 발진한 것이다. 이 전투기들은 8백킬로짜리 대형폭탄을 일제히 "투하"라는 신호와 함께 떨어뜨렸다. 목표는 미드웨이 기지 미 해군 격납고였다. 그러나 폭탄은 빗나가고 그중 한개가 명중되었다.

이때 그곳에서 열심히 미 해군전쟁기록 영화를 찍고있던 카메라맨 존 조오도가 바로 옆 지붕에서 카메라와 함께 떨어졌다.(그가 찍은 기록영화 2편중 아직도 1편은 일본서 상영금지중이다)

일본 해군기함 아카기호 비행사 하시모토 대위로부터

『폭탄 8개 이상 적에게 명중』

이라고 타전해 왔다. 그러나 같은 편대에 있는 도모나가 대위의 보고는 좀 더 자세했다.

『적기 대부분은 기지를 떠났으며 기지시설 파괴도 불충분했다. 적의 항모가 발

견될 때까지 기지폭격은 이 정도로…』

　시간은 현지 시각 오전 4시였다. 이 시간에는 스프루언스 제독이 이끄는 미 해군 제16기동함대 공격기들이 발진할 태세를 갖춘 때였다. 스프루언스는 큰 마음 먹고 한번 자대 전투기를 총동원해 이번에는 적의 나구모함대를 집중공격할 생각이었다. 지금까지의 정보는 적의 항모가 2척이라고 보고돼 있다. 그러나 진주만 함대본부 정보로는 4척이라고 돼 있다.

　스프루언스 제독은 두척의 위치는 알고 있고 나머지 2척도 곧 알게될 것이라고 자신했다. 하지만 적은 우리를 아직 발견치 못한 것 같다고 생각하고, 그가 타고있는 항모 엔터프라이즈에서 폭격기 73대, 뢰격기 15대, F4F전투기 10대 그리고 항모 호넷트호에서 폭격기 35대, 뢰격기 15대, 전투기 10대 등 모두 118대를 발진시켰다.

　출격하기 직전 선임장교가 전원을 갑판위에 불러놓고 일장 훈시를 했다.

『제군들은 지난 4월 17일 적의 본토 심장부 도쿄 공습을 잘 수행한 바 있다. 이번엔 적의 주력함대를 쳐부수러 간다. 공격을 잘해 미 해군의 명예를 드높이자…』

　그는 처음으로 신에게 빈다며 두손을 모았다. 그는 아파치(용맹스런 인디언)도 출정에 앞서 꼭 신에게 승리를 기원한다고 말했다. 이때 마침 일본 해군정찰기가 미드웨이 북동쪽 해역에 집결돼 있는 미 함대를 발견, 『적함대를 발견!』했다며 함대 기함에게 타전했다는 정보가 입수되었다. 어떻든 모든 비행대에 발진명령이 떨어졌다. 고도 5천미터, 시간은 오전 5시6분이 지나고 있었다. 적의 기동함대가 미드웨이 섬으로 더 가까이 가기위해 4척의 항모가 변침을 시시각각 행하고 있다는 것도 알게 되었다. 미드웨이 육상기지에서 발진한 10대의 전투기와 폭격기가 4척의 일본 항모에 폭탄을 퍼붓는 공격장면이 선명히 보였다.

『바로 이때다!』

12. 공격! 공격!

『모두 전투개시!』

이때 일본항모 히류우호 브릿지에서는 2천 5백미터의 저공에서 30도 각도로 날아오는 미군기 무리를 볼 수 있었다.

『적기 10대이상 오른쪽!』

『모두 힘내라!』

『또 뢰격인가?』

숨가쁘게 공중전을 벌이던 일본기 1대가 맥없이 바다위로 떨어졌다. 마치 물고기가 수면에 나왔다가 되려 물밑으로 헤엄쳐 들어가듯 비행기 날개가 물속으로 잠기고 있었다. 그는 최후를 맞아 두고온 부모 형제와 아직도 모함에서 죽음을 기다리듯 차례를 기다리고 있는 동료들의 얼굴이 떠올랐다.

일본함대 기함 아카기에서 사령관 나구모(南雲忠一 中將)가 황급히 조타실에서 선체를 움직이며 적의 공격을 피하려고 필사적으로 탈출을 시도하고 있었다. 그는 20년 동안이나 어뢰발사훈련을 가르킨 해군병학교 교관출신이기에 어뢰같은 것은 아이 다루듯하는 전문가로 통했다.

상공에서 미 해군 B17기 편대가 다시 폭격을 시작했다. 해상에서는 4척의 항모가 일제히 적기에 응사하고 있었다. 또다시 미 B26편대가 가세해 왔다. 이 폭격기는 「마로다」라는 별명이 붙어있다. 「마로다」란 「약탈자」란 뜻이다. 기함에서 응사한 25밀리 함포에 미 해군 B26기 한대가 명중돼 사냥꾼총에 날으는 꿩이 힘없이 떨어지듯 맥없이 물밑으로 다이빙했다.

반면 일본함대 기함 아카기호 함포 일문이 폭격을 맞아 포대선회불능상태가 되었다. 게다가 적의 B26기가 어뢰공격을 가해와 그중 3개가 항모 히류우(飛龍) 쪽으로 향하고 있었다. 기함 아카기호 뒷부분에서 항모 히류우선체를 뒤덮는 10미터 이상의 물기둥이 여러개 솟아났다.

『적의 수평폭격이다.』

누군가의 소리에 모두가 하늘을 바라보았다. 그 순간 고도 6천미터에서 구름

사이로 적의 B174 폭격기가 유유히 남쪽으로 날고 있었다. 이날 오전 4시 28분께 아군전투기로부터 급전이 기함으로 입전되었다.

『적함 10여척을 발견…』

쿠사카 참모장은 격납고의 뢰장(雷裝)을 폭장(爆裝)으로 바꾸도록 명령했다.

각 항모는 적의 B26기와 B17기의 뢰격과 폭격을 회피하기에 바빴다. 다시 아군기에서『적함대는 순양함 5척과 구축함 5척, 그 뒤쪽에 항모 1척이 뒤따른다.』라고 보고해 왔다.

기함 아카기에서는 참모회의가 긴급 소집되었다. 이들 모두는『미드웨이 해전은 '운명의 5분간'』이라고 되뇌었다. 이 회의에서『각 항모는 뢰장에서 다시 폭장으로 바꾸라!』고 결정했다. 이같은 조치는 마지막 결전을 알리는 '항모전'을 의미한다.

그럼 어떤식으로 함공(艦攻)을 효과있게 전개할 것인가가 문제였다. 적의 항모에는 호위 전투기도 적지않다. 육지용 폭탄으로 수평공격을 행한다 해도 큰 효과가 의심되었다.

『사령관님! 폭장을 다시 뢰장으로 전환했으면 합니다.』

쿠사카 참모장이 참모회의 마지막 결과를 전했다. 나구모 사령관은 시종 조함(操艦)에 여념이 없었다.

『좋겠지…』

항모 히류우 함교에서는 야마구찌 사령관이 쌍안경으로 4천미터가량 앞서 있는 기함을 바라보고 서 있었다. 야마구찌는 적 항모에 선제공격을 가할 태세였다. 그는 '견적필전(見敵必戰)'의 용맹제독으로 소문나 있었다. 특히 그는 먼저 선제공격치 않으면 이 해전은 불리하다고 판단했다.

그 시각에 북동쪽 1백 80마일 해역에 위치해 있는 미 해군 항모 요크다운호 사령관 플레처 소장이 깊은 생각에 빠져 있었다. 그는 공격대를 즉시 발진시킬 것인가 말까하고 망설이고 있었다. 그의 임무는 적항모 4척중 이미 발견된 2척은 제16기동함대 스프루언스 제독에게 맡기고 다음 항모가 발견되면…

이 항모에는 함폭기 17대와 뢰격기 13대 등을 탑재하고 있었다. 그러나 어쩐지 적함대 나구모의 기습공격이 걱정스러웠다. 본래 일본함대는 세계적으로 어뢰정을 이용한 야음기습공격에 능하기 때문이다. 청일전쟁, 러일전쟁이 이를 말해주고 있음을 상기했다. 하지만 이번엔 당하지 않을 것이다. 모두가 죽더라도…

미드웨이 해전은 막바지에 접어 들었다. 미 항모 요크다운호 함대가 일제히 발진했다. 엔터프라이즈호에서도 그리고 호넷호에서도 모두 발진했다. 그러나 나구모 사령관이 이끄는 적함대 주력부대는 아직 발견되지 않았다.

잠시 후 멀리 수평선 저쪽에 2척의 적항모가 나타났다. 즉시 고도 약 5백미터로 저공으로 비행해간 미 해군폭격기 편대가 적항모와 드디어 맞서게 되었다. 적의 항모에서 일제히 불을 뿜기 시작했다. 호위구축함 함포도 작열했다. 미 해군 폭격기 15대중 10대가 격추당했다. 그러나 미 해군기는 결코 물러서지 않았다. 계속 항모에 돌진, 폭탄과 어뢰를 집중투하했다. 왠일인지 잘 맞지 않았다. 오전 7시 24분 미 항모 엔터프라이즈에서 발진해온 마구라스키 대위가 적항모 4만 2천톤급 카가(加賀)갑판을 일차로 명중시켰다. 항모는 금세 불길에 휩싸이고 말았다. 기름탱크가 폭발했기 때문이었다.

13. 일본항모 폭발

그 폭격기는 다시 적의 기함 아카기(赤城 4만톤)를 향해 돌진해 갔다. 이번엔 로버트 중위가 몰고온 폭격기가 제1탄과 제2탄을 비행갑판 중앙을 명중시켰다. 계속 제3탄이 왼쪽 함미를, 제4탄은 빗나가고, 제5탄이 다시 비행갑판 뒷쪽을 강타했다.

이들 미 해군 비행사들은 『이처럼 큰 거함에 폭탄이 맞지 않는다면 파일럿 자격이 없다.』며 서로 독려했다. 폭탄은 아래쪽 갑판까지 파고들어 폭발하는 바람에 조타실과 기관실 모두가 파괴돼 움직일 수 없었다. 일본제국 해군이 줄곧 '바다의 왕자'로 자랑해온 항모가 한순간에 고철덩어리로 변해 버렸다. 함내에 바다물이 순식간에 스며들기 시작했다.

사령관은 긴급 퇴함명령을 내렸다. 사령관과 함장은 그대로 함내에 남아 있었다. 애함(愛艦)과 운명을 같이하기 위해서였다. 생존자들은 울먹이며 함께 퇴함할 것을 애원했다. 그러나 두 사람은 부하들에게만 '어서 빨리…'를 외치며 독려했다. 함장은 자기몸을 조타실 키에 로프로 묶어 결국 애함과 함께 바다 밑으로 빠지고 말았다.

멀리 동북쪽 방향으로 일본항모 히류우(飛龍)와 소우류(蒼龍)등 2척이 항진하고 있었다. 이를 다시 발견한 미 항모 요크다운호에서 뢰격기편대 12대가 고도 4천미터에서 급강하 먼저 소우류를 공격했다. 마치 공중에 나는 새가 오줌을 누듯 일제히 어뢰와 폭탄을 퍼부었다. 폭탄의 무게는 450kg짜리로 거의가 빗나갔다.

『대장님! 대형 폭탄 1개가 실수로 바다쪽으로 떨어졌습니다.』

『부끄러움을 모르는 놈들! 폭탄이 없으면 기총은 있겠지?』

『……』

『그 기총으로 야마모토와 나구모의 심장을 쏴라!』

『대장님! 기총도 고장나 있습니다.』

『그럼 지옥이나 가라…』

미 해군기편대는 이번엔 훨씬 고도를 낮춰 적항모 소우류 함교쪽을 향해 폭탄을 다시 퍼부었다. 결국 그 항모는 3개 폭탄이 명중돼 5백여명의 생명과 함께 치명타를 당하고 말았다. 항모를 엄호하려던 전함 키리시마(霧島)와 구축함 1척도 직격탄을 맞고 물속으로 사라졌다.

14. 항모 3척 바다밑으로

미드웨이 해전이 시작되자마자 일본항모 3척이 먼저 그곳 바다의 제물로 바쳐졌다. 당초 일본해군수뇌부의 예상이 너무 빗나갔다.

『싸우러 간 것이 아니라 죽으러 간 셈』이었다.

지금까지의 해전결과 미 항모 3척에서 발진한 총 43대의 함폭기가 투하한 수백개의 폭탄중 일본 항모 아카기에 4발, 소우류 3발 등 모두 7발만이 명중되었다. 명중률은 불과 21%로서, 일본해군 평균 68%에도 훨씬 못미치는 3분1에 지나지 않았다. 그런데 미드웨이 해전에서 일본 해군기의 명중률은 10%도 채안되었다. 참 아이러니한 일이었다. 어떠튼 미 해군기는 예상외로 적의 기동함대를 맞아 잘 싸운 셈이었다. 세계 막강을 자랑하는 거대 항모들을 차례로 용궁에 빠뜨리는 대 전과를 올렸으니…

미 해군기의 폭격을 맞고 바다속으로 침몰해가는 처참한 광경을 바라본 한 일본사관은 『운명이란 한순간에 폭발될 수 있구나…』하고 울먹였다. 그는 다시 말하기를 『이상한 현실은 돌발한다』는 선뜻 이해하기 어려운 문구를 남기기도 했다. 한편 동방쪽 4천미터 해역에서 북동쪽으로 항진중이던 마지막 남은 일본항모 히류우에서 바라본 앞쪽방향에 기함 아카기가 불길이 휩싸여 불타고 있는 처참한 장면이 너무 뚜렷히 보였다.

『아~! 거함 아카기가 최후를 맞아 우리를 슬프게 하는구나…』

『카가도 불타고 있습니다.』

『금방 소류우도 그렇습니다.』

견시병이 달려와 사령관 야마구찌에게 보고했다. 지금껏 수평선 저 멀리 모습을 감췄던 미 해군 항모가 비로소 거대한 위용을 드러냈다.

『적의 항모 발견!』

히류우함교에서 확성기가 요란하게 소리쳤다. 야마구찌 사령관은 긴급히 선참모 이또우 중령과 항공참모 하시구찌 소령 기관참모 히시마 소령 통신참모 야스이 소령 등을 불러 모았다. 모두 긴장감을 감추지 못했다. 야마구찌는 말했다.

15. 최후 결전

『이제 남은 것은 4척의 항모중 오직 히류우 항모 1척 뿐이다. 지금부터 사력을 다해 적항모와 마지막 결전을 벌이는 길 뿐이다. 항공대대를 모두 발진시켜라. 함정도 적 항모쪽으로 더 가까이 접근시켜라』

『적의 위치는 북동쪽 1백50마일정도 인것 같다. 결코 먼 거리는 아니야…』

야마구찌 사령관은 함폭대장 고바야시 대위를 특별히 불렀다.

『기동함대 항모는 본함뿐이다. 적의 항모는 3척 모두가 남아있다. 그중 1척이라도 수장시켜야한다. 꼭 부탁한다…』

고바야시 대위는 사령관과 처음이자 마지막으로 굳은 악수를 나누었다. 함교에서 내려온 그는 전 비행사들에게

『금방 사령관으로부터 1척의 항모라도 수장시키라는 명령이 있었다. 부디 용감하게 싸우다 죽자.』고 비장한 어조로 말했다. 그는 이어서

『이제 남은 비행사도 우리들 뿐이다. 죽어서 '야스쿠니신사(靖國神社)'에서 만나자. 알겠는가. 그러면 모두 나의 뒤를 따르라.』

오전 10시 40분이었다.

그가 이끄는 편대는 폭격기 18대, 전투기 6대였다. 곧바로 적 항모로 돌진해 갔다. 피아의 거리는 불과 1백 20마일로 좁아졌다. 폭격기로도 1시간정도 거리였다.

일본항모 이류우 정면에 미항모 요크다운호가 돌연 가까이 다가섰다. 레스리 소령이 이끄는 폭격기 17대와 뢰격기 12대가 벌떼같이 날아왔다. 일본 폭격기들도 뒤질새라 요크다운호에 집중포격을 가했다. 요크다운호는 별 수없이 도망가기에 바빴다. 이윽고 격납고가 폭발하고 말았다. 다섯개의 폭탄이 명중되었다.

16. 해전 끝

일본항공대는 다시 다른 항모를 향해 쏜살같이 진격해 갔다. 그 순간 최후까지 발악해온 히류우가 적의 폭격기의 포화에 견디다 못해 그만 불바다로 변하고 말았다. 해전은 끝났다. 결국 『미드웨이 대해전은 일본해군의 살이 오려지고 뼈가 깎인 전투로 막이 내려지고 말았다.』고 '일본해군사'는 적고 있다.

이같은 비판에도 불구하고 미드웨이 해전이 끝난 지도 반세기 이상이 흐른 지금까지도 그 해전에 대한 평가를 달리하는 전략가들의 의견이 분분해 주목을 끈다.

일본함대의 주요 패인은 과연 무엇이었던가? ①작전계획 미스? ②암호명령 사전유출? ③무력열세? 언뜻 이 세가지 요인을 상정할 수 있다.

판단은 독자들에게 맡긴다. 다만 여기서는 오래동안 전쟁관계를 주로 생각해

온 한 저명한 종교 철학자의 색다른 전쟁승패 논리를 소개함으로써 결론을 대신한다.

'전쟁의 승패는 인간이 결정짓는 것이 아니며 신의 의지에 의해 결정된다'

그 이유는 신만이 전쟁상황을 처음부터 끝까지 지켜 보았으며, 어느 편이 옳은가에 대해서도 신만이 훤히 알고 있기 때문이리라. 비록 일시 전세를 유리하게 끌고 갔을지라도 끝내는 신의 의지에 따라 승패가 판가름나게 된다는 것이 그의 지론이었다.

인간은 신의 의지를 알 수도 없고 누구도 신의 의지를 꺾을 수도 없다는 것이다.

그런데 왜 하필이면 신은 미드웨이 해전에서 막강한 일본함대를 전멸시켜 일본에 결정타를 안겨주었는가 하는 물음에 대해 일본은 왜 하필「침략전쟁」을 일으켜 전세계에 큰 재앙을 불러일으켰는가 하고 신은 되묻고 있는지 모른다.

전쟁수단을 통한 인간의 여하한 노력도 결국 한순간의「우연(신의 의지)」에 의해 수포가 되고 만다는 교훈을 인간은 깊이 인식해야 한다고 그 종교철학자는 강조했다. 참으로 의미있는 말이다. 여하튼 그같은 종교철학적인 논리를 차치하고라도「전쟁」이란 이겨도 져도 어리석은 인간들의「도로」에 불과하다는 것을 이 해전사는 말해주고 있다고 하겠다.

제 2부 – 2편

노르망디 상륙작전

- D데이 1944년 6월 6일
- 항공기 13000대 동원
- 병력 100만 명
- 총지휘관 아이젠하워 대장
- 전세 역전

노르망디 상륙작전

'노르망디 상륙작전'은 세계 전쟁사에 큰 획을 그엇기에, 아무리 세월이 흘러도 잊을 수 없다.
―저자―

I. 작전이 성공할지?

1. 작전 배경

1939년 9월 독일군이 폴란드 침공과 함께 세계 2차대전을 도발했다. 그러자 영국과 프랑스가 먼저 대독 선전포고를 했다. 영국은 처칠을 수상으로한 전시내각을 긴급 구성 전쟁에 대비했다. 독일군도 오래전 프랑스와 맺은 평화협정까지 파괴, 먼저 파리를 점령키로 했다. 독일군은 노도와 같은 기세로 유럽전역을 석권, 이에 프랑스 파리와 북부지역을 전격 점령했다. 프랑스군은 전멸상태를 면치 못했다. 아무리 생각해도 자력으로는 기사회생할 수 없었다.

런던에 있는 프랑스 망명정부는 연합국이 구해주길 애타게 바랬다. 하지만 영국은 적극적인 반면 미국은 소극적이어서 불투명했다.

광활한 프랑스 북서부 노르망디 평원　　　　　　　　　노르망디 해안

2. 작전 임박

2차 대전시 구주전선 프랑스 북서부 노르망디에서 결행된 노르망디 상륙작전은 개전초부터 승승장구, 공세일변도인 독일군의 기세를 꺾는 한편 적의 수중에 들어가있는 파리를 해방시키기 위해서 였다.

그 작전은 소련의 강력한 요구로 1943년 4월부터 예정돼 있었으나 1년이나 늦은 '44년 6월초에 단행되었다. 노르망디 상륙작전은 규모면, 병력, 군장비면 등에서 세계전쟁사상 으뜸이었다. 암호명 '대군주(大君主·overlord)'라고 붙인 동 상륙작전은 사상 유례없는 최대의 병력과 무기와 장비가 동원되었다. 총지휘관은 미 구주통합군사령관 아이젠하워 장군이 임명되었다. 주목적은 구주전선을 역전시키는 것이었다.

3. 병력 집결

상륙 결행 예정 일자가 다가오자 연합군 상륙부대가 속속 영국해역으로 몰려들었다. 해군함정은 인근 해역으로, 항공부대는 임시군사비행장에 집결했다. 병력은 300만 명, 해군함정 6,000척, 그리고 항공기 1만 4,000대 등의 대규모였다.

문제는 작전 성공이냐? 실패냐였다. 총지휘관 아이젠하워 대장의 어깨는 무거웠다. 일대 도박이었다. 아이젠하워 대장은 여지껏 빛을 보지 못한 장군이었다. 그저 평범한 장군으로, 진급도 늦었다. 한때는 육사 동기 맥아더 장군 밑에서 부지휘관으로 있었다. 연합국 상륙부대 병력은 예정대로 예정지에 집결했지만 대기 상태였다. 작전지역은 어딘지? 언제쯤 결행되는지? 누구도 모르기에 불평의 소리가 비등했다. 비상한 관심거리는 만일 작전이 전개될 경우, 목적달성이 가능할지, 실패시 대처 방법은? 독일군이 쉽게 파리를 포기, 물러날지? 의문투성이었다.

4. D데이 고민

작전 예정지 노르망디 지역 날씨가 계속 변덕을 부리고 있어 쉽게 좋아질 것 같지 않았다. 예정된 날짜는 점점 다가오는데도, 총지휘관 아이젠하워 장군의 고민은 날로 깊어만 갔다. 작전 개시 일정을 계속 미룰 수도 없고. 예정대로 단행하자니 마음이 안놓이고. 상륙부대는 작전개시 명령이 언제 떨어질지, 작전 신호만 바라보고 있었다. 지금이라도 명령이 떨어질까 하고. 함정은 연료가 바닥나고, 항공기도 제 기능을 다할 수 있을지.

일단 결행 날짜는 '44년 6월 5일로 잡았다. 계속 미룰 수도 없고, 상륙전은 번개같이 개시. 번개처럼 끝내야 하기에, 특공대 전술과 다름없다. 계속 지연시키자니 보급물자도 바닥나고, 병사들도 사기저하로 지친 상태였다.

5. 과연 작전은 성공할 것인가?

작전 성공은 병력, 무력, 전략, 전술이 잘 맞아 떨어져야 가능성이 있다. 병력, 무력이 약해도 큰 전공을 남기며 성공한 예는 얼마든지 있다. 과거 영국 넬슨 제독의 지중해 함대가 그러했고, 청일전쟁때 일본 함대가 그러했다. 그리고 1905년 러일전쟁때 일본 함대가 세계적인 불침함대 발틱함대를 보기좋게 격침시켜 세계를 놀라게 했다. 일본은 그 향수를 버리지 못하고 기회만 있으면 군국주의 부활을 꿈꾸고 있다.

노르망디 상륙작전도 병력, 무력 못지않게 지휘관의 능력이 관심사였다. 과연 성공하게 될지? 노르망디 지역은 프랑스 북서부지역에 위치한 농촌 지역이다. 그 지역을 상륙작전 지역으로 선정한 것은 연합군 집결지로 유리하고, 파리로 진격하는데 작전상 장애물이 별로 없다는 점을 감안한데서였다. 그러나 그 지역은 기후 변화가 심한데다가 악천후 연속으로 작전상 큰 걸림돌이었다. 일선 지휘관들도 그 점을 의식, 저마다 눈치를 살폈다.

6. 신경전

더욱 유럽전선 주역으로 자처하고 있는 영국군 일선 지휘관들의 표정은 초조했다. 혹 날씨 탓으로 작전이 실패로 끝나지는 않을지? 큰 대가를 치러야 하게 될지? 작전 지역에 대한 불만이 많았다. 하지만 미군의 생각은 달랐다. 상륙작전은 날씨와 깊은 관계도 있지만, 부대원들의 각오, 지원사격이 적절히 이뤄진다면 반드시 성공할 수 있다며 자신감에 젖어 있었다.

영국군과는 동상이몽이었다. 드골 장군이 주도하는 영국 런던의 프랑스 망명정부는 연합군이 너무 망설인다며 예정대로 상륙작전을 결행하기를 바랬다. 망명정부는 독일군의 점령 아래 있는 파리부터 해방시키라고 연일 목소리를 높였다. 파리는 그동안 4년동안 독일군 점령하에 있었다.

작전이 계속 지연될 경우 독일군은 서부전선을 강화, 연합군의 상륙작전을 무력화 시킬 것이다. 그렇게 되면 파리해방은 점점 어려워질 것이다. 여러 정황을 미뤄볼 때 노르망디 상륙작전 계획은 최선의 선택으로 굳어졌다. 신의 가호만을 빌 뿐이다.

7. 연합군 총지휘관 아이젠하워 대장

세계 2차대전 유럽전선 판세를 좌우하게 될 노르망디 상륙작전 연합군측 총지

아이젠하워 대장과 영국 몽고메리 대장

휘관은 미 구주통합군 사령관 아이젠하워 중장이 대장진급과 동시에 임명되었다.

상대할 주적 독일군 총지휘관은 히틀러와 마찰이 잦은 롬멜 원수가 일찌 감치 임명돼 양자대결로 승패가 갈리게 되었다.

아이젠하워 대장은 미 남방군 총사령관 맥아더 대장과 육사동기였다. 맥아더 장군에 비해 장군 진급이 많이 늦었다. 그의 스타일은 신중파였다. 노르망디 상륙작전은 그의 출세와 직접 관계가 있었다.

작전 개시는 계속 지연되었다. 자신이 없어서인지? 실패가 두려워서인지? 이유는 단 한가지. 악천 후 때문이었다. 노르망디 해안가까지 집결한 연합군 상륙부대는 아무리 명령을 기다려도 무소식이라 부대원들의 불평 불만이 끊이지 않았다. 결과야 어떻게되든 일분이라도 빨리 명령이 내려지기를 고대했다. 작전이란 전력도 중요하지만 타임이 더 중요하다고 아이젠하워 장군은 줄곧 말해왔기에, 시기를 조율하고 있었다.

8. 신이여! 작전성공을

상륙작전 개시일 하루전 1944년 6월 4일 해질 무렵 약 300만 명의 연합군 병사들은 수평선 넘어 태양을 바라보며 "신이여! 이번 상륙작전을 성공할 수 있게 해주소서"하고 빌었다. 그 광경을 바라본 아이젠하워 대장은 양 어깨에서 빛나는 9개의 별이 1톤 정도로 느낄 만큼 중압감에 물들었다. 그동안 일선 지휘관들과 수차례에 걸친 작전협의 끝에 세운 작전 개시는 날씨 관계로 계속 지연되고 있었다.

일선 지휘관은 초 읽기에 들어간 작전개시를 앞두고 아이젠하워의 입만 쳐다

보았다. 하지만 아이젠하워 대장의 생각은 한때 날씨가 회복될 것이란 예보만 믿고 섣불리 작전을 명령할 수는 없다며 물론 결단은 자기만이 내릴 수 있다는 사실, 잘 알고 있었다.

9. 아이크의 인생사

아이크(애칭)는 독일계 이민 2세다. 그는 미 육사를 나왔다. 졸업성적은 보통. 그후 지휘참모대학은 수석으로 졸업, 그 성적덕으로 전사편찬위원으로 활동했다. 주로 세계 1차대전 격전지를 탐방, 전사연구에 몰두했다. 그후 육군차관보로 군수물자 생산관리를 전담했다. 영관급 장교때는 진급이 너무 늦어 소령 계급장을 16년동안 달고 다녔다. 그후 필리핀 군사고문을 지냈다. 직속상사는 육사 동기 맥아더였다. 2차 대전이 일어나지 않았다면, 그리고 노르망디 상륙작전이 계획되지 않았다면 그는 영관급 장교에서 군대 생활을 끝냈을지 모른다.

10. D데이 결단

독일 본토를 겨냥 프랑스 북서부 노르망디 상륙작전 암호명 '대군주(大君主)'를 위해 대규모 병력이 속속 도착했다. 병력 300만 명, 함정 6,000척, 항공기 1만 4,000대, 군수물자 650만 톤 등으로 그 무게 때문에 잉그랜드가 깔아 앉을 정도였다. 상륙지점을 일단 노르망디로 정해 놓았지만 그곳은 날씨 변동이 심하고, 바람도 강한데다가 항만이 복잡하게 얽혀 있어 사실상 적합치 않았다. 다만 적의 경계가 허술한 점을 중요시 하는 도하작전의 기본 원칙에 따라 그 지역을 선택한 것이었다.

공정대가 투입되고 간조시간에 맞춰 장애물 처리반이 먼저 투입되었다. 작전은 더이상 늦출 수 없었다. 각 함정의 연료가 바닥날 것 같고, 장병들의 식량, 보급품도 한정돼 있기 때문이었다. 또 다시 연기할 경우, 긴장감이 풀려 작전에 차질을 빚을 것 같고, 마침내 아이크의 입에서 말소리가 크게 들렸다. "장병들! 6월 5일 새벽 4시 작전개시"

11. 독일군 지휘관 롬멜 원수

독일군 총사령관 롬멜 원수. 지금까지 연합군에게는 별로 알려져 있지 않은 인물이었다. 노르망디 상륙작전 개시 예정 날짜가 다가오자 1944년 6월초 연합군 상륙부대가 속속 해안 가까이 집결하기 시작했다. 기미를 알아차린 롬멜 원수는 불리해진 전국 타개책을 직접 총통 히틀러에게 건의하기 위해 서방면 사령관 슈텐트 원수와 함께 마주 앉았다.

롬멜 원수가 먼저 위기 타개책으로 새로운 작전이 절실하다고 역설했다. 히틀러는 들은체 만체 자기 생각과는 다르다며, 오히려 전국이 좋아지고 있다고 말했다. 듣다 못해 롬멜 원수는 거듭 완곡한 말로 이 자리는 정치 문제가 아니라 군사 문제라며 전황이 긴박하게 돌아가고 있다고 목소리를 높였다. 3번이나 반복, 그렇게 말하자 히틀러는 화를 발칵내며 "롬멜 원수! 귀하는 이 방에서 나가주는 것이 좋겠어…" 그때가 두 사람간 마지막 만남이었다. 노르망디 연합군 상륙작전 개시가 촉박해졌는데도, 히틀러는 총지휘관의 전황보고를 믿으려하지 않았다. 오히려 연합군 상륙작전을 도운 결과였다.

원래 롬멜 원수는 일찍부터 나치스당과 인연을 맺은데서 승승장구했다. 세계 1차 대전때는 이탈리아 전선에서 세운 혁혁한 전공으로 '플루 메리트 훈장'을 받아 장군에 이어 원수진급의 발판을 마련했다. 독일군이 패전하게 되자 지상군 10만명 감축안이 나왔다. 다행히도 롬멜은 무공훈장덕으로 현역에 남게 되었다. 게다가 그는 보병 일선 지휘관으로는 유능하다는 평가를 받고 있었다. 그리해 일찌감치 장차 독일군의 중책을 맡을 인물로 두각을 나타내고 있었다. 그는 영관급 장교 때 까지만해도 소령까지 진급하는데 무려 20년이 걸렸다. 너무 늦은 군력 때문에 예편 1호에 오르기도 했다.

12. 히틀러와 친숙

1929년 롬멜은 보병학교장이 되었다. 그는 "보병은 공격이 목적이다"라는 저서를 발행, 그것이 계기가 돼 전군에 알려졌다. 그의 전투 경험까지 실린 저서는 금세 베스트셀러가 되었다. 히틀러도 그 책을 읽고 알게 되었다.

드디어 대령으로 진급한 롬멜은 총통경호대장을 거쳐 39년 푸라하 주둔군 사령관으로 임명되었다. 그 무렵부터 히틀러와 가까워졌다. 그는 2차대전 발발시 소장으로 진급, 다시 친위대장으로 임명돼 위력을 과시했다. 프랑스 점령시에는 제3기갑 사단장으로 있었다. 히틀러가 직접 추천했다. 비판 세력도 많았다. 그의 전공은 작전 원칙을 도외시하고 요행에서 얻은 결과라고 혹평하기도. 그는 한때 프랑스 주둔 B군 집단군 사령관으로 활동했다. 그는 일본군처럼 기습작전에도 능했다.

노르망디 상륙작전이 개시되자 그는 아직 적은 바닷속에 있다며, 진격해오면 그 자리에서 격멸시키겠다고 큰 소리치다가 철군했다. 그때가 생애에 가장 긴 시간이었다고 회고했다. 어느날 참모진과 작전회의상에서 롬멜 원수는 히틀러에게 "당신은 자신을 신뢰하라고 하지만 당신 자신은 우리를 신뢰하지 않고 있다"고 쏘아 붙였다. 히틀러는 정말 끝까지 신뢰해온 부하에게 배신당했다는 생각이 앞섰다. 그는 군인이 정치에 관여하는 것이 이상할리 없다고 늘 말해왔다. 크라우제 바잇츠 저 '전쟁론'을 바이블로 참고한다고해도 그 문제에 대한 정답을 얻을 수 없다고.

롬멜 원수의 마지막 인생은 불운했다. 얼마후 히틀러 암살 미수 사건이 발생했다. 롬멜 원수가 배후인물로 지목되었다. 결국 자결을 강요당했다. 롬멜의 생애도 순탄치 않았다.

13. 전황 불리

1940년 독일과 일본, 이탈리아 등 3각 군사동맹체제인 이탈리아가 연합국에 대해 선전포고했다. 베니토 무소리니 정권이 앞장섰다. 독일군은 사기백배 유고슬라비아와 그리스를 잇따라 침공했다. 그로인해 독일군 유럽전역을 점령, 지배하게 되었다. 그 무렵까지만해도 미국은 중립을 지키며 관망하고 있었다. 독일군은 역세를 몰아 나머지 러시아 지역으로 공세를 멈추지 않았다. 계속해 독일 정부는 에르빈 롬멜 원수가 지휘관으로 있는한 크게 염려할 것 없다는 등 그의 인기는 대단했다. 한편 스위스, 스웨덴, 스페인, 터키 등은 독일군의 기세에 눌려 서둘러 중립을 선언했다.

영국군 총지휘관은 버나드 몽고메리 육군중장이 임명되었다. 그는 영국지상군 11개 사단 병력에 의존 작전을 지휘할 예정이다. 독일군은 계속 해군과 공군을 최대한 동원, 속전속결전법으로 유럽 각국을 차례차례로 손아귀에 넣고 있었다.

1933년 정권을 획득한 아돌프 히틀러의 꿈은 유럽전역을 독일지배하에 두고, 제3제국을 구축하는데 자신감을 보이고 있었다. 이상이 노르망디 상륙작전 까지의 유럽정세였다.

Ⅱ. 악천후 계속, 지휘관의 고민

1. 상륙작전의 특성

작전은 대개 군별로 독자적인 전략 전술에 따라 전투에 임하지만, 상륙작전은 성격이 다르다. 육해공군 해병대의 합동작전으로 치르게 된다. 그중에서도 연안전투의 전문인 해병대가 선발대로 투입된다. 상륙지점은 대개는 장애물이 산재해 있다. 주로 상륙주정에 의존 물살을 가르며 육지로 향하게 된다. 때로는 적이 엄중한 경계를 펴고 있는 곳으로 돌진하는 관계로 적전 상륙도 불사한다. 바로 특공전술이다. 희생을 각오해야 한다. 때문에 연안에는 전사자 시체가 나뒹굴고 연안 바닷물은 피로 붉게 물들어 있기 마련이다.

안전하다고 택한 상륙지역은 대개 조수의 간만의 차가 심하고 악천후 연속으로 풍랑이 심해 극복하기 힘들다. 그런 악조건인데도 유명한 상륙작전은 약속이나 한듯, 제다 성공, 화제를 모은바 있다.

1950년 9월 15일 맥아더 원수의 지휘로 단행된 인천상륙작전도 가진 악조건을 무릎쓰고 예상외로 대성공. 최후 저지선 낙동강 전선을 사수하는데 1등 공신이었다.

노르망디 상륙작전 성공은 프랑스 파리를 해방시키고 유럽전선을 유리하게, 그리고 일본 오끼나와(沖繩) 상륙작전 성공은 일본의 항복을 촉진시켰다. 물론 전투는 지휘관의 역량이 승패를 좌우할 수도 있다. 노르망디 상륙작전 총지휘관 아이젠하워 대장의 고민도 많았다. 무능하다는 평을 들을 정도로 지연시켰다. 인력으로 극복할 수 없는 악천후 때문이었다. 계속 지연시킬 수도 없고.

결국 그는 해냈다. 빛나는 전공때문에 예편후에도 인기가 사라지지 않아 대통령에 당선되기도. 맥아더 인기도 그에 못지 않았지만, 지역선거에서 떨어져 대조를 이루었다.

2. 세계 3대 상륙작전

거듭말해 세계 전쟁사상 가장 유명한 상륙작전은 노르망디 상륙작전을 비롯, 태평양 전쟁 말기 일본 남방 오끼나와(沖繩) 상륙작전 그리고 한국전때 인천상륙작전이 꼽힌다. 노르망디 상륙작전은 1944년 6월 5일 오끼나와 상륙 작전은 1945년 4월, 인천상륙작전은 1950년 9월. 모두 작전성공이란 말을 앞세우지만 엄청난 희생이 뒤따르기 마련이었다.

더욱 상륙부대는 작은 주정 또는 수륙양용차에 노출돼 적전 상륙도 불사하기 때문에 생명도 문제삼지 않는 특공대 전투와 마찬가지였다. 민간인의 희생도 부지기수였다. 기세 등등하던 독일군은 노르망디 상륙작전에 밀려, 일본군은 오끼나와 상륙작전 방어 실패로, 인천상륙작전은 북한군의 허리가 두동강이 나 반신불수가 되었기 때문에 방어에 실패했다.

상륙작전은 기습작전이다. 병력 소모도 많다. 연안에는 시체가 나뒹굴고 피바다를 이루기 마련이었다. 전쟁이란 참혹한 게임이다.

3. 미군주도

프랑스 북서부 노르망디는 영불해협이 바라다 보이는 평원 농촌지대다. 13세기께 이 지역이 프랑스 왕국에 병합되었다. 상륙작전이 계획되기전 영국군은 독일군 공세에 밤낮 시달리고 있었다. 형제국 미국은 중립을 내세우며 영국의 참전 요청을 받아드리지 않고 눈치만 살폈다. 그런 미국이 1941년 12월 8일 일본군의 진주만 기습공격을 받고서야 그해 12월 12일 대일선전포고를 발표, 본의 아니게 2차대전에 뛰어들게 되었다. 그후 미국은 적극적이었다. 노르망디 상륙작전도 실은 영국을 돕기 위해서였다. 처음부터 영국이 그 작전을 계획했다. 작전은 미군이 주도했다. 그렇게 되자 군사장비, 병력, 보급물자가 쏟아져 나와 영국군 사기는 백배에 달했다.

영국군은 화답이라도 하듯, 모든 작전 지휘권을 미군에 일임해 버렸다. 노르망디 상륙작전 계획은 1943년 5월 워싱턴에서 결정되었다. 즉 암호명 '오버로드(overlord · 大君主)'란 이름으로 미군주도로 전세를 역전시키겠다는 굳은 의지가 담겨 있었다. 총지휘관은 아이젠하워 장군이 내정돼 있었다. 그는 곧바로 중장에서 대장으로 4성장군이 되었다. 존재가치를 비로서 인정받았으며 출세의 길이 열렸다.

4. 독일군 긴장 고조

독일 국방군 총사령관 히틀러는 만일의 경우, 점령지 프랑스가 적의 손에 다시 넘어갈지 모른다는 강박감에 젖어 경비를 철저히 하도록 지휘관 롬멜원수에게 재차 지시했다. 히틀러 총통은 1939년 9월 폴란드 침공시부터 전면에 나서 군을 통솔해왔다. 독일군 총지휘관 롬멜 원수만 믿고 있을 수 없다고 생각한데서다. 기갑사단장 폰 슈베펜 부르크 장군마저 믿지 않았다.

독일군이 파리를 점령한지도 4년이 지났다. 독일군은 연합군이 노르망디 상륙작전을 계획하고 있다는 사실을 그때까지도 눈치채지 못했다. 다만 적의 해공군력이 강화되고 있다며, 노르망디 해역에 어뢰정이나 잠수함을 증강 배치, 기습작전에만 신경쓰고 있었다.

공군도 슈페룰 원수가 지휘하는 제3항공전단을 전면에 배치, 경계를 강화한 상태였다. 거기에는 낙하산 부대와 공수사단, 야전 부대도 동시에 임무를 다하도록 명령했다. 그밖에 독일 나치군대는 별도의 비밀병기같은 특수부대가 배후에 있었다. 육군보다 월등한 무장을 갖춘 히틀러의 친위 부대였다. 형식적으로는 육군의 지휘감독을 받는다. 별도의 기갑사단까지. 실제는 독립부대다. 보급체계도 독자적으로 되어 있었다. 히틀러와 가장 가깝다는 롬멜원수조차 함부로 할 수 없었다.

5. 상륙작전 초읽기

만반의 준비를 끝냈지만 변덕스러운 날씨때문에 지연돼 온 상륙작전은 초읽기에 들어갔다. 파리해방은 물론 독일 베를린 진격을 목적으로 준비해온 연합군은 유례없는 대규모 병력과 무력을 동원, 만전을 기했다.

작전명 대군주(大君主)로 명명된 노르망디 상륙전은 병력 100만, 함정 6,000척, 항공기 1만 4,000대, 군수물자 650만 톤 등, 그 무게만도 잉그랜드가 가라 앉을 정도였다. 문제는 작전 지점이다. 정말 노르망디가 적합한지?

노르망디 일대는 좁은 해협과 항만이 즐비해 있기에 독일군은 지역상 이점을 이용, 전면 방위에 자신감을 가지고 있었다. 그래서 연합군은 적의 방위가 비교적 허술한 농촌지역을 노려 도하작전 원칙대로 노르망디 평원지대로 최종 결정한 것이다.

상륙작전 선발대는 해병대와 공정대가 전면에 나서기로 했다. 더욱 효율을 높이기 위해 달밤을 이용키로 했다. 그리고 상륙지점에 산재해 있는 장애물을 처리하기 위해 아침 일찍 간조때를 십분 이용키로 했다.

그러한 조건들을 해결하기 위해서는 작전 결행 시기는 44년 6월 5일~7일 등 3일이 적합했다. 그리고 폭격과 포격의 정밀도를 더 높이기 위해서는 역시 밝은 날이 바람직했다.

그러나 해상에는 여전히 거센 바람과 풍랑이 일고 있어 작전을 방해하는 것 같았다. 현재로는 작전 개시일 6월 5일은 확실치 않다. 며칠동안 작전이 지연될 수도. 총지휘관 아이젠하워 장군의 머리는 복잡했다. 그럼 6일은 어떨까? 그 날도 악천후가 사라진다는 것은 기적같은 일. 7일도 무리다. 언제까지 연기할 것인가?

더 이상 연기할 경우 각 함정의 연료가 바닥나 움직일 수 없게 되고 보급품도 바닥나고 말 것이다. 게다가 군사장비도 정상적으로 사용될 수 있을지? 바다의 여신은 어느편인가? 누구보다 총지휘관 아이젠하워 장군의 마음은 검게 타올랐다. 이제 더이상 연기는 없다. 전쟁이란 도박이다. 결행 날짜는 6월 5일 새벽이다.

"자! 가자! 제군!" 그래도 아이젠하워 장군의 숙고는 계속되었다. 작전명령 시각은 미 동부표준시간 '44년 6월 5일 새벽 4시 15분. 결과는 어떻게 될 것인가?

6. 독일군의 태세

독일군도 연합군의 노르망디 상륙작전을 어느 정도 알고 있었다. 그에 대비, 기갑사단을 중심으로 서부전선을 더욱 강화, 만반의 경비태세를 갖추게 되었다. 급히 마련된 작전계획에는 해안일대에 특수부대를 잠복시켜 적이 내륙지역으로 진격해 오기 전 일제히 반격, 전세를 유리하게 이끈다는 것이었다.

다만 공중전은 적이 압도적으로 제공권을 가지고 있어 열세를 면할 수 없을 것으로 독일군 최고 지휘관 롬멜 원수는 파악하고 있었다. 게다가 적의 거점, 해안 교두보 확보도 쉽지 않을 것으로 판단했다. 그와같은 작전상 불리를 극복하기 위해서는 기갑사단만은 자신이 직접 지휘하겠다고 강력 주장했지만, 히틀러가 동의하지 않아 실현되지 못했다. 참모총장 괴링원수도 반대했다. 믿을 곳은 전투경험이 풍부한 보병부대와 포병대 그리고 공정대 정도였다. 이제 주사위는 던져졌다.

7. 날이 갈수록 독일군 사기 저하

드디어 오랜 연기끝에 노르망디 상륙작전이 곧 막이 오를 것 같다. 연합군 100만 병력과 막강한 무력, 특히 신식 무기 수륙 양용 전차, 상륙주정 그리고 항공대와 공정대가 총집결 했다.

배후에는 며칠전부터 지원사격이 불을 뿜어 독일군은 기세가 꺾긴 상태였다. 사실상 반격 포기. 프랑스 파리 주둔 독일 정예 부대까지도 승산이 없다며 이탈자가 늘어나는 추세였다. 더욱 미군 부대는 고도의 전투력을 자랑하는 최정예 부대로 편성했다. 그 가운데서도 기갑사단은 사령부 직할로 최전방에 배치해 두었다.

영국부대도 보병부대와 포병 연대 그밖에 전차대대와 자주포대대 등으로 편성, 미군과 합동작전 체제를 갖추게 되었다. 그로서 연합군의 전투력은 독일군과 달리 절정을 이루었다. 더욱이 연합군은 독안에 든 쥐를 잡겠다는 각오로 적을 섬멸, 일시에 전세를 유리하게 이끌겠다는 각오로 임하고 있지만, 무언가 획기적인 작전 계획이 필요했다.

다만 전술상 문제였다. 곧바로 목표지역을 향해 병력을 투입하느냐, 아니면 적이 해안쪽 언덕에 구축해 놓은 요새를 먼저 돌파, 파리부터 해방시키느냐였다.

그같은 문제를 두고 일선지휘관들의 의견은 엇갈렸다. 그 지역에는 독일군 최정예부대 11사단이 방어하고 있어 쉽지 않다는 것이다. 게다가 상륙지역에는 여전히 기상변화가 심해 많은 제약이 따르고 있기 때문이었다.

지휘부의 고뇌는 날이 갈수록 깊어만 갔다. 다만 확실히 유리한 점은 제공권을 확보하고 있다는 점이었다. 독일군 전쟁물자 수송까지도 폭격 초토화시킬 수 있을 정도였다. 연합군은 상륙작전이 본격 개시될 경우 지상군 뿐만 아니라 해공군 지휘까지도 아이젠하워 대장이 맡도록 일원화 했다. 영국 몽고메리 장군도 적극 협력하기로 했다.

세부계획은 작전개시때 미군부대는 서부 해안지대로 상륙, 진격을 이어가며, 영국군은 동부해안으로 상륙, 내륙방향으로 진출한다고 되어 있었다. 큰 장애는 역시 기상이변이었다. 6월이 다가왔는데도 노르망디는 날씨 변덕이 심해 처음부터 작전개시를 방해하고 있었다. 하지만 운명의 날짜는 이미 정해진 상태였다.

작전 암호명 '오버로드(over lord · 大君主)'는 과연 성공하게 될지?

Ⅲ. 작전개시 명령

1. 6월 5일 새벽

상륙작전은 예정대로 1944년 6월 5일 자정이 약간 지날 무렵 개시되었다. 먼저 연합군 3개 공정사단산하 낙하산 부대가 노르망디 상공에서 낙하하므로서 전투가 본격화되었다.

상륙부대도 수백 척의 주정에 의지, 손살같이 연안을 향해 질주했다. 일부는 적전상륙도 마다하지 않았다. 뒤를 이어 미국 공정사단이 노르망디 상공에 도착, 수송기에서 곡예사처럼 뛰어내려 장관을 이루었다.

이 공정대는 미군상륙부대가 서쪽 해안에 거점을 확보하는데 지원하기 위해서였다. 일부 운하지역은 영국 공정대가 먼저 점령한 상태다. 영국 공정대 대다수는 야간을 이용, 공수돼 왔기에 지리도 완전 파악치 못한 상태에서 희생을 무릎쓰고 낙하를 강행, 운좋게 성공을 거두었다.

작전 암호명 '오버로드(overlord·大君主)' 작전 초기는 성공을 거둔 셈이었다. 새벽 1시께 연합군 공수부대가 낙하하기전 2000대 중폭격기들이 쉴새없이 상륙부대와 그리 멀지 않은 독일군 진지에 사전 폭격을 퍼붓고 있었다. 독일군 진지는 폐허로 변해버렸다. 뒤를 이어 미영 합동함대 소속 전함을 비롯 순양함, 구축함 등 20여 척이 편대를 이뤄 해안가까이 접근 함포 사격을 집중, 가세했다.

2. 적의 방어선 돌파

미군 상륙부대가 먼저 적의 방어선을 돌파했다. 동시에 미공군 폭격기가 지원 사격을 멈추지 않았다. 미군 상륙부대가 상륙한 지대는 평원이 펼쳐져 있어 적에게 노출된 상태였다.

반면 독일군 방어지역은 인공 저수지가 곳곳에 늘어져 있어 단 번에 점령하기엔 쉽지 않다. 미공정사단은 초반 상륙작전 성공으로 사기가

'44년 6월 노르망디 상륙작전 해안으로 가기 위해 준비준인 연합군

노르망디 상륙작전 개시

충천, 다음단계는 적이 늪지대를 통과하게될 교량과 뚝길을 봉쇄하기 위한 작전이었다.

계속된 악천후에도 불구하고 공격을 이어갈 경우, 상륙정 손실이 크게 우려돼 진퇴양난이었다. 연안 조수의 흐름은 거센 파고를 형성했고, 바닷속에 장치한 장애물은 유실되고 있었다. 비치의 모래언덕에 상륙한 미군과 영국군 그리고 캐나다군 등 연합군은 넓은 모래시장을 바라보며 적의 동향을 경계, 엄호했다.

독일군은 미미 대규모 연합군의 상륙을 예상, 그곳을 빠져 나간지 오래였다. 그러나 미군 상륙정은 장애물과 적의 포격에 노출, 손실이 많았다. 그런데도 연합군은 교두보를 구축할 지역확보에 집중했다.

영국군 상륙부대도 본격 상륙을 시작, 해안선 끝자락에 상륙했다. 이어 내륙으로 진출, 교두보 확보에 성공했다. 오후에는 캐나다군도 상륙을 끝냈다.

3. 패잔병 같은 독일군

독일군은 사기가 꺾였다. 패잔병 같았다. 반격은 예상외로 약한 편이었다. 그러나 독일군의 행동은 작전상 후퇴인지 모를 일이었다. 안심은 금물. 반면 독일군 주력, 기갑부대는 연합군의 공중폭격과 지상군의 끊임없는 포격에도 불구하고 반격으로 대응했다. 주력부대다웠다.

독일군 총사령관 롬멜원수가 직접 지휘하는 최강부대였다. 문제는 지휘체계가 2원화돼 있어 종종 혼선을 빚었다. 일선 총지휘관은 롬멜 원수인데도 히틀러가 군최고 통수권자임을 들어 일일이 관섭하기 때분이다.

노르망디 상륙작전시

4. 독일군 끝내 패주

독일군은 작전상 혼선과 히틀러 총통의 지나친 간섭 등으로 연합군 상륙작전에 밀려, 결국 주요 점령지 프랑스 파리를 포기하고 철군해 버렸다. 독일군 내에서는 히틀러의 독주에 불평투성이었다. 소련군이 혹한기를 틈타 독일전선으로 진출하기전 모스코바 입구까지 점령했는데도, 히틀러가 모스코바는 단순히 행정도시일 뿐, 전략적 가치가 없다며, 군사도시로 더 나아가라는 명령을 발한데다가 한파가 밀어닥쳐 그만 역전 당한 것이다.

노르망디 상륙작전도 지휘체계가 일정치 않아 반격은 커녕, 누구의 명령을 따라야 될지 몰라 독일주둔군은 도망치기 바빴다. 위기 일발이었던 소련군은 노르망디 상륙작전 성공으로 연합군 가운데 가장 먼저 베를린 가까이 진출, 독일군 항복을 기대하고 있었다. 노르망디 상륙작전은 대성공이었다.

5. 독일군 반격 실패

독일군의 반격은 예상외로 무력했다. 반격하기 보다 패주하기 바빴다. 작전상 후퇴인줄 모르지만, 독일군 기갑부대는 연합국의 공중폭격과 지상군의 계속된 포격에도 불구하고 반격을 멈추지 않았다.

주력부대 기갑사단은 총지휘관 롬멜 원수가 직접 지휘했다. 거듭말해 독일군

포로로 잡힌 독일군

의 큰 맹점은 지휘체계가 복잡한데다가 이원화돼 있는 점이었다. 일선 총지휘관은 롬멜 원수인데도 불구하고, 히틀러 총통이 독일군 총사령관임을 들어 중요작전문제는 일일이 사전 승인을 받아야만 했다. 노르망디 상륙작전 반격 실패도 그때문이었다. 히틀러의 독단적인 행동은 누구도 저지할 수 없었다. 소련군의 독일 국경 진출에 앞서 모스코바 입구 까지 진출한 독일군이 만약 롬멜의 작전 계획대로 모스코바를 먼저 점령했더라면 노르망디 상륙작전은 실패했을 지도 모른다. 역사는 바뀌었을 것이다. 히틀러의 말대로 모스코바는 단순한 행정도시가 아니었다. 소련의 심장부였다.

그 무렵 독일군이 우물쭈물하자 소련군이 혹한을 이용, 전세를 역전시키는데 성공, 되려 베를린으로 진출, 독일군 항복을 제일 먼저 받아냈다. 그런데 프랑스는 패전국인데도 전승국과 마찬가지 대우를 받았으니. 까닭은 드골장군의 외교적 노력이 빛을 본데서라고 세계 전쟁사는 간단히 설명했다. 노르망디 상륙작전 성공으로 위기에서 벗어난 연합국은 프랑스는 물론 소련이었다.

6. 노르망디 상륙작전 성공은 소련군에도 크게 도움

노르망디 상륙작전 성공은 특히 소련군에 전화위복의 기회를 주었다. 작전전까지만 해도 독일군의 공세에 밀려 고전을 거듭해온 소련군은 노르망디 상륙작전 성공으로 독일군의 기세가 끊기는 바람에 궁지에서 탈출할 수 있게 되었다.

그러나 독일 히틀러는 유독 스탈린을 혐오하기 때문에 언제든지 소련을 압박할 태세였다. 비단 정치적인 이유뿐만 아니였다. 러시아인을 유태인과 동일시 러시아 백인을 특별히 배척한데서다. 그후부터 독일군은 히틀러의 명령으로 소련

친공작전에 나선 것이다. 파죽지세로 모스코바 입구까지 진출, 인근지역을 모조리 점령해 버렸다. 그때가 1941년 6월. 크리스마스 이전까지 소련 전역을 점령키로 마음먹고 있었다.

 예상은 빗나갔다. 그해 겨울한파가 극심해 독일군을 꽁꽁 묶었다. 동태나 다름없었다. 몸전체가 굳어 움직일 수가 없었다. 소변도 얼어 나오지 않았다. 모스코바 점령도 히틀러와 롬멜 원수간 의견차이로 기회를 놓치고 말았다. 하지만 소련군은 계속 밀렸다. 독일군도 지친 상태였다. 혹한때문에 후퇴하지 않을 수 없었다. 그 기회를 틈타 소련군은 총공세를 폈다. 전화위복의 기회가 온 것이다. 전세는 역전, 독일군의 기세는 끊기고 말았다. 게다가 노르망디 상륙작전 성공으로 독일군은 시일이 지날수록 전력이 약화돼 소련군의 기세를 당해낼 수 없었다. 히틀러의 오판이었다. 롬멜원수는 혹한이 오기전 모스코바부터 점령하자고 주장한 반면 히

미 2사단 소속 보병들이 오마하 비치로부터 내륙쪽으로 행군중이다.

틀러는 모스크바는 단지 행정수도일뿐, 군사적 가치가 없다며, 그같은 주장은 불필요하다며 시종 거부한 것이다. 그 때문에 독일군은 혹한을 견딜 수 없어 소련군의 반격에 속수무책, 패전의 길로 들어서게 되었다. 게다가 노르망디 상륙작전 실패까지 겹쳐.

7. 프랑스 드골 장군 귀환

드골 장군은 1933년 국방회의 사무국장에 임명된 후부터 두각을 나타냈다. 이어 기갑사단장으로 재임중 파리가 독일군에 점령당하자, 런던으로 피신, 망명정부를 수립, 대독투쟁에 앞장섰다. 4년 후 연합군의 노르망디 상륙작전 성공으로 프랑스로 귀환, 군사보다 정치활동에 전념했다. 그의 군력은 1차 대전때 전투병으로 참전, 3번이나 부상당하고도 살아 남았다. 유럽서부전선때 프랑스군 사망자는 무려 136만 명이나 되었다.

당시 프랑스군은 지나칠 정도로 공격위주였다. 공격이 최상의 방위란 개념 때문이었다. 그 무렵부터 '마지노선'이란 말이 나왔다. 한 가지 예로 당시 독일과의 국경선지대에 긴 요새를 구축, 내륙까지 연결시켰다.

블무 총리도 "프랑스는 요새와 방어선이 지켜줄 것이다"라고 하며, 공격위주를 찬동했다.

모든 작전은 드골 장군이 주도했다. 그는 1차 대전때 보병으로 독일국경을 누볐다. 장애물을 피해 육로와 철로 등 사통팔달로 이용할 줄 알고 있었다. 그는 게르만 민족인 독일군은 전투시 밤에는 밀림속에 숨어 있다가 달밤이나 새벽을 이용, 기습작전이 주무기였다고 회고했다. 2차 대전때 드골은 여러 경험을 미뤄볼 때 독일군과 전투는 보다 숙련된 기동군 역할이 절대적이라고 강조했다. 기동부대는 공군과 합동해 3차원적인 전투에서만 빛을 발할 수 있다고 덧붙였다.

틀림없는 탁견이지만 받아들이지는 않았다. 그 결과 4,800량의 전차를 보유중이던 영·불군은 그 반분 이하였던 독일군에 오히려 압도당했다. 결국 드골의 전략전술은 끝내 빛을 발하지 못했다. 프랑스는 희생했지만, 되돌아보면, 한때 프랑스 망명정부 수반 드골의 인생도 무상했다. 전쟁이 끝나자 그는 정치가로 변신했다. 1958년부터 10년동안 집권, 국민투표에 붙여진 신헌법안이 부결되자 미련없이 권좌에서 물러났다. 사후 장례식도 국장을 사양, 가족장으로 조촐하게 거행했다.

무엇보다 노르망디 상륙작전 성공은 유럽전선판도를 일시에 바꿔 놓았던 것이다. 우선 4년 동안 독일군에 점령당했던 파리가 해방돼 프랑스 체면이 되살아나게 되었다. 그 때문에 패전국이던 프랑스가 마치 전승국인양 전후 독일 분할 점령에 참여한 점은 이해되지 않았다. 독일군은 노르망디 상륙작전 방어 실패로 인해 급속히 내리막길을 걷게돼 결국 백기를 들고 말았다.

전쟁은
인간의
무덤
이다

제 2부 - 3편

결전, 오끼나와 상륙

- 미 해병대 상륙 성공
- 일본 본토 점령 위해
- 일본 백기(白旗)

일본 본토 상륙 위해

I. 거대전함 야마도(大和) 투입

1. 본격 상륙전 개시 준비

　1945년 3월 24일. 본격 오끼나와전 개시 전황이 무르익었다. 그날 일본군 항공대가 야간 비행정찰을 끝낼 무렵 일본항공대 이와모도(岩本徹三 소위) 조종사가 섬주변에서 미군함정 수척을 발견 즉시 폭탄을 투하, 항해 불능 등 큰 손실을 가했다. 뜻하지 않게 적의 공격을 받은 연합군은 즉각 반격을 시도, 일본군 수비대 거점을 향해 대대적인 공습을 단행, 초토화시켰다. 부근 민간인들 피해조차 적지 않았다.

　26일 미군은 오끼나와섬 주변(慶良間諸島) 작은 섬에 전격 상륙 그 섬을 점령했다. 수상기(水上機) 거점 기지를 건설하기 위해서였다. 일본군은 작은 섬들에 대한 방위를 소홀히 해왔다. 병력도 형식적으로 배치해둔 상태다. 본섬 방위에만 집중, 특수부대를 포함 육군과 해군 3개 부대가 엄중 경계를 펴고 있었다.

　일본군 수비대 사령부는 점차 일본군에 대한 전세가 불리하게 돌아가자 사령부와 가까운 바다에 대기중인 300여 척의 대소함정에 대해 대피령을 내리고 모든 함정은 섬들 사이 골짜기로 피난토록 조치했다. 하지만 일본해군 초계정 4척이 야간 경비중 적의 함포공격을 받고 그중 2척이 갑자기 격침당했다.

　일본연합함대는 '천호작전(天號作戰)'을 발령한데이어 잇따라 '천일작전'을 긴

급발령, 제3항공함대를 규슈(九州) 해역으로 이동시킴과 동시에 세계적인 거대전함 야마도(大和)를 처음으로 전투에 참가토록 했다. 이어 해군 제1유격부대인 특공대 잠수함 4척도 긴급 출동하도록 명령했다. 일본 육군도 항공대에게 해군과 함께 총공격태세에 돌입하라고 명령했다. 27일에는 최초의 오끼나와 본섬에서 발진한 일본군 특공기가 출현하는 등 산발적인 항공전이 선을 보였다. 29일에는 본토에 비치된 해상정신대 제29전대 함정 19척을 출동시켜 미 해군 중형 양륙함 1척을 격침시켰다.

 1945년 3월 31일. 미군 등 연합군은 오끼나와 인근 작은 섬(慶伊瀨島)을 전격 상륙, 그중 지형이 좋은 섬(神山島)에 야전 중포 24문을 긴급설치, 본격 포격을 개시함으로써 일본군 수비대를 압박했다.

2. 오끼나와 상륙 개시

2차 대전 초 영국 동양함대가 식민지 홍콩 싱가포르를 방위하기 위해 주변해역을 경비중 일본해군의 공격을 받고 전멸, 결국 항복했다. 미군은 오끼나와 상륙작전에서 과거 영국군의 실패를 거울삼아 치밀하게 작전계획을 세운 끝에 상륙전에 돌입했다. 1945년 4월 1일. 미군은 적의 수비대 거점인 오끼나와 본섬 중서부에 해병대 2개 사단과 육군 특수부대 2개 사단에 대해 상륙을 명령했다. 그 지역에는 북쪽 군사비행장(讀谷村)과 중부쪽(嘉手納)에도 비행장이 있기에 활용가치가 높다는 판단에서다.

전력이 열세인 일본수비대는 모든 병력을 결집시켜 지구전을 펼 생각이었지만, 사전준비 부족 등으로 필요한 수비병력이 도착하지 않아 크게 차질이 생겼다. 결국 일본군은 작전계획 미비로 미군은 어부지리를 얻어 전투개시 단 하루만에 북·중부지대에 위치한 일본 군사비행장을 쉽게 점령했다. 여세를 몰아 4월 5일까지 오끼나와 본섬 동해안까지 손아귀에 넣었다. 그로인해 일본군수비대 주력 제32군은 오끼나와섬 남북으로 분산돼 전력의 약화를 가중시켰다.

결국 일본군은 지구전의 부작용으로 적에게 두 곳의 군사비행장을 갖다 바친 꼴이 되었다. 다이홍에이는 그같은 작전실패는 해군군령부의 비협조때문이라고 신랄히 비판했다. 상륙전때부터 일본 육·해군간 불신때문이라는 비판도 제기되었다. 일본군 수비대는 두 곳 군사비행장을 기여코 탈환하기 위해 공세를 폈지만 여전한 전력 열세로 실현치 못했다.

3. 거대전함 야마도(大和) 투입

세계적인 불침전함 야마도(大和·77,000톤·만재 배수량 85,000톤), 18인치 주포 9문, 항속거리 8,000해리, 속력 30노트. 전함 야마도는 4일 오끼나와 인근 해역에 위용을 들어냈다. 일본군 수비대 참모장 주도로 작전회의가 끝나자 곧바로 동부쪽(港川方面)으로 항해, 함포를 퍼부었다. 미 해병대 상륙주정이 집결돼 있었기 때문이다.

　양동작전 임무를 띤 미 해병대는 그날 상륙은 하지 않았다. 4월 6일 일본군은 특공기 수십대를 발진시켜 연합군 함대와 수송선단을 향해 '국수작전(菊水作戰)'이란 이름으로 대대적인 공세를 폈지만 별 전과를 올리지 못했다. 더욱 거대전함 야마도까지 투입됐는데도…다만 일본군 특공대의 공격으로 연합국 함정 6척이 처음으로 격침되었다. 오끼나와전의 분수령이었다. 반면 전함 야마도가 연합군의 보복공격으로 어이없이 격침당했다. 건달짓만하다가 제값을 하지 못했다는 비판이 거세게 일어났다. 정말 충격적인 결과였다.

　그 무렵부터 세계 해군국은 거함거포주의에 의문을 나타냈다. 움직이는 해군기지 항모를 중시하는 경향이 짙어갔다. 하지만 일본해군은 과거 청일전쟁, 러일전쟁에서 전력의 열세에도 불구하고 해전(海戰)을 승리로 장식했던 자존심을 지키기위해 절대 밀리지 않겠다는 각오를 새로이 했다. 그같은 결의에 따라 일본해군은 해상과 공중은 물론 육전대(陸戰隊) 등 특공대를 계속 투입시켜 적의 전의를 단숨에 꺾겠다는 각오를 다졌다.

4. 일본군 승리는 기적 같은 일

아무리 진용을 바꾸고 병력을 증강한다고 해도 오끼나와전의 전망은 밝지 않았다. 자살특공대가 가장 많이 투입된 전장도 오끼나와 전선이었다. 나이 불과 17세인 어린 소녀들까지 끌어와 총 한 방 쏘지 못한 채 사지로 몰아붙인 일본군. 어뢰나 기뢰망을 허리에 묶어 인간어뢰가 돼 적함에 뛰어들었지만, 아까운 목숨만 희생. 더 나아가 미군은 적의 공격을 잠재우기 위해 항모 10척까지 주변 해역에 집중배치해 두었다.

일본군 수비대도 특수부대를 전진 배치, 오끼나와를 사수하도록 임무를 부여해 두었다. 일본 해군 지상 부대는 더 이상 물러날 때가 없다며 각오를 새로이 했다. 미군 등 연합군도 일본군 수비대의 공세를 무력화 시키기 위해 항모 2척을 추가 배치, 해병 제58연대를 1945년 3월 중순 이후부터 투입, 적극 반격작전에 전념하라고 명령했다.

그에 따라 연합군은 일본 규슈(九州)에 있는 군사용 비행장에 대해서도 폭격을 강화했다. 4일간의 전투에서 일본군도 미군 함정 3척을 격침시켰다. 그 과정에서 일본군은 전력 절반가량을 잃었다. 일시 코너에 몰린 미 함대는 영국 함대의 극적인 도움으로 전력을 회복할 수 있었다. 그래도 미군은 물러서지 않았다. 미군은 일본군의 대대적인 반격작전을 무력화시킬 목적으로 항모수를 계속 증강, 오끼나와 본섬과 일본 본토를 겨냥했다.

일본 다이홍에이는 수비대 주력 32군에 대해 경계수위 최고인 '갑호비상'을 긴급 발령했다. 아울러 제58 임무부대에 대해 오끼나와 해상에 떠 있는 적함을 모조리 격침시키라고 명령했다. 하지만 일본 항공대는 비행장을 떠나지도 못했다. 미 공군의 소모품에 불과했다. 더구나 미 공군은 신형폭격기 B29까지 선보여 일본군의 공포의 대상이었다.

연합군은 승리를 낙관하고 있었다. 미군은 새로운 작전명 '기아작전(飢餓作戰)' 명령에 따라 연합국 함정 1,500척, 병력 수송선 450척, 추가 병력 54만 8,000명, 상륙부대원 18만 명 등을 사이판섬과 레이디섬에 출동시켜 오끼나와 해안으로 집결토록 명령, 예상치 않은 전공을 세웠다. 일본군은 예상한대로 악전고투. 막막한 상태. 해전(海戰)에 투입된 거대전함 야마도까지 격침당했으니.

II. 탐색전은 끝나가고

1. 빨라진 첫 공습

미군등 연합군의 오끼나와전은 주력작전 방향을 인근 비도(比島)쪽으로 향하고 있음을 서서히 드러내 보이고있다. 일본군 수비대는 모든 전법을 개구리 널뛰기전법(蛙飛戰法)에 의존하는 상태다. 시일이 지날수록 일본군 남서제도(南西諸島) 수비대의 운명이 초읽기에 들어가고 있었다. 그 무렵은 벚꽃계절. 다이홍에이는 계속 밀어부치기식으로 군사비행장 건설에 박차를 가하도록 독려하고 나섰다.

때문에 각 수비대는 진지구축 등에 큰 차질을 빚고있어 지상전준비가 지지부진한 상태다. 그로 인해 가장 예민한 지역인 남서제도에 대한 방위에 소홀히 하게 돼 다이홍에이에 대한 원성이 끊이지 않았다. 결국 그 여파로 마리아전선 방위에도 큰 구멍이 뚫리고 말았다. 그 책임은 수비대주력 제32군에게 있다는 듯. 다이홍에이 참모들의 눈은 고양이 눈이 되어 있었다. 게다가 또다시 비도(比島) 인근에 대한 미군의 침공작전 징후가 나타나고 있었다. 다이홍에이 지휘부는 통찰력을 발휘. 적의 동행을 제대로 파악. 작전준비에 완전을 기해야 했다. 그런데도 비도(比島) 부근에서 적의 공습으로 불타는 전화를 불구경하듯 하는 지휘부의 자세는 비판받아야 마땅하다는 소리가 높아갔다. 그 전화는 얼마후 남서제도까지 번져올 것이 뻔했다. 그때가 중국의 명절 쌍십절. 그날에 일본군 주둔군의 대공습이 있을지도 모른다는 소문이 나돌았지만 잔잔했다.

그 무렵 일본군은 군수품 야적과 분산보관에만 신경을 썼다. 이제 계절은 본격 가을철. 최전선인 오끼나와에도 선선한 가을바람이 불기 시작했다. 병사들은 고향의 가을을 생각하며 생각에 잠겼다. 그러나 곧 적의 공격이 있을 것 같아 긴장을 풀 수 없다.

서전(緒戰)이 시작되었는데도 오끼나와 중심지 호텔에는 각 부대의 일본군 참모들이 모여 연회를 즐기며 시간을 보내고 있었다. 사기진작이란 이유였다. 다음날 미명에 선임참모가 내린 미군의 공습발령이 알려졌다. 사전에 참모장 군사령관에게도 보고했다. 병사들은 배가 고파서 전쟁을 할 수 없다며 먹을 것부터 먼저 달라고 요구했다. 당번병의 요구가 잇따라 접수되었다. 은빛을 자랑하는 미 공군 그라망 폭격기 편대가 시유리(首里) 상공 북쪽 방향으로 화살처럼 날아오고 있다는 견시병 보고였다.

각 참모들은 주요 서류를 챙겨 방공호 또는 자연 동굴속으로 피신했다. 미 공군은 보고대로 나타나 공습을 퍼부었다. 병사들은 처음에는 당황해서 인지 공포에 질려 우왕좌왕했다. 시유리산 인근 도로에는 섬주민 피난행렬이 줄을 이었다. 하늘이 맑게 개어있어 미 공군들에게는 절호의 찬스였다. 폭격기 편대는 계속 늘어나 그곳 오로크(小祿) 비행장과 북·중부비행장 방면으로 선회하고 있었다. 일본군 수비대도 재빨리 곡사포를 발사했지만 소리만 하늘을 진동시켰을뿐 전과는 없었다.

그동안 일본군은 본격적인 전투에 대비 실전연습에 치중해왔다. 적기가 나타난 이상 전쟁연습은 당연히 중지되어만 했다. 즉시 연습중지 조치가 내려졌다. 문제는 미 공군기의 출현이 정보수집을 위해 일시적인 군사행동인지 아니면 조기 전투를 위해 미 해병대 상륙을 측면지원, 계속 폭격을 퍼부을 것인지 판단이 서지 않았다. 또는 일본군 수비대 거점을 사전폭격으로 초토화시켜 통신연락망까지 파괴해버리려는 목적이 숨어있다는 판단도 없지 않았다. 미 공군기의 편대를 볼수록 일본군의 고민은 깊어만 갔다.

2. 미군 공습은 잦아지고

미 공군 공습 1호는 '44년 10월 10일 중국 쌍십절날. 아침 3시 20분에서 8시 사이였다. 공습에 참가한 미 공군기는 100여 대. 공격이 집중된 지역은 오끼나와 주요 군사비행장과 중심지 카테나(嘉手納)였다. 인근 나패항(邢覇港)에는 대화재가 발생하여 검은 연기로 항구가 먹구름에 싸여 전망을 분간할 수 없을 정도였다. 일본군 방공부대마저 적기의 집중 사격을 받고 많은 희생자를 내고 말았다. 적기의 공습광경은 마치 공중서커스를 보는 것 같았다. 미 공군의 2차 폭격도 1차 폭격때와 같은 편대가 오전 9시30분에서 11시께까지 계속되었다. 공격목표는 여전히 1차때와 같은 지역이었다. 뇌성소리와 같은 폭음이 화염과 함께 주변하늘을 붉게 물들였다.

그곳 나패항(邢覇港)의 검은 연기는 사라질 줄 몰라 항구에 정박중인 해군함정 등은 다른 곳으로 이동, 미군기가 발견 반복공격으로 격침당했다. 오끼나와의 카미미야(神宮) 부근 해안가까이에 있는 함정들은 재빨리 출항 미군기의 추격을 피하기 위해 갈지자 항해를 계속해 왔다. 그 모습은 나약한 인간의 최후를 보는 것 같았다. 시유리(首里) 중심지 시가에는 긴장된 민간인 방호단이 구호품을 나눠주며 멀리 피난가라고 소리쳤다.

구호소옆에는 폭격으로 죽은 주민들의 시체와 부상자들이 임시수용돼 있었다. 부두에 있는 일본수비대 파견대 건물은 모조리 불타버렸다. 약 100명의 조선인 징용자들로 구성된 작업반이 미 공군의 공습에도 불구하고 군수품운반 등 작업을 하고 있었다. 일본군은 조선인이 총에 맞아 죽든 말든 신경쓰지 않았다.

또다시 미 공군에 의한 3차 폭격이 시작되었다. 야수리(安里) 근처 하늘에 적기 편대가 위용을 나타내었다. 일본군 수뇌는 그 시각에 오끼나와 호텔에 모여 최종 작전회의중이었다. 주요 지휘관으로는 제28사단장과 혼성61사단장 그리고 참모장 등이 모여 협의중이었다. 미 공군은 계속 4번째 5번째로 종일 폭격을 이어갔다. 주로 군사비행장 시설과 중요 건물을 대상으로 공습을 가했다. 무차별 공습도 병행했다. 강풍까지 불어닥쳐 시가지는 순식간에 화염에 휩싸였다. 수비대는 제9

사단과 제62사단 병력을 동원 피해확산 방지에 필사적인 노력을 다했지만 화염은 끝내 전역으로 확대돼 나갔다.

일본군 고사포에 의해 미 공군기 1대가 격추되었다는 소식이 알려지자 수비대 병사들의 얼굴이 밝아졌지만 그것도 한순간이었다. 미 공군의 공습은 그럴수록 회수가 늘어났다. 현재까지 희생된 섬주민만도 무려 3천여 명을 헤아렸다. 일부 주민들은 주변 언덕밑에 집결, 앞으로의 전쟁방향이 어떻게될지 걱정만 할 뿐이었다. 벌써부터 오끼나와는 미군의 수중으로 떨어지는 것 같았다. 일본군 수비대는 있으나마나.

3. 다이홍에이 전과 거짓발표만

무엇보다 안타까운 것은 전시동원령에 의해 남녀노소 어린이까지 동원돼 간신히 건설한 군사용 비행장이 미 공군 폭격으로 폐허가 되고만 것이다. 일본기는 한 대도 볼 수 없었다. 아예 전의를 상실, 발진하지 않은 것 같았다. 일본군 수비대 요새 사령부 참모들조차 일본 항공대의 패배주의에 실망하여 기관총을 들고 적의 기총사격에 대항하다가 죽기 일쑤였다. 전체부대 피해도 포탄 수천발, 기총, 소총을 합쳐 70만 발. 식량 한 달분 그밖에 군수물과 다량이 소실되었다. 남방전선에

이 정도의 피해는 보통이었지만 오끼나와란 한정된 전선에서 피해는 상상외였다. 게다가 이번에는 미 해군기동함대가 서서히 다가오고 있다는 정보가 있었다. 현재 대만해역과 오끼나와 해역 중간지점에서 함포사격 훈련중에 있다는 것. 일본군은 즉시 규슈(九州), 남서제도, 대만 등 유리한 지역에 병력을 증강배치하여 포착즉시 격멸시킨다는 작전계획을 마련, 대기중이었고, 동시에 아군 항공대에 대해 '첩호(捷號) 작전'을 발령했다.

'44년 10월 하순 일본군 항공대가 속속 규슈 방면에서 남서제도쪽으로 이동했다. 비행장 격납고에서는 조종사들이 모여 적기와의 공중전에 대한 경험담을 서로 주고 받았다. 11월 1일 일본항공대가 그곳 상공을 한바퀴 선회한 후 기지로 무사히 돌아왔다. 부대 입구 게시판에는 미군 항모 10여 척이 이동중이라는 신문특보가 붙어있다. 조종사들은 긴장했다. 느닷없이 몇일사이 일본항공대의 전과는 기대이상이란 다이홍에이 보도문이 각부대에 전해졌다. 참모들은 그같은 발표문을 믿으려 하지않았다. 허위였다.

과거에도 일본군이 적에게 전멸당했는데도 다이홍에이는 "아군피해경미"하다고 허위발표. 그 발표를 믿고 무리하게 레이테 상륙작전을 감행하는 바람에 큰손실을 자초했다. 그 무렵 일본항공대는 대만 상공에서 공중전을 벌여 겨우 피해를 면했다. 이를 다이홍에이는 마치 일본항공대가 막강한 전력을 발휘한 것처럼 부풀렸다. 일본항공대는 오끼나와 탐색전에서 미 공군에게 맥도 못추었다. 멀리서 바라다 보기만 했다. 이대로 간다면 금시 제공권이 빼앗기고 말 것이다. 미군이 오끼나와전을 태평양전쟁의 최후결전장으로 최종 결정한 것은 '44년 10월 3일이었다고 전한다. 개전 일시는 못박지 않았다.

오끼나와전은 날이 갈수록 짙어져 갔다. 일본군 수비대는 만반의 준비를 다했다고 하지만 모든 면에 불충분한 상태다. 병력, 화력, 항공전, 해상전이 미군 등 연합군 전력에 비교도 될 수 없다. 민간인 문제도 골칫거리다. 수송선에 실어 섬 밖으로 이동시킬 수도 없고 주민들은 모두 옥쇄할 각오로 섬에 남을 수 밖에 없었다. 주거지는 미 공군의 폭격으로 화염에 휩싸여 거의 전소한 상태였다.

일부 민간인들은 강제동원되어 진지구축과 군사비행장 정비, 군수품 이동 등 짐꾼으로 종사했다. 미 공군은 민간인들이 운집한 곳은 공습을 피했다. 다이홍에 이는 다시 격문을 발표했다. "우리 육·해군은 황국(皇國)의 흥패와 존망을 걸고 최후의 결전에 임해주길 바란다" 마치 1905년 러일전쟁 때 러시아 발틱함대와 결전을 앞두고 일본 함대사령관 도고 헤이하치로 제독(東鄕平八郎 대장)이 "황국(皇國)의 흥패(興敗)가 일전(一戰)에 달려있다. 각원(各員) 일층노력하길"명령했던 그때와 비슷했다. 문제는 일본군 수비대의 전술방향이 관심꺼리다. 우선적으로 각 포병대를 증강배치, 적의 상륙을 원천봉쇄시키는 것부터다. 걱정스러운 것은 본토 방위선에 포함된 레이테 작전에서 일본군의 고전이 계속되고 있다는 점이다.

Ⅲ. 병력배치 계획상 오류

1. 병력배치 수정 불가피

날로 전투는 격렬해져가고 있었다. 일본군 수비대 주력 제32군은 사령부를 오끼나와 본섬 중앙지역 시유리(首里)쪽 천연동굴속으로 이동시켰다. 동굴속으로 사령부가 옮겨지자 사령관부 우시지마 장군(牛島滿 중장)은 대원들에게 더 큰 희망을 가지고 전투에 임하라고 말했다.

이웃 레이테전선 방위에 대한 아군의 전황이 갈수록 불리하게 돌아가고 있다는 소식이 전해지자 모두는 어두운 표정이었다. 미군상륙부대는 늘어만가고 일본군의 병력은 줄어들기만 하는 레이테전선. 돌연 다이홍에이로 부터 일본군 수비대의 병력배치 계획에 큰 오류가 있다며, 근본적인 수정이 필요하다고 통보해왔다. 부대참모들은 본격전투를 앞두고 작전준비를 위해 연일 훈련중인데, 그런 통보는 혼선을 가져다 줄 것이며, 전의마저 떨어뜨리는 짓이라며 강한 불만을 나타냈다.

중대 오류가 무언지 확실치 않다는 것이었다. 사령부 작전참모가 마침 대만주둔 일본군 수뇌들과 협의를 끝내고 귀대 즉시 사령관 지시로 회신을 기안했다. 사령관은 언제나처럼 굳은 전투의지로 작전에 임할 것을 부하들과 다짐하고 있었다.

① 만일 제32군으로부터 1개 병단을 차출시킨다면 그 지역에 오끼나와 본섬이던 인근섬(宮古島)이던 여타 섬들에 대한 방위는 책임질 수 없다.

② 반드시 1개 병단을 차출해야만할 시 미야고지마(宮古島)에 주둔중인 제28사단 병력에서 차출시켜야한다.

③ 만약 군단에서 1개 병단을 차출해 이 병력을 보충병력으로 사용할 계획이라면 차라리 후자의 명단을 직접 비도(比島)방면으로 증파시키는 편이 바람직할 것이다.

④ 군단으로서는 1개 병단을 뺄 수 있을 정도라면, 군의 주력으로서 최후 결전장으로 직행할 것이다. 그러므로 오류 운운은 도저히 있을 수 없다고 반박했다.

그 무렵 레이테전선에서 격전이 이어져 전세가 더욱 긴박하게 돌아가고 있는 판에 병력차출을 지시한다는 것은 일선부대의 실상을 전혀 모르는 소리라며 참모들은 반발했다.

전투는 게임이 아닌데도. 다이홍에이는 무조건 자기들 생각대로만 끌고 가겠다는 독선만 부리니. 전의가 되살아나겠느냐는 비판도 있었다. 미군 등 연합군의 최종공격 목표는 아무래도 오끼나와 본섬이 될 것인데도, 전략적 가치가 떨어진 인근섬(宮古島)은 현재의 병력만으로도 충분하였다. 지금도 1개 사단과 2개의 혼성여단이 포진하고 있다.

만일 꼭 병력차출이 필요하다면 그곳 제28사단 병력중에서 차출해야 할 것이었다. 그곳 병력은 사실상 과다한편이었다. 다이홍에이는 탁상전투를 하고 있는 셈이다. 지휘관들은 극히 못마땅해했다. 결전에 대비. 주력 제32군은 점차 병력을 남서제도 방향으로 이동할 태세다. 비록 적의 잠수함이 노리는 해상수송에 애로가 있다해도 강행할 수밖에 없다는 것이 작전사령관 우시지마 장군(牛島滿)의 생각이다. 게다가 한 가지 더 골칫거리는 일본 항공대가 남양전선에만 집중배치돼있어 대만 방위에도 큰 문제가 되고 있다. 특히 오끼나와 방위를 책임지고 있는 현지 일본군 수뇌들의 최종목표는 일본도 상륙전의 전초전인 오끼나와 본섬과 인근 비도(比島) 그리고 레이디섬을 묶어 집중공략하여 최단 시일내에 승리를 결정짓겠다는 태세다. 연합군의 대만공격은 다음 차례가 될 것이다. 전선은 휴일이 없다.

2. 오끼나와 점령이 최종목표

연합군이 설정한 주요공격 지역은 역시 오끼나와다. 처음부터 변함이 없다. 일본본토 결전에 대비, 이곳을 점령. 교두보로 삼기 위해서다. 한달전 '44년 10월 3일 이미 비도(比島) 다음으로 설정한 연합군은 재빨리 공중정찰을 통해 지형을 파악해왔다. 특히 미군은 필승작전 계획은 완벽하다며 승리를 장담하고 있다. 지금의 레이테전선 상태가 그대로 이어진다면 오끼나와는 물론 대만선까지 공략. 두 마리 토끼도 잡을 수 있다고 연합군은 자신만만했다. 미군은 특수전에 대비. 오래 전부터 세계 최초로 해병대란 조직을 보유중이다. 어떤 상황에서도 필요시 즉시 전선에 투입. '번개작전'으로 순식간에 결판을 낸다. 일본 가미카제(神風) 특공대와는 성격이 다르다. 가미카제 특공대는 소형 전투기에 폭탄 1개를 장착. 주로 적함을 향해 돌진. 기관실 또는 굴뚝속으로 들어가 함정을 폭파시키는 전법이다. 미 해병대 특수전법은 개인 아닌 집단으로 바다에서 주정을 타고 주로 해안으로 돌진. 적전상륙(敵前上陸). 적을 단번에 제압. 전세를 유리한 방향으로 역전시킨다. 일본군도 해군에 육전대(陸戰隊)란 특수부대를 두고 있지만 이름뿐이다. 시일이 갈수록 오끼나와전투도 미 해병대 독무대 같은 인상이 깊어지고 있다. 벌써 선발대가 그곳에 상륙. 적정(敵情)을 살피고 있다. 반면 일본군은 지상군, 해군함대, 육·해군 항공대 정도가 있을 뿐이다. 지상군은 주로 남방에 주로 많이 파견된 상태다. 그곳 일본군은 초전때와는 달리 고전중에 있다. 병력손실도 이만저만이 아니다. 게다가 화기와 장비, 군수품까지 부족하니. 일본해군함대는 '41년 12월 대미전을 위해 하와이 진주만을 기습성공으로 한때 기세가 등등 했지만 '42년 6월 미드웨이 해전에서 거꾸로 당해 주력 함정이 모조리 수장돼 지금은 이름뿐이다. 항공대는 육군과 해군 산하에 두고 있다. 공군은 없다. 전투기, 폭격기는 주로 1인용으로 경비행기에 불과하다. 이들 일본군 항공기를 '아까돈보(붉은 잠자리)'라고 부르며 경시했다. 전투조종사마저 부족. 타병과에서 전과시 3계급까지 특진시켜 주기도. 다이홍에이의 독주는 갈수록 심했다. 천황직속 군통수부라 누구도 거역할 수 없다. 모든 작전명령, 문서발신은 왕의 이름으로 나가기때문이다. 오끼나와 전세는 일본군의 전력열세가 두드러져 어둠이 짙어져 가고 있다.

3. 비도(比島)로 향하는 일본항공대

'44년 10월 하순 미 해병대 선발대 상륙후부터 전화(戰禍)가 루손섬으로까지 파급된 3개월 동안 일본본토 주둔 항공대가 연일 비도를 향해 남하중이다. 날씨가 좋은 날은 아침부터 밤까지 소리가 끊이지 않는다. 비행기편대수는 수천기. 전투기인 '질풍(疾風)'의 대편대가 번개처럼 창공을 누벼, 수비대 병사들은 모처럼 전의가 되살아 났다. 그러나 기쁨도 잠시. 갑자기 날씨가 흐리고 장맛비가 쏟아지고 돌풍마저 불기 시작. 본토 항공대 남하공격 기세는 한풀 꺾이고 말았다. 다이홍에이는 다시 발표문을 통해 자기 지역 상공을 통과하는 일본군 항공대에 대해서는 각종 지원을 다하라고 명령했다. 수비대 임시 비행장에 착륙한 아군 항공기에 대해서는 급유는 물론 편의를 제공하라고 했다. 그 결과 즉시 보고하라는 지시도 있었다. 그러나 수비대 중에는 악천우 관계로 비행도중 잠시 착륙. 피해 가겠다는 조종사의 요청을 거부하는 바람에 무리한 비행끝에 추락하는 사고도 더러 있어 문제꺼리가 되기도 했다. 조종사 부족으로 임시 조종사 3명을 타병과에서 선발했다. 나이는 모두 13세. 동료들은 시한부 생명이라며 몹시 안타까워했다. 사령관 명의로 조촐한 출전식을 가졌다. 사령관은 그들에게 "조국을 위해 적기와 공중전에서 반드시 승리하기를. 무운장구를 빈다" 일본 항공대는 적지에 가기전에 돌풍을 만나 거의가 바다나 산계곡으로 추락. 살아돌아온 조종사는 아무도 없었다.

4. 섬주민, 어디로 가야 할지?

오끼나와 주민소개 계획은 '44년 3월 입안되었다. 소개는 군작전상 또는 병력집결, 군수물자 장소확보, 수송선 접안 양륙상 필요불가피하기 때문이다. 주민들 중 중심집단은 본국 규슈(九州)쪽에 일부는 멀리 대만으로 소개하기로 했다. 우선 소개대상은 노약자, 어린이, 부녀자들이다. 처음에는 일본군 병력이 기세당당하게 오끼나와에 상륙하자 주민들은 "일본은 반드시 승리할 것이다. 굳이 다른 곳으로 피난갈 필요없다"며 소개에 응하지 않았다. 전투에 예상외로 격전에 예상되자 주민들은 불안감을 감추지 못한 채 섬을 빠져나가려고 발버둥쳤다. 피난민 3,000여 명을 실은 일본군 수송선이 섬밖으로 벗어나자 미 해군 잠수함이 포착 단번에 격침시켜 전원몰사시켰다. 이런 참사가 일어나자 오끼나와 현지사는 일본군수비대 사령관을 긴급 면담. "아무리 적일지라도 비전투원인 민간인들의 생명까지 빼앗아갈 수 있느냐?고 울분을 터트렸다. "더욱 미국은 문화민족이 사는 나라가 아닌가"하고 더이상 말을 잊지 못했다. 그는 난민들을 섬밖으로 이동시키기보다 작전상 지장이 없는 변두리에 임시 수용소를 설치, 수용하는 편이 좋겠다고 건의했다. 그 후 미 공군의 공습 때도 그곳은 피했다. 하지만 사이판 전투에서는 다이홍에이가 선전하는 "1억민 옥쇄(玉碎:자결)" 정신에 호응. 섬주민들이 거리로 쏟아져나와 미군을 규탄하는 집회를 가지게 돼 오끼나와와는 대조를 이루었다. 심지어 집단자살까지 서슴치 않았다.

5. 일본 육참총장 급거 오끼나와 방문

일본군은 또 하나의 주력 제9사단의 전진배치가 완료되자 새로운 작전계획을 휴대한 육군참모총장이 급거. 제32군 사령부에 불쑥 나타났다. 주요 문제는 적이 중부지역으로 상륙할 경우, 주력부대만으로도 방위할 수 있을지? 없을지? 에 대해서였다. 혼성여단을 재배치. 적이 노리는 북·중부의 비행장 점령시도를 즉시 분쇄해야할 것이다. 그 여단은 여세를 몰아 결전에 참가. 적을 완전 격퇴시킬 수 있을것이다. 현지 사령관은 참모총장의 설명을 들은 뒤 적을 격퇴시킨 후 그 여단을 주력에서 제외시켜주기를 바랬지만 총장은 응하지 않았다. 총장은 부연하기를 "주력부대의 역할이 전세를 좌우할 수도 있어 계속 주력이 공세를 지연시켜서는 안 된다"고 강조했다. 그래야만 항공대도 앞장설 것이라고 덧붙였다. 오끼나와 본섬 북·중부 비행장에는 지상군 4개 대대가 방위하고 있다. 그런 병력으로는 끝까지 사수하기가 어려울지도 모른다. 지상군 배치는 거점별로 중점배치 해야한다. 소규모의 병력을 늘어놓는 식 배치는 작전실패를 초래하기 쉽다고 총장은 단언했다. 바로 그런 점이 작전계획상 큰 오류로 지적되었다. 이는 지난날 태평양 전투시 행한 일본군의 작전계획을 그대로 답습한데서다. 물건진열하듯 병력배치는 임시적 방편이다. 오끼나와섬 결전이 임박해지고 있다. 주력32군은 결전에 임하는 부대원들에게 "전략적으로는 지구전으로, 공세는 전략적으로 행하자"고 다짐했다.

Ⅳ. 상황은 급박하게 돌아가고

1. 필승전법은 어디서

오끼나와 전투 일본군 주력 제32군 병사들은 시일이 지날수록 사기 저하가 현저하고 작전준비에 따른 열의조차 격감되었다. 우려할 수준이란 판단이 나올 정도였다. 이런 상태라면 오끼나와 전투는 보나마나 결과는 뻔하며 모두가 비극을 맞을 것이다. 자포자기 현상이다. 조국을 위해 불행을 각오하고 최전선에 배치된 일본군 병사들이지만 긴 여름 한시도 제대로 잠조차 잘 수도 없고, 번민은 쌓여가기만 하고, 과연 자신들의 생사가 어떻게 될지, 게다가 자기들만 믿고 있는 섬주민 10여 명의 운명까지 예측이 불가해 갈수록 시름은 태산 같았다.

반면 미군은 압도적인 물량을 가지고 섬을 에워싼 채 압박을 가속화하고 있으니 일본군의 병력, 병술, 물량으로는 유도선수가 맨손으로 권투선수와 대결하는 꼴이라는 생각이 들 정도다.

적의 함포사격, 공중폭격, 전차공격은 아군 병사들의 전의가 살아날 수 없을

미군 폭격 이전 공중에서 바라본 오끼나와 중심부 모습

만큼 공포의 적이다. 증원군 수송은 물론 물자부족 보충은 어떤 방법으로 해결할 것인가? 아무리 고민해도 출구를 찾기 어렵다. 섬 주변 바다를 이중삼중 둘러싸고 있는 미 해군 태평양 함대소속 함정에 의해서 근접조차 못하고 있기 때문이다. 항공대조차 미군의 대공포 사정권내에 있어 마음 놓고 할동 할 수 없는 상황이다. 13cm 포나 1톤 폭탄 1개만 가지고 있었다면 병사들의 전의는 지금보다 다를 터인데 하는 생각만이 머릿속을 헤매고 있다.

물론 1904년 러일전쟁 당시 3배 이하의 전력으로 러시아와 대결. 연전연승한 예가 있다. 통상적으로는 3배 이하의 전력으로는 적을 이길 수 없으며 패한다는 것이 전법의 기본이다. 그럼 이런 국면을 일본군은 어떤 전법으로 타개할 것인가? 기적과 같은 '필승전법'은? 현재 오끼나와에 주둔중인 일본군 수비대 병력은 모두 합쳐 2개 사단 반 정도다. 반면 미군의 지상군 병력은 3배 이상 많다. 10개 사단이나 된다. 더욱 미군 1개 사단의 전력수준은 일본군 1개 사단의 수십배에 달한다. 숫자상으로도 상대가 될 수 없다. 거기에 미 태평양 함대의 전력과 하루에도 100대 이상이 뜨고 내리고 있는 미 공군의 활동 상황만 보더라도 이미 전투 결과는 충분히 예측이 가능하다. 일본군의 돌격정신은 무용지물이다. 지금껏 일본군은 허세만 불려온 꼴이며 비참한 결과가 기다리고 있는 형편이다. 물론 한 가닥 희망은 있다. 미군에게 거대한 현대식 과학적 무기가 있다면 일본군에게는 거대한 불침전함 두 척이 있다. 야마도와 무사시이다. 일본군에게 이것들은 비장의 병기다. 아직 실전에 배치되지는 않았지만 마무리 공사가 급속도록 진행 중이다. 일본 국민은 날마다 불침전함을 조기에 건조시켜 실전에 배치해 적을 격멸시키라고 절규하고 있다.

일본군은 용기 백배. 죽을 때까지 싸운다는 각오를 새롭게 다졌다. 시유리산(首里山) 속에 있는 야전전차 포대 제23연대를 각부대 참모들이 방문하여 격려하며 필승을 결의했다. 병사들도 호응했다. 이 연대는 천연동굴속에 있으며 갱목(坑木)으로 된 시지대를 이중삼중 받치고 있었다. 비참했다. 갱목조차 부족해서 애로가 많았다. 그러나 벌목은 절대 금지이다.

2. 상황 점차 급박

'45년 1월 9일 미 해병대 주력이 드디어 루손섬 링가옌만에 전격 상륙했다. 레이테 결전에서도 패하기는 했어도 아군 제14방면군의 전력만은 미군과 비교가 안될 정도로 우위에 있다고 평가돼 있었다. 그러나 적의 함포사격권 외에 있어 광대한 내륙에 이르기까지 장악할 수 있었다. 잇따른 큰 전과를 올려왔는데도 실제와는 달리 제14방면군은 최초부터 미군의 병력과 전력을 과소평가해 병력을 멋대로 분산배치 시키는 우를 범했다. 국지전에 치중한 끝에 큰 화를 자초했다고 전해져 온다. 오합지졸인 일본군 주력 제32군 수뇌의 남은 관심은 미군이 어느 시기에 어느 지역으로 대량상륙을 할 것인가이다. 일본군의 전의를 꺾을 것인지, 그리고 적의 작전속도, 루손섬 전황추이, 전 태평양상에서 마음대로 사용할 수 있는 미군의 병력수 그리고 실제로 미군이 생각하는 오끼나와섬에 대한 전략적 가치 등이 여전히 수수께끼다.

이제 오끼나와 결전은 '45년 3월경이 될 것 같다. 수비대 병사들의 생각 역시 3월이 주류였다. 그러나 일부 참모들의 생각은 달랐다. 미군의 본격상륙 개시 작전은 '45년 6~7월쯤이 될 것으로 내심 판단하고 있었다. 일본군의 작전준비는 여전히 최악의 상태였다. 작전 준비에 대한 영향도 적지 않았다. '45년 1월 1일과 2일 두 차례 미군 전투기 내습이 있었고 이어 12~24폭격기 여러 대가 일본군 수비대 주둔 남서제도를 정찰 비행했다. 날이 갈수록 미군기의 행동은 대담했다. 인근해상 작은 선박, 지상의 일반 자동차마저 발견 즉시 기관총 사격을 퍼부었다. 일본군 수비대는 기동방위대로 하여금 반격토록 했으나 전과는 전무했다. 게다가 1월 21~22일 이틀 동안의 미군 공습은 전년 가을 10월 10일 공습에 비하면 큰 규모였다. 일본군 방위대도 전력증강으로 미군기에 포격을 가해 여러 대를 격추시키는 등 제법 많은 전과를 올렸다. 그러나 상황은 갈수록 악화일로, 해상교통은 두절된 지 오래여서 오끼나와는 고도(孤島)였으나 벚꽃만이 만개하여 꽃향을 자랑하고 있다.

3. 일본군 '천일호(天一號)' 작전

2월로 접어들자 일본군 수비대는 만 17세 이상 45세까지 남자 25,000명을 방위대원이란 이름으로 소집했다. 중등학교 학생은 철혈동원대(鐵血動員隊)로 별도 편성하여 자기 마을을 사수하도록 했다. 홍안소년들이 적의 총탄 앞에 그대로 노출되었으니 얼마나 안타까운 일인가. 여자중학교 상급반 학생들은 모두 군 병원 간호사로 동원되었다. 피난민들은 인근 부두에 집결하고 언제 올지 모르는 피난선을 기다리며 기약 없는 나날을 보내고 있었다.

일본군 오끼나와 수비대사령부가 미군의 본토결전기도를 알게 된 것은 전술한 바대로 1월 하순 경이였다. 그것도 다이홍에이의 정식문서에서가 아니고 간접적인 대화를 통해 알게 되었다. 현 상태로 과연 작전을 유리한 방향으로 이끌 수 있을지? 본토 결전 시 큰 도움을 줄 수 있을지 아직 판단이 서지 않았다. 특히 무적 항공대를 자랑하는 본토 결전의 주력인 일본항공대라고 하지만 사이판 전투에 이

오끼나와 섬 주변을 정찰하고 있는 미 정찰기

어 레이테, 루손 등 결전에서 미군의 상대가 되기에는 약했다. 전반적 작전성과는 형편없었다. 그대로라면 본토 결전도 참담하다는 평이다. 그런 사실은 수비대장과 참모들만 알고 있었다. 부하들이 알까봐 오히려 능청을 부렸다. 돌연 천일작전 (天一作戰) 계획서가 사령부로 날아들었다. 작전계획서에는 주력 제32군의 임무 행동에 대해서는 일언반구도 언급치 않고 다만 서남제도 특히 오끼나와 본섬에 파견된 특공대의 작전계획을 상세히 설명했다. 천일작전 계획은 오끼나와섬 각 비행장에 항공대 분산배치에 따른 위장시설을 급속히 그리고 철저하게 강화시키라는 것이다. 그리고 비밀비행장도 건설 특공기 500대 정도를 확보하도록 하고, 적의 함대 내지 수송선단이 상륙을 위해 근접시 기회를 놓치지 말고 집중공격으로 적을 압도하라는 것이었다. 신설되는 비밀비행장 외 일본군에게는 기존의 비밀비행장을 여러 지역에 두고 있다. 육군은 오끼나와 중심지. 시유리산(首里山) 부근 북측에, 해군은 남방계 북측에 두고 있었다. 천일작전 계획서에는 아군 항공기 300대가 특별히 작전에 참가하도록 되어 있었다. 문제는 특공작전이 미군과 일본군이 생각하는 특공대 이전 시기와 본거지를 어디에 두는 것이 유리할 것인가이다. 특히 일본의 특공기는 알려진 것과는 달리 성능이 형편없는 것으로 파악돼 수비대는 고민이 늘 수밖에 없다. 대부분 특공기는 대만의 대북(台北) 비행장에서 오끼나와 북부와 중부비행장으로 곧바로 이동하여 결전에 임할 것이다. 문제는 그때까지 아군 비행장이 그대로 아군 손에 남아있을 지였다. 미군은 그들 비행장을 공략, 파괴하기 위해 집중적으로 폭격을 감행할 것으로 예측하기 때문이다. 그렇게 되면 특공기는 갈 곳이 없어지고 만다. 비록 사수를 다짐하고 있지만 공중에서 대기할 수도 없다. 이들 비행장은 일본군 수비대와 일반 민간인까지 투입하여 밤낮으로 작업한 끝에 건설한 세칭 동양제일의 군사비행장이 탄생된 것이다. 그러나 비행장을 파괴하는 데 필요한 것은 불과 며칠이다. 일본군 수비대는 1개 연대와 1개 사단병력을 비행장 방위에 전념케했다. 반면 미군은 필요한 관련 정보를 긴급 입수하여 오끼나와 일본군 전용 비행장 활주로 군데군데를 목표로 파괴활동을 시작하려고 했다. 일본군의 손발을 꽁꽁 묶어 기동조차 못하도록 하기 위한 작전 계획에 의해서다.

V. 오끼나와 섬 주변을 정찰하고 있는 미 정찰기

1. 운명의 결전 다가와

시기를 정확히 알 수 없지만, 이제 미군과 일본군은 운명의 결전만 남겨놓은 상황이다. 특히 일본군 수비대는 병력이 태부족 상태이지만 곳곳에 분산배치하여 외견상으로는 철통같은 병력을 보유한 것으로 보였다. 실제로는 병력부족 상태에서 다른 방법도 없다. 현재로서는 수송선 접안이 불가능하고, 추가병력 파병도 불가능하니 고립무원의 상태다. 오끼나와 수비대중 전투부대는 5만 명 정도이고 섬 주민은 10여만 명이 전부였다. 오끼나와 결전에 대비 꼭 와야 될 일본군 추가 부대는 제24사단을 비롯 제62사단, 혼성44여단 그리고 육군포병대대 등이다. 그 병력만도 3만 명이다. 이에비해 미군은 B24기를 동원 밤낮 오끼나와 섬 주변을 정찰하고 있다. 섬의 요충지인 이강도(伊江島)는 이미 미군이 점령하여 비행장으로 활용중이다. 일본군은 사방이 꽉 막힌 상태다. 현재 오끼나와 수비대를 지키고 있는 병사들은 개인화기조차 없는 상태다.

Ⅵ. 처절한 전투글

1. 항공대에 기대

오끼나와 결전을 치르게 될 일본군 주력은 제32군이라기보다 실제로는 육·해군 산하 항공부대다. '천호작전(天號作戰)' 계획서에 나와 있다. 그런데도 제32군 수뇌는 오만불손한 태도를 보이고 있어 각 수비대의 비난이 자자하다. 보다 큰 문제는 항공대가 필요로 하는 군사비행장 확보여부다. 특히 오끼나와 중심지역에 위치한 북·중부 비행장 사용이 전투가 끝날 때까지 가능한지다. 적은 벌써부터 이들 비행장 요소요소에 폭탄을 떨어뜨려 폐허로 만들 생각을 가지고 있다는 정보도 있다. 그렇게 되면 일본항공대는 무용지물. 전투는 하나마나다. 지상군 또는 함대의 전력이 비록 월등하다고 하더라도 항공대가 가세하지 않으면 안심할 수 없다. 아무리 작전계획을 새로 마련한들 달리 방안을 찾을 수 없다. 미군만도 막강한 공군병력을 자랑하고 있지 않은가. 새때처럼 폭격기편대가 몰려와 단숨에 아군진지를 폭격하여 폐허로 만들어 버리고 마는데, 아무리 결사항전해보지만 전력의 열쇠를 극복하기란 지난한 문제다.

다이홍에이 작전계획서에도 전쟁 초 태평양상의 대소 도서점령작전은 주로 항공전을 하도록 계획되어 있었다. 그러나 결과는 항공기 부족과 일부 비행장 시설 파괴 등 전력열세를 극복할 수 없어 미 해군함대의 함포사격의 위력에 밀려 내어주고 말았다. 오끼나와도 같은 운명을 맞을 것 같다. 지상·해상 전력만으로는 승산이 없다. 지난날의 전쟁사가 말해주고 있다. 전략전술도 요건이 갖추어졌을 때 빛을 발한다. 다이홍에이가 오끼나와 방위에 따른 작전계획을 세운 것은 '44년 11

월 24일. 본토결전은 '45년 1월로 예상했다. 지금까지 뚜렷이 진전된 것은 없다.

2. 결전 전야(前夜)

유황도(硫黃島)의 전선도 절망상태가 계속되고 있다는 보고가 현재까지도 접수되고 있다. 미 해군기동함대는 물론 잠수함함대 그리고 미 공군 등의 대규모 합동작전으로 제공권 제해군이 이미 미군에 넘어간 상태다. 전선은 미군의 독무대다. 머지않아 전선은 오끼나와로 이동할 공산이 크다. 그동안 국지전의 성격을 띤 전투가 벌어지기는 했지만 본격 결전은 시작단계다. 일본군 수비대는 보다 충분한 장비와 보급물자 해상 수송을 위해 히로시마 남쪽에서 수송선단을 통해 오끼나와로 바쁘게 실어 나르고 있다. 그러나 안타깝게도 수송선단은 오끼나와 먼 바다에 들어서자마자 미 해군 잠수함에 포착돼 기습공격을 받고 침몰되고 말았다. 반면 미 해군 수송선단은 특별호위를 받고 상륙부대가 주둔중인 해안으로 접안, 무사히 물자를 양륙해 대조를 이루었다. 그 시각에 일본수비대 제32군 참모장 명의로 된 한 장의 문서가 각 수비대에 접수되었다. '45년 3월 21일로 돼있다. "내일 아침 일찍 아군 마지막 문서연락기가 도쿄로 향하니 병사들 중 부모형제에게 안부편지를 보내고 싶거든 오늘 밤 내로 사령부 참모장 집무실로 가져오기를" 모든 병사는 저녁식사 후 내무반에 둘러앉아 부모, 처자, 친지들에게 마지막 편지를 썼다. 한 병사는 아내에게 보내는 편지에서 "혹 내가 전사했다고 하더라도 슬퍼하지 말아요. 나는 조국을 위해 아낌없이 목숨을 버렸으니……"

3. 벚꽃은 만개하고……

드디어 결전의 신호탄이 울리기 바로 직전이 된 것 같다. 어느새 봄이 오듯 벚꽃은 아름다움을 자랑하고 있다. 시기는 '45년 3월 23일 미군의 폭격이 어느 때보다 요란하다. 결전은 이미 시작되었다. 전날 밤은 미 해군 기동함대가 오끼나와 주변 섬에 산재한 일본군 군사시설을 향해 함포사격을 집중시켰다. 일본군은 반격에 나서기보다 방공호 또는 자연동굴 쪽으로 달려가기 바빴다. 이들이 일본군

의 전투병인지? 일본군수뇌 역시 반격보다 적의 공습여부, 특히 상륙 시 어느 지점이 될 지에만 신경 쓰는 눈치였다. 그에 따른 정확한 정보는 어디에서도 얻을 수 없다. 초반부터 쫓기는 신세 면하기는 어려울 것 같다.

  미 공군의 공습은 종일 계속되었다. 출격 항공기만도 수백 대. 공습지역은 주로 군사비행장, 선박, 항만, 군사시설 등이다. 그리고 상륙 배후 지대가 포함돼있다. 공습은 밤늦게까지 이어졌다. 다음날 날이 밝자 오끼나와 중심지역은 어느새 폐허로 변한 상태다. 일본군 수비대가 기대하는 것은 지상군이 앞으로 대량 상륙해올 적과 전면대결 시 지상전투에서 전세를 유리한 방향으로 역전시키기를 바라고 있다. 하지만 지상군의 전력도 너무 취약하다. 병력은 물론 무장이 미군과 비교되지 않는다. 더욱 미 해병대 병력 모두는 이름난 특수부대. 일반지상군과는 다르다. 일본군도 해병대와 비슷한 육전대가 있기는 하지만 불리하면 집단자결이 우선이다.

일명 '자살특공대'. 수비대사령부도 패색이 짙어 보였다. 병사들마저 패잔병 같은 모습이었고, 통신도 두절상태였다. 외부상황을 전혀 알 수 없으니 견시병이 야음을 틈타 산정에 올라가 야경만 보고 올 뿐 폭음소리는 계속되고 새벽 일찍 마지못해 몇 명의 참모들이 쌍안경을 들고 시유리성(首里城)에 올라가 주위를 살펴보았다. 사방은 먹구름으로 뒤덮여 분간조차 할 수 없다. 연안 가까이까지 적의 함정 수십 척이 전투태세로 포진해있다. 한때 용맹스러웠던 일본군은 지금은 어디에 있을까? 그러나 오끼나와 중심지역인 인근해역까지는 미 해군함대가 침입하지 않았다. 곧 그 해역까지도 적의 함포사격이 가해질 것 같다. 미 해군함대 등 연합군은 순차적으로 공세를 퍼붓는 등 용의주도하다. 상륙지역까지 미리 정해놓고 적진상륙을 강행하고 있다. 미 해병대는 전술상 유·불리의 구별이 없어 보인다. 일본수비대도 작전준비에 바쁜 모습이다.

4. 포연(砲煙)은 짙어가고

원래 미 해군함대는 전통상 작전계획이 정해지면 전황이 불리하다고해서 함부로 물러서지 않는다. 전술 역시 바뀌지 않는다. 일시 불리하더라도 당초 계획대로 밀고나간다. 오끼나와 해역에 포진하고 있는 미 함대 함정 수는 날로 늘어나고 있다. 날로 포연은 짙어가고 있다. 점점 전세가 악화되어가자 섬주민들의 피난 행렬이 다시 꼬리를 물기 시작했다. 마땅히 갈 곳도 없는 피난민들. 며칠 간 그곳 시유리산 언덕에서 섬 주변을 살펴본 결과, 미 공군의 대대적인 폭격횟수가 많아졌다. 그로 인해 상륙작전도 빈번히 이루어질 것 같다. 요소요소에 이미 미 해병대가 상륙하였다. 주요지역을 장악하고 일본군 수비대를 무력화시키고 있다.

미군이 설정한 오끼나와 군도(群島) 점령은 '45년 4월 26일. 그때까지 순조롭게 목적을 이룰 수 있을지는 의문이다. 일본군도 전력강화에 박차를 가하고 있다. 해상에는 300여 척의 신조포함과 어뢰정까지 대기 중에 있다. 특수부대까지 대폭증원해둔 상태다. 그 정도 전력으로는 안심할 수 없다는 것이 각 참모들의 판단이다. 아무리 구상해도 묘안이 떠오르지 않는다. 병력도 문제지만 화력도 문제다. 수비대가 보유중인 화력은 몇 문의 야포와 몇 십 대의 성능불량의 전차정도였다. 미군은 병력뿐만 아니라 야포는 물론 최신식 전차만도 수백 대가 벌써 양륙돼있다.

공이 어디로 튈지 모르듯, 전선은 어느 방향에서 형성될지? 어떻든 일본군은 최선을 다해 싸울 각오다. 현재 일본군의 관심은 적이 어느 시기에 본격 도발해올지? 평소 병사들은 교육받기를 싸우다가 죽으면 도쿄 야스쿠니신사에서 재회하자고 귀가 아프도록 들었다. 일본군의 앞날은 암담했다. 탈출구가 안 보인다. 섬 주민까지 포위당해 마음 놓고 움직일 수 없다. 주변 바닷가에는 미 해병대 상륙주정들이 자기집 드나들듯하고 있다. 미 공군은 상륙부대 엄호를 위해 거점별로 수십 발의 폭탄을 투하, 적의 전의를 꺾고 있다. 일본군은 동굴 속에 숨어들어 기회만 노리고 있다.

5. 항공특공대에 기대

일본군은 '천호작전(天號作戰)' 계획에 따라 항공특공대의 활약에 한 가닥 희망을 걸게 되었다. 하지만 적의 강력한 전략 때문에 선뜻 나서지 못하고 있다. 심지어 아군 군사 비행장 근처 상공에도 마음대로 진입치 못하고 있다. 자칫 진입을 시도하다간 선제공격 시도로 오판하여 순식간에 적의 공군 전투기와 폭격기 편대가 새떼같이 날아올지 모르기 때문이다. 그러나 여기까지 비행해온 이상 물러설 수 없다. 가미카제 독고다이(神風特攻隊)라고 이름 붙여

진 항공특공대 중에는 소수정예를 자랑하는 제42항공단에서 특별히 편성된 항공기 50대도 포함돼 있다. '45년 3월 28일 일본군 항공특공대가 시유리산 인근 비행장 활주로를 박차고 창공으로 날아올라 모처럼 은빛 날개를 자랑했다. 방공호 속에 갇혀 있는 수비대 병사들이 일제히 박수를 치며 환호했다. 미군 함정들은 한동안 적기 편대인줄 모르고 근해를 유유히 항해하고 있었다. 적의 특공기 편대가 함상위로 비행해 왔을 때 비로소 알고 사격준비에 돌입했다. 대응이 늦었다. 전투는 격렬했다. 미 해군 함정 10여 척이 폭격에 명중 격침당했다. 오랜만에 일본군은 큰 전과를 올렸다. 반면 일본 항공특공기는 함포에 맞아 수장, 한 대도 되돌아가지 못했다. 다이홍에이는 일본군이 오끼나와 근해에 포진중인 미 해군함정 수십 척을 일본군 항공특공대가 격침시키는 등 일본군 피해는 말하지도 않고 큰 전과를 거두었다며 연일 선전했다. 특공대전투는 번개 같았다. 몇 분간의 전투에서 일본 항공특공대는 적을 압도한다는 것만은 분명했다. 그러나 얼마가지 않아 꼬리를 내려야했으니 정말 안타까운 전투였다. 그 이후 오끼나와전 중요지점에는 다시 미 해병대가 병력증강을 위해 추가 상륙을 시도하게 되었다. 특히 섬 중심 카테나 방향에 상륙주정들이 몰리기 시작했다. 일본군 포병대는 이를 격퇴하기 위해 박격포대대와 함께 결사적으로 포를 집중했지만 별 성과가 없었다.

Ⅶ. 미 해병대의 기세

1. 카테나(嘉手納) 상륙 성공

미 해군 기동함대는 수백 척의 함정과 대규모 수송 선단으로 구성된 상륙부대를 오끼나와 남방 약 100㎞ 해상을 우회하여 속속 서북방향으로 진행해오고 있음이 일본군 견시병 쌍안경에 포착되었다.

그 중 일부 함정은 케이료우캉(慶良間) 해협을 돌파, 군소 섬들인 카미야마지마(神山島) 등에 포진하여 장사포 10문까지 배치했다. 시유리(首里) 동굴 속에 사령부를 두고 있는 수비대 주력은 적의 공세에 제대로 대응치 못하고 있었다. 공중, 바다, 육지와 내륙에서 일본군의 대응은 미미한 상태였다. 일전 지상전으로 전세를 역전시키고 말 것이라고 장담했던 일본군은 도저히 수세에서 벗어날 수 없었다. 일본군이 택할 수 있는 비장의 카드는 필요시 적진을 향해 몸을 던져 옥쇄하는 길 밖에 없다. 바로 자살특공대전술이다.

이제 미 해병대 주력부대까지 오끼나와 중심지역으로 상륙해왔다. 시유리산 고지대는 물론 시가중심지 그리고 수비대 사령부가 위치한 동굴 가까이까지 진격해온 것이다. 그때가 1945년 4월 중반이었다.

물론 미군도 많은 대가를 치뤘다. 병력, 전차, 장갑차, 상륙주정 3분의 1 가량이 일본군 수비대의 결사반격으로 희생되었다. 그래도 미 해병대 주력은 희생을 각오한 듯 담담했다. 연안 모래사장에는 전사자들의 시체가 즐비했다.

이번에는 미 해병대 5~6개 사단 병력이 적의 저항을 받지 않고 상륙에 성공하여 큰 화제꺼리가 되기도 했다. 심지어 전차 사단까지 상륙을 무사히 끝냈다. 미군은 오끼나와 본섬을 앞으로 벌어질 최후의 결전장으로 예상하고 주변 작은 섬들에 대한 병력 배치는 별 관심이 없었다.

그 섬에는 소수의 일본군 수비대 병력이 방위하고 있었다. 병력이 태부족하여 일본군은 본섬에도 전체 면적 5분의 1에 불과한 지역에 병력을 배치해둔 상태였다. 주로 남방부와 중부지역에 대한 작전계획으로는 적이 공격해올 경우, 특별히 항공부대와 제10방면군 즉시 투입 그리고 야포 10문도 준비되어 있었다.

일본군 각 수비대에서 보고해온 정보를 종합분석한 결과 미군은 오끼나와 주요 지점을 대부분 이미 점령했다. 일본군 주력부대 사령부가 위치한 중심지역만 남겨둔 상태다. 주요섬 주변 해안에는 아군 15인치 야포와 사정거리 20km를 자랑하는 주포 2문 그리고 해군기지에 설치할 야포 5문이 반격에 나서기 위해서 준비되어 있었다. 최악의 경우 이곳 어부 50명으로 조직해둔 해상자살특공대가 투입될 예정이었다.

2. 본격 전투 돌입

1945년 4월 일본 상층부의 대공세론이 흔들리고 있는 가운데 일선 수비대에서는 본격 격전이 시작되었다. 일본군 독립 보병 제12대대가 출격하자마자 밀물처럼 미군들이 올라와 일본군 북부진지를 수비중인 보병 65여단까지 접근했다. 좌측에는 일본군 독립 보병 제14대대, 우측에는 독립 보병 제11대대, 그리고 서쪽에는 독립 보병 제13대대가 진을 치고 있었다. 그 옆에 보병 제64여단과 제21대대가 이중삼중으로 방위선을 구축해 두고 있었다. 일본군 수비대 모두는 무혈상륙한 미 해병대에게 지상전에서 뜨거운 맛을 보여주겠다는 각오로 전투에 임했다.

근처 고지에 낮에는 일본군 수비대가 밤에는 미 해병대가 우위를 자랑하며 쟁탈전을 벌이고 있었다. 전투는 갈수록 격렬하였다. 양측 포병대 위력도 대단했다. 야간 중포탄이 집중되는 가운데 적은 좀처럼 물러설 기미를 보이지 않았다. 특히 오끼나와 본 섬에 주둔한 일본군 포병대는 태평양전쟁 시작이래 처음으로 통일된 작전으로 각종 화력을 통합 발휘했다. 동굴 진지 구축에도 많은 병력이 동원되었다.

다시 미 해병대 상륙주정 80여 척이 상륙부대를 가득 싣고 해안으로 접근해왔다. 불과 100m 가량의 거리를 두고 일본군과 대치했다. 곧바로 총격전이 벌어졌다. 피아간 전사자가 속출했다. 일본군은 사무라이 정신을 발휘하며 응전하였고 많은 전과도 올렸다. 그러나 승리감도 잠시 바다고래가 많은 새우를 한 입에 삼키듯 일본군은 월등한 미군의 화력에 압도당하고 말았다. 그 무렵 4월 20일께 수비대 사령부는 새로운 작전계획을 긴급히 각 수비대에 시달했다.

새로운 작전계획은 ① 주로 야음을 틈타 적진을 향해 기습공격으로 적을 격멸시킨다. ② 투입할 병력은 특수임무를 띤 보병 제11여단이며, ③ 모든 전선에 걸쳐 소규모 병력을 배치하여 적진 깊숙이 투입시켜 혼전을 유도, 적의 포병진지와 중부비행장을 탈환할 것 ④ 포병부대는 최단시간 내에 사격준비를 끝내고 바로 공격에 임하라. ⑤ 야간 기습에 성공한다면 전력을 다해 더욱 공세를 강화하라 등이었다.

각 참모들은 이 같은 작전계획이 성공할 수만 있다면 하룻밤에 10㎞ 내외의 전선 돌파는 문제없다고 큰 소리쳤다. 오로지 작전참모만 "적의 절대 우세한 전력 앞에서는 기습은 실패로 끝나기 쉬우므로 그런 말은 있을 수 없다."고 비판하면서, "그 같은 전술은 고지대 전투시 또는 촌락(마을)에서 간혹 있을 수 있다."고 덧붙였다. 더욱이 지금의 전세대로라면 10㎞ 내외의 전선 돌파는 정신 빠진 소리에 불과하다며 지금 일본군은 화력이 월등한 미군과 전투하고 있다는 현실을 망각해서는 안 된다고 경고하기도 했다.

그러나 사령관과 참모들 대다수는 야간기습작전계획을 밀고 나갈 생각이다. 문제는 포병부대의 역할이다. 포병대는 지금껏 한 차례도 야간기습훈련을 받은 적이 없었다. 훈련은커녕 야간기습에 따른 준비시간조차 부족한 형편이었다. 지형마저도 야간기습하기 적합하지 않았다. 대부분 평탄한 지역이라 은신처가 없었다.

미군의 화력은 밤이 되어도 절대적 우위를 차지했다. 소규모 부대로 편성되어 적진을 돌파하려는 비상전법은 일리도 있지만 여러 악조건을 고려해 볼 때, 하루에 10㎞ 가량의 적진을 돌파하겠다는 계획은 무모한 전술에 불과했다. 게다가 야간기습 전술은 당초 지구전에 배치된다고 하더라도 임기응변술에 불과하다는 비판도 제기되었다. 상황이 그러한데도 사령관과 대다수 참모들은 끝까지 야간기습을 고집했다.

그 밖의 참모들은 될 대로 되라는 식으로 자포자기 상태였다. 만일 작전이 실패할 경우, 앞날은 뻔했다. 미군의 반격으로 일본군은 막다른 골목으로 몰릴지 모를 일이다. 그런데도 보병 제22연대와 제24사단은 야간기습을 주도하기 위해 사유리(首里) 동쪽방향으로 이동 중이다.

3. 필사적 반격

4월 들어 오끼나와 해변의 밤은 맑고 깨끗하고 평화롭다. 이 섬이 왜 갑자기 격전장으로 변했을까? 다이홍에이 발표에 의하면 일본군 분전으로 미 해군함정 수척이 침몰되었다는 소식에 병사들의 사기가 조금씩 되살아났다. 일본군의 전반적인 전력이 적을 압도하고 있다는 선전을 늘어놓기 위해서다. 하지만 현실은 전혀 달랐다. 일본의 실제 전과는 전무한 상태였다. 연전연패로 처절할 정도다. 그래서 최후 수단으로 일본군 특공대가 앞장서 필사적인 노력을 다했다.

일본군의 반격이 예상 외로 격렬해지자 적의 공격이 다소 누그러들었다. 일시적인 전술같았다. 오끼나와 항만에는 미군이 설치한 전등불이 대낮처럼 밝아 일본군의 해상특공대는 접근조차 할 수 없다. 미동만 해도 즉시 사이렌소리가 요란하게 울리는 바람에 금세 미군 전투병들이 몰려들었다. 일본군 육군과 해상특공대 활동은 사실 현재로서는 유명무실했다.

마지막 기대는 항공특공대뿐이었다. 그것은 조종사 부족과 항공기 대수 부족, 성능열세 등으로 기대를 걸 수 없었다. 참으로 일본군의 앞날은 암담하였다. 가령 일본 항공특공대가 출격한다고 해도 미군 진지 상공까지 갈 수도 없을뿐더러 간다고 해도 단번에 미군 대공포에 격추당하는 것이 십중팔구다. 단지 해상에서 항해중인 미군의 수송선 정도는 격침시킬 수 있을 뿐이다.

일본 항공특공대 기지는 가까이로는 규슈(九州) 또는 멀리 중국 본토기지와 대만의 길웅시 항공기지에서 출격해 온 것이다. 문제는 항속거리 관계도 제 몫을 못하고 연료부족으로 되돌아가야만 했다. 더러는 격추당하기도 하였다. 일본군 수비대는 항공기가 격추당할 때마다 전의가 사라졌다. 결국 일본군 수비대의 항공특공대마저 별다른 전과를 얻지 못했다는 것이다.

4. 고지대 '특공'

일본군 주력 진지 오른쪽 방향 거점인 미나미우에바라(南上原) 고지대는 나카지마 장군(中島 중장)이 직접 지휘하는 여단 주력 독립보병 제11사단 14대대와 22대대가 방위를 책임지고 있는 지역이다. 이 고지대는 중간 고지대와 연관돼 있었다. 일본군 진지의 중심지였다. 이 고지대는 북쪽 미군 진지로부터 수십 미터나 떨어져 있는 깎아 세운 듯한 낭떠러지가 길게 늘어져 있어 적의 전차 진입은 불가능했다. 일본군의 진지는 요새와 같고 미군 진지는 고립상태나 마찬가지였다.

중앙고지 역시 일본군 주력수비대의 북쪽 진지의 근간을 이루는 중요 지역이었다. 이 고지 주변도 수십 미터의 낭떠러지들이 형성되어 있어 미군의 공격이 쉽지 않도록 되어 있었다. 뛰어내리면 즉사 아니면 반신불수를 각오해야하는데 이런 지역에서 특공작전을 펴겠다니 일본군 장병들을 소모품으로 여기는지 참모들의 비판이 끊이지 않았다. 일본군의 특단의 작전에도 불구하고 미군이 보유중인 장거리포의 위력은 상상을 초월하여, 일본군 수비대는 여전히 고전을 면치 못했다. 다만 고지대 지형만을 잘 알고 있었기 때문에 병사들의 전의 저하에도 불구하고 전투 아닌 전투를 하게 되었는데 이것도 비판이 되었다.

미 해병대 전차의 화력도 항공기 폭격 그 이상이었다. 일본군 진지는 미군의 전차포 한 방이면 파괴되어 버렸다. 전투는 점차 격렬해지기 시작했다. 일본군에게 미 해병대 전차는 공포 대상이었다. 미군이 이 전투에 투입한 지상병력만도 2개 사단이었다. 미군은 고지 정면에서부터 역공하여 들어가다가 해안으로 가까이 온 함대의 협력으로 일본군 특수부대 미우라대(三浦大隊)를 격멸시켰다. 다행히 일본군 포병대는 동굴 속에서 총구만 내 놓은 채 적이 가까이 오기만을 바래고 기다렸지만 더 이상 확전되지 않아 남은 일본군들은 살아 남을 수 있었다.

5. 일본군 자살특공대 긴급편성

오끼나와 결정이 미군쪽 승리가 굳어지자 일본군은 당황한 나머지 3종류의 자살특공대를 긴급편성하여 전선에 투입했다. 자살특공대는 가미카제(神風) 특공대를 비롯 인간어뢰와 의열공정대(義烈空挺隊)라고 하는 특수부대였다.

가미카제 자살특공대는 '국수작전(菊水作戰)'이란 암호명으로 오끼나와섬 주변 지역에 진을 치고 있는 미 기동함대를 향해 야간저공비행으로 함정기관실이나 굴뚝 속으로 돌진하여 격침시키는 비상전법으로 대적했다. 전투기에는 대형폭탄 1개씩 장착하고 죽음을 각오한 한 명의 조종사가 다이아다리(충격) 전법으로 공격하였다. 당시 동원된 특공대 전투기는 2천여 대. 불행하게도 전과는 거의 없었다. 미 해군 전쟁사에는 그 당시 일본군 가미카제 특수부대의 기습공격으로 침몰된 해군함정은 전함, 구축함, 초계함 등 모두 26척이라고 기록되어 있다. 시기는

1945년 4월부터 6월 사이로 일본 항복 두 달 전이었다.

인간어뢰는 헤엄을 잘 치는 어부출신 병사들을 선발, 허리에 어뢰 1발씩을 매달고 어둠을 틈타 바닷속으로 헤엄쳐 가까운 미국함에 접근하여 동시에 충돌 폭파시키는 전법이었다. 그러나 인간어뢰전법 역시 별다른 전과를 얻지 못했다. 밤인데도 낮보다 더 밝은 조명등 때문에 함정 근처에 가기 전에 헤엄 물결이 발견돼 전원 사살되었다.

의열공정대는 '가수납 이강도(嘉手納 伊江島)' 등 오끼나와 중심지를 점령하고 있는 미군을 목표로 부대장 오꾸야마 대위의 주도로 '의호작전(義號作戰)'이란 이름으로 적을 기습했다. 전법은 전투기에 특공대원 한 명과 폭탄 한 발을 낙하산에 매달아 공중에서 낙하 적진을 교란했다. 결국 의열공정대도 아무런 전과 없이 대원 69명만 전원 희생당했다. 이후 오끼나와 결전은 날이 갈수록 일본군에게 불리해져갔다.

Ⅷ. 전투는 종반전 양상

1. 계속 무혈 상륙

무혈(無血)에 가까운 오끼나와 요충지 카데나(嘉手納) 상륙에 이미 성공한 미 해병대는 다시 추가로 적전 상륙에 성공했다. 해병 제7사단과 제96사단은 상륙 즉시 일본군 수비대 진지를 향해 공격을 개시했다. 일부 미군병력은 5일동안 격전을 벌인탓인지 병력소모가 많고 지쳐있었다. 일본군수비대 제32군단은 주력답게 쉽게 물러서지 않았다. 결사항전을 계속했다. 미 해병대도 병력손실이 적지 않았다. 전투는 잠시 소강상태. 일본군수비대도 무려 3,000여 명의 사상자를 내었다. 그러나 미 해병대 제24군단 사령관 홋지 중장은 당초 작전계획대로 밀고나간다는 복안이다. 그의 공격계획은 오끼나와 중심 시유리산(首里山) 주변에 잔존해 있는 적의 방어망을 격파, 진지를 완전점령, 그곳 요나바라마찌(歟那愿道)까지 진격한다고 되어있다. 그리고 미 해병대 제7사단은 동쪽 방향을 돌아 적의 제138고지를 탈취, 요나바라마찌 공격부대와 고지에서 합류한다는 작전계획이다. 미 해병대 제96사단도 시유리산(首里山) 남방공로(南方公路) 지구를 동시에 점령, 일본군의 숨통을 조르기로 했다. 이번 작전은 오끼나와전의 주요 고비가 될 것 같다. 일본군 수비대도 험준한 산골짜기로 숨어들어 기회를 계속 노리고 있다. 전세는 갈수록 미군쪽으로 기울어 가는 것 같다. 미 해병대 총지휘관 홋지 중장은 적의 진전에 신경을 곤두세우며 현상태에서 공격을 계속해나갈 계획임을 참모들에게 밝혔다. 무리하게 공격을 하지 않아도 예상외의 전과를 거두고 있다는 판단에서다. 특히 홋지 장군은 누구보다 아껴준다는 좋은 평을 받고있다. 섬주변 해상에선 몇 주 전부터 미 해군 태평양함대 산하 제5전대가 전함 6척과 순양함 6척, 구축함 6척과 많은 수송선단과 함께 상륙부대 연락작전을 돕기 위해 밤낮 배후를 중심으로 엄호사격중에 있다. 그 포탄은 주로 일본지상군 제62사단 병사가 집결해 있는 머리위로 스쳐 지나가고 있어 깜짝깜짝 놀란다고 전한다. 어쩌면 이번 미 함대 함포사격은 태평양전쟁 이래 최다 집중사격이 될 것 같다는 견해도 있다. 반면 일본군 수비대는 군단 또는 사단에 배치돼있는 총 326문의 야포를 동원. 매일 아침 6시께부터 사격에 집중하고 있지만 큰 전과는 나타나지 않는다. 전선별로는 1마일당 평균 75문씩 배치돼있다. 미 해병대도 대규모 포격을 계속중이다. 포대별로 1분동안 대략 19,000발 정도나 된다.

2. 반격 성공은 한 순간

일본군 수비대 포병대대가 동굴속에 감춰두었던 야포를 동원 미군의 포격에 맞서 반격에 나선 결과 상당한 성과를 올렸다고 자평했다. 그러나 기쁨은 한순간 1톤 포탄이 함포위력에 버금가는 화력을 과시했지만 전체 전력의 열세를 극복할 수 없기 때문이다. 일본군 주전지에는 아직 많은 병력이 포진하고 있지만은 이에 대응 미군은 3개 사단 병력과 전차부대까지 동원돼있다. 전선은 약 10㎞. 중앙정면에는 일본군 수비대가 새로운 전법으로 미군을 압박, 많은 전과를 거두고 있다는 정보가 접수돼 일본군 수뇌는 꽤 고무되었다. 그 정보는 곧 바로 다이홍에이로

폭격으로 파괴된 신사

타전되었다. 그러나 미 해병대 제7사단, 제96사단, 제27사단 등 3개 사단을 직접 지휘중인 홋지 장군은 흔들림없이 공세를 강화·전진을 명령했다. 반면 서쪽방향에서 해병 제12사단 등 3개 사단을 지휘중인 버크너 중장은 고전을 면치 못한 상태다. 악전고투의 연속이다. 추가 상륙부대가 일거에 진지를 돌파하려하기 때문이다. 적의 공세도 만만찮은데, 그동안 일본군수비대 주력 제32군만도 병력 절반 정도가 희생되었다. 포1병대만은 여전히 건재하고 있다. 지금까지의 고지전투에서 일본군은 많은 것을 잃은 상태다. 미 해병대 병력은 계속 증강되어 6개 사단으로 늘어났다. 1~2개 사단은 언제든지 전선에 투입시킬 수 있는 여유병력까지 갖게 되었다. 미 해병대가 앞으로 시작할 주요전투는 협동작전이다. 일본군의 전력을 미뤄볼 때 쉽게 공격을 시도할 것 같지 않다. 문제는 어느 시점 어느 지점에서 백기를 들고 투항하든지, 아니면 전원 절벽에서 소위 천황만세를 부르며 투신자살(옥쇄)하든지, 또는 동굴속으로 숨어들어 수류탄을 터트려 집단자살을 하는 길밖에 없을 것이다. 일본군은 언제나 죽어서 넋이되어 야스쿠니신사에서 재회하자는 말을 자주 쓴다. 시일이 지날수록 일본군 병력은 급격히 줄어들고 있다. 주력 32군 병력만도 한 달 동안 또다시 절반 이하로 감소했다. 보급품마저 바닥이 드러난 상태다. 일본군 잔존병은 전투를 포기한 채 동굴속으로 숨어들어 해안가에 야적해놓은 미군 보급품을 훔쳐와 연명하

오끼나와의 미군 임시 무덤

기에 바쁘다. 미군들은 그런줄 알면서도 눈감아 주고 있다. 부대 이동도 쉽지 않다. 수백명의 부상병을 수송할 병원선도 없고 해상수송선도 마땅치않다. 그대로 남겨두고 갈 수도 없고 마지못해 나온 해결책이 독약이 들어있는 우유를 먹여 집단자살토록 하는 방법밖에 없다는 대책을 내놓았다. 이 비밀계획을 전해들은 부상병들은 "천황을 위해 조국을 위해 전선을 누비다가 불구의 신세가 된 것만도 억울한데, 우리를 독약을 먹여 죽이다니……"하며 통곡했다.

3. 전선은 어느새 5월로

오끼나와전은 어느새 '45년 5월로 접어들었다. 일본군 수비대 주력 32군이 시유리(首里) 전투에 본격가세. 약 한 달 동안 계속된 공방전에서 포병대와 함께 모처럼 호흡을 같이 했다.

일본군 수비대 그곳 진지는 난공불락이라 할 만큼 잘 구축돼있다. 전투병은 대부분 중국전선에서 전투경험을 싼 고참병들로, 최정예란 평가를 받고 있다. 이들과 교전을 벌인 미 해병대 제7사단과 제96사단 그리고 제27사단은 갑자기 강해

미군 무장 장비들

진 일본군에 위협을 실감했다. 따라서 4월 말까지 후방에 남아있던 미 해병대 33사단은 제11사단과 임무교대 최전방 일본정예 부대와 공방을 주고 받았다. 미군 특수부대같은 전력을 보이자 이번에는 일본군 정예부대가 돌격을 포기한 채 공격을 중지했다. 하지만 교체된 일본군 정예부대는 의외로 강했다. 그에 따라 일본군 수비대 사령관 우시지마(牛島 滿) 장군은 그 부대에 특별히 표창장을 수여, 사기를 더 높였다. 더욱 이 부대 포병대는 가장 막강한 전력을 가졌다는 평가다.

찬사를 받고있는 일본군 정예부대가 과연 모두가 기대하는 대로 역전의 기회를 만들 수 있을지, 지켜볼 일이라고 주요 참모들은 말했다. 저번 전투에서 기대 이상의 전과를 올린 관계 부대장과 포병대장은 1계급 특진까지 하게 되었다. 영광은 오래가지 않았다. 하룻밤 사이에 일본군 정예부대는 잔존고지를 적의 기습공격에 밀려 그만 당하고 말았다. 병력손실만도 절반이상. 앞으로 전투를 어떻게 이어가야할지.

4. 최후의 돌격명령중지

'45년 5월 5일 오전 5시 갑자기 수비대 사령관실에서 긴급 참모회의가 소집되었다. 사령관 우시지마 장군이 상기된 얼굴로 침묵을 지키고 있었다. 참모들은 생각하기를 드디어 최후의 돌격명령이 내려지겠구나 하는 분위기를 느꼈다. "각 참모들! 귀관의 말대로 지금껏

카미카제

공격방식은 완전 실패였다. 전략전술마저도. 개전시부터 귀관들의 의견대로 행하지 않은데 대해 먼저 사과드린다. 더 이상 공세는 무모한 일이다 …… 돌격중지를 명령해둔다 ……." 그는 일사천리로 말을 계속했다. "패전의 책임을 옥쇄로 끝내고 싶지는 않다. 본관은 어제 새벽 도쿄로 날라갔다. 육군대신 참모총장 등을 차례로 면담했다. 그들은 나에게 절대 옥쇄해서는 안 된다고 몇번이나 말했다." "일본군의 주력은 수비대뿐이므로 잔존병력을 다시 규합 최후의 1인이 남을 때까지 적과 싸워야한다."는 말을 들었지만 현재 이곳 전선은 사정이 다르다. 오늘부터 부대지휘는 참모들께 일임한다. 듣고만 있던 참모들은 침울했다. 일본군의 항복날짜만 남은 것 같다는 느낌이다. 앞으로 일본군의 운명이 어떻게 될지 걱정이 앞섰다. 전권을 위임받은 참모들은 대책 협의와 구체적인 진로방향을 앞두고 의견이 분분했다.

전투를 계속하자는 주장도 있고 사령관의 공격중지 명령을 받아들여 상부의 추가지시에 따르자는 주장이 맞서 빨리 결론이 나지 않았다. 일부 참모는 사령관

의 갑작스런 작전중지 명령은 지난날 육군대학에서 배운 교육내용과는 거리가 멀다고 말했다.

IX. 항복 날짜만 남았다

1. 일본군 승리는 바늘구멍

'45년 4월 중순까지만 해도 일본항공특공대가 10일정도만 폭격을 퍼부었다면 미군은 오끼나와전을 포기하고 물러갔을 것이란 믿을만한 정보가 일본군수비대 사령부에 날라 들었다.

모든 미군 상륙부대가 전진을 포기, 점령지를 철수했을 것이란 믿기지 않은 정보가 있었던 것은 사실이었다. 하지만 천재일우의 기회가 지나간 후다. 꿈같은 소리다. 그 무렵 일본 정부는 갑자기 내각이 바뀌어 스즈끼(鈴木) 내각이 탄생하는 등 복잡하게 돌아갔다.

일종의 정변이었다. 이제야 전시수상 도조(東條英機 -육군대장) 내각이 뒤늦게 물러갔다. 구주정국도 유동적이었다. 일본과 군사동맹국 독일의 패퇴는 날로 짙어갔다. 그래도 다이홍에이는 최후로 항공특공대에 대한 미련을 버리지 못하고 있다.

오끼나와 일본군 지상부대는 전투를 이미 포기한 상태다. 참모들조차도 일본군의 승리전망은 바늘구멍에 불과하다는 결론에 도달한 상태다. 어차피 항복할 바엔 잔존 병사들과 민간인들을 한 명이라도 구하기 위해 빠른 편이 낫다는 말을 동료 간에 주고받았다.

당초 일본군 수뇌는 오끼나와전은 본토결전을 위한 전초전으로 여겼다. 상황이 뒤바뀌어 오끼나와전이 태평양전쟁 최후의 결전으로 막이 내릴 것 같다. 그 때문에 본토방위를 위해 오끼나와에는 사실상 충분한 병력과 화력을 배치하지 않았다. 패전의 주요요인의 하나였다. 그야말로 수비대 수준의 병력, 화력만 배치했을 뿐이다. 말로만 큰소리쳤다. 병력도 대부분 전투경험이 부족한 신병, 섬 주민 출신 위주로 편성됐던 것이다.

특히 신임 스즈끼(鈴木) 수상은 취임하자마자 격전지 오끼나와 주민들을 대상으로 위로방송을 했지만 반응이 좋지 않았다. 그 시기 미국 루즈벨트 대통령과 영국 처칠 수상이 함께 주요전선을 찾아 연합군들을 따뜻이 위로하고 정전(政戰)의 조화일치에 노력했다.

그 이후부터 일본군의 패색은 급격히 하향곡선을 그렸다. 정해진 운명을 바꿀 수 없었다. '45년 5월로 접어들자 오랫동안 기세당당했던 독일이 백기를 들었다는 소식이 오끼나와 시유리 동굴에까지 전해져 왔다.

개전 초 군화발로 구주대륙을 짓밟고 프랑스 파리까지 점령, 세계를 놀라게 한 독일군이 끝내 항복했다고 하니, 태평양전쟁도 듣기 좋은 명분으로 일본군이 도발, 개전 초부터 기세가 당당했지만 얼마안가 역전, 줄곧 고전을 면치 못했다.

일본 군벌이 전쟁을 일으킨 큰 목적은 군국주의를 지향하기 위해 현재의 지위 명예 권력 유지 또는 연장 수단에서라고 참모들 대부분은 그렇게 생각했다. 또 한 가지 주요 이유로는 일본군의 중국대륙침략인 지나사변(중일전쟁)에 대한 미국의 관습을 타파하기 위한 방법으로 대미전쟁을 일으킨 점을 수비대 참모들은 뒤늦게 파악했다.

2. 동굴 속 여군 처리 문제

'45년 5월 4일과 5일 잠시 공세가 중지되자 일본군 병사들은 각기 부대진지로 복귀했다. 그래도 안심할 수 없어 적의 동향파악에 분주히 움직였다. 수비대 사령부에 육참총장 명의의 전문이 접수되었다. "수비대 전력이 약화된 현재 대안은 항공대가 전력을 다해 전쟁이 공식적으로 끝날 때까지 섬 주변 적의 함정에 대해 집중공격을 재기하라." 전선 사정과는 너무 동떨어진 작전 명령이었다.

그대로 무시해버릴 수도 없고 참모들에게는 새로운 고민꺼리였다. 긴급회의 결과 현 상태를 계속 유지하기로 했다. 미 해병대상륙부대는 넘칠 정도다. 일본군을 압도하고 있다. 지금까지 6개 사단이 오끼나와에 상륙, 점령군으로 군림하고 있다.

　일본군의 패전은 돌이킬 수 없는 대세다. 이젠 결단을 내릴 때가 되었다고 일선 참모들은 생각했다. 하지만 함부로 입 밖에 낼 수 없고, 인명피해만도 군-민간인을 합쳐 사망자가 12만. 수비대원 절반과 섬 주민 절반 이상이 희생되었다.

　그러나 다이홍에이는 여전히 정신 못 차린 듯, 오끼나와 전선 전황을 외면한 채 마치 일본군이 역전승하고 있는 양 계속 거짓 선전만 늘어놓고 있으니, 이 상태라면 본토 결전도 패전이 확실시 되었다.

　어느 날 돌연 수비대 사령부가 있는 시유리 동굴 속의 대원들의 철수가 시작되었다. 먼저 여성장교들이 동굴 입구에 서성거렸다. 5월 13일 총공세 실패 후 대원들은 크게 위축돼 있었다. 여군들의 얼굴에 화장은커녕 눈곱이 그대로 남아 있었다. 많은 부대원들은 동굴을 나가봐야 갈 곳이 없다며 동굴 속 돌을 베개 삼아 그대로 죽는 편이 낫다며 주저앉았다. 다만 여군의 갈 길이 문제로 떠올랐다. 그 말을 듣자 여군들은 흐느꼈다. "우리가 가야할 곳은 어디일까……" "우리들은 후방에 수용중인 상이 병사들과 만나 그들을 돌볼 생각이다. 나머지는 각자 운명에 맡긴다."

　5월 10일 여군 장교들 일행은 각자 짐을 싸들고, 부대원들과 작별의 인사말을 나눈 뒤 동굴을 나섰다. 깊은 계곡 아래로 향해 내려간 후 어디론가 사라졌다. 뒷모습에 비친 저녁노을은 오랫동안 사라지지 않았다.

3. 아마구다이(天久臺) 혈전 재개

　일본군 수비대가 공격을 단념함에 따라 혼성여단 병사들은 산언덕 아래에 위치한 진지로 복귀했다. 그곳이 아마구다이(天久臺) 일대. 근처 제62사단 왼편에 주둔하고 있는 아리가와(有川) 여단은 적의 공격 재개로 동굴 속으로 숨어들었다.

　돌연 재개된 아마구다이 전투는 미 해병대가 야지야가와(安謝川)를 도강 남하하는 일본군과 조우한데서 비롯되었다. 그러나 전투는 오래 계속되지 않았다. 미 해병대도 현재 전황을 알고 있는 듯, 공격을 중지하고 급히 전선을 빠져나갔다.

제 2부 - 3편 결전, 오끼나와 상륙 · 249

미군의 화염방사기가 일본군 진지를 공격하고 있다.

멀리서는 미 해병대 포병대가 포격을 퍼붓고 있어 주간에는 지상에서 활동이 어렵다. 사방의 지형조차 자세히 알지 못한다. 야간에는 미 함대의 함포가 지축을 흔든다. 수비대는 동굴 속 깊이 들어가 있어 나오는데도 며칠 걸릴 판이다.

일부 미 해병대는 아직 일본군이 완전 항복 않은 탓인지 깊숙한 강물을 그대로 도강 아군진지 가까이 진격해 왔다. 일본군 독립혼성 제15연대는 미군을 피하기 위해 동쪽 방향으로 급히 철군했다. 바로 옆에는 수심 30m의 강이 흐르고 있다. 일본군은 거의가 전투를 중지했지만 일부 적은 공세를 멈추지 않았다. 더욱 해안에는 높이 수십 미터나 되는 단애가 형성되어 있어 만리장성 같은 느낌이다. 전투는 언제쯤 공식 막을 내릴 것인가?

일본군 수뇌는 오끼나와전에 대한 항복문제를 놓고 아직 의견 일치가 않되 지연되고 있을 뿐인데, 미군측은 그런 사실을 아는지 모르는지 오직 공격에만 염두에 두고 있는 것 같아 일본군의 반발을 사고 있다. 일본군 참모들 가운데는 그럴 바엔 전원 옥쇄하는 일이 있더라도 최후까지 항전하자는 주장을 굽히지 않았다.

제62사단 아리가와부대(有川部隊), 마에다부대(前田部隊) 그리고 나카지마부대(中島部隊) 등은 독자적으로 전투를 재개, 미군과 격전 상태다.

실제로 일본군의 진로는 진퇴양난이다. 적극적으로 공세를 펼 수도 없고 무조건 철군할 수도 없고 수시로 날라 오던 다이홍에이의 새로운 전문조차 없고 아군 항복설은 무성하고.

4. 탈출극 시작

일본군 수비대의 전의 상실로 병사 대부분은 탈출 기회만 엿보고 있다. 절망상태이기 때문이다. 주력 제62사단 병력이 전선에서 이탈, 안전지대를 찾아간 후부터 본격 탈출이 시작 되었다.

더욱 며칠 동안의 밤은 유난이 달이 밝아 미군의 최종공세가 몹시 두려웠다. 산기슭을 지날 무렵 길옆 숲속에서 갓난아이 울음소리가 들려왔다. 뒤따르던 간호장교 두 명이 그곳으로 달려갔다. 어린이가 어머니 팔위에서 울고 있었다. 배가 고파서였다. 어머니는 가슴에 총을 맞아 죽어 있었다. 피난도중 미군 총에 맞아 죽은 것 같았다. 여장교들은 어찌할 수 없어 그대로 두고 돌아왔다. 수비대 병사들도 실제 갈 곳이 없다. 사방은 험준한 산골짜기 주변. 바다 타고 갈 배도 없고 준비해온 식료품은 다 떨어지고, 해결책은 미군에 투항, 포로가 되든지 옥쇄를 하든지 두 가지 길 밖에 없다. 옥쇄할 시 높은 바위가 즐비한 단애(斷崖)를 찾아 가든지 아니면 동굴이나 계곡에서 수류탄을 동시에 터트려 최후를 맞이하는 길밖에 없다고 병사들은 생각했다.

다이홍에이는 아군병사들의 탈출 사태를 모르는 듯 오늘도 전투를 독려하는 전문을 보내오고 있으니 가소롭다. 미군이 일명 '초콜렛 고지'라며 일본 고지 중 천연 요새로 알려져 온 그 고지까지 점령 성조기를 펄럭이고 있다. 현재까지 천황과 국가를 위한다는 명분으로 목숨을 걸고 강력한 적을 상대로 전선을 누벼온 것에 대해 곰곰이 생각하니 후회 막심하다는 말들이 여기저기서 들려온다. 소위 장교뿐만이 아니라 졸병들도 거의 같은 생각이다.

5. 시유리산(首里山)아! 잘 있거라

오끼나와 결전이 시작된 지 석달 가량. 그동안 일본군 수비대 주력 제32군이 자리했던 시유리산 지하 동굴을 떠나기로 했다. 전쟁을 이기지 못해 "천황폐하 만세"도 불러 보지 못한 채 물러가야할 아쉬움.

"시유리산아! 잘 있거라!" 하고 마음속으로 몇 번이나 장병들은 외치는 것 같았다. "우리를 끝까지 보호해준 시유리산 우리는 아무런 보답도 하지 못했다. 땅바닥에 엎드려 키스라도 해주고 싶은 심정, 시유리산아 알아다오 ……" 수비대 사령부가 갈 곳은 험준한 첩첩산골. 다만 긴 단애가 기다리고 있을 뿐이다.

잔존 패잔병들을 누가 반갑게 맞아 주겠는가! 그때가 6월. 이 시각에도 적의 포성은 산울림이돼 들려온다. 심지어 전선을 떠나가는 일본군을 추격하듯 사방에서 포탄이 작렬하고 있다. 이제 남은 것은 극한 상황 뿐이다. 옥쇄가 기다리고 있다. 어떤 방법으로 어느 장소에서 결행할 것인지.

아직 수십 명은 동굴 속에서 뒷정리에 바쁘다. 흔적을 없애고 주요 문서 소각 작업이 한창이다. 그러나 소낙비로 스며든 물이 많아 매우 불편하다. 병사들은 중무장한 채로 빨리 정리를 끝내려는 모습이다. 동굴 밖에는 지금도 적의 박격포탄이 터지는 소리가 요란하다. 마침 사령관 우시지마 장군이 동굴 입구 가까이 병사들 사이를 지나가고 있었다. 곧이어 그는 마지막 철수병들과 함께 먼저 간 수비대 병사들을 뒤쫓아 급히 산 계곡으로 내려갔다. 지금까지 약 200m의 능선위에 떨어진 미군의 박격포탄만도 수백 발 점차 일본군 부대쪽으로 가까이 떨어지고 있다. 파편이 머리위로 날아가고 있다. 현재까지 미군은 오끼나와 3개 전선 모두를 장악하였다. 일본군 참모들은 비록 패잔병 신세지만 오늘 저녁에는 술이라도 한 잔 나누고 싶다는 말에 모두 웃음으로 화답했다.

6. 조선인 일본군

오끼나와전에 투입된 조선인 일본군만도 공식적으로 3개 중대나 된다. 조선인 일본군은 군인대접은커녕 어려운 일만 도맡아한 노예 신세였다. 일본군총받이로 동원돼 파리 목숨 같이 죽어 갔다.

　대개는 진지별로 종횡으로 깊이 2m 가량의 굴을 파게한 후 굴속에 가둔 뒤 뚜껑을 덮어 꼼짝 못하게 했다. 바깥 구경은 용변시만 허락했다. 굴속이 너무 좁아 앉을 수도 없어 밤낮 서 있어야만 했다.

　식사는 일본군이 먹다 남긴 찌꺼기였다. 바로 짐승취급하듯 했다. 혹 미군에 투항할까봐 감시가 철저했다. 도망시는 체포 즉시 나무에 묶어 두고 총살했다. 살아 돌아온 조선인 일본군은 극소수였다.

X. 전쟁은 끝났지만

1. 옥쇄(玉碎) 속출

　전투는 막을 내릴 직전에 있다. 일본군 지휘관들의 옥쇄가 속출하고 있다는 비보가 여기저기서 들려오고 있다. 미군은 여전히 일본군 잔존병 소탕을 위해 수색 중이다. 일본군 수비대 대부분은 전선을 이탈, 어디론가 자취를 감춘 상태다.

　전투는 사실상 끝났다. 미군은 새로운 고민꺼리가 생겼다. 다음 차례인 일본 본토 결전을 어떻게 치르느냐이다. 곧바로 해병대를 규슈(九州) 지역에 상륙시키고, 일본 심장부와 같은 일본 해군기지 요코스카(橫須賀)와 요코하마(橫濱)에 항모 등 함대를 집결시켜 대대적인 함포사격을 가할 것인가 하는 문제에 대해서다.

　그 대안으로 등장한 것이 나가사키(長崎)와 히로시마(廣島)에 대해 원폭을 투하, 숨통을 죄기로 결정한 것이라고 전쟁사는 전한다. 당시 일본군 수뇌는 미군의 원폭투하 계획을 전혀 모르고 있었다. 밤낮 백기를 들 바엔 "1억민 옥쇄하자'고 군부는 부추겼다. 일본군 각 수비대 지휘관들이 자결을 주저하자 소대장들이 높은 바위 깊은 계곡으로 대원들을 인솔, 집단자살을 단행했다. 마지막 순간의 모습은 모두가 어깨동무한 채 천황폐하 만세는커녕 원망의 눈으로.

　계곡과 동굴 속에는 일본군 자살자 투성이었다. 전투는 생명을 담보로 하는 큰 도박이다. 승리한다고 해도 완전 승리는 있을 수 없다. 상처뿐인 영광만 남는다. '45년 6월 돌연 미 해병대 작전사령관 버크너 장군(중장)이 전선 시찰 중 유탄에 맞아 전사했다. 비록 일본의 패전이 확실해졌지만 미군도 예상외의 희생을 치룬 셈이다. 아직 일본군이 정식 투항해오지 않아서인지, 일본군 진지 주변 산 계곡에는 밤만 되면 미군이 조명탄을 잇따라 터트리는 바람에 동굴 속을 벗어날 수 없는 것이 일본군 잔존병의 처지다.

일본군 한 병사가 자결을 결심, 더 깊은 산골짜기 동굴 속으로 들어가서 자기 부대 경리부 여군이 혼자 흐느끼면서 바위 위에 앉아 있는 것을 발견했다. 좀 떨어진 곳에는 두 명의 병사가 흰 포대를 둘러쓰고 함께 죽어 있는 것을 보았다. 얼굴을 보니 부대장 운전병과 부상병이었다. 남국엔 여름이 찾아왔는데도 동굴 안은 시원했다. 일본군 패잔병들은 죽는 것외 포로로 잡혀가는 길뿐이다. 달리 선택이 없다.

2. 기로(岐路)에 서서

정말 명예롭게 죽어야만 하는지? 아니면 비굴하게 살아도 괜찮은지? 일본군 젊은이들은 군에 들어오자마자 훈련 중 내내 전투 중 극한 상황에 처했을 때 적에게 포로가 돼 비굴한 삶을 살기보다 자기 총으로 자결, 명예를 지키라고 교육받았다.

자살특공대의 경우, 출전 하루 전 정부가 주선한 일본 미혼 여성과 하룻밤을 즐긴 후 다음날 아침 출전한다. 출발 전 왕이 하사한 은사(恩賜)의 담배 한 개비를 피운 후 폭탄이 장착된 1인승 경비행기를 조종, 주로 적함과 충돌, 폭파시킨다.

주로 기관실 쪽이나 굴뚝 속으로 돌입, 폭탄과 함께 최후를 마친다. 해상특공대는 어뢰를 허리에 매달거나 기뢰망을 이끌고 물 속을 잠수, 적함에 부딪혀 폭파시키는 전법으로 적함을 격침시킨다.

항공·해상특공전법은 성공률이 낮다. 적의 견시병들이 항공기 움직임과 해상의 물결을 미리 판별, 즉각 사격을 가해 무산시켜 버린다. 지금도 특공대와 하룻밤을 같이한 멍에 때문에 결혼도 못한 채 독신으로 살고 있는 제2의 정신대 일본인 할머니가 많이 생존해 있다는 보고서가 있다.

(사진좌) 일본군 동굴진지를 폭파하기 위해 다이너마이트를 터트리는 미군
(사진 우) 동굴속에 숨어있는 일본군을 끌어 내기 위해 발연탄을 투척하고 있는 미군
(하단)민간 복장을 하고 참호에서 나온 일본군

  오끼나와 동굴 속에는 일본군 패잔병들이 생사의 기로에서 헤매다가 심한 고민 끝에 휴대 권총으로 자기 머리 또는 가슴을 쏴 자결한 시체가 그대로 방치돼 있다. 무덤을 만들어 줄 전우도 없다.
  '45년 6월 24일 밤 갑자기 멀리 미군기지에서 총소리가 계속 들려왔다. 소총소리였다. 근처 바다에는 미 해군 초계함 1척이 불빛을 밝히며 움직이고 있다.
  총소리는 끊이지 않았다. 죽음의 안식처를 찾아 헤매는 일본군 패잔병들을 향해 무조건 사격을 퍼붓는 것 같다. 어디로 가야할지? 갈 곳 없는 일본군 패잔병 신세. 부근 능선 20~50m 위에까지 적의 무장병사들이 경계를 펴고 있다.
  일본군은 발견 즉시 포로로 생포하기보다 사살해 버리겠다는 태세다. 일본군

사교육 교본인 야습적접(夜襲敵接) 수칙대로 지형과 월영(月影) 그리고 음영(陰影)을 이용, 오른쪽에 보이는 해안선을 따라 발길을 재촉했다. 하지만 부대원들 가운데는 이미 유탄을 맞고 쓰러진 이가 많다.

일본군 가미카제(神風) 특공대원 시신

3. 오끼나와전은 '45년 9월 7일 종전

오끼나와전이 정식 막을 내린 것은 일왕 쇼와(昭和·裕仁)가 항복 방송을 한 '45년 8월 15일 보다 늦은 9월 7일이었다. 항복전 패색이 짙어지자 오끼나와 일본군수비대 총사령관 우시지마(牛島滿·중장)와 참모장 죠 이사무(長勇·중장)가 동반자살, 패전 책임을 죽음으로 대신했다.

그런데도 일본군의 총성은 멈추지 않았다. 미군은 하는 수 없이 전면적인 소탕작전을 다시 재개했다. '45년 8월 말까지 일본군 잔존병 약 9,000명을 사살하고, 1,900명 가량을 포로로 붙잡았다. 그 후 비로소 총성이 멎었다.

그에 앞서 미군의 항복권고를 거부해온 일본군 제24사단 소속 보병 제32연대 장병 4,000명은 8월 26일 연대 깃발을 소각 후 백기 투항했다. 그날 미 극동

자결한 일본군 수비대 총사령관 우시지마 중장과 참모장 죠 이사무 중장 임시 묘지

군사령관 맥아더 원수는 담화를 발표, 미군은 오끼나와 동서제도(諸島)에 남아있는 일본군의 항복 요청이 있을 경우, 즉시 응하라고 명령했다. 그에 따라 미 제10군사령관 조셉 스틸웰 대장은 재차 일본군 항복을 독려했다.

이윽고 오끼나와 미야후루지마(宮古島) 주류 일본군 제28사단장(納見敏郎 중장)이 잔존 일본군을 대표해 카데나(嘉手納) 주둔 미 제10군사령부에서 항복 문서에 조인했다. 그날이 '45년 9월 7일. 그제서야 오끼나와전은 뒤늦게 막을 내렸다.

4. 난민 문제

일본수비대 잔존 참모들은 물론 미군간부들에게 오끼나와 일본인 난민처리가 새로운 골칫거리로 떠올랐다. 미군은 일본군 포로 중 협조적인 일본군을 앞세워 난민 중 일본 현역 군인과 민간인을 구분 따로 수용했다.

구분 작업 중 일본군 두 명이 직속 참모임을 발견, 몰래 난민수용소로 보내주었다. 자칫하면 포로수용소로 갈 뻔했다. 너무 고마워 눈인사만 했다. 그중 1명은 수비대 주력 제32군 고급 참모 야하라 대령(八愿博通)이었다.

일본인들 피난행렬

포로수용소에 갇힌 일본군

일본군 일부포로가 미 본토와 하와이 포로수용소로 보내지고 있다.

　미군들은 난민들을 향해 초콜렛과 비스켓, 캔디 등 먹을 것을 계속 집어 넣어 주었다. 난민들은 비로소 불안감에서 안도하는 표정이다. 입구에는 미 해병대 중령 1명이 지키고 있었다. 그는 일본인 난민들이 과자를 좋아하며 마구 집어 먹자 승자로서 환희를 느끼는 것 같았다. 만일 일본군 고급 참모가 난민 속에 섞여 과자를 먹고 있다는 사실을 안다면 그런 미소를 짓지 못했을 것이다.
　난민들은 미군 헌병에 의해 마을에 마련된 임시수용소 입구에 도착, 미군 헌병이 나눠주는 임시 신분증을 받고 수용되었다. 난민들은 대부분 가족관계였다. 남녀가 함께 수용돼 불편한 점도 많지만 죽지 않고 살아 있으니 행운이 아닌가 하는 생각들이다. 그곳 촌락도 절반 이상이 불타버린 상태다.
　신분을 숨기고 난민으로 행사한 일본군 참모 두 명은 난민촌을 탈출하고 싶어도 갈 곳이 마땅치 않다. 미군 헌병이 자기들을 의심의 눈으로 바라볼 때마다 매우 불안하기 때문이다. 특히 난민수용소 앞바다에는 지난날 일본기동함대가 집결, 함포사격을 퍼부었던 곳이었다.
　난민 일부는 다른 곳으로 가기 위해 나카구스쿠만(中城灣)에 정박 중인 미군 수송선에 승선했다. 난민 대부분은 맨발이었다. 몸이 매우 불편한 사람도 많았다. 벌써 7월말이 가까이 다가왔다. 난민수용소는 오끼나와 전역에 설치돼 있다. 중심지 시유리(首里)와 카데나(嘉手納)에도. 난민들은 청소부 지원자가 많았다. 행동이 비교적 자유롭고, 먹을 것도 많이 받을 수 있고.

　난민 중 일본인 두 명이 미군트럭에 실려 어디론가 갔다. 미군부대장 임시관사 청소를 하기 위해서다. 입구에는 성조기가 걸려있고 내부는 잘 정돈돼 있었다. 주변에는 일본군 죽은 사체가 그대로 방치돼 있다.

5. 일본군 드디어 정식 항복

　미군 CIC 한 장교가 "일본군은 오끼나와에서 며칠 내로 항복할 것이다." 다음은 곧바로 일본 본토 전장(戰場)으로 옮겨갈 것이다. 거기서도 일본군의 큰 희생이 기다리고 있다."고 그는 거침없이 말했다. 8월로 접어들자 일본 본토 나가사키(長崎)와 히로시마(廣島)에 차례로 원폭의 버섯구름이 생겼다.

'45년 8월 9일 일본 나가사끼에 떨어진 원자탄 버섯구름

　8월 10일에는 소련이 대일선전포고를 발령했다. 일본은 사면초가에 내몰렸다. 일본정부는 천황문제만 자기들 요구대로 받아준다면 무조건 항복하겠다고 선언했다. 항복방송이 쇼와의 입으로 흘러나왔다. 미군들은 환성을 질렀다. 병사들은 끼리끼리 모여 밤새도록 '홈다운(고향마을)'의 노래를 마음껏 불러 댔다.

　미군들은 하루라도 빨리 귀국, 부모 형제와 처자들을 만나 기쁨을 나누게 되기를 바랐다. '45년 8월 15일 미군 제10군단 기관지 '팟크나지'는 영역한 일본왕의 조서(詔書) 전문을 1면 머리기사로 장식했다.

일본군 패잔병 수용소에는 1만여 명이 수용돼 있다. 조선인 병사도 1,000여 명이나 된다. 일본인 인부가 나눠주는 건빵 배급도 일본인 군인에게는 하루 5봉지씩, 조선인 군인에게는 하루 1봉지씩. 난민과 패잔병 수용소는 8월말까지 존속했다.

특히 동북방 산악지대 동굴 속에는 많은 패잔병이 일본이 항복한 줄도 모르고 숨어 있다가 뒤늦게 구조되었다. 굶주림과 질병에 걸려 죽은 이도 적지 않았다. 전쟁이 끝난 줄을 '46년 1월 7일에서야 안 병사들도 있다. 정식 항복식이 '45년 9월 7일이었는데도.

6. 오끼나와전의 교훈

약 4개월에 걸쳐 치룬 '오끼나와전'은 태평양전쟁의 축소판 같았다. 조그마한 섬 하나를 두고 수비를 맡은 일본군과 상륙 점령을 위한 미군 사이의 공방전은 너무나 처절했다. 피아간의 희생은 상상을 초월했다. 한 군사평론가는 말하기를 "전쟁은 어떤 명분으로도 긍정할 수 없다."고 했다. "전쟁이란 승리를 위해 살인과 파괴만 일삼는 야만 행위"라고 규정했다. "그런데도 왜 전쟁은 끊이지 않는가?" 하고 스스로에게 반문했지만 속 시원한 답을 내놓지 못했다. 다만 "전쟁은 인간의 이기심의 결과"라고 덧붙였다. 오끼나와전은 끝나도 일본 본토 결전은 남은 상태였다. 하지만 오끼나와전 말기 미군 수뇌는 돌연 전략 전술을 변경키로 했다. 병력 희생이 많은 정규 지상전보다 핵폭탄 1발로 승부를 결정짓기로 했다.

7. 원자탄 오끼나와로 운반

마침 얼마 전 미국 네바다 주에서 실험성공한 핵폭탄을 8월초 신형폭격기 B-29에 싣고 오끼나와 공항에 운반해 두었다. 조종사마저도 그것이 무언지 모를 정도로 극비에 붙였다. 핵폭탄은 일본 본토 나가사키(長崎)와 히로시마(廣島)에 투하해 일본의 숨통을 죘다. 비로소 태평양 전쟁은 종지부를 찍었다.

전쟁은 재론할 것 없이 인류의 악이다. 외교적으로 해결이 가능한 문제도 무력 수단에 호소했다가 큰 대가를 치르고 비극으로 끝나는 예가 얼마든지 있다. 태평양전쟁도 미국과 일본이 국력·군사력을 비교해볼 때 하늘과 땅 차이였는데도 일본 군벌의 입김 때문에 일어난 전쟁이었다.

8. 일본군 고급 참모 패인 분석

고급 참모 야하라 히로미치 대령(八原博通)은 난민으로 가장, 살아 돌아온 후 '오끼나와전'이란 저서를 남겼다. 야하라 참모는 저서를 통해 강조하기를 "오끼나와전은 좋은 꿈만 꾸기를 바라는 항공지상주의와 무조건 돌격만이 승리를 쟁취할 수 있다는 전술상의 오류가 패전을 자초한 전쟁이었다."고 비판했다. 그는 잇기를 "태평양전쟁 초기에는 그 같은 전술이 진주만 공격에서 보았듯이 통용되었지만, 중·후반기에 들어서는 연전연패, 패전을 촉진하는 꼴이 되었다."고 비판했다.

또 한 가지 "오끼나와전은 결전인지 아니면 단지 지구전인지 성격이 모호했다며 미 해병대가 서둘러 그곳 중심지역 카데나(嘉手納)를 전격 상륙하자 이에 당황, 뒤늦게 총돌격 명령을 내리는 바람에 큰 혼란만 빚었다."고 덧붙였다. 많은 군사전문가들은 당시 '오끼나와전'은 작전 목적을 두고 혼미를 거듭, 일본군에게 패전을 안겨주었다고 평가했다. 전후 미군 전쟁사 사료(史料)에는 오끼나와전 때 일본군 주요 패전 요인은 처음부터 전의상실로 미 해병대 상륙을 저지하지 못했던 것이 작전상 큰 실패였다고 지적했다. 게다가 일찍부터 일본군은 미군에 제공권을 빼앗겨 발이 묶인 탓도 주요 패인이었다고 기록해두고 있다. 사실 당시 일본 항공대 병력은 처음부터 넓은 공간에 흔적을 남길만한 전력을 갖지 못했다. 미군은 신형 폭격기 B-29를 전선에 투입, 종횡무진으로 전선을 누비는데 비해 일본 항공대는 경비행기인 '아까돈보(고추잠자리)'로 대항했으니, 함대조차 연합국 함대를 멀리서 바라보기만 했다고, 미군 전쟁사는 꼬집었다.

비공식 자료에 나타난 오끼나와전 전체 인명피해는 사망자 20~24만 명. 그중 민간인 희생자가 94,000명 미군 전사자 및 행방불명자 12,500명이다. 태평양전쟁이 빨리 끝난 것은 오끼나와전 후 미군이 병력손실을 더 이상 두고 볼 수 없어 하루속히 전투를 끝내기 위해 고육지책(苦肉之策)으로 원폭을 일본 본토에 투하한 것이라는 설도 있다. 때문에 도쿄나 오사카를 피했다고 전한다.

XI. 후일담 … 영광과 실패

1. 정해진 운명

태평양 전쟁 최종전선 오끼나와(沖繩) 결전은 미 함대와 일본함대 간 해전으로 판가름 났다. 막강한 전력을 자랑한 미 태평양함대가 일찍부터 오끼나와 섬 주변을 둘러싼 채 적함대가 나타나길 바랐다. 일본함대는 세계적인 거대전함 야마도를 앞세우고 당당한 모습으로 전투해역으로 진입했다. 일본함대는 이미 미드웨이 해전에서 항모 4척 등 주력을 상실했기에 원치않는 해전이었다. 운명이 허락치 않았다.

일본함대는 전쟁 중이라 전력 보충을 위한 함정 신조, 항공대 증강 등을 엄두도 낼 수 없었다. 갈수록 첩첩산중. 일본 해군의 고민은 쌓여만 갔다. 그 같은 일본 해군 흥망사는 당시 작전 담당 선임 참모 찌바야 마사나카 중좌(千早正隆 중령)의 저서 '일본해군의 전략과 흥망사'에서도 그대로 드러나 있다.

그는 말하기를 일본해군 주력 연합함대가 몰락한 것은 미드웨이 해전과 오끼나와 결전이라며 이제 일본해군은 솔직히 실패를 인정하고 백지에서 시작해야한다고 강조했다. 두 해전은 일본해군의 슬픈 역사라며, 과거 청일, 러일 해전을 자랑만 해서는 안 될 것이라는 충고말도 잊지 않았다. 더욱 일본함대의 주요 패인은 거함거포주의 산물인 거대전함 야마도와 무사시의 전력만 믿고 대비를 소홀히 한 탓도 있다고 말했다. 일본함대주력 항모 4척이 격침당하고 항공대마저 전멸되었으니 긴 설명은 필요치 않다는 말도 덧붙였다.

2. 함대운항 연료조차 바닥

거대전함 무사시는 1943년 남양 해전에서 먼저 격침당했다. 등치 값을 못했다. 같은 형의 전함 야먀도는 오끼나와 결전 시 기함으로 활동했지만 적함들이 함포 사정권 내에 들어오지 않아, 함포 1발 쏴 보지 못하고 벌떼같이 날라 온 미 항공대의 집중 공격을 견딜 수 없어 물귀신이 되고 말았다. 그때가 일본 항복 4개월 전인 1945년 4월 7일.

그 직후부터 일본군은 특공전술로 전환, 아무리 큰 위기를 맞이하더라도 전장을 벗어날 수 없도록 하기 위해 연료 보급을 편도(片道)에 한해서만 보급했다. 죽어도 전장에서 함께 죽고, 살아도 전장에서 함께 살자며, 결사항전을 독려하기 위해서였다. 그 같은 전술은 함대사령부 또 한 명의 선임 참모였던 카미 시게노리(神 重德 대좌)가 해군 병학교(48기) 시절, "함대 위기대처방법"에서 배운 대로 실행했던 것이다.

그러나 각 함장들은 사령부 보급 참모실로 모여들어 "당신 수중에는 연료가 얼

태평양전쟁 당시 세계 최대 전함 야마도(大和·7만 3천 톤)

마나 남아 있는가?"하고 고함을 쳤지만 소용이 없었다. 함대사령부 연료탱크는 이미 바닥난 지 오래였다. 참모장과 작전참모는 피신 상태였다.

일본군 항복은 날이 갈수록 가까워지고 있다는 느낌이었다. 섬 주민 사망자만도 약 10만 명이 넘었다. 여성은 물론 소년들까지 소총을 들고 저항했지만 허사였다. 특히 수비대는 동굴 속으로 숨어들어 수류탄을 터트려 집단 자폭하거나 절벽 낭떠러지에서 집단 자결했다. 부상병들에게는 독약이 들어있는 우유를 나눠줘 스스로 죽도록 강요했다. 부상병들 대부분은 "우리는 조국을 위해 싸우다가 불구가 되었는데 왜 우리가 죽어야 하느냐?"고 통곡했다.

3. 되돌아 본 영광

일본함대사령부 선임참모 출신 찌바야(千早 중좌)는 이따금 과거 일본 해군의 영광이 떠오른다고 회고했다. 한때 일본함대는 말 그대로 '무적해군'으로 세계 바다를 누볐다. 1894년 청일전쟁 때 청국북양함대(사령관 丁汝昌 중장)를 위해위항(威海衛港)에서 단번에 격침시켰다. 이어 1904년 러일전쟁 때는 러시아 발틱함대(사령관 브레진스키 중장)와 격돌, 예상을 뒤엎고 승리, 세계를 놀라게 했다. 그밖에도 1941년 12월 8일 최초의 기함(旗艦) 나가도(長門·5만 톤) 마스터에 장기(將旗)를 펄럭이며 해전을 총지휘, 승리로 이끈 함대사령관 야마모도 이소로쿠 제독(山本五十六 대장)의 회심의 미소가 뇌리를 스친다는 것이다.

하와이 진주만 기습작전은 속전속결을 기본으로 해 야마모도 제독이 손수 작전계획을 입안한 것으로 돼 있다. 그는 오랫동안 일본 주미대사관 해군 무관으로 근무한 관계로 누구보다 미국의 국력을 잘 알고 있었다. 그는 그 후 남방전선 시찰 중 전용기가 격추당해 죽었다. 일본정부는 진주만 기습 성공의 공을 높이 사 그를 원수로 진급시켰다. 그밖에도 청일전쟁 시 함대사령관 이토우 유우코우 제독(伊東祐亨 대장)과 러일전쟁 때 함대사령관 도고 헤이하치로 제독(東鄕平八郎 대장)에게도 원수(元帥) 계급장을 달아주었다.

미 공군 폭격기와 정찰기

4. 오끼나와 결전, 공중전에서도 필패

　오끼나와 결전은 미군으로서는 일본 본토 상륙 점령을 위한 교두보를 확보하기 위해서였다. 때문에 오끼나와 결전은 해전뿐만 아니라 항공전도 중요했다. 미군은 신형폭격기 B-29기까지 동원계획을 세워둔 상태였다. 이미 '하늘의 요새'로 불리는 B-17 폭격기가 작전에 참가하고 있었지만, 불충분하다는 판단에서였다. 특히 폭격기는 항모에 실려 수시로 발진, 저공으로 내습해 오기 때문에 일본 함대로서는 반격하기가 쉽지 않았다. 다만 대공포화로 폭격을 방해할 수 있을 정도였다. 따라서 일본 함대는 적의 함폭기(艦爆機)에 의한 급강하 폭격을 전혀 대처할 수 없어 당하기만 했다. 게다가 폭격 시 정밀도가 정확하므로 함폭기가 나타날 때마다 공포의 대상이었다.

　미군은 그 점을 알고 항모 탑재기 편성 시 함폭기에 중점을 두었다. 미 항공대 공격에 극히 취약한 일본 해군 함정으로는 항모는 물론 경순양함, 구축함 그리고 전함 순이었다. 그처럼 취약했던 방공능력으로는 오끼나와 결전 참전 자체가 일본 함대로서는 실익을 기대할 수 없었다.

　미 함대와 대전하려면 기동함대에 방공전용 전투기가 최소한 500대 정도는 탑재돼 있어야 하는데도 일본 함대는 1대도 없었다고, 당시 일본함대 기함 포술장은

일본군 항공기가 미 공군과 공중전 끝에 산산조각나 있다. 옆에 미 공군기가 멈춰 있다.

회고했다. 본격 해전시 작전부터 오끼나와 결전은 일본군의 참패로 예상했다. 그런데도 다이홍에이는 일본군에 대해 죽을 때까지 항전하라고 연일 부추기는 바람에, 미군은 더 이상의 병력 손실을 막기 위해, 세계 최초로 원폭을 사용하게 된 것이다.

5. 결전실패는 자업자득

일본군의 오끼나와 전투는 처음부터 미군의 상대가 될 수 없었다. 병력면, 무장면, 전략전술면 등 모든 면에서 현저한 열세를 보였다. 그런데도 결전에 나섰으니 만용이었다. 오끼나와 결전에서 희생된 일본군 사망자만도 약 4만여 명. 민간인 약 10만 명가량. 결국 오끼나와 결전은 일본해군사에 큰 오점으로 남았다고 당시 일본함대 선임참모 찌바야 중좌(千早 中佐)는 회고했다.

일본해군에 치명타를 안겨준 대표적 사례가 1942년 6월 미드웨이 해전과 1945년 4월 오끼나와 결전 실패라고 거듭 상기시켰다. 주요인 중 첫 번째 요인은 지나치게 거함거포주의(巨艦巨砲主義)를 신봉한 탓이었다고 강하게 비판했다.

6. 내각 대립도 한 몫

오끼나와 결전은 물론 대미 전쟁에서 일본의 패인에 여러 요인이 있지만 한 가지 중요한 점은 내각대립이었다는 분석도 있다. 1941년 10월 대미 전 직전까지 일본 내각은 개전 문제를 두고 정면 대립, 전쟁 준비에 차질을 빚었다고 분석했다. 결국 권력은 강경파 육군 대신 도조 히데키 장군(東條英機 대장)이 전시수상 자리까지 강탈, 군국주의 길로 접어들었던 것이라고 했다. 당시 고노에(近衛) 내각이 끝까지 버텼더라면 전쟁 상황까지 치닫지 않았을 것이란 주장도 폈다.

도조 내각이 성립되자 1941년 10월 18일과 11월 5일 긴급 소집된 일왕 주재

공중폭격에 맞아 즉사한 일본군

미군의 전차포를 맞고 전사한 일본 육군 일등병의 시신

어전회의(御前會議)에서 도조 내각은 무력 발동시기만 남긴 채 대미·영·네덜란드 전 준비는 완료되었다고 보고했다. 그에 따라 육군본부가 가장 먼저 전쟁개시 준비에 돌입, 전쟁 분위기가 무르익어갔다. 해군도 거대전함 1호인 야마도를 가까운 구레군항(吳軍港)으로 이동, 대기시켰다. 전함 야마도에 장착된 전력은 일본해

군 최초의 기함이었던 전함 나가도(長門)와 큰 차이를 보였다. 18인치 주포 8문을 비롯해 15.5인치 3연장 부포까지 장착하고 있었다. 게다가 두께 200㎜ 장갑판까지 갖추고 있었다. 주포 1문의 무게만도 구축함 1척의 무게 정도였다. 특히 신조시 함포 종류 문제를 두고 논란이 많았으며 실험도 수십 번 되풀이 했었다. 더욱 야마도는 적의 폭탄공격이 있을 때 수평방어 시는 고도 3,000m 상공에서 1톤짜리 폭탄이 투하되더라도 견딜 수 있도록 설계돼 있었다.

7. 끝내 일장춘몽

1914년 1차 세계대전 때 '쥬트란드 해전'에서 세계 1위 해군력을 자랑하던 영국함대 순양함 '쿠잉메리호'의 주포 포탑에 명중탄이 날라 들어 탄약고가 폭발하는 바람에 영국함대는 순식간에 종이호랑이 신세로 전락되었다.

당시 영국 순양함은 무장이 월등해 공포의 대상이었다. 영국 정부와 군부는 함대의 전력만 믿고 겁 없이 전쟁에 뛰어들었다가 한때 비극을 맞았다. 일본 역시 함대의 전력을 과신, 1941년 12월 8일 미명 미국 하와이 진주만을 향해 선제공격을 퍼부었던 것이다.

당일 일본 NHK 라디오 방송은 임시 뉴스를 통해 일왕 히로히도(裕仁)의 대미 선전포고인 하와이 진주만 공격이 시작되었다는 육성을 방송했다. 어조는 시종일관 자신만만했다. 그때부터 라디오는 불티나게 팔렸다. 전쟁 상황을 수시로 전하는 다이홍에이 발표문을 듣기 위해서. 발표는 계속 이어졌다. "제국 해군은 8일 이른 새벽 하와이 방면의 적함과 항공대를 집중공격 큰 전과를 거두었다."고 자랑했다.

2차 대전은 전 세계로 퍼져 나갔다. 1939년 9월 1일 독일군의 폴란드 침공을 시작으로 9월 3일 영·불의 대독 선전포고, 9월 7일 소련군의 동폴란드 진출 등. 되돌아보면, 일본군은 과거 청일전, 러일전, 중국 대륙진출 그리고 한반도 강점 등에서 자신감을 얻어 국력이 몇 배나 우위에 있는 미국을 주적으로 해 전쟁을 도발, 초기의 성공을 최종 승리한 양 착각해 날뛰다가 결국 백기를 들 수밖에 없었다.

결말은 오끼나와 결전에서였다. 어제의 영광은 영원한 비극으로 결말지어졌다. 말 그대로 일장춘몽. 일본 오끼나와 수비대 결전 실패로 오끼나와 섬이 미군 수중에 들어감으로써 핵폭탄을 미리 그곳에 실어다 놓을 수 있었고 투하 지역과 날짜만을 저울질하고 있었다. 일본은 스스로 무덤을 판셈이었다. 전쟁은 바로 비극이란 교훈을 남겼을 뿐이다.

제 2부 - 4편

맥아더 원수의 회상록

- 일본점령군사령관 시절 회상
- 연합국, 일본 분할 점령 요구 거절
- 일왕 쇼와 맥아더가 구제(?)

일본 점령군사령관시절 회상

I. 되돌아본 생애

1. 노병은 죽지않고 사라질 뿐

더글라스 맥아더(DouGLAS MacARTHUR)는 1880년에 태어나 1964년 84세를 일기로 무인(武人)의 길을 멈추고 생을 마감했다. 그는 전쟁 영웅으로 2차대전시 일본군을 상대로 성공과 실패를 거듭했으며, 일본 항복으로 1945년 8월 29일부터 1951년 4월 11일까지 일본점령 총사령관으로 일본을 통치했다.

그는 일본땅에 발을 딛자 가장 먼저 군국주의를 청산하기 위해 일본군 무장을 해체하고 육·해군을 강제 해산했다. 이어 재벌을 해체하고, 평화헌법을 만들어 민주주의 씨앗을 뿌렸다. 그리해 일본을 잿더미에서 회생시켰다. 히로히토 일왕을 공사관으로 불러 점령정책에 대한 협조를 요청했다.

그 대가로 일본군에게 침략전쟁을 명령한 책임을 면제시켜 주었다. 1949년 중국 국민당이 대만으로 쫓겨나고, 한반도에 전쟁이 일어나자 일본 전범자들 중에는 천운과도 같이 죄값도 치르지 않고 정계 등에 복귀하여 기세를 올리기도 했다.

맥아더의 점령정책은 비교적 관대했다는 평가였다. 일본은 '51년 미군주둔을 공식으로 허용하고, 미국의 전략체제속에 일본을 종속시키는 미·일안보조약을 맺는 대가로 이듬해 샌프란시스코 강화조약 발효와 함께 독립을 성취했다. '54년 정부조직에서 방위청을 신설, 자위대란 정체불명의 무력집단을 조직, 군사력을 보유하게 되었다.

정계는 자민당이란 거대정파가 출현하였는데 평화헌법 개정을 당헌으로 내걸고 집권에 성공하여 무려 54년 동안 장기 집권했다. 맥아더는 유독 일본과 인연이 깊었다. 태평양전쟁시도 주적은 일본군이었다. 많은 위기도 넘겼다. 그때마다 구사일생으로 살아 남았다. 전장은 주로 남방전선이었다. 일본군은 정예 부대이면서 일본 남방군 총사령관 야마시다 도모유키(山下奉文·대장)가 지휘하는 특수부대로, 악명높은 관동군이 주축이었다. 일본군은 불리하면 '자살특공대'를 앞세워 미군을 괴롭혔다.

희생도 많았다. 그때마다 맥아더는 위기에서 탈출하고 호주군의 지원까지 받아가며 끝내 일본군에게 패배를 안겨 주었다. 결국 태평양전쟁을 미국의 승리로 이끈 주역은 미드웨이 해전에서 일본함대에 결정타를 안겨준 미 태평양함대 사령관 니미츠 제독과 미군 남방군 총사령관 맥아더원수였음에는 이론이 있을 수 없다.

2. 한국전과 인연

맥아더 원수는 '50년 6월 25일 한반도에서 전쟁이 일어나자 급거 전선으로 달려왔다. 그 무렵 공산군은 낙동강전선을 형성, 왜관까지 진출해 있었다. 대구와 부산까지도 위기에 처해 있었다. 맥아더는 전세를 역전시킬 묘안이 없을까하고 깊은 고민에 빠졌다.

상륙작전을 계획하며 공산군의 허리를 자르려는 전술을 구상했다. 후보지로 군산, 인천, 원산 등 3개 해안을 두고 실행계획을 구상했지만, 모두가 적합치 않았다. 전선과 거리관계, 해안조수 등으로 실패확률이 매우 높았다. 참모들의 의견도 그러했다.

그는 모험을 각오하고 주변의 반대를 무릅써 인천상륙작전을 성공시켰다. 하늘이 도와주었다. 공산군은 한순간에 뒤통수를 맞고 퇴각하기에 바빴다. 낙오병 일부는 지리산 속으로 숨어들었다. 포로가 된 공산군은 거제포로수용소에 수용되었다.

결국 전세는 완전 역전돼 한국군과 유엔군은 되려 북진을 계속했고 압록강 가까이 진출했다. 하지만 중공군의 개입으로 확전을 우려한 나머지 휴전을 하여 포성은 멈추었다. 맥아더는 북폭을 계속 주장하다가 트루먼 대통령이 3차대전이 우려된다며 그를 전격 해임했다. 그때 맥아더가 남긴 명언이 있다.
"노병은 죽지 않는다. 다만 사라질 뿐이다."

3. 2차대전 미·일 전쟁 영웅들

2차대전을 통틀어 미드웨이 해전을 승리로 이끈 미 태평양함대사령관 니미츠 제독도 명장급으로 전쟁영웅으로 손색이 없다는 평가를 할 수 있다. 또한 2차대전 시 유럽전선에서 활동한 아이젠하워 장군도 명장으로 세계전쟁사에 기록돼 있다. 특히 그는 1944년 6월 단행한 노르망디 상륙작전을 지휘, 전세를 역전시킨 전공을 남겼다.

패전 일본군에게도 전쟁영웅으로 평가받는 이가 있다. '41년 12월 8일 하와이 진주만 기습공격 작전 입안자였던 당시 일본연합함대 사령관 야마모도 이소로쿠 제독(山本五十六 대장·후 원수추서)이다. 야마모토 제독은 당초 미국과의 전쟁은 국력을 비교해 볼때 전혀 승산이 없다며 적극 반대했다. 그는 주미 일본대사관에서 수년동안 무관으로 있으면서 누구보다 미국의 국력이 세계를 지배할 만큼 월등하다는 사실을 절감하고 있었기 때문이었다.

그는 꼭 전쟁을 치룰려면 미국과는 속전속결로 끝내야 한다고 일관되게 주장했다. 결국 그는 상급기관인 해군성, 군령부조차 모르게 비밀 작전계획을 마련, 진주만 기습작전을 성공시켜 세계를 놀라게 했었다. 이렇게 쟁쟁한 인물들 중에서도 맥아더는 2차대전이 낳은 전쟁영웅들 중 첫 번째로 꼽히는 인물이라 할 수 있다.

4. 맥아더의 성장기

맥아더는 1879년 무인(武人) 가정에서 태어나 자랐다. 증조부때 스코틀랜드에서 미국으로 이민, 아버지 '아사2세'와 목화상인의 딸 어머니 '메리핑크니' 사이에서 3남으로 태어났다.

아버지 아사2세는 맥아더가 17살때 남북전쟁이 발발하자 북군에 가담했다. 그는 특별히 전공을 세워 곧바로 중위에서 대령으로 특진, 미 합중국 최초의 최연소 (19살) 대령이 되었다. 맥아더의 부모는 자식에 대한 교육열이 남달랐다. 어머니는 더더욱 그러했다. 그의 아버지는 필리핀 군사 고문으로 있다가 주일 미대사관 무관으로, 연거푸 아시아와 인연을 맺었다. 맥아더 아버지는 중장까지 진급, 꽤 오랫동안 군생활을 계속했다. 맥아더도 아버지의 권유로 육사에 응시하여 수석합격했다. 큰형은 해사에 입학했다.

1903년 러·일전쟁 발발직전 맥아더는 졸업성적 98.14점으로 수석졸업했다. 그는 어머니를 무척 따랐다. 육사 재학시절 어머니와 함께 공부한다는 말을 들을 정도로 어머니의 정성도 대단했다.

맥아더 부친 '아사 2세'(좌)와 모친 '메리핑크니'여사(우)

어머니가 가장 좋다는 어린 맥아더(5세)의 일가

졸업 후 맥아더는 엘리트 코스라 불리는 공병부대에 배속되었다. 이어 아버지가 복무중인 필리핀 반군소탕 작전사령부로 발령받았다. 이윽고 1904년 러일전쟁이 발발하자 아버지 아사2세 장군은 관전무관(觀戰武官)으로 만주지역(길림성)으로 전보되었다.

맥아더는 중위진급과 함께 주일 미대사관 부

육사생도 시절의 맥아더(1895년)

관으로 근무했다. 그는 특별 장기휴가를 얻어, 양친과 함께 무려 8개월 동안에 걸쳐 아시아지역 곳곳을 돌아보았다. 그 이후 그는 백악관 육군무관으로, 다시 육군참모본부에서 근속했다. 그야말로 출세가도였다. 그 무렵부터 미국은 일본을 가상의 적으로 여기고 있었다. 그의 아버지는 그가 대위때 타계했다. 그후 어머니를 보살피기 위해 워싱턴 근무를 희망하여 육군성에 배속되었다. 그때 육군참모총장 눈에 띄어 일급참모가 되어 참모본부로 옮겼다.

1914년 유럽에서 돌연 분쟁이 일어나 결국 1차세계대전으로 발전했다. 맥아더 소령은 드디어 장래를 결정짓는 시험대에 오르게 되었다. 1917년 4월 미국이 독일에 선전포고를 발했다.

즉각 미군이 파병되어 전선에 뛰어들었다. 맥아더의 직무는 사령관 보좌관으로 언론검열을 하는 것이었다. 그는 전체 병력을 증강시키는 명분으로 주병(州兵) 제도에서 '시민군' 제도를 도입하자는 아이디어를 직접 육군장관에게 건의했다.

그 아이디어가 즉각 받아들여져 25개주 주병부대로 사단을 편성하여 유럽전선에 증파하게 되었다. 세칭 '레인보 사단'. 그 덕에 맥아더는 대령으로 진급하고

프랑스 임시 사령부에서 맥아더 대령(1918년)

세계 1차 대전시 프랑스에서 전선 시찰중인 맥아더 대령(1918년 4월)

사단참모에 임명돼 프랑스전선에 파견되었다.

그에게 있어 적의 총구 앞에 서는 것은 처음이었다. 맥아더는 좀처럼 물러서지 않았으며, 용맹스럽고 대담했다. 그는 군복 상의에 받쳐입은 빨간 스웨터와 다리를 감싼 가죽 각반이 잘 어울리는 전형적인 '전투' 장교의 모습을 하고 다녔다. 그는 참모장인데도 작전참모처럼 전선에 나와 전투부대를 직접 지휘했다. 적탄이 퍼붓는데도 헬맷도 쓰지 않고 전장을 누볐다. 그는 말하기를 생전 아버지께서 "군인은 겁내지 말고 용맹스러워야 한다."고 당부하신 충고를 잊지 못한다고 했다.

5. 두 번 부상, 육사교장시절

맥아더는 유럽전선에서 전투 중 두 번이나 부상을 당했는데 많은 전공을 세운 관계로 15개 훈장을 받았다. 때문에 38세 젊은 나이로 준장에 진급, 1918년 8월 제84 보병 여단장이 되었다. 이어 제42사단장에 임명되었다.

1918년 겨울 마침내 독일이 항복함으로써 세계1차대전은 끝났다. 맥아더로서는 4개월 동안에 걸쳐 라인강 지역 점령군정에 참가하여 귀중한 경험을 쌓았다. 그러나 순조롭지는 않았다. 1차대전이 끝나기 직전 미 파견군 총사령관 존.J.퍼싱 대장이 1급 참모 맥아더 준장을 소장으로 진급시켜 달라고 내신했지만, 육군성이 거부했다. 이유는 장군 인원수 제한 방침에 어긋나기 때문이었다.

결국 맥아더는 준장 계급으로 개선했다. 그 무렵 새로운 육참총장 페이톤.C.마치 대장이 맥아더가 세운 전공과 지도력을 높이 평가, 39살의 맥아더 준장을 육사교장으로 발령했다.

하딩 미 대통령 육사 방문 시 육사교장 맥아더 준장(1921년)(좌), 1922년 첫 부인과 함께 있는 맥아더(우)

마치 장군은 전임 교장의 구태의연한 학교 운영에 염증을 느낀 나머지 새바람을 불어 넣기 위해 맥아더 준장을 육사교장으로 발탁했다. 마치 대장은 맥아더에게 당부하기를 "미 육사는 다른 선진국에 비해 약 40년정도 뒤져 있다. 하루 빨리 새롭게 태어나야 한다."고 말했다.

1922년 6월까지 젊은 육사교장 맥아더 준장은 3년여 기간동안 육사를 군사교육 중추기관으로 거듭나게 했다. 하지만 불우한 일도 뒤따랐다. 첫 번째 부인이 퍼싱장군의 부관과 염문이 떠돌아 이혼하게 되었다. 본처와 돌연 이혼하게 돼 그는 심한 심적 고통을 겪었다. 그 후 맥아더는 워싱턴 사교계의 꽃으로 알려진 '루이스·브룩'라는 젊은 여성과 재혼하게 되었다. 브룩이라는 여성은 평소 애인이 많다고 소문난 유명 여성이었고, 당시 언론은 "군신(軍神)과 여성 백만장자 육체파가 결혼했다."고 논평했다. 그녀의 전 남편은 은행가였다.

6. 재차 이혼, 대장진급

1922년 맥아더는 필리핀 마닐라관구사령관으로 18년만에 다시 필리핀에 발을 디뎠다. 그 무렵 소장으로 진급했다. 그는 재처와 불화로 별거 후 1929년 6월 다시 이혼하게 되었다. 맥아더가 소장으로 진급한 것은 1925년 1월 44살때였다. 그래도 미 육군장성중 최연소 소장이었다. 그는 승진과 동시에 본국 근무 명령을 받았다. 그 뒤 아틀란타 제4군관구 사령관에 임명되었다. 이어 브루치모아 지역으로 옮겨 제3군관구 사령관으로 전보되었다. 1928년 7월 암스테르담에서 개최된 제9회 올림픽때는 미국선수단장으로 활동하기까지 했다.

필리핀 마닐라군관구 사령관 당시 맥아더(1929년)

올림픽에서 돌아오자 그에게 재차 필리핀 근무 발령이 나 있었다. 필리핀 방면군 총사령관이란 영광스런 자리였다. 영광은 계속 이어졌다. 그는 후버 대통령에게 인정받아 육참총장에 임명되었다. 그때가 1930년 11월이었다.

나이 50세에 대장(대우)이 되었다. 육군장성중 최연소 기록을 다시 갱신했다. 육참총장 자리는 그의 아버지 아사2세가 몹시 탐내었던 자리였다. 아들 맥아더가 대신 한을 풀어 주었다. 하지만 결코 맥아더에게 맡겨진 육참총장자리는 영광스런 자리는 아니였다. 1929년부터 시작된 세계경제공황이 미국을 휩쓸어 800만이 넘는 실업자를 발생시켰다. 거리에는 노숙자 투성이였다. 의회는 군사비 삭감과 장교 감축을 강력 요구했다.

맥아더는 의사당을 돌아다니며 육군의 입장에 대해 열변을 토하며 지원을 호소했다. 간혹 반전주의자들과 부딪히며, 새삼 군의 중요성을 일깨우며 납득시켰다. 그리해 필요한 군사비 예산 확보와 장교 정원수 삭감안을 부결시키는데 최선을 다했다.

그런데도 난관은 여전히 남아 있었다. 세계1차대전 참전 군인들과 가족들이 보너스로 지급한 보상채권의 즉시 현금화를 요구하며 전국에서 워싱턴으로 몰려들어 항의 시위를 벌인 것이다. 1932년 미 대통령은 시위대의 퇴거를 명령하여 맥아더가 진압작전을 총괄해야만 했다. 최루가스 공격에 맞선 '보너스 현금화 지급 요구 시위대'를 맥아더는 공산주의자 음모로 규정, 진압했다.

후버대통령 다음으로 대통령에 취임한 프랭클린 루즈벨트는 맥아더를 통해 보수파의 견해를 파악하기 위해 그의 임기를 특별히 2년간 더 연장해주었다. 대장의 통상임기는 4년이었다. 그런데 맥아더가 육군의 최고책임자로서 평화주의자를 무조건 비난공격하며 수도에 집결한 '보너스채권현금화'를 요구하는 재향군인들의 시위를 진압하는 과정을 본 루즈벨트 대통령은 "독재자의 그림자를 보았다."는 말로 맥아더를 부정적인 인물로 평가했다.

7. 필리핀에서 제2인생

본국에서 군인으로 크게 영광을 누린 맥아더는 1935년 육참총장 임기만료와 동시에 다시 필리핀으로 건너가 제2의 인생을 시작했다. 필리핀은 그 해 연방국가로 거보를 딛게 되었지만, 군사적으로는 난관이 많았다.

곧 필리핀 대통령으로 선출될 것이 확실한 맥아더의 친구 마누엘 루이스 케존이 맥아더에게 필리핀 방위와 필리핀 군 창설을 도와달라고 요청했다. 맥아더는 이것을 수락했다. 그 후 맥아더는 1935년 10월 필리핀 대통령 케션의 군사고문에 정식 임명되었다. 그 무렵 맥아더는 군의 최고명예인 '원수'란 칭호를 얻게 되었다. 그는 워싱턴 방문 후 필리핀으로 가는 일행중 그의 부지휘관을 지낸 육사 동기로, 필리핀에서는 참모장이 될 아이젠하워 소장까지 수행하는 등 군생활의 절정기를 맞았다.

나이 많은 어머니도 주치의를 대동, 아들의 영광을 보기위해 동행했다. 필리핀을 향해가는 여객선 '수바호'의 선상에서 우연히 '운명의 여인'과 마주쳤다. '진 페아크로스'라는 이름의 부유한 가정집 딸이었

1935년 필리핀 미군 사령관에 부임한 맥아더 장군 옆에는 아이젠하워 장군이 서있다.

다. 그녀는 미혼이며 부유한 아버지 유산 덕으로 세계일주 여행을 즐기는 중이었다. 두 사람은 얼굴을 보자마자 사랑이 싹터 그녀는 여행을 중지하고 맥아더와 동행하게 되었다. 결국 2년동안 교제끝에 두 사람은 정식 결혼했다.

필리핀은 그해 11월 15일 연방정부를 수립, 케존이 대통령으로 취임했다. 맥아더도 필리핀에 도착, 임무를 개시했다. 맥아더 어머니는 83세로 타계했다. 맥아더는 슬픔을 딛고 필리핀 국방계획에 착수했다. '46년까지 병력 40만이 소요되는 40개 사단으로 편성토록 건의했다. 병력배치는 주요섬에 하고, 군사장비와 병기 등은 미국이 원조하도록 조치했다. 맥아더와 필리핀, 나아가 아시아와 관계는 숙명적 관계이기도 했다. 그때는 예비역 시절이었다.

8. 현역 복귀, 다시 필리핀 주둔

1904년 러일전쟁이 터지자 미 국방성은 '칼라플랜'이라는 세계전략계획을 수립했다. 가상 적국에 대해서는 오렌지색으로 구분했다. 특히 '오렌지 전략' 가운데는 미 해군 함대가 중심이 되어 태평양상의 미 영토를 일본의 위협에서 방위한다는 계획이었으며, 최종목표는 필리핀 방위였다. 하지만 세계1차대전 후 항공대 위력이 거세져 해군함대 중심의 전략전술은 빛을 잃어갔다. 그로인해 '오렌지전략'은 수차례 수정되었으나 골격은 그대로였다. 다만 필리핀의 군사적 자립을 지향하는데는 큰 도움이 되었다.

1937년초 맥아더와 케존 필리핀 대통령이 함께 워싱턴을 방문했다. 주목적은 군사원조 획득이었다. 더 큰 목적은 1938년 연말까지 필리핀의 완전한 독립을 승인받기 위해서였다. 루즈벨트 대통령은 화를 내며 케존 필리핀 대통령 요구를 거부해 버렸다. 맥아더의 건의도 무시해 버렸다.

필리핀으로 돌아온 맥아더는 군사비 삭감에도 불구하고 일정 병력유지와 보충, 훈련을 계획대로 계속했다. 이어 1941년 초 필리핀 방위 계획은 변화를 맞았다. 아시아에서 태평양전쟁의 전운이 뒤덮고 있었기 때문이었다. 더더욱 1940년 9월 일본군이 대량 프랑스령 인도네시아, 베트남 등 북부 불인(佛人)에 전격 진주했다. 일본은 독·이·일 3국 군사동맹까지 맺어 1941년 7월 남부 불인에까지 진주했다.

미국은 그에 맞서 재미 일본재산동결조치를 단행, 보복조치를 취했다. 맥아더 자신도 중요 고비를 맞이하게 되었다. 미일관계가 악화일로로 치닫자 필리핀의 처지가 긴급 과제로 부상했기 때문이었다. 루즈벨트 대통령은 일본군의 움직임을 예의주시하게 되었다. 첫 조치로 필리핀에 즉시 미 육군 극동사령부를 창설한다고 발표했다. 사령관으로 맥아더를 임명하여 임시 중장계급으로 현역에 복귀시켰다. 2단계 조치로 필리핀 지상군 교육훈련은 미군이 전담했고 행정명령권은 맥아더에게 위임되었다.

Ⅱ. 영광과 치욕

1. 연민의 정… 인간 맥아더

흔히 인생살이는 굴곡의 연속이란 말을 할 때가 더러 있다. 영광 뒤에는 언제나 어두운 그림자도 드리워져 있다는 의미로도 해석된다. 맥아더의 일생은 영광만이 아니였다. 개인적으로 볼 때는 별로 행복하지 못했던 것 같다. 무엇보다 어머니의 열정적인 교육열에 힘입어 육사를 수석으로 입학, 수석으로 졸업함으로써 출세에 큰 영향을 끼쳤음이 틀림없었다. 그러나 장년기들어 인생살이의 고향인 결혼생활은 실패작이었다.

그는 3번 아내를 맞이했다. 첫째 부인은 상관보좌관과 놀아나는 바람에 이혼했고, 두 번째 부인은 당시 워싱턴 사교계의 꽃이라고 할만큼 유명한 이혼녀였다. 결국 그녀와도 좋지 못한 연문설로 고민끝에 헤어졌다. 세 번째 부인은 필리핀 주둔 미군사령관으로 부임하기 위해 여객선을 타고 가던 중, 우연히 갑판위에서 마주친 미모의 미혼여성에 반해 2년간의 연애끝에 결혼했다. 마치 지난날 미국 인기배우 그래고리 팩이 명화 '로마의 휴일' 촬영차 프랑스로 건너가 한 까페에서 만난 미혼 여류기자와 눈이 맞아 금시 한짝이 된 경우와 비슷했다는 평도 있다.

　전쟁영웅도 사랑에는 약했던 것 같다. 참고로 역사상 위대한 인물들의 사생활을 한번 들춰보면, 대개는 복잡하다. 여성 편력이 다수다. 조선조때 성왕(聖王)으로 불렸던 세종대왕조차 첩을 4명이나 두었다. 화가 피카소도 죽을 때까지 여성편력을 멈추지 않았다. 문호 헤밍웨이도 3명의 부인이외 애인 5명이 있었다. 2차대전때 일본연합함대사령관 야마모도 이소로쿠 제독(山本五十六 대장)도 기함이 군항에 입항할 때마다 애인(藝者) 2명을 교대로 불러 사령관실에서 사랑을 나누었다는 기록이 있다. 영웅호색이란 말이 있듯이.

2. 일본군, 돌연 선전포고

　2차 세계대전의 한 축인 태평양전쟁은 1941년 12월 8일(현지시각 12월 7일) 새벽 먼 동이 틀 무렵 일본 항공대의 폭음소리와 함께 막이 올랐다. 항모 6척을 주력으로 한 일본기동함대(사령관 南雲忠一·중장)가 새벽공기를 가르며 진주만이 안개속에서 보이자 해군항공대를 발진시켜 정박중인 미 태평양함대 주력 전함들을 집중폭격, 기선을 잡았다. 전광석화같은 기습공격은 일단 성공했다.

　남양방면 필리핀에 파견되어있던 맥아더 참모들은 워싱턴과 교신끝에 일본군이 돌연 진주만을 기습했다는 소식을 듣고 깜짝 놀라며, 전쟁이 시작되었음을 알았다. 더 이상 구체적인 진행 상황을 알 길이 없어 맥아더와 참모들은 동분서주했다. 일본군이 설마 이곳까지 공격해오지 않을 것으로 믿었지만, 오산이었다. 필리핀에는 당시 맥아더 미 극동군사령관 휘하에 미군 13만 4천 명이 주둔하고 있었다. 필리핀 민병대도 11만 명이나 되었다. 무기는 경전차 108량이 있었으며 대포는 별로 없었다. 항공병력은 미 본토에서 파견돼 온 B-17폭격기와 P-40 전투기 등 40대 정도였다.

　한동안 맥아더와 참모들은 일본군의 진주만기습작전 소식을 듣고 뒤통수를 맞은 듯 멍하니 하늘만 바라보고 있었다. 유독 한달 전 이곳에 온 미 극동공군부사령관 루이스 브레레턴 장군은 동작이 기민했다. 그는 일본군 진주만기습작전에 관한 전황을 자세히 보고 받고 새벽 5시 무렵 마닐라에 있는 맥아더 사령부로 달려와 리차드 서덜랜드 참모장에게 그곳 크라크 공군기지에 있는 B17 폭격기 17대를 출격시켜 대만 수역에 있는 일본군 군수품 수송선단을 폭격해야한다고 건의했다.

맥아더는 현재로서는 불리하다며 허락치 않았다. 그 무렵 대만을 전진기지로 일본 비도(比島)를 공격하기 위해 미 항공부대가 발진, 일본해군 제11항공대의 육공(陸攻) 전투기편대와 공중전을 전개하고 있었기 때문이었다. 또한 일본 육군항공대가 섬북쪽 비행장과 중부 '바리오' 군수시설을 폭격하는데다가, 일본 해군 항공대는 마닐라 근처 크라크 비행장과 이바 비행장을 잇따라 공격해와 눈 뜰 사이도 없었다.

일본 해군항공대는 일식육공기(一式陸攻機) 106대와 영전(零戰) 85대로 편성돼 있었다. 일본군 항공대는 여전히 기세 당당하게 10일 필리핀 니콜즈지역 비행장들을 기습, 필리핀 주둔 미 항공전력을 무력화시켰다. 그때까지만 해도 미군은 일본군의 공세에 당하기만 했다. 어떤 전술로 전세를 역전시킬지 고민이었다.

3. 일본군 필리핀 상륙, 제공권 확보

제공권을 확보한 일본군 혼마 마사하래(本間雅晴·중장)가 지휘하고 있는 필리핀 일본공략부대 제14방면군이 병력 6만 5천 명으로 편성된 선발대를 1941년 12월 10일 개전 이틀만에 루손섬과 민다나오섬으로 전격 상륙시켰다.

이어 본대가 21일 마닐라 북서 린가엔만으로, 24일에는 마닐라 동남쪽 라몬만에 전격 상륙했다. 북부 루손섬에는 조나단 웨인라이트 소장이 지휘하는 미군과 필리핀군 1만 6천 명이 포진하고 있었지만, 잘 훈련된 일본군에 당해낼 수 없었다.

필리핀 시민군은 일본군을 보자마자 도망가기에 바빴다. 일본군은 기세당당하게 마닐라 시가지를 누볐다. 일본군이 상륙한지 3일째인 '41년 12월 12일 맥아더는 "마닐라를 넘겨주고 미군은 바탄 반도로 퇴각한다"고, 마뉴엘 쿼존 필리핀 대통령에게 통보했다. 그는 일본군의 공격을 일단 최소화하기 위해 마닐라를 '비무장도시'라는 점을 알리는 일보후퇴전술을 택했던 것이다. 1942년 1월 2일 일본군

(사진 위) 개전(開戰)과 동시에 필리핀 미군기지를 폭격하는 일본 육상공격기 편대

(사진 아래) 태평양 전쟁 당시 마닐라 동남쪽 루손섬 전투에서 미 육군 웨인라이트 장군과 작전 협의중인 맥아더

은 드디어 마닐라를 무혈 점령했다.

일본 혼마장군 등 수뇌는 마닐라 점령을 계기로 루손섬 제압도 한 달이면 충분하다고 예상했다. 그러나 미군은 단순히 바탄섬으로 후퇴한 것은 아니었다. 이미 계획되어있는 오렌지3(WTO3 작전계획)'에 따라 이동한 것이었다.

당시 필리핀내 미군 병참기지에는 무기와 탄약, 식량 등이 6개월 동안 사용해도 견딜 수 있을 만큼 비축돼 있었다. 맥아더 사령부는 그같은 군수물자를 바탄섬으로 옮기지 못하고 태반 일본군에 노획 당했다.

그 때문에 주둔중인 미군들은 식료품이 모자라 굶을 수밖에 없어 전투력마저 떨어진 상태였다. 전투를 하기보다 굶주림을 해결하는 것이 우선이었다. 바탄반도와 코레히들섬 쪽으로 이동해간 미군과 필리핀군만도 무려 8만여 명. 피난민 2만 6천여 명까지.

그 틈을 이용, 일본군 제14군사령부는 예하 제65여단에 대해 바탄반도를 집중공격하라고 명령했다. 상대는 소총만 가지고 있을 뿐 대포 등 중무기는 없을 것으로 판단, 너무 얕본데서였다.

(사진 위) 마닐라 지하요새에서 마닐라 탈출을 협의중인 쿼존 필리핀 대통령과 맥아더

(사진 아래) 필리핀 전선 지하벙크 사령관실에서 작전계획을 협의하던 맥아더와 그의 참모장 서덜랜드 소장

일본군의 바탄반도 공격은 1월 9일 시작되었다. 미군과 필리핀군으로 편성된 연합군의 저항이 깜짝 놀랄만큼 강했다. 일본군은 일단 공세를 멈추고 전투를 포기, 퇴각했다. 전세는 역전 일본군 패잔병이 속출했다. 일본군 남방사령부는 마닐라 점령군 5천여명을 빼내어 전장에 투입했으나 여전히 역부족이었다.

격전 1개월. 일본군 혼마장군은 그런 상황인데도 일본군의 장기인 '돌격전법'에 따라 증원부대 도착 즉시 공격을 재개하라고 다시 예하부대에 명령했다. 그 전투가 제1차 '바탄반도 공략전'이라고 칭했다. 일본군은 그런 줄 잘 알지 못했지만, 미군과 필리핀군은 여전히 식량이 부족해 허덕이고 있었다. 게다가 말라리아라고 하는 전염병까지 겹쳐 병력수가 절반가량이나 줄은 상태였다. 정말 악전고투의 연속이었다.

한편으로 미군병사들은 맥아더를 향해 "맥아더 사령관은 코레히들섬 안에 들어박혀 꼼짝하지 않는다"며, 불만을 털어 놓기도 했다.

4. 탈출 또 탈출

워싱턴 육군성 합참본부는 일본군에 의한 필리핀 '바탄요새' 함락은 시간문제로 보고, 우선적으로 '코레히들 요새'에 피난 중인 암호 해독반부터 호주로 긴급 이동시키도록 명령했다. 계속해 맥아더 사령관 등 지휘부와 퀘존 필리핀 대통령 등 군사·정치 각료들도 빨리 그곳을 탈출하라고 명령했다. 그러나 맥아더는 부하들을 남겨두고 자기들만 이동할 수 없다며, 탈출 명령을 거부했다.

그러자 1942년 2월 22일 루즈벨트 대통령 명의로 된 탈출명령이 내려져 맥아더는 호주로 탈출했다. 맥아더의 의중에는 탈출 즉시 증원부대를 편성, 바탄으로 복귀할 수 있다고 자신했다. 3월 11일 밤 4척의 어뢰정(PT보트)에 분승한 맥아더 일행 22명은 극비리에 바탄요새를 탈출했다.

4척의 어뢰정은 적의 눈에 띄지 않도록 제각기 독자적으로 향해, 민다나오섬에서 집결 후 B17 폭격기를 바꿔 타고 호주로 이동하는데 성공했다. 맥아더는 호주 도착 발표 성명에서 "나는 곧 전선으로 되돌아갈 것이다"라고 말했다. 동행기자단이 자세한 설명을 요구하자, "나는 대통령으로부터 일본 전선을 돌파해 필리핀 '코레히들 요새'로부터 호주로 탈출하라는 긴급 명령을 받았다. 주 목적은 일본군에 대한 새로운 공격준비를 하라는 뜻으로 이해된다. 최종목표는 필리핀을 구하는데 있다. 나는 이곳에 왔지만 곧 돌아갈 것이다."

호주로 탈출 후 열차편으로 멜버른에 도착한 맥아더와 참모들

당시 일본군 지휘부는 맥아더의 필리핀 '코레히들 요새' 탈출 문제를 두고 "미군사령관 도망"이라고 평하며 비웃었다. 반면 미국시민들 대다수는 미군의 전선 이탈에도 불구하고 맥아더의 행동은 적으로부터

아군을 구출한 지혜로운 결단"이라고 격찬했다. 루즈벨트 대통령도 칭찬을 아끼지 않았다. 미 의회에서는 의회명의로 명예훈장까지 수여, 그의 공을 인정했었다.

5. '바탄 반도' 행진과 '코레히들 요새' 함락

맥아더와 참모들이 필리핀을 계속 탈출하고 있을 무렵 일본 도쿄 다이홍에이(大本營·일왕직속통수부)는 일본군 제14방면군으로부터 뜻밖의 패전소식을 보고 받았다. 그러자 바탄반도를 집중공략할 수 있는 공격부대를 증강하라고 명령했다.

병력 5만명으로 늘린 일본군 대부대는 1942년 4월 3일 서둘러 제2차 바탄반도 공략전을 시작했다. 포병대도 대폭 증강 1차 공략전 실패를 만회하기위해 두 배 이상인 190문의 화포를 동원 일제히 불을 뿜었다.

미군과 호주군, 필리핀군 혼성부대는 고립무원 상태. 그 지역 '나치부' 산맥 일대는 아수라장으로 변하고 말았다. 미군 등 연합군이 적극 공세를 취한 것은 일본군 2차 공격개시 하루만이었다. 결국 공방끝에 미군 등은 적에게 밀려 차례로 진지를 내주어야하는 수모를 겪었다. 1주일 후에는 반도 남단까지 추격당했다.

4월 9일 필리핀 동부지역 미군사령관 에드워드·킹 소장이 일본군에 항복했다. 11일엔 그곳 세부지역 미군사령관들도 투항했다. 미군등의 투항은 각 진지별로 계속 이어졌다. 병력수도 격감, 7만명 정도로 줄어들었다. 끝내는 이들마저 패잔병 신세로 전락했다.

일본군은 그 많은 포로들을 어떻게 처리해야할지, 우왕좌왕했다. 피난민들 처리도. 식량조차 부족하고 후송시킬 수송수단도 전무했다. 후방 임시수용소까지 거리는 60km. 도보로 갈 수밖에 없었다. 그곳에서는 철도로 마닐라 근교까지 이송이 가능했다. 그렇게해 하루 15km씩 강행군을 계속했다. 바로 '바탄의 죽음의 행진'이었다. 그들은 굶주림과 과로, 폭염, 전염병 등으로 견디다 못해 미군 1천 3백여 명, 필리핀군 1만 6천여 명이 죽어갔다.

바탄반도를 함락시킨 일본군은 4월 14일 미군의 최후거점 코레히들 요새에 대한 공세를 늦추지 않았다. 섬전체가 암반으로 형성돼 있는데, 미군 등 1만 5천여 명이 전투중이었다. 일본군은 계속해 5월 2일까지 3,600발 가량의 포탄을 쉴새 없이 퍼부었다. 그중 1발이 콘크리트벽을 뚫고 나가 탄약고를 직격했다. 금시 요새는 대폭발을 일으켜 사상자가 속출했다.

5월 5일, 일본군 5천명 가량이 그 섬에 상륙했다. 미군 등은 강력 저항했지만 기진맥진, 6일 정오가 지난 후 웨인라이트 중장이 백기를 들고 투항해 버렸다. 다음날 밤 적의 명령에 따라 웨인라이트 중장은 필리핀 주둔 미군에 대해 모두 일본군에 투항해야만 살아 남을 수 있다고 외쳤다.

6. 실의에 빠진 호주 체류 맥아더

"원군(援軍)을 통솔 곧 필리핀 전선으로 돌아갈 것이다" 탈출 당시 맥아더가 밝힌 필리핀 이탈 명분이었다. 맥아더는 생각하기를 호주에는 바탄반도와 코레히들 요새 등에 고립돼 있는 부하들을 구출할 수 있는 대부대가 대기하고 있을 것으로 기대했다. 하지만 그런 정예부대는 존재하지 않았다. 다만 훈련이 덜된 주둔 미군 1개 사단과 호주군 보병 1개 사단, 그리고 구식 항공기 250기를 가진 공군 병력 등 모두 2만 5천여 명 정도였다. 호주군의 주력은 아프리카나 중근동전선 등에 파병돼 일본군을 상대할만한 국토방위 정규군은 없었다.

호주정부는 일본군의 공세에 위기감을 느낀 나머지 군수뇌에 대해 주력부대의 조기 귀국을 몇 차례나 종용했지만 실현되지 않고 있었다. 맥아더의 고민은 점점

남서 태평양사령관에 새로 취임한 맥아더가 호주 멜버른에서 열병식에 참석(1942년 3월)

깊어만 갔다. 더더욱 실망스러운 사태가 계속 이어지고 있었다. 필리핀 바탄반도의 미군 항복에 이어 코레히들 요새에서 전투중이던 전투사령관 웨인라이트 중장이 현지 라디오 방송을 통해 전 미군에게 항복을 명령했다는 보고를 받고 격노했다.

그러나 현실적으로 뾰족한 수가 없었다. 바로 그때 워싱턴에서는 대일작전 강화책을 세우고 있었다. 미·영 합동연합합동본부는 광대한 태평양 전역을 중태평양 방면과 남태평양 방면으로 나눠 본격적인 반격작전계획을 마련, 즉각 행동에 옮기도록 각 부대에 명령했다. 그 작전계획은 1942년 3월 30일 부로, 중태평양사령관은 체스타.W.니미츠대장(태평양함대 사령관)을, 그리고 남태평양사령관에는 맥아더 대장을 임명했다.

맥아더는 그같은 인사에 즉각 불만을 나타냈다. 이유는 태평양 전선에 대한 지휘는 한 사람만으로 충분한데, "워싱턴은 자기를 '트릭(계략)'에 걸었다'고 비판, 군수뇌에 대한 불신감을 나타냈다. 하지만 루즈벨트 대통령과 육군수뇌는 맥아더의 불평에 개의치 않고 맥아더가 고전중인 남방전선에 더 많은 무기와 탄약 그리고 전투부대를 증파하도록 조치했다. 게다가 루즈벨트 대통령과 처칠 수상은 긴급 협의끝에 북아프리카 전선에서 전투중인 호주군 주력 5개 사단 병력 중 3개 사단을 빼내어 본국으로 귀환시켜 맥아더 지휘아래 두도록 결정했다.

Ⅲ. 일본군에 고전…반격 작전

1. 사령부 호주로 이전

남서 태평양 방면 연합군 최고사령으로서 미군과 함께 호주군, 뉴질랜드군, 네덜란드군 등을 지휘아래 둔 맥아더는 사령부를 필리핀에서 호주 브리스벤으로 이전 반격작전 준비에 바빴다. 직전인 '42년 4월 하와이전투 정보반(해군 통신 첩보반)과 필리핀 코레히들 요새로부터 호주로 옮겨온 미 해군 암호 해독반이 일본

호주 브리스벤에 있는 임시 사령부로 향하는 맥아더 사령관과 참모장 서덜랜드 장군. (1942년 7월)

군의 신규작전계획에 대한 암호문 해독 결과 구체적인 내용을 판독했다.

주요내용은 다이홍에이(大本營·전시 일왕직속통수부)가 'MO작전'이라고 명명한 '포터모래스비(뉴기니어 수도)' 공략작전에 약 5,000명의 병력을 수송선에 태워 적전 상륙을 단행한다는 계획이었다. 보다 구체적인 작전계획은 먼저 뉴기니어를 점령, 전진기지로 삼아 피지와 사모아를 잇따라 점령해 미국과 호주의 해상항로를 차단한다는 계획이었다. 한편으로는 뉴브리튼섬 라바울을 전진기지로 한 작전이 '42년 5월 3일 서둘러 단행했다.

작전은 일본 항모 3척이 동원된 대규모였다. 암호해독으로 일본군의 행동을 알고 있는 미군 등은 두 척의 항모를 산호해쪽으로 급파, 일본함대와 수송선단을 단번에 격침시킨다는 작전계획으로 임했다. 그곳 해상에서 벌어진 해상전투가 세계 최초의 항모대 항모 해전이었던 '산호해해전(珊瑚海海戰)'으로 유명했다. 일본해군은 수송선단을 호의중이던 12,000톤급 소형함모(祥鳳號)가 적의 어뢰공격에 명중 단번에 격침당했다.

반면 미 해군은 3만톤급 정규항모 '렉싱턴호'와 구축함, 급유함 등 3척이 적의 공격으로 격침되었다. 상호 전과와 손실을 비교해 볼때 일본군이 전술적 승리를 거두었다. 하지만 미군 등은 'MO작전'이 돌연중지되어 공략부대 대부분을 귀환시킬 수 있어 전략적 승리를 거두었다고 자평했다. 그런데 'MO작전' 중지는 뉴기니어섬 동부지역을 수비하는 맥아더 휘하의 호주군에게 오히려 반격작전 준비에 필요한 귀중한 시간을 벌게 해주었다.

그러나 일본군은 끝내 뉴기니어섬에 대한 공략을 포기하지 않고 있었다. 때문에 일본군은 바다에서 불리하면 육로와 바다를 이용해서라도 작전을 성공시킨다는 일념에서 산호해해전 개시 후 3개월 후인 8월 18일 일본군 선발대가 뉴기니어섬 동부 바사부아 지역에 전격 상륙, 3,000m나 되는 산맥을 넘어 360㎞ 배후에서 수도 포트모르즈비(Port Moresby)를 집중공략했다.

그 전투가 일본군에게는 악전고투로, 기아와 질병 게다가 적의 기습에 시달려야 했던 비참한 전투로 각인돼 있다. 더욱 그 전투에서는 단 한 명도 살아 돌아가지 못했다. 지금도 섬 바위 구석진 곳에 백골이 뒹굴고 있다.

2. 본격 뉴기니어 전투 시작

뉴기니어섬은 비경(秘境)의 섬으로 알려져 있다. 그 섬에는 세계적 희귀조 극락조가 유일하게 살고 있다. 신비의 섬이기도 하다. 그런데 사악한 인간들이 전쟁을 일으켜 총격을 퍼붓는 바람에 극락조들을 놀라게 했으며, 그들의 보금자리까지 파괴해 버렸다.

지금 생각해도 원망스럽다. 그로부터 75년. 지금쯤 극락조 무리는 고향으로 귀환 지난날 아름다운 자태를 다시 보여주고 있을까? 연합군(미, 호주군)과 일본군간의 뉴기니어섬을 둘러싼 전투는 한 지역만의 작전이 아니었다. 필리핀 전선과 연관된 작전이었다. 그 전투는 '44년 6월까지 계속돼 3년여의 시일이 소요되었다.

주 전장은 호주의 위임통치령이던 파푸아뉴기니어섬(동부 뉴기니어)으로 종반으로 접어들자 4개 섬 가운데 작은 섬에서 격전으로

뉴기니어전선에서 일본군 시설파괴 현황을 살피고 있는 맥아더 장군. 1944년 4월.

인해 많은 일본군이 희생되었다. 일본군 주력은 아다치 하라죠(安達 二十三·중장)가 지휘한 제20, 제41, 제51 사단 병력이 합친 제8군이 중심을 이루었다.

상대 연합군은 맥아더 대장이 지휘하는 미·호주군이 중심을 이루었다. 그 뉴기니어섬 전투는 육로를 거쳐 섬으로 이어진 일본군의 전술에 맞선 연합군의 반격전이 불을 뿜었다. 일본군은 비로소 쫓기는 신세가 되었다. 후퇴 시 육로로 이용될 수 있을 것으로 본 산과 계곡은 인간의 접근을 거부하는 험준한 바위 투성이었다. 병사들은 곡예를 부리듯 행군을 계속했지만 제자리 걸음이었다. 보급조차 끊어진지 수주일째였다. 무슨 수로 행군을 계속할지 오도가도 못할 판, 일본군은 절망상태였다.

반면 미군과 호주군은 민간인 협조를 얻어 4개 지역에 군사용 비행장까지 건설해 놓았다. 그밖에도 반격작전 전진기지까지 구축해 놓은 상태였다. 철저한 대비책을 마련해 두었다. 맥아더 자신도 최일선에 나와 병사들의 노고를 치하했다. 여타지역에서는 이미 일본군을 맞아 반격작전이 한창이었다. 맥아더에게는 "필리핀으로 원상복귀 하기 위한 최초의 작전"으로 생각되었다. 이후 맥아더는 통신반의 긴급보고를 받고 급히 전선을 떠났다.

그 무렵 일본군은 불리한 전세를 맞아 돌연 퇴각할 준비를 하고 있었다. 맥아더는 과감한 포위작전을 펴도록 명령했다. 전투는 일진일퇴를 거듭하는 격전장으로 변했다. 결국 그 전투는 연합군의 입체작전이 빛을 발해 큰 전과를 거두었다.

'뉴기니어 전투'는 1942년 말에서 '43년 초반까지 비교적 짧은 기간이었지만 예상외로 쌍방 희생이 많았다. 특히 험악한 산과 계곡 때문에. 일본군은 그 전투에서 초반에 4,500여 명, 종반에 8,000여 명이 전사했다.

맥아더와 미군에게는 필리핀 탈환에 좋은 신호로 받아들여졌다. 미군 등은 자만하지 않고 뉴기니어섬 북쪽 연안에 진을 치고 패주하는 일본군을 향해 계속 추격작전을 벌렸다. 섬 요충지에도 병력을 대량 상륙시켜 공세를 멈추지 않았다.

결국, 뉴기니어섬을 둘러싼 4개지역 전투에서 미·호주 연합군은 압도적인 전력에 힘입어 제해 제공권을 확보해 적을 마음대로 유린했다.

3. '개구리 도약 작전' 전개

맥아더 장군이 지휘하는 남서태평양 방면 연합군이 뉴기니어전선에서 격전을 치르고 있는데 반해 니미츠 대장(태평양함대사령관)이 지휘하는 중부태평양 방면 미군은 솔로몬 제도와 과다카날섬 지역에서 일본군과 전투중이었다.

그 전투에서 일본군은 계속 많은 희생자가 속출했고, 끝내 버티지 못하고 반년에 걸친 전투가 잠시 멈추었다. 전세는 연합군이 유리한데도, 미 해군 작전부장 어네스트 · 킹대장(합중국함대사령관 겸임)과 맥아더는 대일전에 관한 전략전술 문제로 의견이 엇갈려 대립했다.

맥아더는 대일전의 지휘권은 자기에게 일체화하는 것이 마땅하며, 남방전선 공격루트는 뉴기니어와 필리핀을 먼저 탈환 후, 일본 오끼나와에 이어 일본 본토를 점령할 것을 강력 주장했다. 킹대장은 일본본토 공략은 중부태평양에 걸쳐있는 해상루트를 이용하는 것이 효과적인 방안이므로 해군이 주축이 되어 전투를 계속하지 않으면 승리는 요원하다고 반론을 제기했다.

미 통합참모본부는 과다카날 전투가 끝나자마자 그해 3월 맥아더와 니미츠 제독 참모들을 워싱턴으로 불러 작전회의를 개최했다. 그러나 양측 주장이 팽팽이 맞서 타협점을 찾지 못했다. 목전의 작전계획만 확인시켜 주었다. 5개월 뒤 미·영 수뇌회의가 워싱턴에서 열렸다. 회담 암호명은 '트라이 던트'였다. 동시에 미·영 연합군참모회의가 열렸다. 그 자리에서도 맥아더 대장과 킹대장간에 대일전 문제로 대립하는 바람에 문제거리가 되었다.

대일전을 지휘하는 두 사람의 최고 지휘관이 기본 전략 전술 문제로 대립하는 것은 작전이 제대로 진행될 수 없다는 우려를 낳았다. 루즈벨트 대통령과 처칠수상은 타협안을 내놓기에 이르렀다.

즉 도쿄로 진격하는 길은 맥아더가 주장하는 뉴기니어에서 필리핀을 거쳐 대만을 공략 후 도쿄를 공격한다는 '남방루트'와 킹제독이 주장하는 안은 먼저 길버트 제도(諸島)를 탈환 후 마샬 제도, 캐롤라인 제도, 마리아나 제도 등을 거쳐 일본본토를 점령한다는 '중부태평양루트' 등 두 가지 안에 대한 것이었다. 두 가지

안에 대해 맥아더는 자기 주장만 되풀이 반대했지만, 뒤집지는 않았다. 맥아더는 할제 중장이 지휘하는 남태평양기동함대가 과다카날 제도에서 솔로몬 제도를 향해 향진하도록 명령했다.

따라서 남서태평양 지상군은 뉴기니어섬 북쪽 해안 방향으로 계속 진격, 뉴브리튼섬을 공략, 필리핀을 탈환하도록 함께 명령했다. 그때 맥아더가 준비했던 전술이 이른바 '개구리 도약 작전'이라고 하는 전술이었다. 이미 파푸아 뉴기니어전에서 실증해보인 그 전술에 관해 '맥아더 회상록'은 다음과 같은 기록을 남겼다.

"내가 행하는 전술은 매우 많은 희생이 따르는 전면 공세를 피해 적의 강력한 거점지역을 우회, 적의 보급로를 차단함으로써 무력화시키는 전법이다. 뉴기니어전 이래 줄곧 나의 행동과 작전은 모두 이 전법을 채용, 실행했다. 이 전법은 내가 지금껏 내린 결정 가운데 보다 강력한 것으로, 나는 그런 전술로 뉴기니어에서 마닐라까지 화살처럼 직선적으로 진격을 실현해 왔다"

그렇게해 맥아더는 '개구리 도약 전술'로 뉴기니어와 솔로몬 제도의 일본군을 무력화하고 때로는 격파해 그의 염원인 필리핀 탈환에 나설 수 있었다.

4. 루즈벨트 대통령, 맥아더와 긴급 회담

맥아더가 지휘하는 전투부대도 니미츠가 지휘하는 해상전투부대도 순조로운 진격을 계속했다. 맥아더 부대는 1943년 10월말 라바울 방향에 맹폭을 퍼부어 그 기지에 주둔중인 일본 항공대를 무력화 시켰다. 그로인해 뉴브리튼섬 요새를 초토화했다.

'44년으로 접어들자 미군은 아드미라르티 제도에 상륙한데 이어 5월에는 비아크섬에서 일본군과 대치끝에 큰 전과를 올렸다. 해군쪽 니미츠 제독이 지휘하는 부대도 '43년 11월 길버트 제도를 탈환한데 이어 '44년 2월에는 마샬 제도를 점령, 일본군 거점기지를 무력화 시켰다.

맥아더 부대는 6월 15일, 마리아나 제도에 위치한 사이판에 상륙, 일본수비대까지 격멸시켜버렸다. 그 무렵부터 미 통합참모본부는 일본본토공격이 임박했음을 알게 되었다. 킹 해군작전부장은 맥아더 부대는 필리핀 탈환공세를 중단하고, 곧바로 대만을 공략, 일거에 일본본토를 점령하는 방안이 좋겠다고 제안했다. 마샬 육참총장도 아놀드 공군참모총장도 찬동을 표시했다. 보고를 받은 맥아더는 즉각 반대, 화를 내었다. 필리핀을 뛰어넘어 곧 바로 대만을 공격하려는 것은 전략적으로 넌센스라고 비판했다. 4선을 지향하는 루즈벨트 대통령은 맥아더와 그의 지지자들을 적으로 돌아서지 않도록 하기위해 맥아더와 긴급회담하기 위해 순양함을 이용, 진주만으로 향했다.

맥아더는 마샬 육참총장으로부터 대통령과 회담을 위해 하와이로 가도록 지시받았다. 그는 실제로 회담 상대가 누군지, 의제가 뭔지도 모르고 떠났다. 혹 회담 상대가 대통령일까? 생각하며. 맥아더는 단 한 명의 참모도 대동하지 않았다. 5명의 부관만을 데리고 B-17에 몸을 실었다. 회담은 '44년 7월 26일부터 28일까지 니미츠 대장과 교대로 가졌다. 의제는 필리핀을 우회해 대만을 공격하는 해군측

태평양전투 전략 보고 설명을 듣고 있는 루즈벨트 대통령과 맥아더 그리고 니미츠 태평양함대사령관

안과 관련된 내용이었다.

　맥아더는 그 자리에서 거듭 주장하기를 "필리핀을 먼저 탈환하는 것이 필리핀에 용기를 가져다 줄뿐 아니라, 미국의 국익에도 큰 도움이 될 것이다"라고 역설했다. 루즈벨트 대통령도 직접 맥아더의 설명을 듣고 비로소 수긍했다. 통합참모본부측도 맥아더 안을 일단 받아드리기로 결정, 대만공략은 보류키로 했다. 우선 필리핀 탈환작전부터 개시하도록 최종결정하는 선에서 회담을 마쳤다. 맥아더는 자기 안이 받아들여지자 "나는 필리핀으로 다시 돌아갈 수 있다는 필리핀 국민과 약속을 지킬 수 있게 되었다"며, 미소를 지었다.

Ⅳ. 나는 돌아왔다 … 일본 항복

1. 세기의 라디오 방송

　맥아더 대장이 필리핀 레이테 섬 탈환 작전명령을 내린 것은 1944년 9월 21일. 그 작전에는 토마스 킨케이드 중장이 통솔하는 미 해군7함대가 제6군 병력 16만 5천명을 실은 수송선단 420척을 호송, 레이테 섬 동쪽 해안으로 모두 상륙시켰다. 그때가 10월 20일 이른 아침.

　이미 필리핀과 대만 사이 해상에서는 10월 12일부터 16일에 걸쳐 윌리엄 할제 중장(William Frederick Halsey, Jr.)이 지휘하는 해상기동부대와 일본 해군 항공대간 격렬한 공중전을 전개, 일본군의 패색이 짙어져가고 있던 차였다.

　맥아더는 순양함 함교에 나와 각 부대의 상륙작전을 지켜보고 있었다. 그후 그는 오후 2시쯤 새 군복을 갈아입고 필리핀군 원수 모자에 썬글라스를 끼고 직접 상륙주정으로 옮겨 탔다. 도중 그는 마뉴엘 퀘존(Manuel Luis Quezon) 필리핀 대통령의 급서로 후임 대통령이 된 셀히오 오스메냐(Sergio Osmena; 전 부통령)가 타고 있는 수송선에 들러 그를 만났다.

　곧 이어 그는 주정이 해안에 닿자마자 바로 내려 허리까지 밀려오는 바닷물을

상륙주정에서 내려 필리핀 레이테 섬에
상륙하는 맥아더와 참모들

헤치고 걷기 시작했다. 오스메냐 대통령도 뒤따라갔다. 그밖에 조지 케니 장군, 참모장 서덜랜드 장군, 그외 참모들 그리고 필리핀 육군 장군 등이 함께 했다.

  해변으로 올라온 맥아더는 서서히 발길을 옮기며 상륙병들과 대화를 나누었다. 그 순간 한 통신장교가 맥아더에게 휴대용 마이크를 건네주었다. '라디오 자유 소리 방송' 마이크였다. 맥아더의 기념비적인 성명이 비로소 공식발표 되었다. "필리핀 국민 여러분! 나는 약속한대로 돌아왔습니다. 전능하신 신의 은총을 받고 우리 군은 다시 그리던 필리핀 땅을 밟게 되었습니다. 기쁩니다. 여러분의 땅이 작전구역으로 다시 변한다면 즉시 공세를 펴겠습니다. 여러분의 가정과 혼을 위해 싸울 것입니다. 그리고 성스러운 전사자의 이름으로 싸울 것입니다. 신의 이름으로. 정의가 반드시 승리하는 날까지….”

  맥아더의 목소리는 내내 떨렸다. 내리는 비 때문이 아니었다. 복받치는 감정 때문이었다. 레이테 섬 전투는 격렬한 양상을 띠었다. 바닷물은 불볕더위로 뜨거울 정도였다. 일본 해군 거대전함 무사시 격침이 말해주듯, 그 전투에서 일본함대는 사실상 만가(挽歌)를 부를 수 밖에 없었다.

2. 드디어 마닐라 해방

필리핀 레이테 섬 전투는 두 달 넘게 계속되었다. 크리스마스를 얼마 남기지 않은 맥아더는 일본군의 조직적 저항은 사라진 것 같다고 선언했다. 그 말의 뜻은 서둘러 승리를 단언한 것이었다. 더욱 레이테 전투 승리는 맥아더의 '원수' 승진을 위한 축하 꽃다발을 선사한 격이라고 참모들은 생각했다. 승리는 확정적이었다.

미 상원은 10일 전인 12월 15일 대통령이 제출한 마샬, 맥아더, 아이젠하워, 아놀드 대장을 육군 원수로, 그리고 해군대장 레이히 킹, 니미츠 등을 해군 원수로 각각 진급시키는 것을 정식 승인했다.

5성 별이 빛나는 원수가 된 맥아더는 다음 공격목표로 설정한 루손섬 탈환을 서둘렀다. 최종 목적은 마닐라 탈환이었다. 맥아더는 루손섬 전투에 20만 병력을 투입키로 했다. 이어 28만명으로 늘렸다. 반면 야마시타 도모유키(山下奉文·대장)가 지휘하는 일본군 병력은 28만 7천명인데도 잇따른 패배로 사기가 극도로 저하돼 있었다.

일본군은 처음부터 미군과 정면작전을 피해 산악지대로 우회, 미군의 일본 본

① 필리핀 루손섬 요새에서 일본군 포격을 듣고 있는 맥아더. 1945년 1월
② 마닐라 일본군 패잔병이 투항하는 장면. 1945년 3월
③ 마닐라를 재탈환한 미군 사령부에 성조기가 게양되는 것을 바라보는 맥아더 부대
④ 소련군대표와 악수하는 맥아더 대장. 1945년 3월

토 공격 작전계획을 지연시키려는 지구전으로 대항해왔다. 1945년 1월 6일 미 해군 7함대가 루손섬에 나타났다. 8일까지 맹렬한 함포사격을 퍼부었다. 9일에는 미군 19만여 명이 전격 상륙했다. 상륙부대는 곧바로 맥아더의 명령에 따라 경쟁하듯 마닐라로 진격했다. 미군 상륙부대가 나타나자 일본군 야마시타 사령관은 아군의 긴급 철수를 명령했다.

하지만 일본 해군 지방방위부대(1만 600명)와 육군 노구치 부대(4천명)는 철수하기보다 전멸 각오로 적과 맞서 싸웠다. 때문에 마닐라에서는 시가전이 20일 동안 계속되었다. 시민만도 9만여 명이 숨졌다. 게다가 일본군에 의한 대학살도 쉽게 끝나지 않았다. 결국 마닐라는 비싼 값을 지불한 끝에 해방되었다. 그로인해 일본군은 제14방면군 사령부를 바기오지역에서 4월 하순 들어 바기오 섬 밖으로 철수했으나 그곳마저 함락당해 계속 밀려 북부 산악지대로 쫓겨 갔다. 일본군은 보급마저 바닥나 굶주림과 질병으로 산길을 헤매다가 8월 15일 끝내 백기를 들어야만 했다.

그때까지 필리핀 방위전투에 참전한 일본군 병력은 63만 1,000여 명이나 되었다. 그중 49만 8천6백여 명이 전사내지 병사 또는 아사했다. 그 같은 숫자는 태평양전쟁 총희생자 4분의 1에 가까웠다.

3. 투항권고 삐라 소나기

필리핀 각 지역에서 패주하는 일본군 머리위로 투항을 권고하는 미군 삐라가 소나기처럼 떨어졌다. 태평양전선 미군 선전 삐라제작은 주로 미 육군 태평양 방면군 심리작전부대가 전담했다. 그 전에는 호주 부리스벤에 주둔한 맥아더 사령부에서 제작, 살포했다.

마닐라 탈환 후는 그곳에서 제작했다. 처음에는 일본계 병사 두 명과 어학전문 장교 등으로 구성된 심리전반에 의해 만들어 살포했다. 그 후 일본군 포로들의 협조를 얻어 문맥을 다듬어 대량 살포했다. 필리핀뿐만 아니라 오끼나와를 비롯해 일본본토에도 하와이에서 만들어온 삐라를 대량 뿌렸다. 여기서 말하는 삐라는 필리핀에서 만든 것에 한한다. 맥아더 개인이 그 삐라만을 선호한데서다. 성과는 어느 정도였는지 확실치 않다.

4. 일본군 최후 발악

맥아더 부대는 루손섬 산악지대 등으로 도망중인 일본군 주력부대를 전멸시키기 위한 대대적인 작전을 폈다. 반면 중부 태평양 지역에서는 니미츠 제독이 지휘하는 일본고유영토 유황도(硫黃島) 공략작전에 몰입하고 있었다. 전투는 1945년 6월 16일. 일본군 항복 두 달 전. 제7함대의 대대적인 함포사격으로 곳곳에 물기둥이 선보인 가운데 19일 오전 7만 5천여 명의 미 해병대의 적전상륙과 동시에 본격화되었다. 일본군 수비대장 구리바시(栗林忠道·중장)는 2만 3천명의 병력으로는 당해낼 수 없다며 자포자기 상태였다.

유황도는 도쿄에서 대략 1,250km 정도 거리. 미군이 일본본토 상륙기지로 삼고 있는 마리아나 제도(諸島)와는 중간쯤 위치하고 있는 고도였다. 미군으로서는 그 섬만 손아귀에 넣을 수 있다면 일본공습 중간지대로 또는 B-29 폭격기를 호위할 수 있는 전투기기지로 활용 가치가 높아 보였다.

역으로 일본군에 있어서는 유황도전투에서 하루라도 지연시킬 수가 있다면 곧 벌어질 것으로 예상되는 일본본토 결전에 필요한 준비시간을 벌 수 있다는 계산을 하고 있었다. 드디어 미·일군의 전투는 유황도에서 거의 판가름 나게 되었다.

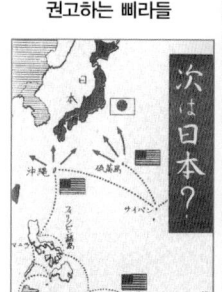
일본군 항복을 권고하는 삐라들

일본군의 병력은 어느새 3분의 1로 줄었다. 보급도 제로상태. 전투력

상실. 1945년 3월 17일 구리바시(栗林忠道·중장)가 지휘하는 일본군 수비대는 더 이상 총을 쏘기는 역부족이었다. 곧 포로 신세가 되었다.

5. 최후 결전 '오끼나와(沖繩) 공방전'

유황도(硫黃島) 공략에 성공한 미 태평양함대사령관 니미츠 제독의 다음 목표는 일본본토상륙 전진기지 오끼나와(沖繩)였다. 바로 최후 결전장으로 떠올랐다. 오끼나와 상륙전은 1945년 3월 26일 시작되었다.

먼저 오끼나와 본섬 서쪽 케리마 열도(慶良間列島) 상륙과 동시에, 4월 1일 태평양전쟁 시작 이래 최대의 함포사격이 가해졌다. 주력부대인 해병대가 본섬에 전격 상륙 완료했다. 일본군 최후 수비대 제32군 사령관 우사지마 미츠루(牛島滿·중장)장군은 병력 7만 7천명과 보충 병력으로 17세에서 45세까지의 섬 주민 2만 5천명을 전투에 투입했다.

일본군의 전략은 적을 내륙 쪽으로 유인, 주력부대인 육전대(陸戰隊)로 하여금 일거에 격멸시키겠다는 작전계획이었다. 그 작전계획은 완전 빗나갔다. 그 시각 오끼나와 본섬 근해까지 진출한 미 기동함대 지휘관 R.A.스프루언스 대장휘하 함정 1,300척과 항공기 1,700대, 병력 45만명이 다시 상륙작전에 가담했기에 상대가 되지 않았다. 게다가 상륙준비를 위한 폭격까지 대대적으로 이뤄지고 있었다. 5인치포 이상만도 약 5만발. 로켓포 약 2만발, 그밖에 대규모 물량작전으로 일본수비대를 압도했다. 오끼나와 상륙작전 때 '철의 폭풍'이란 말은 그런 전황을 표현한 데서였다.

최후 결전지 일본 오끼나와(沖繩) 동굴 속에 있는 일본 여성이 갓난 아이를 안고 미군의 구축을 받고 있다.

본토 결전에서 한 명

이라도 많은 적을 죽이고 싶었던 일본군은 4월 6일부터는 특공대 폭격기를 출격시켜 필리핀 전투처럼 '다이아다리(體あたり)' 공격을 개시했다. 최대전함 '야마도(大和·7만톤)'를 주력으로 한 제2함대를 해상특공에 출격시켰다.

그러나 야마도와 호위 구축함 등은 출격 도중에 폭격을 당해 격침되고 말았다. 특공기도 생각대로 전과를 거두지 못했다. 일본수비대마저 미군에 쫓겨 뿔뿔이 흩어져 이리저리 몰려다녔다. 패잔병 신세 그대로였다. 일본군과 행동을 같이해 온 수만 명의 오끼나와 주민과 동원된 학도 철혈근황대(鐵血勤皇隊), 여학생 종군 간호부대의 희생도 급증했다. 자결자수도 부지기수였다. 일본군은 더 이상 전투에 나설 의욕이 없었다. 사실상 투항 상태였다.

6월 23일 미명. 우시지마 미츠루 중장(牛島滿)과 참모장인 나가유우 중장(長勇)도 그곳 동굴진지에서 함께 자결함으로써 오끼나와 전투는 막을 내렸다. 오끼나와 상륙작전에서 전사한 일본군만 해도 일본 제32군단 약 6만 5천명, 섬주민 10만 이상이 죽었다. 미군의 전사자도 1만 2,281명.

6. 무조건 항복 촉구, 원자탄 투하

마닐라의 맥아더가 1945년 11월로 예정돼 있는 일본본토 진격 작전준비에 전념하고 있는 사이 전쟁의 행방은 그의 영향이 미치지 않는 곳에서 급진되고 있었다. 그해 7월 미국 대통령 트루먼, 영국 수상 처칠, 소련 수상 스탈린 등 3인의 수뇌는 베를린 교외 포츠담에서 회담을 가졌다.

의제는 전후 유럽처리 문제와 일본 타도에 대한 최종계획으로, 이에 합의했다. 회담 첫 날인 7월 17일 미 대표단으로 빅뉴스가 날라들었다. 뉴멕시코주 알라 모고드 사막에서 원자폭탄 폭발 실험이 성공을 거두었다는 보고였다.

트루먼 대통령에게 스탈린이 23일의 만찬에서 "소련은 가까운 시일 내에 어쩌면 대일선전포고를 하게 될지 모른다며, 다음 회담 때는 도쿄에서 건배를 하자"고 말했지만, 무표정했다. 트루먼은 원폭이 완성되었기에 굳이 소련의 대일참전은 필요치 않다는 생각을 가지고 있었다. 트루먼은 실험성공한 신병기를 어떻게 할 것인가에 대해 같이 온 정부수뇌와 영국 처칠 수상과 협의했다.

마샬 육군참모총장은 일본본토상륙작전을 감행할 경우, 미군 100만 명이 희생될 수 있을 것 같다고 말했다. 트루먼은 전쟁을 빨리 끝내기 위해 전략공군에 일본에 대한 원폭사용을 곧바로 허가했다. 그 날이 1945년 7월 25일. 그래서 26일 미·영·중 3국은 일본정부에 항복을 거듭 촉구하는 포츠담선언을 발표하게 되었다. 그러나 일본의 회답은 거부였다. 스즈끼(鈴木貫太郎) 일본수상은 28일 기자단에게 "포츠담선언은 묵살할 뿐. 우리는 어디까지나 전쟁완수를 위해 매진할 뿐"이라는 담화를 발표했다.

그 담화는 라디오를 통해 해외까지 전달되었다. 일본의 포츠담선언 거부가 알려지자 트루먼 대통령은 원폭 투하를 결정, 8월 6일 1발이 히로시마(廣島)에, 1발은 9일 나가사키(長崎)에 투하되었다. 그 전날 밤 소련은 일본에 선전포고, 날이 밝자 대군이 소만국경을 넘어 노도와 같이 만주 땅으로 침공해 왔다. 그렇게 되자 일본은 선택의 여지가 없어져 버렸다. 8월 10일 일본 정부는 부랴부랴 포츠담선언 수락을 결정, 미·영·중 정부에 정식 통보했다.

7. 일왕, 무조건 항복 방송

일본의 포츠담선언 수락 통보를 받은 미국은 ① 일왕의 대군은 연합군 최고사령관에게 종속되며, ② 일왕의 지위는 일본 국민의 자유선거에 의해 정한다는 등 두 가지 조건이 담긴 연합국 회답문을 일본에 제시했다. 8월 15일, 일본은 연합국의 항복 조건을 수락했기에 트루먼 대통령은 서둘러 전쟁 종결을 선언했다. 일본에서는 그날 정오 라디오 방송에서 일왕이 처음으로 국민에게 육성으로 항복을 알렸다. 특히 마닐라 맥아더 사령부에서는 환영 일색이었다. 바로 그날 맥아더가 연합군 최고사령관

소련의 대일참전을 보도한 미군신문을 보는 맥아더

에 임명되었다. 맥아더는 즉시 메시지를 발표했다.

"이 위대한 전투가 이제서야 겨우 종결되려고 하고 있는 것을 나는 신에게 감사한다. 나는 즉시 적대행동과 이 이상 유혈을 정지시킬 조치를 취할 것이다. 숭고한 싸움에서 승리한 병사들은 드디어 고향으로 돌아가 민간인으로서 생활하며 살게 될 것이다. 그들은 전쟁에서는 훌륭한 병사들이었다. 그들은 앞날에 평화로운 시민이기를…" (맥아더 회상록)

V. 정복자의 발자취

1. 인간 맥아더

지금껏 맥아더에 대한 스토리는 전쟁과 전공에 따른 평가에 너무 치중해온 감이 없지 않았다. 그 방향을 잠시 멈추고 '인간 맥아더'에 관해 되돌아보기로 한다. 맥아더는 군인으로 일생을 살다가 84세로 1964년 세상을 떠나갔다. 그는 1914년 세계 1차 대전 때부터 전쟁터에서 싸우다가 두 번이나 부상을 당했다. 2차 대전 때는 주로 남방전선에서 일본군을 상대로 작전을 지휘했던 전쟁영웅이었다.

그의 아버지도 일찍 육군 장교로 남북전쟁 때 북군에 가담, 줄곧 전선을 누볐다. 계급도 중장까지 오르는 등 군인으로 일생을 마쳤다. 또한 맥아더는 육사에 톱으로 입학, 톱으로 졸업한 기록을 남겼다. 그의 군인생활, 작전계획, 지휘능력 등은 군신(軍神)에 가까웠을 정도였다는 평가가 있다. 그만큼 세계전쟁사에 큰 발자취를 남겼다. 단지 한 가지 흠을 들추어낸다면 결혼을 3번이나 한 점이다. 가정이 원만치 못했다는 증거였다. 그러나 그는 그때마다 어려움을 잘 극복, 지휘관 생활에 아무런 영향을 미치지 않았다고 전한다. 인간평가는 그런 개인생활문제로 편향적인 평가를 해서는 안 된다. 이는 주관적이요 다분히 배타적인 시각에서다. 인간은 누구에게나 장단점이 있다. 좋은 점, 사회적인 공이 많으면 과오는 관대하게 묻어주려는 아량이 필요하다. 인간의 정의이기도 하다.

맥아더는 필리핀에서 오랜 기간 체재했지만, 한국과도 인연이 깊다. 한국전 때 그가 독자적으로 결정, 단행한 1950년 9월 15일 인천상륙작전이 성공하지 않았더라면 한국은 매우 어려운 국면을 맞이했을 것이다. 오늘의 발전된 한국이 있게 된 것도 맥아더의 공을 부인할 수 없을 것이다. 맥아더는 한마디로 한국의 은인이었다. 한국인이라면 그의 은공을 잊지 말아야 하고, 늘 감사하게 생각해야 한다.

인천의 한 공원에 서 있는 맥아더 동상 앞에서 섰을 때 머리가 저절로 숙여지는 것도 바로 그 때문이다. 대개 사람들은 자기를 현시하려는 경향이 있다. 별수 없는 것에 대해서도. 맥아더는 자기를 드러내기를 싫어했다. 맡겨진 임무에만 충실했다. 항상 승리를 위해 작전에 몰두하며 고뇌에 찬 모습을 보여 주었다고 옛 참모들은 전했다. 맥아더는 일본과도 인연이 깊다. 1945년 8월 일본항복 후 점령군 사령관으로 결코 군림하지 않았다. 오직 패전 일본을 재건하는 데만 관심이 있

① 대일본전 승리를 축하하기 위해 모인 뉴욕시민
② 일본 항복사절단을 맞은 미 점령군사령부 참모들
③ 마닐라 시 청사에 나온 일본군 항복사절단

었다. 특히 그는 태평양전쟁을 주도했던 일본 군국주의 세력을 끝까지 추적 해체해 버렸다.

그렇게 해 일본을 민주국가로 또는 경제대국으로 거듭나도록 적극 도와주었다. 전쟁의 폐허를 딛고 급속도로 번영의 길로 나섰던 것은 그의 숨은 공도 크다. 물론 비판 받아야 했던 문제도 있었다. A급 전범 총책 일왕 쇼와(昭和·裕仁)를 특별히 면죄시켜준 점이다. 왜 그렇게 처리했는지, 여전히 수수께끼다. 맥아더는 6.25때 한반도 적화기도를 근본적으로 뿌리 뽑기 위해 '북폭'을 주장하다가 3차대전을 우려한 트루먼 대통령에게 불려가 돌연 해임되었다. 그에게는 영광도 많았지만, 잠시 불운도 없지 않았으며, 한편으로 신의 가호가 늘 함께 했다는 평가다.

2. 항복사절단, 마닐라 도착

스즈키 수상(鈴木貫太郎)이 이끌어온 일본 내각은 연합국측 무조건 항복 요구를 수락, 동시에 총사퇴했다. 일왕 쇼와(昭和·裕仁)는 즉각 왕족출신 육군 대장인 히가시쿠니(東久邇稔彦)에게 조각을 위촉, 정부를 존속시켰다. 히가시쿠니 내각이 첫 번째로 할 일은 연합군 최고사령관에 임명된 맥아더 원수의 지시에 따르는 일이었다. 맥아더가 외국 각 지역에 주둔하고 있는 일본군 항복을 조기 실천하라는 명령을 성실히 이행해야 하기 때문이었다. 그에 따라 일본 정부는 고위 군수뇌들로 구성된 항복사절단을 긴급 파견, 마닐라로 향했다. 1945년 8월 19일 육군 참모차장 가와베(河邊虎四郎·중장)를 단장으로 하는 사절단이 찌바현(千葉縣)에 위치한 해군기지에서 항공기에 분승, 마닐라로 향했다.

비행전 그 비행기에는 맥아더의 지시로 도색을 흰색으로 바꾸고, 바깥에는 녹색 십자를 표시했다. 그 녹십자기는 오끼나와(沖繩) 이에지마(伊江島)에 도착하자마자 미군 C54수송기로 교체했다. 다시 미 수송기는 그날 저녁 무렵 마닐라 교외 니코루스 공항에 착륙했다. 공항주변에는 일본 정부 항복사절단을 보기위해 수천명의 연합군 병사들과 시민들이 모여 있었다. 일행은 통역관 시드니·마슈바 대령과 미군 마닐라 주둔 정보부장 찰즈·A·위로비 소장의 안내로 마닐라 중심가에 위치한 미군사령부로 향했다.

마닐라 시민들은 연도에 늘어서 일본항복사절단이 탄 차가 지나가자 일본말로 '바가야로(바보 같은 놈)'라고 소리쳤다. 돌까지 마구 던졌다. 마닐라 시청에 자리 잡은 미 극동군사령부 회의실 양측에 미·일 대표가 마주 앉았다. 맥아더의 모습은 보이지 않았다. 주역은 회의장에 나오지 않았다. 일본군 대표의 권총과 군도(軍刀)는 회의장 입구에 영치되었다. 가와베 일본 대표는 맥아더 참모장 서덜랜드 중장의 정면에 자리했다. 서덜랜드 장군은 곧 바로 일반명령 제1호를 낭독했다. 주요 내용은 해외에 주둔중인 일본군의 항복상태와 일본 해군함대 함정동향, 항공기수와 동향, 항공대기지 동향, 군수품, 탄약고 소재지 등을 정확히 밝히도록 요구했다.

회의는 밤늦게까지 계속되었다. 다음날 아침에도 속개되었다. 그밖에 미군 점령군 제1진이 1945년 8월 26일 일본 본토 해군기지(厚木 비행장)에 도착한다는 사실을 알려주었다. 회의가 끝나자 일본항복사절단은 즉시 타고 온 항공편으로 도쿄에 되돌아갔다.

3. 맥아더를 둘러싼 연합국 신경전

맥아더가 주재하고 있는 마닐라로 연합국 대표단이 속속 모여들었다. 일본 도쿄 요코하마만에서 얼마 후 있게 될 미 해군 전함 미즈리함상 일본군 항복식에 참가하기 위해 전 먼저 연합군 최고사령관에게 인사를 드려야 하기 때문이었다. 실제 목적은 그것이 아니었다. 일본군 항복 후 일어날지도 모를 여러 사태에 대한 발언권을 확보하기 위해서였다. 이해득실을 저울질하며 상대방 움직임을 미리 파악하기 위한 의도가 숨어 있었다.

연합군 중 일본 땅에 먼저 발을 디딘 나라는 뒤늦게 대일선전포고를 행사한 소련군 대표였다. 앞서 소련 수상 스탈린은 연합군 최고사령관에 맥아더와 함께 소련 와시레프스키 원수를 임명할 것을 미국측에 제안했으나, 미국이 즉각 거부했다. 다음으로 소련은 홋카이도(北海道) 북쪽 지역 분할 점령을 미국에 요구했다. 그 문제 역시 미 트루먼 대통령에 의해 즉시 거부되었다. 소련에 이어 여타 연합국들도 일본점령에 따른 갖가지 요구를 많이 했다. 일본점령에 따른 연합국의 생각은 동상이몽이었다. 각국별로 분할점령하자는 요구가 계속 빗발쳤다. 매주 열리는 극동위원회에서도 그 문제와 곧 시작될 전범 검거와 재판에 따른 군법회의 규칙, 전범 해당자 범위 등 문제로 의견이 백출했다. 하지만 맥아더는 본국 정부의 지시와 자기 기본 방침대로 일본 점령 정책을 펴기로 마음먹고 있었다.

4. 일본점령군 제1진 미 제8군으로

맥아더는 일본점령군 제1진으로 로버트·L·아이켈버거 중장이 이끄는 미 제8군을 지명함과 동시에 자기 직속 참모들도 동행토록 명령했다. 아이켈버거 장군은 깜짝 놀랐다. 이틀간의 여유를 달라고 요청했다. 이유는 보잘 것 없는 호위부대만으로 적지에 상륙한다는 것은 진주군으로서 위험 부담이 크다는데서였다. 하지만 맥아더는 받아들이지 않았다. 아이켈버거 장군은 부득이 이미 일본 오끼나와(沖繩)에 진주해 있는 제11공수단과 제27보병사단을 일본 진주 선발대로 결정, 부대 이동에 필요한 C54 수송기 300대를 먼저 준비했다.

그런데 공교롭게도 미군이 진주하기로 결정한 그 날에 하필 일본 전역이 태풍으로 휩싸였다. 항공기 이착륙이 불가능했다. 일본인들 중에는 한 때의 적인 미군 진주를 막기 위해 가미카제(神風·일본을 보호하는 신의 바람)가 불게 되었다고 자위했다. 미군으로서는 태풍 덕으로 오히려 준비하는데 여유가 생겼다는 생각이었다. 결국 일본 점령군 제1진은 이틀간이나 늦은 1945년 8월 28일 아침 일찍 펠즈 대령을 일선 지휘관으로 한 선발대가 도쿄 신나가와(神捺川縣) 인근 아츠키(厚木) 비행장에 도착, 본대 주둔지 건물 등을 물색했다.

한편으로 맥아더의 참모들은 그해 8월 29일 마닐라에서 C54 수송기편으로 일본 오끼나와 요미다니(讀谷) 비행장에 도착, 다음날 아이켈버거 장군이 이끄는 본대를 뒤따라 도쿄 아츠기 비행장으로 향했다. 그날은 아침부터 날씨가 좋아 상공에 도착 2분 간격으로 착륙했다. 비행장에는 미군기들이 무리를 이루고 있었다. 다시 뒤이어 맥아더 점령군 최고사령관 전용기가 삼엄한 경비 속에 도착, 공항은 돌연 긴장된 분위기로 변했다.

맥아더 원수는 그의 심볼인 '큰 파이프'를 입에 물고 담배 연기를 휘날리며 무거운 발길을 적국 땅에 내려놓았다. 그의 얼굴 표정도 꽤 긴장돼 보였다. 그의 모습은 마치 헐리우드 명배우가 극적인 장면에 출연, 맡은 역을 연기하는 것 같았다. 훗날 영국수상 처칠은 말하기를 "당시 맥아더가 보여준 태도는 시종일관 차분했으며, 전쟁이 끝났을 때 어떤 지휘관의 행동보다 걸출한 모습이었다"고 칭찬을 아끼지 않았다. 맥아더가 트랩에서 내려 일본 땅을 밟자마자 가장 먼저 미 점령군 제1진 선발대와 함께 와 있는 아이켈버거 장군이 다가가 악수를 청했다.

맥아더는 첫 소감으로 "아이켈버거 장군! 호주 멜버른에서 도쿄까지는 너무 먼

① 1945년 8월 30일 특별기편으로 일본에 도착한 점령군 사령관 맥아더 원수
② 먼저 일본에 도착한 미 8군 사령관 아이켈버거 중장과 이야기중인 맥아더 원수
③ 맥아더가 도착한 일본의 공항에서 모여든 취재진에 둘러싸여 있다.

길이었네. 이제 이번 길로 전쟁은 영원히 막을 내리게 되기를…" 도쿄시민들의 반응도 "왕의 명령으로 일본이 항복한 만큼 군이 다시 반란을 일으키는 일은 없을 것이다"라는 말을 주저 없이 했다. 그날은 세계사에 역사적인 날로 기록되었으며, 맥아더에 의해 본격 점령정책이 시작되었다. 폐허는 생각보다 심각했다.

Ⅵ. 연합군 분할점령 요구

1. 요코하마(橫賓) 호텔서 일박

일본 땅에 제1보를 내디딘 맥아더 사령관은 일본측이 미리 준비한 온보르 승용차를 타고 1,200명이나 되는 미 8군 병사들의 호위 속에 아츠키(厚木) 비행장에 내려 요코하마로 향했다.

숙소로 정해둔 뉴그랜드 호텔로 가기 위해서였다. 그곳까지 24㎞. 움직임이 느릿느릿했다. 연도에는 무장한 일본군이 경비에 임하고 있었다. 고장을 일으킨 승용차도 있어 호텔까지 2시간가량 걸려 도착했다. 그 호텔은 맥아더에게는 인연이 깊었다. 1933년 맥아더가 뉴욕에서 결혼식 후 신부와 필리핀으로 신혼여행차 가던 중 그 호텔에서 1박했던 추억이 담겨 있었다. 일행인 아이켈버거 장군은 호텔 주변에 500명의 정예공수대원을 배치, 경비토록 조치했다.

그 후 연합군 중 총사령부와는 별도로 요코하마 세관건물을 징발해 미 태평양 육군사령부를 주둔시켰다. 맥아더가 일본 땅으로 옮겨오자 여타 미군부대도 뒤따라 일본땅에 진주하기 시작했다. 1945년 9월 2일 미군수뇌들은 도쿄만에 떠있는 미 해군 전함 미주리호 갑판상에서 있을 일본군의 항복식에 참석하기 위해 속속 모여들기 시작했다.

먼저 1945년 8월 28일 미 태평양함대 산하 제3함대 기함인 전함 미주리호 이외 각종 함정 258척이 도쿄만에 도착, 만일의 경우에 대비, 진을 치고 있었다. 다음날 29일에는 본 함대사령관 체스터·W·니미츠 원수가 수상기를 타고 일본

스모우만(相僕灣) 먼 바다에 도착, 전함 사우스 디코타호로 옮겨 장관기를 휘날리고 있었다. 그리고 30일에는 미 7함대와 해병대가 상륙했다. 해병대는 요코스카(橫須賀)소재 일본해군공창과 진수부(鎭守府)를 접수, 함대사령관 할제 대장기를 게양했다. 31일 다시 두 명의 장성이 도착했다. 한 사람은 일본군이 전쟁 초기 싱가포르 점령 시 영국 동양함대 사령관 아서·퍼시벌 중장이고, 또 한 사람은 맥아더 부하 조나산·웨인라이트 중장이었다. 두 사람은 전투 중 일본군 포로로 잡혀 만주 봉천(기림성 심양) 수용소에 수용돼 있다가 일본군 항복으로 풀려 나왔다. 맥아더가 특별히 이들을 항복식에 참석하도록 초청한 데서였다.

2. 역사적인 항복조인식

"오늘부터 대포가 침묵을 지키게 되었다"〈맥아더 말〉. 1945년 9월 2일 아침 도쿄만에 정박해 있는 미 태평양함대 거대전함 미주리호 함상에서 승자와 패자가 자리한 가운데, 역사적인 항복식이 거행되었다. 오전 8시가 조금 지나 흐린 날씨에도 불구하고 맥아더 원수 일행이 미주리호에 접근, 옮겨 탔다. 동시에 일본 외상(重光 葵)을 수석대표로 한 11명의 항복대표단이 정각 9시 직전에 식장에 모습을 나타냈다. 참으로 처량한 표정이었다.

승자와 패자의 만남. 조인식에 앞서 맥아더가 위세 당당한 모습으로 연단 앞에 나타났다. "… 이 엄숙한 기회, 과거의 출혈과 살상으로부터 신앙과 이해 등에 기초한 세계, 즉 인간의 위엄과 포회(抱懷)한 희망을 위

도쿄로 갈 때까지 임시로 머물고 있는 일본 요코하마의 한 호텔을 나가고 있는 맥아더 원수

① 1945년 9월 2일, 미 해군 전함 미즈리호에 항복조인식에 나온 일본 대표들
② 일본의 항복조인식에 앞서 맥아더가 연설을 하고 있다.
③ 일본군항복조인식에서 일본군 대표(상)과 ④ 미군대표 맥아더(아래)가 서명하고 있다.

해 바쳐진 희생 위에 보다 좋은 세계를 실현시키고자 하는 전 인류의 열망 때문에 나는 여기에 서게 되었다…"

맥아더의 연설이 끝나자마자 일본 외상이 무거운 발걸음으로 단상 앞에 나와 먼저 항복문서에 떨리는 손으로 서명했다. 그 시각이 1945년 9월 2일 오전 9시 4분이었다. 그로서 전쟁은 공식으로 막을 내렸다. 이어 일본 군부를 대표해 육군 참모총장 바이싱(梅津美治郎·대장)이 서명했다. 계속해 맥아더 원수가 서명했다. 잇따라 미 태평양함대사령관 니미츠 원수가 미군을 대표해 서명했다. 다음은 연합군 대표가 차례로 서명을 마쳤다. 어느새 하늘은 구름이 걷히고 전함 갑판 위로 태양이 내리쪼였다. 멀리 구름사이에서 돌연 폭음소리가 들려왔다. 400여 대의 B29폭격기 편대와 미 해군 제3함대 함대기 150대가 벌린 '패전트(야외극)'였다. 조인식의 마지막을 알리는 공중 쇼였다.

다시 맥아더가 미 국민에게 보

내는 방송을 시작했다.

"우리 국민 여러분! 오늘부터 대포는 침묵하게 되었다. 그러므로 대 비극은 종말을 고했다. 대승리의 결과다. 하늘은 이제서야 죽음을 내리지 않을 것이다. 바다는 해전 대신 단지 통상을 위해 이용될 것이다. 사람들은 태양 아래서 언제든지 활보할 수 있을 것이다. 세계는 이제부터 평화로 뒤덮이게 되었다. 신성한 나의 사명은 비로소 완성하게 되었다…"

시종일관 침울한 표정을 감추지 못한 일본 항복대표단은 맥아더의 관대한 조치에 감동, 곧바로 일왕 쇼와(昭和·裕仁)에게 조인식에 대해 보고했다. 쇼와는 "맥아더의 고결한 인격과 인간애, 그리고 넓은 시야에 감동했다"고 전했다.

3. 분할 점령 요구

전후 독일과 한반도는 국토가 분할돼 오랫동안 여러 문제가 지속적으로 제기돼왔다. 다행히도 독일은 20여 년 전 자력으로 통일되었지만, 한반도는 전쟁을 치르고도 아직 그대로다. 일본은 패전국인데도 전승국 연합국의 분할 점령 요구를 미국이 뿌리친 덕으로 분할되지 않았다.

미군이 단독 점령, 군정을 실시했다. 실제로는 분할점령을 위한 구체적 검토가 있었다. 당시 미 통합참모본부 밑에 통합전쟁기획위원회라고 하는 특별 기구를 두고 있었다. 그 기구에서 일본을 4개 지역으로 분할점령하기 위한 안건이 검토되었다.

즉 북해도와 동북지방을 소련이, 관동지방과 동해를 미국이, 근기(近畿) 지방은 미국과 중국 공동으로, 시코쿠(四國) 지방을 중국이, 주우고쿠(中國)지방과 키우슈(九州)지방을 영국이, 그리고 도쿄는 독일 베를린처럼 4개국 공동으로 점령하자는 안이었다.

그러면 태평양전쟁을 주도해온 미국이 왜 그 같은 분할 점령을 생각했을까? 보다 큰 이유는 가령 일본 본토를 최후 결전장으로 했을 경우, 미군의 희생을 최소한으로 줄이기 위한 방안에서 나온 아이디어였다. 만일 일본이 항복하지 않고 결전을 벌였다면 미군은 최대 100만 명 정도 희생되었을 것으로 생각했다.

그처럼 예상되는 희생자를 줄이기 위해 소련의 참전을 요청하게 되었으며, 일본 항복 후 예상되는 점령 통치 요원 약 80만 명에서 30만 명 정도로 줄일 수 있다는 계산에서 였다. 그런데 포츠담회의 중 미 국방성으로부터 트루먼 대통령에게 원폭실험이 성공했다는 긴급보고가 접수되었다.

미군은 즉시 원자폭탄을 극비리에 일본 오끼나와 기지로 반입, 히로시마(廣島)와 나가사키(長崎)에 잇따라 투하했다. 일본군은 급속도로 전력이 악화돼 항복을 앞당겼다. 그렇게 되자 돌연 반즈 미 국부장관을 포함한 국무성관리 등이 분할 점령 안에 적극 반대했다. 원폭개발성공으로 대소련 전략에 자신감이 생긴 트루먼 대통령 역시 소련을 포함시키는 분할 점령을 적극 반대하고 나섰다. 더욱 일본에 군정을 실시해야할 점령군 사령관으로 임명될 맥아더 역시 절대 반대였다.

맥아더는 말하기를 "대일전의 승리는 미군의 힘과 희생의 대가였다. 그러므로 일본을 점령 통치할 권한은 미군뿐"이라고 역설했다. 더욱 맥아더는 반공주의자로 특히 소련을 멀리했다. 그런 연유로 일본에 대한 4개국 분할점령안은 폐기되었다.

4. 왜 간접통치 했는지?

또 한 가지 의문점은 미국의 일본에 대한 군정(軍政) 통치 방식이었다. 독일, 한국, 오끼나와(沖繩)는 직접 통치했으면서 일본에 대해서는 간접통치를 했다. 미국은 일본과 전쟁이 시작되자 1942년 2월 일본점령을 가정, 통치계획을 국무성에서 준비하고 있었다. 통치방법은 직접통치였다.

그런데 일본은 '국체호지(國體護持·천황존속) 조건으로 예상외로 빨리 포츠담선언을 수락, 항복했었다. 연합국측은 "천황을 비롯한 일본에 대한 통치권한은 연합국 최고 사령관에 종속 된다"고 회답했다.

그러나 당초 회신과는 달리 연합국측은 전승국에 의한 간접통치 방향으로 방침을 변경했다. 미국은 종전 직후인 8월 22일 SWNCC(국무, 육군, 해군 3개성 위원회)에서 그동안 준비해온 대일 직접통치에 관한 문서 모두를 간접통치로 전격 변경해 버렸다. 그 같은 일본 기존 정부에 의한 간접통치가 오히려 맥아더의 군정이 성공할 수 있다고 믿었기 때문이었다.

5. 맥아더의 도쿄 입성 장면

일본군 항복 조인식 후 맥아더 일행 동향을 뒤늦게나마 살펴 보는 것도 무의미하지는 않으리라. 맥아더는 미 해군 전함 미주리 함상에서 거행된 조인식 후인 1945년 9월 8일 오전 9시 참모들과 함께 요코하마(橫濱) 뉴그랜드 호텔을 출발, 1시간 후 도쿄 아카사카(東京 赤坂)에 위치한 미 대사관에 도착했다. 미군의 일본 진주를 공식 발표하기 위해서였다.

미군, 일본점령시작 진주식(進駐式) 광경. 미국 일본 대사관 광장(1945년 9월)

미국 일본점령군사령부 건물(東京 千代田區 第一生命 빌딩)

맥아더는 대사관 앞마당 십자연못을 등지고 마이크 앞에 다가섰다. 뒤에는 해군 할제 대장, 육군 아이켈버거 중장, 참모장 서덜랜드 중장 등 맥아더 직속 참모들이 배석했다. 연못 주변에는 공수단 대원들과 의장병들이 경계를 펴며 정렬해 있었다. 왼쪽에는 군악대가 자리했다. 미국가의 연주 속에 "성조기여! 영원하라"는 소리와 함께 대일전쟁동안 4년가량 폐쇄되었던 미 대사관 국기게양대에 다시 성조기가 나부끼게 되었다. 즉시 참석자 전원은 국기를 향해 경례하며, 성조기를 바라보았다.

그 성조기는 특별했다. 일본기동함대가 진주만 기습 시 워싱턴 국회의사당 옥상에 걸려 있었던 것이었다. 의식 장면은 미국까지 중계 방송되었다. 특히 일본 미 대사관 성조기 게양은 일본 점령을 공식 확인함과 동시에 미국에 의한 군사 통치를 알리는 신호였다. 그 날을 기해 일본 주권은 성조기 아래 종속된다는 의미였다. 맥아더는 그 성조기와 함께 미 대사관에 머물렀다. 일본을 떠날 때까지. 일본 진주식이 끝난 후 맥아더는 도쿄 시내 유우라크죠(有樂町)에 있는 대이코쿠(帝國) 호텔에서 있을 만찬회에 참석하기 직전 호텔사장(犬丸) 안내로 승용차를 타고 도쿄 시내를 돌아보았다.

맥아더는 궁성을 보자마자 "저 건물은 뭐야?"라고 물었다. "쇼와(昭和)가 거처하는 곳"이라고 대답했다. "그럼 옆 건물은?" "제일생명 빌딩입니다" "그런가" 결국 그 빌딩이 극동군사령부(일명 점령군사령부 · GHQ)로 징발되었다. 궁성 맞은편에 위치한 지상 8층짜리 건물이었다. 그곳에 별도의 성조기가 당당한 위세로 나부꼈다. 일왕 위에 군림하게 된 맥아더의 지위를 반증해 주었다. 그 GHQ에 맥아더는 하루도 빠짐없이 나와 날마다 참모들로부터 필요한 보고와 지시를 내렸다.

6. 속속 상륙, 일본 전역 점령

미국은 '블랙리스트 작전계획(일본점령작전)'에 따라 일본 본토에 대한 본격 점령에 나섰다. 주력은 제8군. 공중에서 비행장(厚木비행장)으로, 해상에서는 요코스카(橫須賀) 기지로 속속 이동해 왔다.

이로서 일본 관동(關東)지역에서 동쪽에 이르기까지, 그리고 관서(關西)지역 일대를 미 제6군단이 장악하기 위해 와카야마겐(和歌山縣) 해안으로 상륙해왔다. 해병대를 주력으로 한 특수부대는 구레지방(吳地方)을 비롯, 사세호(佐世保), 나가사키(長崎), 시카야(鹿屋)지역을 망라한 일본 해군 본거지에 진을 쳤다.

미 제6군단의 임무는 일본 주우코쿠(中國)와 키우슈(九洲) 지역 일대를 장악하기 위해서였다. 전 부대원 중에는 '뉴기니어 전투'에서 일본군과 공방전을 벌린 역전의 용사가 많이 섞여 있었다. 특히 그들 고참병들은 일본군의 저항에 대비, 완전무장한 채 상륙해 왔지만, 트러블은 없었다.

일본인들은 점령군을 보아도 비굴하리만큼 얌전했다. 일본인들은 미군을 점령군이라 부르지 않고 진주군(進駐軍)이라 부르며 스스로 충격을 누그러뜨리려고 애썼다. 미군 진주는 1945년 10월말로 끝냈다. 병력은 그 후에도 40만 가량 남아 있었다. 맥아더는 다음해 3월까지 20만 명 정도로 감축할 계획이었다.

7. 지역별 점령군, 휘장으로 구분

일본 점령 미군부대는 팔에 소속부대 심볼인 휘장을 착용했다. 맥아더의 도쿄 입성과 동시에 진주하게 된 수도권 점령군은 과거 일본군 연병장 야야기(代代木)에 미군 제3연대란 특수부대를 진주시켰다. 그 부대는 미 제1기 병사관 소속 부대로, 검은 바탕에 4선을 두른 백마가 부대 마크였다.

북해도를 점령한 미 제77보병사단은 '자유의 여신상'을 심볼로 착용하고 있었다. 미 점령군은 일본 동쪽과 북쪽을 제8군(사령관 · 아이켈 버거 중장)이 서쪽과 남쪽을 제6군단(단장 · 굴가 대장)이 지휘했다. 지역구분은 과거 일본 육군 제1총군과 제2총군 간 관할구역과 같았다. 특히 미 제6군은 전투경험이 풍부한 역전의 용사들이 많이 포함돼 있었다. 그 후 점령군은 미8군과 영국 연방군으로만 새롭게 편성했다. 1946년으로 접어들자 예고한대로 병력을 당초에 비해 절반 수준인 20만으로 줄였다. 일본 국민과 가까워지기 위한 민심수습책이었다.

8. 미군 점령군에 성병 번져 골치

40만이 넘는 미군 점령군이 일시에 일본 땅에 밀어 닥쳤기에 영어회화가 가능한 일본인은 무조건 끌어들였다. 통역, 타이피스트, 번역자 등, 일본군국주의 시절 배척당했던 영어가능자들은 제철을 만났다. 그밖에도 건축, 토목과 관련된 단순 노동자 수요도 급증, 실업자 구제도 한몫했다. 그러나 모든 경비는 일본 측 부담으로 되어 있었다. 점령군사령부는 일본정부에 대해 명령1호로 주택 1만호를 하루 속히 지으라고 발령했다.

일본 정부는 이미 재정이 바닥나 있어 몹시 곤혹스러워했다. 점령군사령부의 요구사항은 갈수록 늘어났다. 그 가운데서도 도쿄도(東京都) 방역과장을 새로운 인물로 바꾸도록 요구했다. 추천된 사람은 아다샤(輿

미군 일본점령군 지역별부대 마크

謝野光·의학박사)였다. 그는 록펠러 연구소 연구원 출신이었다.

GHQ는 일본패전 후 혼란기에 발생하기 쉬운 특히 성병에 신경이 쓰였다. 물론 각종 전염병도. 이미 성병은 주둔군 주변에 확산되고 있어 골칫거리가 되었다. 그래서 도쿄도 위생과가 GHQ로부터 받은 행정명령은 거리로 배회하는 GI(Govermment Issue·병사)들의 성병유행방지 문제였다.

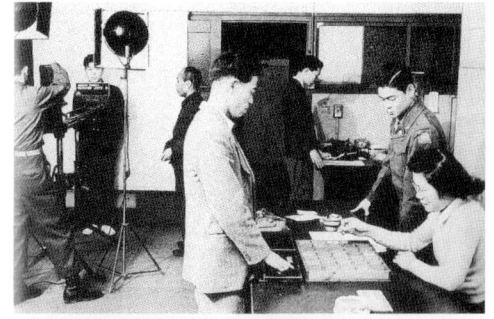

9월 28일 GHQ로 불려간 방역과장은 미군 공중위생복지국장 C.F.사머스 대령으로부터 점령군 병사를 위한 성배출구(위안부) 확보를 지시받았다. 이미 일본정부에서도 항복 후 점령군 상대의 위안부 확보를 준비해왔다.

1945년 8월 18일 일본 내무성은 전 경찰에 재빨리 성의 방파제를 구축, 가정여성들을 보호하기 위해 "점령군에 필요한 특수 위안시설과 함께 위안부를 확보해두라"고 긴급 지시했다. 그로인해 28일 정부출원으로 자본금 3,000엔으로 특수위안협회란 것을 발족시켰다. 그에 따라 도쿄 번화가 긴좌(銀座)에 댄서 2,000명, 여급 3,000명, 댄스교사 수명 모집이란 광고가 거리에 나붙었다. 여성들 중에는 "의식주 내지 고임금 지급"이란 조건에 호감을 가지고 많이 지원했다.

도쿄의 경우, 위안시설 55개소로 1만 명이

넘는 위안부가 이용하기란 태부족이었다. 증설이 필요했다. 그러나 도쿄 중심가인 아카사카(赤坂)와 신바시(新橋), 야나기바시(柳橋) 등 홍등가는 개점 휴업상태였다. 변두리 17개소에는 성업 중이었다. 위안소는 장교용과 사병용으로 구분돼 있었다. GHQ는 날로 성병이 번져가자 일본 정부 측에 위안부 정기검진과 임질, 매독 치료용 약품을 대량 공급하라고 명령했다.

위안시설을 탈출하는 여성도 많았다. 시민들은 위안부를 '빵빵걸'이라 부르며 무시했다. 반면 일부 시민들은 가정여성들을 보호해준 희생자라며 동정했다. 위안부 중엔 탈출해도 오갈 때가 없어 역 주변에 숨어들어 성매매를 계속하며 겨우 생계를 이어갔다. GHQ는 성병에 걸린 병사가 계속 늘어가자 위안시설 폐쇄를 일본 정부에 요구했다.

Ⅶ. 드라마같은 전쟁 말기…회고

1. 미군 단독 점령

일본이 무조건 항복을 선언하자 미군이 재빨리 일본 땅을 점령, 진주했다. 끝까지 항전하겠다고 버텨온 일본이 히로시마(廣島)와 나가사키(長崎)에 잇따라 원자탄이 투하되자 비로소 백기를 들었던 것이다. 일본 전국이 공포에 떨었다. 내일은 어느 지역에 원폭이 떨어질지? 한 편의 전쟁드라마였다.

일본이 돌연 항복하게 되자 기회주의자란 평을 듣고 있던 소련이 가장 먼저 일본 땅 분할점령을 미국에 요구했다. 여타 연합국들도 이해득실을 따지며 분할을 원했다. 하지만 대일전을 주도해온 미군은 일언지하에 거부했다.

미국은 서둘러 일본 점령군 사령관에 맥아더 원수를 전격 발령했다. 그는 대전시 줄곧 일본군과 전투해온 전쟁영웅으로 벌써부터 이름나 있었다. 한때는 고전 끝에 일본군에 밀려 호주까지 후퇴해야하는 수모도 겪었다. 일본과 육상전투가 가장 치열했던 곳이 필리핀 방위선이었다. 마닐라까지 한때 일본군에 점령당했으며, 민간인 사망자도 헤아릴 수 없을 정도였다. 일본군 최강 관동군까지 투입돼 있었다. 호주까지 밀려온 맥아더 부대는 수모를 견디며 반격태세를 새롭게 가다듬어 다시 남방전선에 진출, 전세를 역전시키는데 성공했다. 일본군은 차례차례로 패퇴했다. 영국함대 지원도 큰 힘이었다. 영국 해군은 싱가포르에 동양함대 기지를 두고 한때 동남아 제해권을 행사했다. 하지만 동남아지역 전투는 맥아더의 독무대였다. 그는 어떤 경우라도 '지휘관 선두'를 실천했다. 이상과 같은 군 지휘관으로서 모범을 보였기에 그가 일본 점령군 사령관으로 발탁된 것이었다.

맥아더는 점령군 사령관에 취임하자마자 일본군의 무장해제와 아울러 해산을 명령했다. 결국 군국주의에서 민주국가체제로 바꾸도록 했다. 일명 평화헌법까지 제정토록 이끌었다. 제9조 조항이 대표적이었다. 미국 정부는 패전국 일본을 효과적으로 관리하기 위해 별도기구인 극동위원회를 현지와 워싱턴 두 곳에 두고 있었다. 하지만 맥아더의 위세에 압도되어, 제구실을 하지 못했다. 맥아더에 의한 점령정책이 구체화되자 일본 국민들은 "승자인 동시에 강력한 지배자로서 일본을 개혁하기 위해 노력하는 것 같다."는 신중한 반응을 보였다. 하지만 그는 지배자라기보다 겸허했다는 평가가 우세했다.

2. 맥아더는 절대 권력자

맥아더는 승자 독식하듯, 일본 점령정책을 철저히 폈던 절대 군주 같은 권력자란 말도 들었다. 그는 어느 날 일본 점령군 사령관으로서 권한과 행동에 대해 다음과 같은 생각을 밝힌 바 있다.

"본인은 일본과 일본 국민에 대해 사실상 무제한의 권한을 가지고 있다. 역사상 어떤 군주도, 총독도, 정복자도, 군 지휘관도, 내가 일본에 대해 가지고 있는 정도의 권한에는 미치지 못할 것이다. 그러므로 나의 권력은 바로 '지상명령(至上命令)'이다."〈맥아더 回想錄〉.

그러나 맥아더는 독주할 생각이 전혀 없었다. 점령정책의 성공을 거두기 위해서는 점령당한 일본 측의 협조도 필요했기 때문이었다. 점령이란 것은 군사력을 배경으로 해 전승국의 의사를 패전국에 강제하는 것이지만, 위로부터의 무조건 강제만으로는 소기의 목적을 달성하기는 어려운 일이었다고 회고했다. 그렇게 되면 지속적인 개혁은 불가능했다고 생각한 듯하다.

노조(조합) 결성의 자유, 단체교섭권의 확립 등 노동문제의 현대화, 농지개혁, 남여평등화 등 제반개혁은 전쟁 시작 전부터 일본 내부에서도 요구가 거세져 왔으나 침략전쟁을 행하는 군부 때문에 실현되지 못했다는 것이다. 때문에 그러한 개혁은 맥아더가 새롭게 일본에 가져다주었다기보다 종래부터 있었던 중요 현안들을 맥아더가 이를 수용, 점령정책에 적극 반영시켜 실제 일본을 개혁토록 했기 때문에 가능했다. 반대 세력에 대해서는 무자비하다고 할 만큼 제재하며 강제 실현시켰다. 물론 반발도 없지 않았다.

3. 점령과 쇼와(昭和)의 존재 가치

맥아더가 주도한 일본개혁정책이 비교적 성공을 거둘 수 있게 된 것은 중요 이유가 있었다. 무엇보다 일본 국민들의 생각이 진정 새로운 세상이 도래하기를 간절히 바란 데서였다. 그 외는 패전국 국민으로서 선택의 여지가 없었기 때문이었다. 대개 동양인들의 사고는 권위에 약하다는 것을 맥아더는 일찍부터 알고 있었다. 일본인들도 예외는 아니었다. 소위 천황의 권위 앞에 맥 못 추듯, '푸른 눈의 새로운 지배자' 맥아더의 군사 통치를 일본인 대다수는 처음부터 쌍수를 들어 환영했다.

유사 이래 일본으로서는 처음 맛본 패전국으로, 일거에 존재가치를 잃게 된 기로에서 마침 새로운 구심점을 갈망하고 있었기 때문이었기도 했다. 일본으로서는 4년여 동안 죽이고 죽고 하던 전쟁 끝에 패전국으로 전락, 어제의 적군 지휘관을 오늘의 일본의 지배자로 계속 환영하고 존경할 것인지? 날이 갈수록 갈등을 느끼는 일본인이 급속도로 늘어났다. 맥아더는 결국 점령군 사령관으로서 5년 8개월 동안 일본을 지배하다가 물러갔다. 일본인들 중에는 지배기간에도 그 이후에도, 이임 때도 애석한 마음에 젖어 있었다. 동양인이 가진 권위에 대한 약한 심리 때문이었는지, 수다한 지배와 승자의 점령이 있는 세계사에서도 그 같은 유례를 찾기 힘들다는 평가가 있었다. 그 점만으로도 맥아더를 앞세운 미국으로서는 일본 점령정책에 성공을 거둔 셈이었다. 일본인들은 유독 맥아더에 대해 '정복자'가 아닌 '해방자'로서 줄곧 환영했기 때문이다.

4. 일본인들의 일관된 생각

맥아더는 처음부터 생각하기를, 일본인들은 대개 전쟁의 책임은 군벌과 재벌에서 비롯되었다며, 미군의 진주는 죽음과 억압·결핍에서 해방된 셈이라고 여기고 있는 것 같다는 느낌을 받았다고 했다. 때문에 일본인들은 패배주의에서 벗어나기 위해 '패전'을 '종전'으로, '점령군'을 '진주군'으로 교묘히 바꿔 불렀다. 그 같은 말로인해 패배의 굴욕은 한순간에 사라졌으며, 전쟁의 끝은 군인들에게 있어서도 시민들에게 있어서도, 죽음의 공포에서 해방을 가져다주었다. 더더욱 굶주리는 일반대중을 위해 식량긴급수입을 서둘러주는 맥아더로부터 일본인들은 구세주 모습을 보는 것 같았다고 했다. 무수한 팬레터가 이를 말해주었다.

당시 일본인들은 전쟁의 책임은 정치지도자에게 있다는 것은 당연했지만, 전쟁에 협력한 시민들은 반성에 앞서 맥아더를 '해방자'라고 우러러 받드는 사이 반성의 마음은 오히려 사라져 버렸다. 그 같은 분위기 여파로 맥아더는 일왕 쇼와(昭和)의 전쟁책임을 물을 수 없었다. 그 대신 맥아더는 쇼와의 권위를 이용, 일본에 대한 간접통치가 순조로웠기에 그 자리에 있는 한 안전할 수 있었다.

일본이 포츠담 선언을 수락함에 있어 제시한 유일한 조건은 '국체호지(國體護持)'였다. 그에 대한 미국의 회답은 "일본이 항복함에 있어 일왕뿐만 아니라 일본의 통치권한은 전적으로 점령군 사령관에게 종속되므로 다시 생각해보기를 바란다."고 일깨워주었다.

점령이 시작되자 쇼와가 맥아더를 만나기 위해 미 대사관을 찾았다. 그로서 종속관계를 확인시켜 주었다. 맥아더는 쇼와의 전쟁책임을 비로소 면죄시켜 주었다. 그 때문에 맥아더는 쇼와에 비해 정신적 우위를 확보하게 되었던 것이다.

그동안 쇼와는 긴 역사를 통해 정치적 실권자, 군부에 이용만 당해왔음을 알고 있었다. 그의 후광을 업고, 마음대로 권력을 휘둘렀으며, 전쟁도 마찬가지였다. 패전 후부터 일왕은 푸른 눈을 가진 맥아더를 위해 연출하기 시작했다. 일왕은 은인 맥아더의 대일정책 성공을 위해 적극 도왔다. 그는 "일본은 행운이다. 맥아더 같은 훌륭한 지도자를 맞이했기에 일본의 장래는 매우 밝다."고 찬양했다. 맥아더 역시 일본에 대한 점령통치 상 쇼와의 도움은 불가피했다고 털어 놓았다. 그 같은 생각에 대해 여타 연합군 수뇌는 쇼와가 A급 전범자로 군사재판에 회부되는 것을 방지하기 위한 동정론에서 비롯된 억지라는 논리를 폈다.

맥아더 '회상록' 중에는 "일왕은 일본인의 정신적 지주로 역할을 무시할 수 없었다. 그는 점령정책에 성실히 협력했으며 영향력도 변함이 없었다."고 거듭 회고했다. 하지만 연합국의 시각은 달랐다. 맥아더의 생각은 쇼와를 단죄하지 않기 위한 자기변명이었다고 비판의 끈을 멈추지 않았다.

5. 유리한 '대리인'에 힘입은 정복자

2차대전 시 일본의 항복은 3개 군사 동맹국 가운데 맨 마지막이었지만, 예상보다 빨랐다. 미국은 그 때문에 점령준비를 충분히 못했다고 했다. 특히 정치 이외 일본의 문화와 풍습·관습 등에 대해서는 전혀 무지였다. 그 같은 준비 미비로 일본에 대해 점령군의 손으로 개혁을 진행한다는 것은 무리였다고 훗날 맥아더는 회상록에 적어 두었다. 당시 미국 스스로가 일본 점령 형태를 '간접점령'으로 규정한 이유가 바로 그 때문이었다.

즉 기존의 일본 정치 형태와 반대로 개혁하기 위해서는 점령군 측에 유리한 대리인의 존재가 필요했다. 맥아더 측근에는 다행히도 그런 자가 두 사람이나 있었다. 한 사람은 '쇼와'이고, 또한 사람은 수상 '요시다 시게루(吉田 茂)'였다. 맥아더의 충실한 부관 반카 대령은 당시 이런 말을 했다.

"맥아더는 심리적 측면에서는 일왕을 통해서, 정치적 측면에서는 수상 요시다를 통해서 효과적인 점령정책을 펼 수 있었다."고 했다. "실제로 맥아더는 일본

국민의 정신 영역 지배를 위해 일왕의 권위를 십분 이용했다는 것. 즉 그날그날 정치적 문제 처리는 수상 요시다를 이용했으며, 본인은 초연하게 군림만 했다."고 덧붙였다. 그런 식으로 맥아더는 지배구조를 구축했다.

요시다의 속마음은 달랐다. 그는 실제로는 개혁에 반대했으며, 때로는 많은 이의 신청을 제기하기도 했다. 그렇지만 국내정치의 순조로운 진행을 위한 점령군 사령관의 권위 앞에서는 그도 물러설 수밖에 없었다. 맥아더는 일관되게 민주주의 원리를 앞세워 일본의 개혁을 계속 이어갔다. 그는 점령정책의 두 기둥인 민주주의와 평화주의를 반드시 지키겠다며, 일관되게 밀고 나갔다. 하지만 군비철폐란 평화주의는 중도에 폐기되었다. 중국의 공산화와 한국전 발발 등 동시에 격화된 긴장감 때문이었다. 실제로 맥아더는 평화를 사랑하는 신사였다. 한편으로는 명 지휘관이기도 했다.

6. 맥아더는 일본인의 은인

평화헌법제정과 군비라고 하는 모순은 일본 국민이 스스로 풀어야 할 문제라고 맥아더는 생각했다. 그 같은 문제를 남겨둔 채 맥아더는 돌연 자취를 감추고 말았다. 일본 국민들은 맥아더가 점령군 사령관직에서 그만 물러났다는 소식을 접하자 모두가 놀랐다. 일본인들은 점령당한 처지였는데도 오히려 맥아더를 좋아하고 그의 개혁정책에 순종해 온 것이다.

반면 그 무렵 그에 대한 일본인들의 애정에 찬물을 끼얹는 미 상원 청문회가 열리고 있었다. 그는 증언하기를 "일본은 장차 2세에게 기대할 수밖에 없다."는 '2세론'을 펴 관심을 모았다. 맥아더는 자기조국 못지않게 일본의 장래를 걱정하고 있었기에 그런 말을 한 것으로 일본인들은 이해했다.

'푸른 눈의 大君' 맥아더가 일본 땅을 떠난 지 어언 60년. 많은 세월이 흘러갔다. 그런데도 대다수 일본인들은 지금도 그를 못 잊고 동경하고 있다. 그가 이룩한 수많은 개혁에 대해서도 전후 일본의 방향을 설정한 것 등에 대해서도 긍정적이었기 때문이다. 일본인들은 수시로 되돌아보며, 그를 화제꺼리로 삼는다.

2003년 이라크를 공격한 미국은 그곳에 맥아더가 일본에서 실행했던 민주개혁을 적용하려 했다. 그것이 가능할 것으로 미국은 믿었지만, 기대는 빗나가 버렸다. 민족성, 토양이 맞지 않았기에, 거부반응이 잇따라 갈등만 일으키고 혼란만 부추겼다. 무엇보다 지금 미국에는 맥아더 같은 인물이 현존하지 않는다는 사실. 이라크인은 일본 민족과는 격이 다르다. 다민족, 다종교이며 정복자에게 쉽게 복종하지 않는다. 그런 것을 미국 정부도 잘 알고 있었을 것이다. 누가 뭐라 해도 맥아더는 전후 일본을 개혁했으며, 은인이었다고 하겠다. 동시에 무엇보다 당시 일왕 쇼와(昭和·裕仁)의 목숨을 구해준 생명의 은인이었다.

Ⅷ. 연합국들. '쇼와' 전범으로 구속 요구

1. '푸른 눈의 大君', 맥아더

 소위 황거(皇居)라고 불리는 일왕 쇼와(昭和)의 주거지와 마주한 도쿄 중심지역 히비야 공원(日比谷公園) 인근 제1생명빌딩을 차지한 미 극동군사령부(일명·점령군사령부)를 찾아 '푸른 눈의 大君' 맥아더를 쇼와가 방문했다. 그 무렵 소련과 영국, 중국, 호주 등 연합국이 맨 먼저 쇼와(昭和·裕仁)부터 전범자로 체포하라는 요구가 빗발치고 있을 때였다. 때문에 맥아더는 생각하기를 쇼와가 자기 생명을 구걸하기 위해 일부러 찾아온 것으로 생각했다.
 쇼와의 말은 달랐다. "나는 일본이 전쟁을 수행함에 있어 정치·군사면에서 행한 모든 결정과 행동에 대한 책임은 자신에게 있다."는 내용으로 털어 놓았다는 것이었다. 하지만 맥아더는 확인할 수 없었다. 당시 세계 주요 언론은 쇼와의 속마음은 맥아더의 환심을 사서 전범죄를 면해 보려는 의도에서 맥아더 집무실을 찾아간 것으로 논평했다.
 연합국측은 즉각 쇼와를 침략전의 원흉으로 체포, 전범 재판에 회부하라고 거듭 요구했다. 맥아더는 반대했다. 이유는 수수께끼다. 억측만 난무했다. 일설에 의하면 쇼와를 전범으로 구속, 극형에 처했을 경우, 소위 '국체호지(國體護持·천황제유지)를 조건으로 항복에 동의한 일본 국민의 반발이 거세질 것으로 예상한 데서였다는 분석이 유력하다.

만일 일본 국민의 반란이 일어날 경우, 진압작전을 위해 점령군 외 적어도 100만 명의 병력이 더 필요하다는 판단에서였다는 것이었다. 어떻든 맥아더의 행동은 좀 이상한 데가 있었다는 것. 그는 패전국의 왕을 따뜻이 맞이하며, 기념사진까지 찍었다. 그 사진이 다음날 일본 신문에 크게 보도되어, 연합국은 어리둥절했다.

2. 전범자 체포 명령 발표

맥아더 사령관은 일본 아츠기(厚木) 비행장에 도착한 1945년 8월 30일 밤 첩보부대장(CIC)을 불러 점령명령 제1호를 내렸다. 주요 내용은 전범 제1호로 지목된 일본 전시수상이었던 도우죠 히데키(東條英機·육군 대장)의 즉각 체포와 동시에 전범자 리스트 작성과 검거에 나서라는 것이었다. 포츠담 선언에도 전범자에 대해서는 엄중히 처벌토록 명기되어 있었다. 맥아더에게는 그런 권한도 주어져 있었다. 하지만 초기 미국 정부가 맥아더에게 내린 대일정책 주요 목표는 일본의 민주화였다.

내용 가운데는 일본군 완전 무장해제, 군국주의적 정치와 권위, 군국주의 세력의 완전 제거였다. 그 외에도 군국주의, 침략주의 정신을 표방하는 제반 단체에 대해서는 단호히 제재, 추방해버리라는 메시지가 담

맥아더를 만난 일왕(日王·裕仁)의 긴장된 모습 1945.9

겨 있었다. 전범자 1호로 쇼와 대신 체포 명령이 내려진 도우죠 히데키(東條英機·육군대장)는 전쟁 중 모든 권한을 쥐었던 전시 수상까지 지낸 자로서 군국주의 상징 인물이었다. 맥아더가 그 점에서 그를 먼저 체포해 일본 국민 앞에 공개 처벌함으로써, 새로운 실권자가 누군지를 일본인에게 알리려는 목적에서였다.

9월 11일. 맥아더 사령부는 CIC 대장에게 제1차로 전범자 중 중범 43명부터 긴급체포하도록 명령했다. CIC는 이미 수사관을 도우죠 자택(東京都·世田谷)에 보내 그를 체포하려 나서고 있었다. 그 무렵 도우죠는 휴대하고 있던 권총으로 자기 심장을 향해 방아쇠를 당겼다. 그 순간 달려온 비서관에게 "총탄 한 발에 죽고 싶다. 승자의 재판정에 서고 싶지 않다." 등의 말을 중얼거렸다. 총탄은 빗나가 죽지 않았다. 할복 자살자가 속출했다. 도우죠 내각 때 후생상 고이즈미(小泉親彦), 문부상 하시다(橋田邦彦) 등이 권총으로 자결했다.

재무상 가야(賀屋興宣)는 점령군 사령부에 자진 출두했었다. A급 전범 검거는 12월 6일로 마감했다. 그 사이 또 한 명의 자살자가 나왔다. 전 수상 고노애(近衛文磨)였다. 전범으로 체포된 용의자는 100명을 넘었다. 미군 병원에 입원한 도우죠도 상태가 좋아져 전범 수용소로 옮기게 되었다.

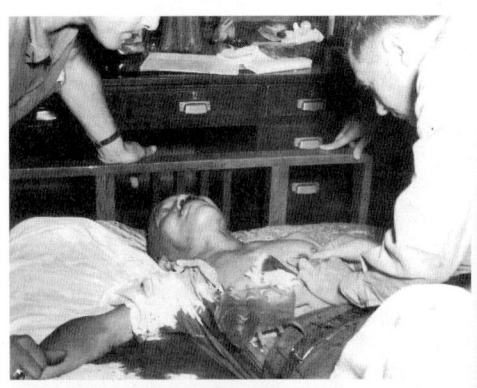

(사진 좌) 자살 미수로 응급처치를 받고 있는 A급 전범 1호 도조 히데키(東條英機·대장) 1945.9.11
(사진 우) 전범으로 잡혀온 자들이 도쿄전범 재판 절차에 대해 설명을 듣고 있다.

3. 민주개혁 박차

 연합국의 일본 점령 목적 중에는 이미 밝힌 데로 비군사화와 민주화 등 두 가지였다. 일본이 두 번 다시 세계의 위협이 되는 것을 예방하기 위해서였다. 승리감에 젖어 있는 미국의 사명감과 동양의 군주 같은 맥아더의 개성은 그 같은 목적을 추진하는데 최적이라는 말도 있었다. 하지만 쉽지 않았다. 일본 정부나 대다수 일본 국민이 패전국이란 현실을 충분히 지각하지 않은데다가 과연 민주주의란 어떤 것인가? 의문을 품고 있기에 맥아더는 강제로 할 수 없는 처지였다.

 1945년 10월 4일 맥아더는 민주화 실현에 장애인물로 분류된 내무상 야마자키(山崎)와 특고경찰(特高警察) 간부 등 모두를 전격 파면해 버렸다. 동시에 일본이 패전하기 전 정치범으로 수용된 사람에 대해서는 즉시 석방과 아울러 악법 폐기를 명령했다. 파면된 일본 관리는 모두 4,000여 명이나 되었다. 다음 날 알게 된 일본 내각(수상 東久邇)은 큰 충격을 받고 총사퇴했다. 이어 시대하라(幣原喜重郎) 내각이 등장했다. 한편으로 18년 동안 옥에 갇혀 있었던 일본 공산당 간부 등 정치범들에게는 오히려 맥아더가 은인이며 해방자였다. 연합군이 '해방군'이란 타이틀을 얻게 되었다. 10월 10일 교도소에서 석방된 일본 공산당 간부 두 명(志賀義雄・德田球一 등)은 복간된 기관지 아카하다(赤旗)에 '인민에게 호소한다'며 다음과 같은 성명서를 발표했다.

 "연합군의 일본 진주에 따라 일본에서 민주주의 혁명의 서광이 비쳤다. 우리들은 깊이 감사의 뜻을 전한다."

 곧이어 출소자들은 가두행진 후 맥아더 사령부 앞에 모여 만세 3창을 불렀다. 비로소 전쟁 이전의 일본 가치관은 모두 부정되었다. 맥아더는 일본인들 눈에 정복자 아닌 새로운 민주지도자로 부각되었다. 때문에 맥아더의 모습을 보려고 모여드는 군중 때문에 사령부 앞에는 날마다 대혼잡을 이루었다. 또는 수백 통의 팬레터까지 날마다 날라 들었다. 대개 내용은 "세계에서 가장 훌륭한 분으로 영구히 일본에 남아 주기 바란다.", "맥아더는 일본 점령군 사령관으로서 잘 어울리는 분이며, 일본은 점령당하기 알맞은 국민인 것 같다."고 했다.

4. 도쿄는 맥아더의 수도인 셈

맥아더가 '푸른 눈의 大君'으로 군림중인 일본 도쿄는 도심 대부분의 건물이 점령군에게 징발당했다. 건물 수만 해도 600여 채. 미국 정부는 일본 점령에 대비, 1944년 11월에 시작한 도쿄 공습 때부터 미리 징발 예정인 건물만은 폭격에서 제외시킨 것이다. 징발한 빌딩에는 새로운 주인에 의해 별도의 이름을 붙였다. 도시 주요도로 이름도 영어 이름으로 바뀐 곳이 많았다. 맥아더에 의한 개혁은 여러 면에서 이뤄져 갔다. 과거 일본은 점차 사라

맥아더 원수 모습을 직접 보기 위해 아침마다 미 대사관에 웅집한 일본인들

지고 새로운 일본이 태어나고 있었다. 특히 일본 수도 도쿄는 이제부터 미군 점령으로 '맥아더 수도'로 바뀌었다. 맥아더의 영향력은 상상을 뛰어넘고 있었다. 연합국들도 맥아더 앞에서는 무력했다. 말 그대로 새로운 지배자로 군림했기 때문이었다. 그러나 일방통행은 피했다. 일왕 쇼와에 대한 전범자 처리를 두고 연합국과 마찰을 빚은 것만은 예외였다.

5. 천황, '인간선언'

전후 최초로 1946년 새해를 맞아 신문지상에 일왕 쇼와(昭和)의 조서(詔書)가 발표되었다. 그 조서 안에 소위 '왕의 인간선언' 구절이 들어 있었다. "본인과 그대 국민간의 유대는 시종 상호신뢰와 경애(敬愛)에 의해 맺으며, 단연코 신화와 전설 등에 의해서 생성될 것이다. 다만 일본 국민을 다른 민족보다 우월하다고 치부, 세계를 지배할 수밖에 없는 운명을 가졌다고 하는 가공적인 관념을 갖게 하는 것을 배격한다."

즉 조서 내용은 일왕 자신이 스스로 자기 신격화를 부정했던 것이다. 조서 자

체는 지금까지의 칙어(勅語) 스타일을 취하고 있었지만, 실제로는 왕의 신격화를 파괴하기 위해 당시 시대하라 수상(幣原)이 맥아더와 민정국장과 상담 결과 나온 것이었다.

원안은 사령부 내부에서 만들어져 그것을 기초로 영어의 달인 시대하라 수상이 정리, 시종장에게 번역문을 마무리 하도록 해 조서가 성안되었다. 그런데 왕의 '인간선언' 작성과정에는 몇 가지 사연이 있었다.

그 중 한 가지는 "천황을 전범재판에 넘기자는 소리가 높아진 1945년 12월께, 사령부로부터 궁내성에 대해 만일 천황이 신이 아니라고 표명한다면 천황의 입장이 좋아지지 않겠느냐는 말이 있어, 이 보고를 접수한 당시 시대하라 수상(幣原首相)이 쇼와(昭和)를 면담, 건의했던 것"이라는 전언이다.

초안은 시대하라 수상이 영문으로 작성하고 그것을 비서관(福島愼太郎)과 문부상(前田多門)이 일본어로 번역한 것이었다. 또 하나는 미국인 저널리스트 마크 게인도 '일본 일기'에서 '천황의 신격화'를 포기한 최초의 초안은 실은 다이크 준장 사무실에서 협의해 만든 것이라는 사실을 알고 있었다."고 적고 있다.

사령부 내 CIE(민간정보교육국)에서 작성, 시대하라 수상과 궁내성이 최종적으로 완성했다는 주장도 있다. 결국 그 조서(詔書)는 언론에 발표하기 전 요시다 시게루(吉田 茂) 외상에서 맥아더에게 전달, 그의 양해 아래 '인간 선언'이 발표된 것이었다. 맥아더도 곧 바로 지지 성명을 발표했다.

6. 맥아더의 개혁

일본 헌법 〈일명 맥아더 헌법〉의 원안이 사령부 민정국 사람들에 의해 불과 일주일 만에 성안된 사실은 잘 알려진 바다. 맥아더는 점령 초부터 시대에 뒤떨어진 봉건적인 명치헌법은 개정되어야 한다고 말했다.

그래서 일본 정부에 대해서도 개정을 시사하는 발언을 거듭했으나, 당시 일본 정부로서는 헌법을 새로 만들 능력도 의사도 결여돼 있었다. 게다가 극동위원회 발족을 눈앞에 두고 있어 천황을 지키기 위해서라도 헌법 개정에 대한 기정사실

미군 점령 하의 일왕 가족 1947. 5.

을 시급히 받아들여야 했다. 그 때문에 사령부는 맥아더의 명령에 따라 일본헌법 초안을 시급히 만들었다. 극동위원회란 미국이 단독으로 일본을 통치하는 것에 불만을 느낀 소련이 SCAP(연합국군 최고사령관) 위에 점령정책을 결정하는 최고 기관을 두기로 제창, 1945년 12월에 만들어진 기구였다. 위원회를 구성하는 미·영·소·중 4대국은 거부권을 가지며, 한나라라도 거부권을 행사하면 그 정책은 시행될 수 없었다. 맥아더는 위원회 설치를 반대, 격노했다. 위원회 활동 개시가 1946년 2월말로 돼 있어 맥아더와 사령부 스텝은 중요한 점령 정책은 그전까지 마련하겠다는 생각을 가지고 있었다. 일본 신헌법 문제도 그 때문에 개정을 서둘렀다.

맥아더는 ① 천황의 지위는 국민의 주권을 기초로 하며 ② 전쟁 포기, ③ 봉건 제도 폐지 등 3개항을 기본 원칙으로 정했다. 그 같은 '맥아더 노트'가 밝혀짐으로서 사령부 민정국 주도로 구체적 작업이 진행되었다. 결국 일본 신헌법 초안은 1946년 2월 3일부터 일주일 뒤인 12일 완성되었다. 그 초안은 곧바로 일본 정부에 넘겨졌다. 맥아더 사령부는 그 초안대로 헌법을 만들도록 재차 요구했다. 민정국장은 "초안대로 헌법을 완성하면 천황은 편안할 것이다."라고 말했다. 그러나 시대하라 내각(幣原內閣)은 한방 맞은 듯 멍청한 생각을 금할 수 없었다. 이윽고 천황의 지위를 사령부가 정한대로 수용, 결국 사령부 원안대로 일본 신헌법은 그 해 11월 3일 공포되었다. 맥아더의 의지대로.

Ⅸ. 맥아더의 의지대로

1. 첫 여성의원 배출

1946년 4월 10일 일본에서 전후 최초로 총선이 실시되었다. 그 결과 여성후보자가 당선, 화제를 모았다. "한 표 보다 고구마 배급이 우선이다"라는 말이 떠돌았지만, 여성유권자들 가운데는 "기권하면 맥아더가 화낸다."며 투표장으로 나가 모

극동국제군사재판(도쿄전범재판) 법정 풍경, 우측 피고인석 (사진 좌), 일본 도쿄전범재판 피고들, 판결문을 듣고 있다. 1948. 11. 12.(사진 우)

중의원의원 제2회 선거에서 연설중인 사회당 가또오
여성후보(1947.4.21)

처럼 참정권을 행사했다.

군국주의 세력에 대한 공직 추방으로 기성 정치가들 많은 수가 배제되고 대선거구제와 연명제가 도입된 관계였는지, 다행히도 여성후보 상당수가 의회에 진출하게 되었다. 당선 직후 인사차 GHQ(General Headguarters, 연합군 최고사령부)를 방문한 여성의원들과 가진 화면에서 맥아더는 칭찬을 아끼지 않았다.

"일본 여성들은 민주주의 건설에 좋은 반응을 보여주고 있다. 이번 일본 총선 투표 기록은 세계에서 그 유례가 드물다. 나는 전쟁의 희생과 참화를 보다 깊이 느끼고 있는 일본 여성 여러분들이 일본 국민을 위한 공공복지증진에 앞장설 용기와 의지를 가지고 있을 것으로 확신한다."고 말했다. 최초 일본 여성 국회의원수는 모두 39명. 맥아더는 "일본군국주의 청산은 여성 해방에서 출발해야 한다."는 말도 잊지 않았다. 그 말에는 일본 전후 역사가 말해주고 있다는 반응을 보여주기도 했다.

2. 맥아더는 정복자 아닌 개혁자

일본 점령은 일본을 민주국가로 재생하기 위한 장대한 실험이었다. 맥아더는 단순한 정복자가 아니고 개혁자로 군림했다. 노조의 장려, 농지개혁, 재벌해체, 교육개혁 등 거의 대부분 분야에서 진행된 개혁은 루즈벨트 정권 아래서 행한 혁신정책 뉴딜정책과 일맥상통했다. GHQ 전문가들은 대다수가 그 정책의 행정 경험자들이었다.

원래 보수파인 맥아더가 그 무렵 강력한 개혁의 열정을 쏟은 것은 통 큰 백인의 사명감이 작용했는지도 모를 일이다. 맥아더에게 있어 일본 점령은 아시아의 군사적 반 봉건주의적 국가를 평화적인 방법으로 민주적인 국가로 만들려는 진정한 사명감에 젖어 정해진 목표를 달성하려는데 있었다. 맥아더의 일본 개혁은 그의 생애를 통해 가장 빛나는 성공의 일장이었다고, 역사가들의 의견은 일치되고 있다.

전쟁은 인간의 무덤이다

제 2부 - 5편

파란만장 조선인 일본 육군장군 생애

- A급 전범으로 교수형
- 고향은 경기도 안성

A급 전범으로 교수형

1. 증언에 앞서

일제시 한국인 출신 일본군 가운데 최고위직에 있었던 홍사익(洪思翊) 육군중장에 관한 스토리는 별로 다루어진 바 없다. 몇 일간 신문에서 단편적인 내용만 실었을 정도다. 필자는 그의 파란만장했던 생애를 인물 탐구차원에서 되짚어 보고자 한다. 홍 장군에 대한 친일(親日) 시비가 없는 것은 아니어서 가능한 그 부분도 아울러 살펴보겠지만, 정확한 결론을 내리기엔 여전히 자료가 부족하다.

일본 육사 재학시절 조선인 생도들과 간혹 만나 나눈 이야기, 독립군으로 탈출해간 지대형(가명 : 지청천) 등과의 비밀서신 교환, 그리고 그 가족들에 대한 생계 돕기 등의 숨은 이야기 등을 통해 유추해 본다.

일본군 고위장성으로서 특히 식민지 조국에 대한 어떤 애정과 생각을 가지고 있었는지? 그리고 패전 후 마닐라 전범재판에서 A급 전범으로 결국 교수형에 처해져 인생 최후의 시간을 맞이했을 때까지 일본 육군중장 계급장을 달고 있었지만, 개인의 생각은 어떠했었는지가 수수께끼다. 이런 점을 주요 논의의 대상으로 삼고자 한다.

- 저자-

2. 문제 제기

군대란 특수사회다. 상사는 부하들이 중대한 과실을 저질러 군의 명예를 더럽혔다면 마땅히 함께 책임지고 처벌받아야 할 만큼 엄격하다. 이것이 언필칭 군기(軍紀)인 셈이었다. 때로는 그 때문에 희생을 각오해야 할 경우도 더러 있었다. 여기엔 여하한 이론(異論)도 법리조차도 용납되지 않는다.

2차대전직후 세계 50곳에서 일제히 개정된 전범 재판의 기조(基調)가 그러했음을 밝혀둔다. 전범재판이 그런 기조 위에서 너무 일방적으로 처리됐음을 새삼 느끼게 된다. 아무리 부하가 상관 몰래 자행한 일로, 단지 지휘감독 책임밖에 없다고 항변해도 전혀 메아리가 없었던 것이 당시 연합군 전범재판의 분위기였었다.

홍사익 장군 역시 A급 전범으로 체포돼 도저히 빠져나올 수 없었다. 하필이면 일본 남방군 총사령부 산하 연합군 포로수용소 소장직까지 맡아 악역을 했으니 어찌 빠져 나올 수 있었겠는가. 그가 형장의 이슬로 사라진지도 어언 올해로 68년. 지금도 그의 영혼은 너무 억울했다며 고이 잠들지 못하고 구천 속에 떠돌고 있을지 모른다. 일본 군국주의 아래서 활동했던 그였지만 '당당한 조선인'으로 살다갔기에 그를 추모하는 사람들도 많이 있다.

한편에서는 그를 두고 '친일' 운운하는 사람도 적지 않다. 그가 일본 육군중장까지 되었으니 적어도 표면상 그렇게 말할 수 있을 지도 모른다. 하지만 이는 너무 경솔한 판단이다. 좀더 깊이를 알고 판단하기를 권하고 싶다. 그래서 더욱 홍사익 장군에 대한 스토리를 한 번쯤 파헤쳐 보는 것이 필요할 듯 하다.

3. 전범 우두머리는 '쇼와(昭和)'

본론에 앞서 '쇼와'가 어떻게 전범에서 제외되었는지 먼저 짚어 본다.

'쇼와'는 당시 최고실권자로서 태평양전쟁을 주도했던 인물이다. 그런데도 맥아더 원수는 그를 제외시켰다. '쇼와'를 전범으로 단죄할 경우, 일본 국내에 큰 소요가 발생할 것을 우려한데서였다는 것. 만약 소요가 번질 경우 최소한 100만 명 가량의 일본점령군이 더 필요할 것으로 본데서다. 그렇게 되면 미 군사비 지출에 큰 부담으로 작용할 것으로 판단했기 때문이다. 결국 단지 그의 명령에 따라 행동했던 부하들만 희생된 셈이다.

당시 전범재판은 옳았는지, 역사 앞에 되묻지 않을 수 없다. 당시 전법재판은 전술한대로 법률보다 다분히 보복 차원에서 이뤄졌다는 비판이 여전하다. 피고들에게 제대로 변론의 기회조차 주지 않았으며, 일본군 지휘관급은 가차없이 전범으로 체포돼 대부분 극형으로 처단했었다. 조선인 출신 홍사익 장군 처형문제만 보아도 그러했다고 할 수 있다. 그도 일본 제국주의 최고 권력자로서, 당시 살아있는 신(神)으로 대접받던 '쇼와'를 대신해 희생된 셈이다. 전쟁주범 '쇼와'가 연합군을 위해 한 것은 '항복방송'이외에 아무것도 없다. 그래도 끝까지 일본천황으로 군림, 천수를 누렸으니 역사의 아이러니라고 할 것인가.

4. 홍사익의 유년시절

한때 이집트를 통치했던 사다트 대통령은 매우 집안이 가난했다. 아버지는 시골 우체국 집배원이었다. 그런 관계로 사다트는 학교 때문에 수도 카이로의 빈민가에서 할머니와 함께 살았다. 사다트는 두뇌가 명석했다. 할머니는 그를 몹시 귀여워했다. 할머니는 항시 위인전이나 자기 나라 독립운동가 등에 대한 이야기를 그에게 들려주었다.

사다트는 고교를 졸업, 뜻한 바가 있어 일반대학 대신 아무나 갈 수 없는 육사를 한사코 가기를 원했다. 육사는 이집트 사람들 중 선택된 사람만이 갈 수 있는 소위 엘리트 코스였다. 상류층 자식만 입학할 수 있는 육사에 빈민층 출신은 실제로 엄두도 낼 수 없었다. 비록 필기시험에 합격했다고 하더라도 장군의 추천서가 있어야만 입학이 가능했다. 사다트는 고민 끝에 육군준장으로 있는 친구 삼촌에게 애걸복걸하여 겨우 추천서를 얻어 바라던 육사에 들어갔다. 장차 영국식민지인 조국을 해방시키는데 앞장서보겠다는 포부 때문이었다. 사다트가 육군대위 때였다. '10인 장교단'을 조직, 본격적인 식민지 해방투쟁에 돌입했다.

그리하여 수 차례의 투옥 끝에 조국 이집트가 영국 식민지 지배에서 벗어나는

데 성공했다. 그 뒤 초대 대통령을 맡으라는 주변의 권유에도 불구하고 자신은 조국이 식민지에서 해방된 것만으로도 만족한다며 끝내 사양했다. 그는 초대 대통령에 '나기브'를, 그 뒤를 '낫셀'이 맡을 것을 강력 추천했다. 그들도 사다트가 조직한 '10인 장교단' 출신이었다. 박정희가 주도한 5·16 군사쿠데타도 이를 본땄다는 설이 있다.

크게 보아 홍사익도 이집트 사다트 대통령처럼 빈농 출신인데다가 머리가 비상했다는 공통점을 가지고 있다. 사다트처럼 직접 조국 독립투쟁을 하지 않았

구일본 육군중장때의 洪思翊의 모습. 그는 필리핀 산속에서 패전을 맞았으나 뜻밖에도 A급 전범으로 취급돼 그리던 고국으로 돌아오지 못한 채 처형당하고 말았다.

지만, 조국이 식민지로 전락한 점을 늘 마음속에 두고 고민했던 것은 사실이었다.

그는 1889년 3월 4일 경기도 안성(安城)에서 빈농의 아들로 태어났다. 어릴 적부터 신동(神童)이란 말을 들을 정도로 머리가 영특했다. 이웃 사람들은 누구나 그를 가리켜 장차 꼭 한자리할 아이라고 여겼다. 그는 어릴 때부터 어떤 놀이감보다 책같은 것을 좋아했다. 그래서 일찍부터 한학 공부에 매달렸다.

1905년 15세때 대한제국 육군무관학교에 입학했다. 일찍부터 군인의 길을 동경했기 때문이었다. 무관학교는 부잣집 또는 양반집 아들이나 들어갈 수 있었던 일종의 귀족학교와 같았다. 그런데도 아무런 가세(家勢)도 없는 빈농의 아들이 실력경쟁에서 당당히 합격, 입학한 것이다.

5. 일본유학

1909년 한일합방을 바로 앞두고 무관학교가 돌연 폐교되자 홍사익(洪思翊)은 국비 유학생으로 선발되어 일본 중앙유년학교에 들어갔다. 이 학교 역시 선택된 자들만 들어갈 수 있었던 지금 말로 명문 학교였다. 홍사익은 이 학교에서 일본사람에게 뒤지지 않겠다는 각오로 열심히 공부, 크게 두각을 나타냈다. 그는 유년학교를 졸업하자마자 일본 육사생도 모집에 응시, 26기생으로 정식 군문으로 들어서게 되었다. 여기서도 월등한 실력과 함께 두각을 나타냈다. 실제로 육사생도 시절부터 장차 '장군'이 예약돼 있었던 셈이었다. 대기업체에서 신입 사원을 선발할 때 중역이 될 사람을 미리 점찍어 두듯.

홍사익은 육사졸업과 함께 일본 육군소위로 시작, 남보다 다소 빨리 영관급으로 진급 후 지휘관 양성코스인 일본 육군대학에 다시 입학, 군인으로서 출세가도를 달리게 되었다. 그는 육사 동기생 중에서 그리고 조선인 출신자 중에서 가장 먼저 육군대학을 마쳤다. 그 무렵만 해도 한일합방 직후라 조선인들에 대한 불신과 차별 그리고 멸시가 극에 달했던 시기였는데도, 그는 오직 자기 실력 하나만으로 여러 난관을 거뜬히 돌파했다.

6. 본격적인 군생활

홍사익 장군이 늘 입버릇처럼 동기, 후배들에게 들려주었던 말이 있다. 그의 좌우명과 같은 말. 즉 "일본인들의 차별을 극복해 내려면 죽도록 노력해 실력경쟁에서 우뚝 서는 길 외는 달리 없다" 그리하여 그는 스스로 모범을 보였다. 홍사익 장군은 남다른 의지와 인생관 때문에 생사가 엇갈리는 전범재판때도 구차한 변명을 일체 말하지 않았다. 심지어 사령관 야마시타 토모유키(山下奉文·육군대장)에게는 불리하고 자기에게는 유리한 증언까지도 끝까지 거부, 시종 묵비권을 행사함으로써 재판부를 의아스럽게 한 인물이기도 했다.

그와 생사를 같이했던 생존 노병들이 들려준 회고담이다. 그들은 '필리핀'이란 말만 들어도 눈을 지긋이 감고 격렬했던 전투상황과 함께 누구보다 홍사익 장군의 당당하고 인자한 모습을 떠올리기 일쑤라고 했다. 홍사익은 1926년 육군 소좌(少佐·少領)로 진급후 육군보병학교 교관으로 있었다. 1937년 7월 지나사변(支那事·日華事事)이 일어나자 그는 만주 중앙 육군 훈련처 교관으로 전출했다. 이어 일본 관동군(關東軍) 참모부에 근무 중에 1938년 대좌(大佐·大領)로 진급하게 되었다. 그리하여 흥아원(興亞院) 조사관으로 상하이(上海)로 파견되었다.

1941년 소장으로 진급했다. 곧바로 일본군 북지파견대(北支派遣隊) 여단장으로 발령받았다. 1944년 그는 육군 중장의 계급장을 달게 되었다. 동시에 필리핀 주둔 일본군 남방지역 총사령부 병참감으로 가게 되었다. 그는 다시 패전 3개월 가량을 앞두고 병참총감 겸 포로수용소 소장으로 발령받았다. 악역중의 악역인 포로수용소 소장직까지 맡았으니… 비로소 사신(死神)이 찾아온 셈이었다.

7. 독립군과의 관계

홍사익 장군은 일본 육군 고위직에, 게다가 핵심에 있었던 관계로 조선 독립군과 반대편에 있었던 셈이었다. 그 같은 사실만으로 혹자는 그를 일컬어 '친일' 운운하기 일쑤다. 하지만 그 같은 주장은 홍사익 장군의 내면세계와 독립군 사령관 지청천과의 빈번한 비밀서신 교환, 그리고 일본 육사 조선인 동기 및 후배 중 독립군으로 탈출해간 가족 돕기 성금 갹출 등을 미루어보아 전혀 다르다.

그 외에도 많은 증언이 있다. 당시 현역 군인에게 더욱 엄격했던 일본정부 방침이었던 창씨개명(創氏改名) 요구(명령)를 그가 끝내 거부한 점이다. 만약의 경우 옷을 벗는 일이 있을지라도 또는 영창에 가는 일이 있더라도 그는 '당당한 조선인'으로 살기 위해 창씨개명을 뿌리쳤다. 그렇게 해 일본 육군 지휘부의 차가운 눈초리를 초연하게 극복했다는 것이다. 이 부분을 두고 보아도 그가 어떤 생각을 가지고 있었는지, 충분히 짐작할 수 있을 것이다.

그를 덮어놓고 친일파로 몰아 붙일 수 있겠는가? 그런 관계로 일본패전 직후 열린 전범재판시 국내 저명인사들이 뜻을 모아 전범재판에 회부된 홍사익 장군을 구명하기 위해 실권자 미 맥아더 원수에게 탄원서까지 보낸 일도 있다. 당시 국내

일반여론도 홍사익 장군이 A급 전범으로 취급당한 것은 억울하고 부당하다는 동정론이 지배적이었다.

그가 조국을 위해 뚜렷이 한 일은 어떤 것인지? 이 같은 물음에는 만족한 답변을 내놓기가 어렵다. 전술한대로 창시개명 거부를 비롯하여 독립군사령관 지청천과의 은밀한 관계, 그리고 일본군을 탈출, 독립군에 가담한 조선인 출신 동기생들에 대한 가족 돕기 성금 갹출, 일본군 탈영병(조선인) 숨겨주기 등 일련의 행적을 볼 때 긍정적인 면이 많은 것도 사실이다.

패전후 한 일본군사평론가는 홍사익 장군에 대해 다음과 같이 언급한 바 있다. 일제때 조선인은 일본육사나 해군병학교, 해군기관, 경리학교 등에 입학하기조차 어려웠다. 만약 생도로 들어왔을 때는 예외 없이 창씨개명을 했기에 이름을 듣고는 그가 조선인지, 일본인지 도저히 알 수 없었다. 그런데 홍사익 장군은 어떻게 된 셈인지 조선인 성(姓) 그대로 고집했다. 그는 덧붙이기를 "홍 장군은 당시 일본 육군에서 드물게 보는 인재중의 인재로 인정, 장차 군 핵심 인물로 키우기 위해 관대하게 봐준 것 같다"고 증언했다.

홍 장군은 평상시 보라는 듯 조선식 발음으로 일본어를 구사해 자신이 조선임을 들어내었다. 보통 사람 같으면 조선인이 아니라고 가장할 터인데도. 더욱 자기를 고위장성으로까지 진급시켜준 일본에 대해 충성을 다 바치려고 노력했을 터인데, 거꾸로 비일계(非日系) 장군이란 사실을 노골적으로 드러내기를 좋아했으니 무슨 생각에서였을까? 결국 일본 군부는 한사코 그의 명석한 두뇌가 탐이 난 데서였을 것이란 추측이 가능하다.

일본 군국주의시대 때 본받을 점이 있다. 인사가 철저한 실력주의에 의해 이뤄졌다는 사실을 부인하기 어렵다. 이른바 빽, 정실, 뇌물 같은 것은 상상도 할 수 없었다. 어떤 조직체든 사람이 움직이기 때문에 적재적소와 능력주의가 최고 가치임은 두말할 나위 없었기 때문이었다. 가령 진급과 발탁인사 또는 부서이동 발령시 구성원들의 절대 다수가 수긍했었다. 본인의 능력, 특기, 경력, 근무실적은 물론 인성(인품)까지도 고려해 인사에 반영했다. 만약 인사자료가 불충분하면 인사 담당자가 직접 찾아가 며칠동안 접촉하면서 파악, 필요한 자료를 수집하기도 한다. 그래도 그 인사에 문제가 생기면 전적으로 담당자가 책임을 져야하며, 때로는 문책도 각오해야 했다.

발탁인사와 관계된 좋은 일화가 있다. 1904년 러·일전쟁을 앞두고 함대사령장관을 누구로 임명하느냐는 문제를 놓고 군부가 고민에 빠져 있었다. 어느날 명치천왕이 해군장관 사이고우 츠케미치(西鄕從道·해군대장)와 군무국장 야마모토 콘베애(山本權兵衛·소장)를 불러 들였다.

명치(明治) : 함대사령관은 누구를?
사이고우 : (야마모토를 바라보았다)
야마모토 : 좋은 후보자가 있습니다.
명치 : 누구냐?
야마모토 : 도우고우 헤이하치로우 제독(東鄕平八郎·중장)이 좋겠습니다.
명치 : 그런가.

러·일전쟁은 국력 면에서나 군사력 면에서도 일본은 재정러시아에 상대가 될 수 없다고 모두 생각했다. 그래도 전쟁을 꼭 치러야한다면 해군주도의 해전으로 승부를 가려야만 했다.

그와 같이 국운을 좌우할 함대사령장관직에 졸장을 앉힐 수 없다고 육군에서 크게 반기를 들고 일어났다. 연판장까지 돌려 인사를 재고하기를 바란다며 명치 앞으로 보냈다. 까닭인 즉, 도우고우는 청일전쟁 직전 구축함 함장으로 있으면서 상해 앞 바다에 파견되어 동맹국인 영국화물선을 격침시켜, 영국을 분노케 해 일본정부가 사죄하도록 했던 장본인이었다는 데서, 부정적인 인물로 본데서였다. 그로 인해 예편대상 제1호인 도우고우에게 어째서 중책을 맡기려고 하는지 육군으로서는 이해할 수 없다고 비판한 것이었다. 하는수없이 명치가 재차 해군장관과 군무국장을 오도록 했다.

명치 : (육군쪽 연판장을 보여주며) 장관, 왜 하필이면 말썽 많은 사람을 국운이 걸린 함대 최고 책임자로 천거했는가?

해군장관 : (군무국장을 응시했다)

군무국장 : 예. 도우고우 제독은 운이 참 좋은 사람입니다.

명치 : 응. 그런가…

군무국장 말속에는 함대 최고 지휘관으로서 자질은 물론 전략과 전술에 일가견이 있는 최적임자란 뜻이 함축돼 있었기 때문이었다. 도우고우는 곧 대장으로 승진했다. 일본의 역대왕 중 명치만큼 사람을 잘 고르는 왕이 없었다는 설도 있다. 사람을 골라 쓰는데는 남다른 혜안을 가지고 있었다는 것이다.

야마모토가 도우고우를 발견한 것은 영국화물선 격침과 관계된 사문회(청문회) 때였다. 당시 청국이 일본과 일전을 각오하고 영국·프랑스·독일 등지에서 군수물자를 대량 사들이고 있다는 정보에 따라 상해 인근 해역에 구축함을 파견, 감시토록 했다. 함장은 도우고우 대좌였다. 주어진 임무는 정선에 불응시 어떤 선박이든 격침시키도록 명령했다. 도우고우는 명령대로 했을 뿐이었다. 그 영국화물선은 검문에 불응, 수장되고 말았다. 선원까지 죄다 죽고 선장만 살았다. 사문회에 불려나온 도우고우는 태연했다.

"내가 왜 이 자리에 있어야 하는가. 나는 부여된 임무에 충실했을 뿐인데…"

결국 사문회는 흐지부지되고 말았다. 야마모토는 내심 장차 해군의 인재감이라고 새겨두었다. 러일전쟁에서 일본이 예상을 뒤엎고 승리한 것은 전력이 월등해서가 아니었다. 도우고우 제독의 전략전술 그리고 배짱에 의해서였다. 지금도 그에 대한 평가는 여전하다.

세계무적함대로 한때 이름을 날렸던 16세기 에스파니아 해군함대를 능가할 만큼 막강했던 러시아 발틱함대가 자신감을 가지고 멀리 발트해에서 남아공 희망봉을 돌아 남해 거제 앞 바다로까지 진출해온 것을 '미카사'(三笠)를 기함으로 하는 일본 연합함대가 일종대로 늘어선 발틱함대 허리쪽으로 돌진, 교란작전을 편 끝에 우왕좌왕하는 틈을 이용, 집중포화를 퍼부어 순식간에 모조리 격침시킨 데서였다. 당시 세계도 깜짝 놀랐다. 세계 해전사는 이순신 제독이 승리한 노량해전과 영국 넬슨 제독이 이끈 '트라팔가 해전', 그리고 미 해군의 미드웨이 해전 등을 이 해전과 함께 유명한 해전으로 기록해두고 있다. 특히 도우고우 제독의 발탁과 관계된 인사내용은 일본 해군 종군기자 출신 이토우 마사노리(伊藤正德)가 펴낸 '대해군을 생각한다'라는 저서에 나와있다.

지금도 러시아 사람들은 한 세기전의 치욕을 잊지 못한다. 지난 88 서울 올림픽 때 선수단을 실은 배가 인천항쪽으로 항해중 발틱함대가 수장된 해역에 들러 고혼을 달래는 대형 꽃다발을 바다에 투하, 우리의 눈길을 끌었다.

도우고우는 원수(元帥)가 되었고 야마모토는 해군의 대부(代父)로 두 번이나 수상을 지냈다. 홍사익 장군도 일찌감치 인재감으로 점찍어 놓은 데서, 노골적으로 조선인 행세를 한데도 불구하고 승승장구 계속 고위장성으로 진급시킨 것이 아니었겠는가?

8. '당당한 조선인' 홍사익 장군

홍사익 장군은 군 생활 내내 '당당한 조선인'으로 행세했다. 굳이 왜 그런 행동을 일삼았을까? 민족자존을 지키기 위해서였을까? 이는 여전히 풀리지 않는 수수께끼다. 강력한 창씨개명 요구로 자살소동까지 벌어지고 했던 그 시기에, 더욱 군문에서 그 요구를 끝까지 뿌리친 경우만 떠올려도 홍사익 장군의 신념은 강했다고 할 수 있다.

그가 대위 때였다. 그의 가족에 대한 일본인들의 차별이 너무 심하다는 소리가 마음을 괴롭혔다. 즉, '죠센진'(朝鮮人)이라며, 멸시의 눈으로 마구 놀려댄다는 말들, 참으로 견디기 어렵다고 전해져 왔다. 이윽고 아들 홍국선(洪國善)씨가 집에 들린 아버지 홍사익 대위를 만나자마자 하소연하듯 일본인 차별에 대한 울분을 털어놓았다.

"일본인들은 누구나 할 것 없이 저만 보면 '죠센진', '바카야로우'(바보자식) 라며 놀려대는데 왜 그럴까요...?" 하고 물어봤다.

아버지 홍대위는 그저 듣기만 했다. 결국 마지못해 말문을 열었다. "이 문제는 복잡한 문제야. 개인이 풀기는 불가능하다. 즉 조선인과 일본인간의 갈등은 영국인과 아일랜드인 문제와 비슷하다." "아일랜드 사람들은 영국에서 어떤 취급을 당해도 절대 열등감을 갖지 않는다. 그들은 당당한 모습으로 영국인들과 접촉한다. 혹 대화를 해야할 때는 미리 나는 아일랜드인이라고 자기소개부터 한 뒤 말을 꺼낸다고 알려주며, 너도 일본인들과 대화시 먼저 조선인이라고 말한 뒤 접촉하라"고 당부했다.

그 말속엔 기죽지 말고 당당한 조선인임을 보여주는 행동거지가 중요하다는데서 였다. 홍대위는 아들(홍국선)에게 거듭 타이르기를 "매사에 실력을 갖추고 있어야만 스스로 당당해질 수 있다. 일본인들도 가령 허장성세를 부리다가도 상대가 자기보다 월등하다고 판단되면 금세 머리를 숙이기 마련"이라고 말해 주었다.

9. 운명의 남방 전출

어느 나라 군대든 적어도 장군으로 있는 자는 전략·전술 등에 일가견을 가지고 있다고 믿어진다. 장군 등급이 최하위에 속하는 범장(凡將)이라고 할지라도 그럴 것이다. 물론 실전 경험이 풍부한 장군일수록 더 월등하겠지만. 더욱이 장성급은 전투가 한창일 때 앞으로 전황이 어떤 방향으로 전개될지, 아니면 상황이 역전되어 유리·불리한 방향으로 전세가 계속 이어질지 등에 대한 판단도 누구보다 정확하다.

1943년 홍 장군이 남방지역 총사령부 병참감으로 전출했을 때는 전세가 일본에 상당히 불리하게 돌아가고 있을 무렵이었다. 홍 장군은 가고싶지 않았다. 그는 내심 어쩌면 일본이 패전할지도 모를 일이라고 여기고 있었을 지도 모른다. 하지만 군인이란 명령에 따라야 하는 법. 유리·불리를 따질 수 없는 법. 더욱 좋은 보직만 바랄 수도 없는 법이다.

필리핀 남방전선으로 온지 얼마 안되어 어느 날 일본에서 학도병 출신 이자키(井崎鳩夫) 씨로부터 뜻밖의 편지 한 통이 홍 장군 앞으로 배달되었다. 편지 내용이 좀 이상했다. 자기는 부친이 홍 장군과 일본육사 26기 동기생으로서, 며칠전

자기 아버지로부터 홍 장군과 오랜만에 만나 나누었던 여러 이야기를 전해 듣고 그대로 옮긴다고 먼저 설명했다.

요지는 홍 장군이 친구에게 한 말이었다.

"이자키군! 나는 하루 속히 남방전선을 탈출, 나의 조국으로 돌아가 조용히 살고 싶은 생각뿐이네... 내 고향 경기도 안성은 자연환경이 정말 좋네..."

"그런데 왜 내가 가야할 곳은 필리핀 산중에 위치한 일본군 남방지역 총사령부일까... 누구도 가고 싶지 않는 곳으로 말이야..."

홍 장군이 그 친구에게 털어놓은 말이 그대로 적혀 있었다. 그러면 동기생 아들은 무슨 이유로 자기 아버지로부터 들은 말을 편지로 써 보냈을까? 말조심하라는 의미일까? 일본을 배반하지 말라는 경고일까?

홍 장군은 처음부터 남방전선으로 가기를 몹시 싫어했다. 이따금씩 듣게 되는 조선 독립군 활동소식을 들을 수 없는 아쉬움 때문이었을까? 전세 불리로 많은 부하들이 희생되는 것이 안타까워서였을까? 아니면 이 전선을 살아올 수 없는 사지(死地)로 판단한데서였을까?

남방전선은 1941년 12월 8일 일본군이 태평양전쟁을 도발했을 때만 해도 연전연승으로 일본군 군가가 하늘 높이 울려 퍼진 대표적인 승전의 전선이었다. 더욱 일본 남방전선은 싱가포르를 모항(母港)으로 아시아 진출을 시도했던 세계적인 불침함대(不沈艦隊)로 소문났던 영국 동양함대를 전투개시 단 몇 분만에 격침시켜버렸던 사실만으로도 이를 증명했다.

당시 영국수상 처칠경은 해군 작전부장으로부터 이 같은 비극적인 전황을 보고 받고 충격으로 쓰러질 뻔했다고 그는 회고록에 써 놓았을 정도다. 그 같은 일본군의 승전보는 불과 2년도 채 가지 못했다. 남방전선은 나날이 쫓기는 전쟁터로 변해갔다. 홍 장군의 가슴에도 인간으로서 걱정과 불안 등 마치 서산에 지는 해를 바라다보는 심정이었을 것으로 짐작된다.

10. 악역중의 악역(惡役)

흔히 영화나 TV드라마 같은데서 어쩌다가 자신이 원치도 않은 악역을 배정받게 되면 실제 인간성까지도 그런 줄로 오해받을 수 있다. 그렇듯 군에서도 누구도 맡기를 꺼리는 자리가 더러 있다. 그 중의 하나가 포로수용소 소장자리다.

홍 장군에게 하필 그 자리를 맡긴 이유는 무엇이었을까? 전세가 극도로 불리해진 상황에서 그를 결정적으로 희생시키기 위한 의도에서였을까? 정확한 답은 누구도 할 수 없다. 현 시점에서도. 다만 몇 가지 추측은 가능하다. 즉 일본 군부는 전세가 패전 쪽으로 기울자 홍 장군이 알고 있을 것으로 짐작되는 군부의 작전상 비밀, 일본군의 제반 문제점 등을 감추기 위해 그를 희생시킬 목적으로 연합군 눈에 가시로 여기는 포로수용소 소장직을 겸임하게 함으로써 자동적으로 A급 전범으로 체포되어 처단되도록 했다는 설이 있다. 물론 이는 가설일 뿐 이를 뒷받침할 만한 증거는 없다. 남방군 출신 생존 일본인 한 인사의 주장은 다르다.

그는 말하기를 홍 장군이 결국 처형당한 것은 악역으로 간주되는 포로수용소 소장직과는 직접적인 관계가 없을 것이라고 주장했다. 다만 1944년에 발생했던 '수마란 폭동 사건' 때문일 것으로 추측했다. 그 사건은 전쟁이 한창일 때 있었던 일로 당시 철저한 언론 통제로 외부에는 알려진 바 없다.

1943년~1944년 사이 일본 군부는 조선 전역에서 조선인들을 상대로 군속을 모집했었다. 근무지는 필리핀 등 남방지역이며, 직종은 병참, 창고경비 등으로 처우는 일본인 군속과 동등하게 해준다며 유혹했다. 지원자가 몰리기 시작하자 제법 교육수준이 높은 청년들만 뽑았다. 그들은 수송선에 실려 신천지를 찾아가듯 필리핀으로 갔다.

기다리고 있은 것은 일반 군속이 아닌 육체적인 노동이었다. 주로 포로들이 탈출 못하게 수용소 주변의 성벽을 쌓는 노동판에 전원 투입되었다. 선전광고와는 완전 달랐다. 화가 머리끝까지 치솟은 이들은 무기고를 급습, 탈취한 무기를 휴대한 채 폭동을 일으켰다. 이에 일부 포로들까지 가세하여 걷잡을 수 없었다. 결국 군인이 동원되어 진압하는 과정에서 군속들은 물론 포로들까지 많이 희생되었다.

이 같은 사건이 홍 장군에게 악재로 작용, 결국 전범재판에 회부되었을 것으로 추측했다.

11. 그의 인간 됨됨이

'군계일학(群鷄一鶴)'이란 표현처럼 홍 장군은 조선인 일본군 고위장교 중에서도 꽤 당당한 자세로 일관했다. 그의 지론대로 '당당한 조선인'을 몸소 실천했던 다소 특출했던 인물이었다. 가령 미 대륙에는 지금도 현대판 귀족들이 모여 사는 마을이 있다. 그들은 함부로 잘난 체하지 않는다. 말씨나 행동, 도덕심 등이 일반인들에 비해 그야말로 모범적이다. 그러니 남에게 폐를 끼치겠는가.

홍 장군은 굳이 귀족풍을 닮고자 한 것은 아니며, 매사에 균형감각을 잃지 않고 절제된 언행으로 살았다는 것이 여러 정황에서 파악된다. 그는 말하는 '톤'까지도 몹시 정중했다. 그가 나타나면 부하들은 그가 시야에서 사라질 때까지 바라보았다고 하니 알만하지 않은가.

대개 머리가 우수한 사람은 자만에 빠지기 쉽다. 때문에 뒷꼭지에서 비난하는 사람도 많아지게 되어, 뜻도 펴보지 못하고 빛을 잃고 마는 수도 더러 있다. 얼마나 안타까운 일인가. 홍 장군으로부터는 그런 부분을 조금도 찾아볼 수 없었다는 것이 정평이다.

그는 빈농출신인 관계상 어려운 집안사정 때문에 신식교육의 기회를 좀처럼 얻을 수 없었을 터인데도, 줄곧 엘리트 코스만 거쳤으니, 우수한 두뇌뿐 아니라 평소 남다른 행동거지도 한몫 했으리라. 당시로서는 소위 양반집이나 부잣집 자식이 아니고서는 해외유학은 꿈도 꿀 수 없었던 때였는다.

무엇보다도 전통적으로 인재를 아끼고 키우고자 하는 일본으로서는 그가 비록 조선인이며 창씨개명까지 거부했지만, 그 이상의 가치로 인정하고 있었기에 장관(將官)으로까지 등용한 것이 아닌가하고 분석하는 이들도 많이 있다. 만일 일본이 패전하지 않았다면 홍 장군은 능히 대장으로 진급되었을 것이며, 원수(元帥)까지는 어렵지 않았겠느냐 하는 설도 있어 흥미롭다. 그가 대장 계급장만 달았어도 대단한 것이므로, 필히 친일인사로 남게 되었을 것이라는 주장도 있다. 하지만 이는 모두가 공허한 말장난에 불과할 뿐이다. 당시 아무리 군국주의 시대였지만 원수 진급은 험준한 산 정상을 정복하기보다 어려웠다고 했다.

그러면 여기서 원수 진급직전 보기 좋게 탈락된 유명한 일화 한가지를 소개해 둔다. 러일전쟁 당시 일본 육군 3군사령관으로 출전, 난공불락의 요새로 알려졌던 '여순요새 함락 전투'에서 크게 전공을 세워 원수(元帥)자리가 보장된 것으로 확신했으나 끝내 탈락되고만 예가 있다.

주인공은 일본 야마쿠지현(山口縣) 출신 노기 마레스케 대장(乃木希典 · 육군대장)이었다. 그는 육군 포병 중위와 소위인 두 아들까지 그 전투에 출전시켜 희생시키면서까지 격렬한 전투 끝에 여순요새를 기어이 함락시켰다. 여순요새 러시아 육군 사령관 '스텟셀' 중장은 결국 항복했다.

물론 최후 결전은 함대끼리의 해전(海戰)에서 결판났다. 막강 러시아 발틱함대가 발트해(海) 기지를 출항, 멀리 남아프리카 희망봉을 돌아 동북아시아 바다로까지 항진해와 일본 연합함대와 대결했으나 곧 바로 격침당했다. 전략전술면에서 일본 해군 함대사령관 '도우고우 헤이하치로우'(同鄕平八郞 · 당시 대장)의 머리를 당할 수 없었다. 결국 러시아 발틱함대 사령관 '로제스트 벤스키' 중장은 부상과 함께 생포되기도 했다.

'도우고우'는 전쟁 영웅으로, 원수로 진급되었지만 '노기(乃木希典 · 대장)'는 부하를 너무 많이 희생시켰다는 이유로 탈락되었다. 그러나 지금도 대다수 일본인들은 그는 누구보다 국가에 대한 충성심이 강했으며, 원수 계급장에 결코 연연하지 않았다고 했다. 그는 명치(明治)가 숨을 거두는 순간 자신도 아내와 함께 권총으로 자결, 순사(殉死)의 길을 택해 또 한번 화제를 남겼었다.

12. 부하들의 회고

당시 같은 부대에 근무했던 생존 일본군 고위장교 출신은 새삼 회고하기를, "어느 날 영내에서 각하(홍 장군)가 타고 가던 군용차가 돌연 자기들 앞에 멈춰

섰다."

"각하는 미소 띤 얼굴로 자기들 곁으로 걸어와 가벼운 대화를 나누게 되었다. 그는 한사람씩 상대하며 말을 건네기도 했다. 전혀 격식 같은 것은 없었다. 다정한 이웃어른과 만나 이야기를 주고받는 분위기였다. 지금 생각해보아도 그는 소탈했다."

"각하의 장군복장 역시 소박했다. 상의에는 육군 중장 계급장이 선명했지만, 바지는 어느 졸병처럼 허름했으며 각반(脚絆·게이터)을 하고 있었다. 장군들은 거의가 기마병처럼 긴 가죽장화를 신고 위엄을 부리기 일쑤였는데도."

그들 증언대로 홍 장군은 굳이 장군임을 과시하지 않았다고 한다. 단지 계급장만 장군임을 가리켰을 뿐, 전반적인 모습은 초임장교처럼 매우 겸손했다고 전한다. 그는 전용차를 두고 곧잘 걸어다녔다고 한다. 가능한 한 운전병에게 자기 시간을 많이 주기 위한 배려에서였다고 한다. 걸을 때도 양옆을 돌아보며 부하들에게 애정의 눈길을 보내기 일쑤였다고 옛 부하들은 눈시울까지 적시며 그때를 회고했다.

특히 옛 부하들은 어쩌다가 각하와 조우하게 되면 홍 장군의 모습이 시야에서 멀어질 때까지 지켜보았다고 한다. "정말 홍 장군은 자랑스러운 상관이었다"며, 조금도 과장된 말이 아니라고 두 번 세 번 강조했다. 여러 증언과 정황을 미루어 보아 홍 장군은 사람의 마음을 특별히 사로잡는 어떤 마력 같은 것을 가지고 있었던 것 같다.

심지어 연합군 포로들 중에서도 홍 장군만은 흠모했던 사실을 여러 자료에서 감지할 수 있다. 그러나 포로 감시병들은 비록 소장인 홍 장군이 전혀 시키지도 않았는데도 폭행과 학대 등 잔학행위를 일삼았기에, 결국 그 죗값은 전적으로 소장인 홍 장군이 둘러쓸 수밖에 없었다.

13. 야마시다 대장과 인연

일본군 남방지역 총사령관 야마시다 토모유키 대장(山下奉文 육군대장). 그는

1916년 일본 육사 18기 출신이다. 홍사익 장군보다 8기나 선배였다. 야마시다는 오스트리아 주재 일본 부관과 육군 보병 3연대장, 제25군 사령관을 거쳤다. 1935년 육군 조사부장 시절 온건파가 강경파 도조(東條英機 · 육군대장)를 겨냥해 일으킨 '2 · 26사건'에 연루되어 조선 주재 40여단장으로 사실상 좌천되기도 했다.

그 후 그는 북지나(北支那) 방면군 참모장과 사단장으로 있다가 태평양전쟁이 발발하자 다시 제25군 사령관으로 말레이시아, 싱가포르, 미얀마 지역을 연달아 점령하는 전과를 올렸다. 그같은 전공으로 1942년 제1방면군 사령관으로, 이듬해 대장 진급과 함께 일본군 남방지역 총사령관으로 있던 중 패전을 맞았다.

1958년 일본에서는 그를 추모하는 '야마사다 토모유키 전기'까지 출간되기도 했다. 어떻든 그는 2차대전시 일본군 영웅 중의 한사람으로 일본인들은 생각하고 있다. 홍 장군이 야마시다가 사령관으로 있는 남방지역 총사령부로 가게 된 것은 그의 강력한 천거에 의해서였다. 야마시다와는 이미 오래 전부터 잘 아는 사이였다. 그가 제3연대장으로 있을 때 홍 장군은 그 밑에 대대장으로 있었다. 때문에 서로가 능력과 인품을 잘 파악하고 있었다. 더욱 두 사람 사이는 누구보다 잘 통하는 것으로 소문나 있었다. 부하를 다루는 면에서도 무조건 강압적인 방법보다 가능한 인격적으로, 반발심을 사지 않도록 십분 배려한 면에서도 유사점이 있었다고 전한다.

그런 관계로 인해 패전 후 전범재판에 똑같이 회부되었을 때도 홍 장군은 인간적인 의리상 자신의 불리를 무릅쓰고 야마시다를 감싸주었으며, 절대 불리한 증언을 하지 않았다. 더욱 홍 장군은 병참총감으로서 전선으로 보내지는 군수물자 지원을 적시에 해줘 야마시다의 신임이 두터웠다는 말도 있다. 이상은 오래 전 일본 월간지 문예춘추(文藝春秋)가 게재한 일부 내용이다.

14. 사지(死地)로 가게 된 것

필리핀 등 동남아전선은 그에게는 사지(死地)였다. 축구시합의 경우 조 편성에서 '죽음의 조(組)'라는 것이 있듯이, 홍 장군은 불운했던지 날마다 궁지로 밀리고 있는 일본 남방지역 총사령부로 전출 발령을 받고 말았다. 그곳으로 가게 된 것은 어떤 이유보다 그가 현지민들과 인화(人和)관계를 잘 유지한다는 소문 때문이었다.

홍 장군이 소장시절 만주에서 복무시 현지민들과 부대원들 간에 원만한 관계를 유지하는데 앞장섬으로써 별도 선무공작이 필요없었다는 것이다. 그 같은 사실을 알고 있는 군부가 날로 불리하게 돌아가고 있는 남방전선에 설상가상으로 민심이반 사태까지 급증하고 있어 이를 수습하는 적격자로 홍 장군을 주목한 데서라고 했다. 그러나 본인으로서는 잘 되어도 본전, 못 되어도 본전이란 말대로 돌아올 수 없는 다리(死地)를 건너고 말았던 것이다.

당초 발령은 병참감에서 병참총감으로 패전을 불과 3개월 남겨두고 포로수용소장까지 맡았으니, 바로 족쇄가 채워진 셈이었다. 자신도 왜 내가 누구도 맡기를 싫어하는 포로수용소장을 맡게 되어 막다른 골목으로 들어서게 되었을까 하고 고민했던 흔적도 없지 않다. 1945년 1월 19일 홍 장군이 각별히 아끼는 아들 홍국선(洪國善)씨 앞으로 한 통의 편지가 도착했다. 아버지 홍 장군이 보낸 편지였다. 바로 유서와 다를 바 없었다.

"오랫동안 소식을 전하지 못했구나. 너의 중국 가는 일은 어떻게 되었는가? 가족 모두 잘 있는지? 나는 멀리서 늘 빌고 있다."

"나는 1944년으로 접어들자 병참감에서 병참총감으로 한 단계 올랐지만 이곳 전선은 날이 갈수록 예사롭지 않다. 과연 무사히 돌아가질 지."

"이곳으로 올 때부터 물론 각오했지만, 한가지 큰 문제를 이뤄보지도 못하고… 여지껏 살아오면서 별로 한 것이 없으니 정말 부끄럽구나 아비로서도."

"아비가 만약 살아서 돌아오지 않거든 네가 유산처리를 잘 하기 바란다…"

15. 지청천(본명 지대형)과 홍 장군

홍사익 장군이 남방전선으로 전출 발령을 받고 떠나기 직전, 만주에서 일본육사 동기생 지청천(본명 池大亨)을 극비리에 만났다. 지청천은 중국에서 항일투쟁에 나선 조선 독립군 사령관직에 있다고 했다. 굳이 따진다면 적(敵)끼리 만난 셈이었다. 운명의 장난인가. 지청천은 은근히 홍사익이 하루빨리 독립군으로 가담해주기를 바라는 눈치였다. 홍사익은 적절한 시기를 봐야 한다며 당장은 어렵다고 했다.

지청천은 비록 당장 독립군 쪽으로 오지 않더라도 관심만이라도 가져주기를 바라는 기색이었다. 홍사익 역시 일본군을 상대로 항일투쟁을 전개하고 있는 지청천을 자신으로서는 미워할 이유는 없으며, 안타까운 생각뿐이었다. 더욱 조선독립군 내에서도 홍사익에 대한 적대감은 별로 없었으며, 그가 비록 일본군으로 있지만 우군(友軍) 쯤으로 여기고 있었다.

홍사익의 남다른 조국애, '당당한 조선인'의 면모, 인간 됨됨이, 마음속에 품고 있는 어떤 생각 등 여타 조선인 일본장교들과는 특별하다고 믿어 그런 말들이 독립군 내부에 널리 퍼져 있었다. 두 사람은 육사 재학 중 누구보다 가까이 지낸 죽마고우와도 같았다. 때문에 비밀리에 만날 수 있었다. 그 무렵엔 더더욱 일본인들은 조선인들을 무조건 멸시하고 있을 때였다. 일본 만주 주둔군의 조선독립군에 대한 감시도 심했다. 마치 영국인들이 식민지 인도인들을 마구 취급하듯이 조선인들을 아예 인간 취급조차 않으려고 했다.

일본 군부는 조선독립군을 섬멸하기 위해 조선인들로 편성된 프랑스 외인부대 같은 것을 구상했지만, 믿을 수 없다며 조직하지 않았다. 별도 모병제도도 오랫동안 시행하지 않다가 막바지에 가서 징병 영장을 강제 발부했다. 만약 홍 장군이 지청천 독립군 사령관과 접촉한 사실이 알려지기라도 했다면 어떻게 되었을까? 물론 홍 장군에게는 조선인이라는 이유로 전담 정보원 같은 것은 없었다. 그만큼 그를 믿었기 때문이었다.

16. 홍 장군 아들집에 도망병이

1944년초부터 결정적으로 전세가 불리하게 돌아가자 일본 정부는 오랫동안 보류해두었던 조선인 징병제를 실시하게 되었다. 징병통지서를 받은 조선 청년들 대부분이 도망치고 숨어버리자 당황한 일본정부는 순사(경찰관)와 헌병들을 주택가에 풀어놓고 보물 찾듯 수색했다. 붙잡혀온 징병 해당자들은 별도로 철조망 속에 가둬두었다가 군사훈련도 시키지 않고 곧바로 전선으로 보내 총알받이로 삼았다.

그런 무렵 어느 날 갑자기 홍 장군 아들 친구가 부대를 이탈, 국선씨 집으로 숨어들었다. 제발 숨겨달라고 아들 친구는 애원했다. 그러자 국선씨는 얼른 그를 자기집 옆 세 번째 집 마루 밑에 숨도록 도와주었다. 며칠 뒤 일본 헌병장교 2명이 국선씨 집으로 들이닥쳤다. 국선씨를 보자마자 고함을 지르며 도망병을 내놓으라고 윽박질렀다. 국선씨는 "우리 집에 도망병이 전혀 온 일이 없다"고 변명하기에 바빴다. 헌병들은 물러서지 않았다. 고함소리가 계속되었다. 방안까지 들렸다.

마침 홍 장군이 임시 휴가를 얻어 아들집에 와있었다. 하는 수 없이 홍 장군이 상의를 걸친 채 헌병 쪽으로 갔다. 홍 장군을 본 헌병들은 혼비백산 그대로 달아나 버렸다. 아들 국선씨는 내심 통쾌했지만, 곰곰이 생각하니 그냥 넘어갈 일이 아니었다. 혹 아버지에게 나쁜 영향이라도. 그러나 홍 장군은 그 일에 가타부타 아무 말도 하지 않고 아들과 식사를 계속했다. 헌병들은 국선씨 집 바로 옆집에 임시 파견대까지 설치, 도망병의 거동을 살피는 중이었다.

헌병대는 그 도망병이 가족에게 보낸 편지에 국선씨 주소를 적어 놓았기에 알게되었다. 그래서 문제의 집이 홍 장군의 아들집인줄 알았지만, 설마 홍 장군이 집에 와 있을 것으로는 꿈에도 생각지 않았다. 홍 장군 역시 아들이 도망병을 숨겨주고 있는 줄은 전혀 몰랐다. 실제 알고 있었다면 도망병 비호 내지 은닉죄로 징계감이 되기 때문이다. 특히 국선씨는 아버지가 떠난 후 헌병대가 어떻게 나올지가 은근히 걱정스러웠다. 그 문제는 접어두고 국선씨는 아버지에게 꼭 하고 싶은 이야기가 있었다.

"아버지를 일본 군부가 사지(死地)로 알려진 남방전선으로 전출시킨 것은 어떤 불순한 의도가 숨어 있는 것은 아닌지요?... 정말 일본 군부를 믿어도 괜찮습니까?"

홍 장군은 묵묵부답이었다. 그는 부대복귀를 서둘렀다. 다만 혼자말로 "일본 육군은 왜 나를 사지(死地)로 발령했을까..?"고 물었다.

17. 독립군 사령관으로부터 편지

어느 날 조선독립군 사령관 지청천으로부터 극비리에 편지가 홍 장군에게 왔다. 안부편지였다. 앞서 말한대로 두 사람은 흉금을 털어놓는 사이였다. 비록 처지는 다르지만 변치 말자는 내용이었다.

편지 내용 중에는 일본 육사 23기생이었던 조선인 김광서가 김일성이란 이름으로 활동하고 있는 것 같다고 적어놓았다. 김광서는 일본 육사출신 조선인 장교 모임인 전의회(全誼會)가 조국 독립 문제를 걱정하고 있을 때 이미 공산주의에 심취되어 있었던 자였다. '전의회'는 수시로 모임을 갖고 친목과 함께 회원들간의 정보교환과 자기들이 어떻게 하면 조국 독립에 조금이라도 보탬을 줄 수 있을까에 대해서도 논의했다. 그 모임체의 발기인은 홍사익, 이응준, 김광서, 윤상필, 김종식 등이었다.

지대형(가명 지청천)은 중위 때 부대를 탈출, 만주에 있는 조선독립군으로 가담했다. 그는 몰래 조각배를 타고 압록강을 건너던 중 그날따라 하늘이 유난히 맑고, 별이 총총 반짝이는 것을 보고 그 자리에서 池靑天 또는 李靑天이란 가명을 쓰기로 마음먹었다. 망명객이나 비밀요원으로 활동하는데는 가명(假名)이 절대 필요했기 때문이었다. 지청천은 얼마 후 사령관이 되어 전열을 정비, 본격적인 항일투쟁에 나섰다. 홍 장군과의 비밀연락은 그 후에도 수시로 있었다.

비밀연락은 홍 장군이 소장시절 중국 북부지역 여단장으로 있을 때도 수시로 있었다. 그런데도 일본 군부는 전혀 눈치채지 못했다. 소위 장군이 이적행위를 하거나 군문을 이탈하는 사례는 극히 드물다는 믿음 때문이었는지도 모른다.

18. 홍 장군의 고민

조선 독립군 사령관 지청천은 어떻게든 하루속히 홍 장군을 자기진영으로 끌어 들이려고 무던히도 애썼다. 일본군 장성이 부대를 탈출, 식민지 해방투쟁에 앞장서고 있는 독립군에 가담했다면, 그것만으로도 대원들의 사기가 충천할 것이며, 큰 힘이 될 것으로 계산한 데서였다.

일본군은 내외적으로 위신에 손상을 입게될 것이며, 부대원들에게도 좋지 못한 영향을 주게 되는 등 이중효과를 기대한데서란 추측도 있다. 홍 장군은 비록 조선인이였지만, 일본육군이 드물게 아끼는 인재였었다. 그는 일본육사 26기 동기생 중에서 최선두주자로 어려운 입학경쟁을 뚫고 일찍 육군대학을 졸업함으로써 최고지휘부에까지도 바라볼 수 있는 지장(智將)으로 인정받고 있었던 터였다.

조선독립군으로서는 홍 장군의 위치라면 일본군에 관한 여러 가지 고급정보도 가지고 있을 것으로 믿어, 백만대군 같은 존재로 평가하고 있었던 데서도, 그의 독립군 가담을 고대했었다. 홍 장군 역시 그만큼 고민도 컸었다. 아무리 생각해봐도 당장 그렇게 할 수는 없었다. 비록 일본이 조국을 식민지로 하고 있지만, 아직은 자신은 일본군대 생활을 통해 현대식 병술은 물론 실전 경험을 더 쌓아야만 전략·전술 면에서도 일인자가 될 수 있다는 목적 때문이었다.

또 한가지, 조선독립군이 홍 장군에 대한 기대가 너무 컸던 것도 그를 망설이게 했다는 것이다. 마치 홍 장군이 독립군에 가담만 하면 일본군을 모두 섬멸할 수 있을 것으로 기대하고 있었던 점이 그에게는 큰 부담으로 작용한 데서였다. 게다가 전쟁이 한창인 데다가 전세가 날로 일본군에게 불리하게 돌아가고 있는 시기에 탈출은 너무나 비겁하고 인간적인 배신행위와도 같다는 생각이 자신을 짓누르고 있었던 것도 중요 고민거리였다.

어느 날 홍 장군이 휴가를 끝내고 부대로 돌아가기 위해 아들집 대문을 나서자, 아들 국선씨가 '아버지'하고 소리쳤다. 아버지 홍 장군은 멈칫 대문 옆에 섰다.

국선씨는 아무 말도 하지 않은 채 아버지 얼굴만 거듭 바라보았다. 마음속으로만 아버지가 남방으로 가지말고 독립군이 있는 만주(滿洲)쪽으로 갔으면 했다. 자기에게 독립군 지청천에 대한 이야기를 들려주며, 그가 고생하고 있다고 말했기 때문이었다. 아들 국선씨의 마음은 아버지가 패색이 짙은 남방전선으로, 게다가 악역중의 악역인 포로수용소 소장자리로 왜 되돌아갈까…하고 몇 번이나 되뇌었다. 결국 그 날이 홍 장군으로서는 가족과 영원한 이별이었다.

19. 왜 일본육군을?

　그럼 홍 장군은 왜 끝까지 일본육군을 버리지 못했을까? 무슨 말못할 사정이라도 있었을까? 확실한 답을 구하기는 현 시점에선 불가능한 일이다. 가족들조차도, 일본육사 동기생들조차도 지금으로선 거의 생존해 있지 않기에 전혀 알 수 없다. 그저 추측 정도 할 수 있다.

　한가지 중요한 단서로, 전쟁당시 조선인 출신 일본군 특공대 활약상을 기록한 '개문악'(開聞岳 · 飯尾憲士저)이란 저서 내용 중 홍 장군에 관한 이야기가 들어 있다.

　"홍사익은 왜 처음부터 일본제국 육군의 길을 선택했을까? 그는 무엇을 깊이 생각하고 기어이 그 길로만 가야했을까?"

　이 같은 물음에 대한 답은 써있지 않다. 저자는 조선인 아버지와 일본인 어머니 사이에서 태어난 일본육사 60기 출신이다.

　또 한가지 내용은 조선인 일본육군 소좌(소령) '유우키츠'(結城常弼)가 어느 날 홍 장군과 만나 나누었던 대화내용이다.

　"유우키츠 소좌의 본명은 김상필이다 그는 특공대 소대장으로 만주에서 근무 중 잠시 평양의 한 요리집에서 친형 김상열과 홍사익(당시 소장 · 만주근무)등 셋이서 담소를 즐겼다."

　"오랜만에 만난 두 형제는 홍사익 장군을 곁에 두고 서로 안부를 묻고는 곧 조선말로 열띤 논쟁을 벌렸다. 논쟁의 내용은 제3자로선 얼른 알 수가 없었다. 홍사익은 귀를 기울여 무슨 내용인지 듣고만 있었다."

　"알고 보니 형이 아우에게 일본군복을 벗고 즉시 탈출하라는 말투였다. 왜 일본을 위해 봉사하느냐고?"

　"동생 유우키츠 소좌는 머리를 가로 저으며, 자신은 조선을 대표한다… 저가 만약 현 시점에서 도망친다면 조국이 비웃음을 살지도 모른다. 그렇게 되면 많은 동포가 더 많은 고통과 멸시 속에서 지내게 될 것이다. …힘이 비축될 때까지 우리는 참고 더 기다려야 한다. 힘도 없으면서 덤비기만 하면 무슨 소용이 있겠는가?"

"홍사익이 품고 있던 마음까지도 그가 대변했던 셈이었다. 그것으로 부족하지만."하고 써놓았다.

20. 끊이지 않는 의문

조선인 일본육군대좌(대령) '오우카와 세이메이'(大河正明 · 박동훈)가 우연히 일본육사 26기 동기생 홍사익을 만났다. 그 자리에서 오우카와는 "일본이 부르짖는 '내선일체'(內鮮一體)는 허구다. 일본정부는 입만 열면 허황된 말로 우리를 현혹시킨다. 그러니 나는 언젠가는 조선인의 기개를 꼭 보여주겠다."

홍사익의 반응은 좀 달랐다.

"그는 조선인은 조선인. 하필 전세가 불리한 시점에서 그런 생각을 갖는가? 만일 지금 탈출하게 되면 영락없이 기회주의자로 몰려 전체 조선인 명예를 더럽힐 것이다."

두 사람은 기본적으로 생각은 같았지만, 방법상엔 현저한 차이를 노출했다. 이같은 말을 전해들은 조선독립군 지청천 사령관은 말하기를,

"홍사익은 당초 대한제국이 주는 돈으로 일본유학을 했으므로, 만약 지금 도망친다고 하더라도 본인과 동포의 명예가 손상되는 일은 없을 것이다."

과연 어느 쪽 생각이 옳고 좋았을까. 지청천은 독립군으로 간 이후 끊임없이 홍사익을 자기 쪽으로 오도록 애썼다. 마치 짝사랑이라도 하듯. 홍사익도 그를 좋아하면서도 언행은 신중을 기했다. 언필칭 적절한 시기를 보아 결행하겠다는 생각을 굽히지 않았다. 어느 쪽 판단이 옳았을까?

21. 대한조국의 '군인칙유'

일제 시 군대입대, 징용, 동원 등으로 태평양전쟁에 끌려갔던 조선인은 대략 26만 2천여 명으로 추산된다. 이들은 모두 남자들이며, 종군위안부로 끌려갔던 여자는 포함되지 않는다.

홍 장군이 근무했던 남방전선에도 많은 동포 군인, 군속 심지어 종군위안부들

이 있었을 것으로 추정되지만 자세히 알 수 없다. 분명히 홍 장군은 그곳 동포들에겐 대부(代父)와 같은 존재로, 신상에 사소한 문제만 생겨도 달려가 의논했을 터인데, 너무 차이가 있어 쉽게 만날 수 없었을 것이다.

패전 이후 조선인 출신으로서 전범으로 체포돼 법정에서 사형을 선고받고 불행히도 처형당한 사람은 홍 장군이 유일했다. 자신도 직책으로 봐 전범으로 취급될 것으로 미리 예견했을 법도 한데, 왜 가족과 주변의 탈출권유를 끝내 외면했을까? 비록 정답은 아닐지라도 군인칙유(軍人勅諭)가 그의 사고를 크게 지배했다는 주장이 있다.

한 일본인 저서 '개문악'(開聞岳)에도 언급돼있다. 문제의 '군인칙유'란 국가원수(왕)가 예하부대 장병들에게 내린 일종의 가르침을 말한다. 홍 장군이 중요시한 '군인칙유'는 일본 왕이 내린 것이 아니었다. 그 보다 앞서 발표된 대한제국의 것이었다.

홍 장군은 1900년(광무 4년)에 제정된 대한제국 군인칙유를 늘 곁에 두고 행동규범으로 삼았다. 일명 '칙어'라고도 불리는 군인칙유는 일본군 것보다 1개 조항이 더 있었고 명료했다. 즉 ①충절 ②예의 ③무용(武勇) ④신의 ⑤질박 ⑥언행 등으로, 특별히 어떤 일을 할 때 언행에 보다 신중을 기하라고 강조해 두고 있었다. 다시 말해 '신의'와 '언행'이란 조항이 그의 행동을 엄격히 규율했을 것으로 저서 '개문악'은 쓰고 있다.

22. 전의회(全誼會)활동

1921년 5월 2일 일본육사출신 조선동포 장교 12명이 모처에 모여 친목단체 전의회(全誼會)를 조직, 수시로 만나 친목을 도모하기로 결의했다. 발기인은 홍사익, 김광서, 이응준 등으로, 이들이 중심이 돼 회를 운영했다. 이들 중에서도 열성적으로 참여한 이는 홍사익이었다.

그가 첫 번째 회 대표였으며, 대표자리를 물러난 후에도 회보에는 그의 동정이 자세히 실려있었다. 당시 그 기사만 읽어봐도 홍사익이 동포장교들의 정신적 지주였음을 쉽게 알 수 있었다. 내용 중에는 지대형(지청천), 김광서가 부대에서 탈출한 사실, 그들의 가족소식 그리고 회비 중에서 독립군에 가담한 회원의 가족을 도운 내용 등이 상세히 쓰여 있었다.

특히 회보에는 독립군 가족 모두가 어려운 생활을 하고 있다는 기사와 함께 동포들의 비참한 생활상을 현지발로 사진과 함께 게재하곤 했다. 그리고 독립군으로 가버린 회원들의 주소란은 늘 공백상태로 비워두었다. 그들의 항일투쟁은 많은 성과를 거두고 있다며, 활동지역 지도까지도 그려져 있었다. 지도가 그려져 있는 것은 그들이 무사하다는 암시였다.

회원 중 홍사익이 회비를 더 많이 내어 항일투쟁으로 고생하는 동기생가족들의 생계를 돕는데 솔선하고 있다는 기사도 있었다. 그 같은 행적을 두고 볼 때 홍사익을 무조건 '친일파' 운운한다는 것은 지나친 속단이란 시각이 지배적이다. 그런 매도는 그의 지나친 '시기론'이 가져다준 결과이기도 했지만, 어떻든 수수께끼의 인물이었다고 할 수 있다.

'청산묘지사건'이란 것이 있었다. 사건내용은 한일합방으로 조국의 장래가 불투명해지자 일본육사에 재학 중이던 동포생도들이 비밀리에 학교인근 '청산묘지'란 장소에 모여들어 '계림회'란 모임체를 조직, 활동을 시작한 일이었다.

모두가 앞으로 조국이 어느 방향으로 가게 될지? 걱정이 태산이었다. 그들은 일본 육사에서 현대식 교육을 이수, 가능한 실전경험을 쌓은 후 장차 대한제국을 위해 봉사하겠다는 포부를 가지고 있었다. 그런데도 조국이 돌연 일본의 식민지로 전락되고 말았으니… 전원 동반 자퇴하자는 주장도 거세었다. 또는 모두 함께 도망치자는 의견도 많아 분위기가 매우 침울했었다.

이에 대해 홍사익 생도는 "지금은 일본이 한발 앞서 받아들인 신식 군사훈련과 발전된 군 전략·전술 등을 우리는 공부하고 있는 입장이다. 어린이가 장성해 어른이 되었을 때 비로소 제구실을 할 수 있듯이 우리도 배울 만큼 배워, 실무 또는 실전 경험을 쌓은 후 자신이 붙을 때 생각해 볼 문제다."라는 신중론을 펴 분위기를 진정시켰다.

그는 재차 말하기를 "우리들은 현재 배우는 입장이니 무조건 기다리며 참아야 한다. 실력도 능력도 없으면서 기분대로만 한다고 해서 무엇이 이뤄지겠는가?"하고 스스로 반문도 잊지 않았었다. 이윽고 모두는 숙연, 자리에서 일어났다.

23. 마지막 편지

일본의 패전이 가까워 오자 홍 장군은 자신의 심정을 담은 마지막 편지를 가족에게 보냈다. 편지 내용은 처음부터 회한(悔恨)으로 가득 차 있었다.

"지난날을 조용히 되돌아보면 무엇보다 '초지(初志)'를 끝내 관철하지 못한 것이 부끄럽고 한 서러워 눈물이 저절로 흐른다."고 적었다.

'초지'란 무엇을 의미하는 것일까? 사실 그는 마치 선택된 사람처럼 일본인도 감히 오르기 어려운 육군 중장까지 진급한 행운(?)을 누렸는데도.

어느 나라 군대든 장성급은 그리 쉬운 자리가 아니다. 군인이면 누구나 부러워하는 계급이다. 전술한대로 만일 일본이 패하지 않았더라면 그는 아마도 대장 또는 그 이상도 바라 볼 수 있었을런지도 모른다. 그의 머리와 인품은 유독 일본인들이 좋아하는 조건을 두루 갖추고 있었다는 평가도 있다.

하지만 가족에게 보낸 마지막 편지에서 써 놓은 '초지(初志)'란 말속엔 분명 어떤 큰 의미가 숨어있는 것으로 해석되었다. 오래 전 일본육사 동포생도들이 '청산묘지'에 몰래 모여 장차 조국을 위해 무언가 크게 도움이 되는 일을 하자고 결의했던 일, 이에 대한 뜻을 이루지 못했다는 것이었을까.

그는 처형장으로 끌려갈 때까지도 무엇보다 못다 이룬 '초지'를 가슴속에 묻어두고 있었다고 본다. 물론 그에 대한 비판의 소리도 만만찮았다.

독립군 사령관 지청천이 그렇게 애타게 탈출을 권유했는데도 이를 거부, 끝까지 일본 장군복을 입고 있다가 전범으로 처형되고만 결과를 놓고 볼 때 무엇이라 설명할 것인가. 정말 그때까지도 '초지'를 위한 준비과정이었다고 할 것인가. 이해하기가 쉽지 않았다. 역시 수수께끼의 인물이었다.

24. 그가 남긴 유서(遺書)

만가(輓歌)와도 같은 유서.

먼저 만가(輓歌)란 고인의 죽음이 너무 애통해 상여꾼들이 고인을 추모하며 통곡하듯 부르는 노래다. 노랫말은 물론 곡도 애조를 띄고있어 듣는 사람조차도 눈시울을 적시기 십상이다. 유서란 것은 죽음을 각오한 당사자가 직전의 심정을 그대로 적어 놓은 것을 말한다. 홍 장군 역시 자기운명이 막바지에 이른 것을 알고 있는 듯 유서를 남겼다.

"이럭저럭 생각해 봐도 나는 계정꾼(愚癡)이었네… 전범(敗戰罪)이라니, 단념할 수밖에… 예부터 억울한 죽음은 많이 있었네. 나 역시 여기에 보태어지는구나 정말 서럽도다…"

이 같은 유서는 그가 전범재판에서 교수형이 확정되자마자 직접 남겼다. 그러나 그의 태도는 조금도 흐트러짐이 없었다고 한다. 형장으로 끌려가면서도, 로프가 목에 걸렸을 때도 전혀 당황하는 빛을 보이지 않았다고 전한다.

사형 확정 후 바로 옆방에 있었던 B급 전범 고이케(小地水三)가 먼 발자취에서 바라본 홍 장군에 대한 소감을 다음과 같이 술회하고 있다.

"홍 장군은 모든 것을 각오한 듯 조금도 흐트러짐이 없었다. 그의 당당한 모습, 높은 품격, 선비와 같은 인품은 여전히 변함이 없었다."

고이케는 한달 가량 수용소 옆방에서 그의 동정을 지켜보았다고 증언했었다. 고이케는 말을 맺기를 홍사익 장군은 "군 복무중 결코 일본제국을 위해, 천황을 위해, 육군을 위해, 충성한 것은 절대 아니었다. 그가 일본육군에 몸담고 있었던 것은 어떤 계획을 위해서였던 것이 틀림없었다고 본다.

25. 또 한 사람의 회고담

패전 당시까지 같은 부대에서 근무했던 한 일본고위 장교출신 사또우(佐藤)가 어느 날 홍 장군을 향해 대뜸 말을 건네기를,

"조선은 이제 독립할 수 있게 되었다. 각하 역시 귀국하여 조국을 위해 일할 수

있게 된 것을 먼저 축하드린다."고 했다.

그러나 홍 장군은,

"일본군복을 입고 있는 한 당장 돌변할 수 없지 않은가?" 다시 사토우는 "이미 일본군은 괴멸되었다. 천황 권위도 사라졌고, 누구의 통제도 안 받는 상태가 되었다."고 말했는데도, 홍 장군은 끝까지 군인의 정도(正道)를 지키는 것을 보았다고 한다. 그는 회고하기를 "누군들 감명을 받지 않았겠느냐."고 했다. 결국 홍 장군은 자신이 부른 만가(輓歌)대로 "억울한 죽음에 자신도 보태어지고 말았는지" 모를 일이다.

26. 맺는 말

한 사람의 인간 됨됨이, 업적이나 행적 등 인물을 객관적으로 종합평가하기란 무척 어려운 일로 생각된다. 더더욱 수수께끼 같은 인물은 두말할 필요 없다. 홍사익 장군의 인생역정도 그렇게 느껴진다.

누구에게나 파란만장한 인생역정이 있기 마련이다. 홍 장군에 대한 평가는 비록 시기가 훨씬 늦었지만, 꼭 필요한 일이다. 한 번쯤 그에 대한 인생과 주요 행적에 대한 평가를 할 필요가 있다. 홍사익 전 일본 육군중장은 나름의 영광도 누렸지만, 한편으론 걱정과 불운이 적지 않았던 인물로 일단 볼 수 있다. 그가 줄곧 말해왔다는 '初志'가 구체적으로 무엇을 의미했는지, 지금으로선 알 수 없지만, 그 뜻을 끝내 펴보지 못하고 일찍 세상을 하직한 점이 안타깝다.

혹자는 그가 일본군 고위장성으로서, 결국 일본을 위해 충성을 바친 사람이 아닌가 하고 비판하기도 한다. 그럴듯한 말일 수도 있다. 그러나 이는 너무 단순한 생각이다. 홍사익 전 일본 육군중장은 비록 그 자리에 있었지만 당시 일반상식으로 이해하기 어려운 창씨개명(創氏改名)을 단호히 거부했다. 그래서 누구나 들으면 금방 알 수 있는 조선이름을 그대로 사용했다.

그는 항상 '당당한 조선인'을 내세우며 행동했고, 독립군으로 가담한 육사동기생들의 어려운 생계를 돕는 기금 모으는데도 열성을 보였던 점도, 그가 줄곧 내세

홍 장군을 일본군 남방전선으로 오도록 했던 야마시다대장이 사령부 참모들을 대동, 전선시찰에 나서려하고 있다.

운 '初地'와 분명히 어떤 관계가 있었던 것 같다. 또 한 가지 중요한 것은 조선독립군 지청천 사령관과의 비밀 서신교환은 무엇을 말해 주었을까? 그러했는데도 여전히 부정적인 시각이 없지 않다.

날로 패색이 짙어가던 전황 속에서 이를 역이용할 수 있는 절호의 찬스가 있었는데도, 끝까지 장성자리에 있었던 점은 도저히 이해할 수 없다는 것이다. 그리고 지청천 독립군사령관이 그토록 독립군 가담을 애걸하다시피 했는데도. 이 부분에 대해 전해지기로는 홍 장군은 전세가 불리하니까 탈출한다는 것은 비겁자로 간주되기 쉬우므로, 이후 역사가 어떻게 평가하든 자신은 비겁자가 될 수 없다는 신념 때문이었다는 말도 있다.

여하튼 홍사익 장군에 대한 좀 더 정확한 평가는 계속 연구과제로 남겨둘 수밖에 없다. 어떤 이는 그가 장차 독립군에 가담하기보다 혹 전세가 역전돼 일본군이 태평양전쟁에서 패하지만 않는다면 자신은 대장이상의 계급장을 달 수 있을 것이란 기대감 때문에 끝내 일본군에 있었던 것이라고 비판하기도 한다.

이 같은 비판에 대한 비판도 외면할 수 없다. 즉 홍 장군의 깊은 마음은 따로 있었다는 것. 그는 장차 조국이 독립할 경우에 대비, 더 많은 군 지식과 실전경험을 쌓아 자신이 직접 조국의 청년들을 군사교육시켜 보다 훌륭한 군대로 양성시키겠다는 큰 뜻을 품고 있었던 것이였을 것으로 보는 평가도 있다.

어느 판단이 맞을까? 결단코 홍 장군은 이완용과 같은 '친일파'와는 거리가 멀었다. 여러 정황으로 보아 이런 결론을 내릴 수 있다. 안타깝게도 너무 일찍 세상을 하직한 점이 아쉬움으로 남는다. 아무리 일본군복을 입고 있었다 하더라도, 그는 끝까지 '당당한 조선인'으로 살다 갔다고 하겠다.

에필로그

회고컨데 필자가 전쟁스토리를 쓰게 된 것은 전쟁이란 '인간의 무덤' 이란 사실을 일깨우기 위한 목적에서다. 그러나 세계 전쟁스토리를 단 한 권의 책으로 출판하는 것은 무리한 일이다.

관련 자료들의 분량이 너무 많다. 필자는 그중에서 가장 최근에 일어났고 인류 전쟁사에 가장 피해가 컸던 제2차 세계대전의 스토리만을 골라 책으로 엮었다.

15년 동안 전쟁스토리만 '월간 군사세계' 에 연재하면서 세계전쟁사를 대부분 섭렵했다. 항상 정확한 자료에 접근하기 위해서 노력했다. 해외유학생들에게 특별히 부탁하여, 어렵게 중요한 자료를 구해오기도 했다.

마치 사막에서 오아시스를 발견하는 느낌이었다. 전쟁스토리는 픽션이 아니기에, 과장해서는 안 된다. 사실대로 명확히 기록해야 하기 때문에… 단지 참전자들의 실전 경험담을 직접 들을 수 없었다는 점이 아쉬움으로 남아있다.

전쟁은 인간의 무덤이다

지 은 이 | 김능화
펴 낸 이 | 김진욱
펴 낸 곳 | 21세기군사연구소
등록번호 | 라-7085호
등록일자 | 1995년 3월 6일
초판인쇄 | 2016년 1월 5일
초판발행 | 2016년 1월 10일

주　　소 | 서울특별시 영등포구 여의대방로 141 6층(신길동, 순흥빌딩)
　　　　　21세기군사연구소
전　　화 | 02-842-3105~7
팩　　스 | 02-842-3108
홈페이지 | http://www.military.co.kr

ISBN 978-89-87647-62-3
정　　가 | 20,000원

좋은 독자가 좋은 책을 만듭니다.
21세기군사연구소는 독자 여러분의 의견에 항상 귀기울이고 있습니다.

★ 파본은 교환해 드립니다.